Tom Segev

Jerusalem Ecke Berlin

Tom Segev

Jerusalem Ecke Berlin

Erinnerungen

Aus dem Hebräischen von Ruth Achlama

Siedler

Penguin Random House Verlagsgruppe FSC® N001967

2. Auflage

Übersetzt aus dem Hebräischen von Ruth Achlama

Redaktion: Ditta Ahmadi
Umschlaggestaltung: Favoritbuero, München
Umschlagabbildung: © privat; © shutterstock
Reproduktion: Lorenz & Zeller GmbH, Inning, a. Ammersee
Satz: Uhl + Massopust GmbH, Aalen
Druck und Bindung: GGP Media GmbH, Pößneck
Printed in Germany
ISBN 978-3-8275-0152-3
www.siedler-verlag.de

INHALT

VERGLEICHE

GESCHICHTE UND GESCHICHTEN

ZURÜCK ZUM FEIGENBAUM

ANHANG

VORWORT

Guten Morgen, Herr Fischer

Einige Wochen nach meinem fünfundsiebzigsten Geburtstag blicke ich von meinem Fenster aus auf einen Jacarandabaum im Garten, der mir provozierend seine sinnliche, optimistische, junge Frühlingsblüte entgegenstreckt, als sei alles schön und gut. Doch das ist ein Trugschluss: Tatsächlich sitze ich allein in Jerusalem, in deprimierender, nervenaufreibender Corona-Quarantäne, und vertiefe mich in die Lebensgeschichte eines deutschen Bühnenschauspielers vom Beginn des vorigen Jahrhunderts. Er hieß Hermann Meltzer-Burg und war Erster Komiker am Großherzoglichen Hoftheater von Baden. Manchmal führte er auch Regie. Und warum interessiert er mich überhaupt, dieser Meltzer-Burg? Was habe ich mit ihm zu tun? Ich sage mir, dass er mich eigentlich nicht zu interessieren braucht. Ich beschäftige mich mit ihm, um der quälenden Einsamkeit dieser Tage zu entfliehen, und es war mir nichts eingefallen, was ferner und irrelevanter, weniger israelisch und weniger aktuell gewesen wäre.

In den Jahren 1903 bis 1905 unterhielt Meltzer-Burg die Theaterfreunde in Karlsruhe, der Hauptstadt des Großherzogtums. Sein Anstellungsvertrag bedurfte der Genehmigung Seiner Königlichen Hoheit des Großherzogs höchstpersönlich. Die Worte »Seine Königliche Hoheit der Großherzog« in altdeutschen Buchstaben nahmen das ganze obere Drittel des herzoglichen Schreibens ein und erinnerten in ihrer schwungvollen Schnörkelschrift an die Goldbänder um teure Pralinenschachteln. Ich male mir aus, wie ein ehrfürchtiger Schauder den Ersten Komiker überlief, als man ihm diese Urkunde aushändigte. Wer weiß, vielleicht hatte ein berittener Kurier mit Federhut auf einem Schimmel sie ihm überbracht. Meltzer-Burg, damals um die fünfzig, entstammte einer protestantischen Straßburger

Familie. Auch seine Frau war Schauspielerin. Sein Repertoire umfasste über hundertfünfzig Rollen, fast alle in leichten Stücken mit Titeln wie *Guten Morgen, Herr Fischer*, die zumeist längst vergessen sind. Er konnte auch singen und trat in Operetten auf. Manchmal bekam er gute Zeitungskritiken.

Ich hatte gehofft, die Beschäftigung mit seiner Geschichte würde mich in ferne, selbst von Corona unberührte Welten entführen, ganz weit weg. Doch da irrte ich mich. Denn Großherzog Friedrich I. von Baden erwies seine Gunst auch der zionistischen Bewegung, und da er ein Onkel Kaiser Wilhelms II. war, konnte er dem Gründer der Zionistischen Weltorganisation, Theodor Herzl, eine historische – und folgenarme – Begegnung mit dem Kaiser in Jerusalem verschaffen. Wie sie mich verfolgt, die zionistische Geschichte. Und mir ist auch keine Zuflucht vor Kaiser Wilhelm persönlich vergönnt. Wann immer ich den Blick vom Computer hebe, sehe ich über den Zweigen der Jacaranda den hohen Glockenturm neben der Dormitio-Abtei auf dem Berg Zion. Kirche und Turm wurden zur Demonstration deutscher imperialer Macht in der Heiligen Stadt erbaut. Nach der lokalen Legende sollte der Turm ein wenig an das Äußere des Kaisers erinnern, die Turmspitze also an seinen Helm. Der schmale Balkon um das Obere des Turms könnte ein Anklang an den mächtigen Schnauzer seiner Majestät sein. Und wenn ich auf diesen Balkon schaue, fällt mir manchmal Pater Paul ein, ein benediktinischer Ordenspriester, der mich, als ich noch ein Junge war, auf diesen Balkon mit hinaufnahm, nachdem er mir eine schwarze Mönchskutte übergezogen hatte; ich meine, ich hätte auch die Kapuze aufgesetzt. Das war ein streng verbotenes Abenteuer, nicht ungefährlich für ihn und für mich.

Nach meiner Erinnerung war ich damals vierzehn Jahre alt. Seit dem Abkommen zwischen Israel und dem Königreich Jordanien war Jerusalem geteilt. Durch die Stadt zog sich ein Streifen von Ruinen, Stacheldrahtzäunen und Betonmauern. Das war Niemandsland. Die Altstadt lag auf der jordanischen Seite. Spinner aus aller Welt und

Kinder überquerten die Linie manchmal irrtümlich, oder sie drangen absichtlich ins Niemandsland ein auf der Suche nach Kupferschrott, den sie zu verkaufen hofften. Einige traten dabei auf Minen. Nicht selten zog es auch mich dorthin: Das Verbotene und Gefährliche lockte mächtig. Einmal, im Alter von acht Jahren, überschritt ich die Grenze sogar. Es war an einem Samstagmorgen; wir wohnten damals im Viertel Baka im Süden der Stadt. Ein anderer Junge, Avremale, und ich hatten einen verirrten Esel auf der Straße entdeckt, wollten ihn einfangen und seinem Besitzer zurückbringen. Doch der Esel lief weg. Wir rannten ihm nach bis nach Beit Safafa, einem arabischen Dorf, das ebenso wie Jerusalem seit dem israelischen Unabhängigkeitskrieg von 1948/49 zwischen Israel und Jordanien geteilt war, doch die Einwohner hüben und drüben scherten sich nicht viel um die Grenze.

An diesem Punkt bin ich unsicher, ob mein Gedächtnis richtig liegt oder die Geschichtsschreibung. In meiner Erinnerung sehe ich meinen Freund und mich jenem Esel nachjagen, bis wir uns unversehens jenseits der Grenze befanden, genau vor zwei bewaffneten jordanischen Soldaten, »Legionären«, wie man sie damals nannte. Wir waren zutiefst erschrocken, die Soldaten desgleichen. Der Esel, wohl ebenfalls verdattert, blieb neben uns stehen. Wir fassten ihn und banden ihm ein Seil um den Hals. Die Legionäre halfen uns. Dann alarmierten sie die UNO-Beobachter, die das Waffenstillstandsabkommen zu überwachen hatten, und diese riefen die israelische Polizei von Jerusalem, die uns nach Hause brachte. Auf dem Weg zeigten uns die Polizisten, wo die Grenze verlief, damit wir sie nicht erneut überquerten. Den Esel, den sie hinten an den Streifenwagen gebunden hatten, brachten sie ebenfalls nach Hause. Er iahte fröhlich, und sein Besitzer freute sich. All das habe ich gut in Erinnerung.

An jenem Schabbatmorgen war wie stets ein Journalist namens Gabriel Stern bei uns zu Gast, ein alter Freund meiner Mutter, der solche Geschichten gern auf der Titelseite seiner Zeitung *Al Hamishmar* veröffentlichte. Zum ersten Mal stand mein Name nun in der Zeitung.

Aber in Sterns Geschichte kamen weder Legionäre noch UNO-Beobachter vor. Demnach hatten wir die Grenze gar nicht überschritten: Eine israelische Polizeistreife musste uns auf unserer Seite entdeckt haben, und das entsprach wohl der historischen Wahrheit. Es gibt allerdings eine weitere Version, die ich einmal veröffentlichte, nachdem ich zufällig meinen einstigen Mittäter wiedergetroffen hatte. Avremale hatte es unterdessen geschafft, sich einem Kibbuz anzuschließen, eine Greencard in New York zu ergattern, zurückzukehren, Jiddisch zu lernen, zu malen und zu bildhauern, zu heiraten, drei Kinder zu zeugen und in eine Siedlung bei Jericho im israelisch besetzten Westjordanland zu ziehen. Irgendeine Kampagne hatte ihn dazu veranlasst, vor der Residenz des Ministerpräsidenten zu demonstrieren, und dort traf ich ihn. Wir kamen auf die Affäre mit dem Esel zu sprechen und gelangten zu dem Schluss, dass wir tatsächlich auf jordanisches Gebiet vorgedrungen, jedoch auf keine Legionäre getroffen waren.

Mein Leben lang jage ich Eseln nach, aber meine Geschichten haben eine gewisse Neigung: Je tiefer sie mir ins Gedächtnis dringen, desto farbiger und dramatischer werden sie – einfach immer besser. Eine erneute Überprüfung ergibt dann jedoch schon mal, dass einige Höhepunkte sich selbst erfunden und in mein Gedächtnis geschlichen haben. Manche gute Story ist zudem an meiner destruktiven Skepsis gescheitert: So kann es doch gar nicht gewesen sein, sage ich mir und bedaure es oft, besonders wenn ich recht habe. Bedauern plagt mich auch, wenn ich Illusionen, Erfindungen, Fantastereien und falsche Erinnerungen bei anderen Menschen entdecke, die ich in meinen Büchern zitieren möchte. Daher ermahne ich mich, gut nachzudenken, ehe ich die Geschichte mit Pater Paul niederschreibe.

Der Schnauzer des Kaisers

Ich habe keine Ahnung, was ich an jenem Tag auf dem Berg Zion wollte. Als Junge fühlte ich mich manchmal einsam, zuweilen auch deprimiert, und schweifte allein umher, wohin meine Füße mich trugen. Der Berg Zion war von Geheimnis, Grusel und Unheil umwittert. Der Weg dorthin führte an einer Hundeklinik vorbei; das gepeinigte Jaulen verfolgte einen fast bis zum Gipfel. Man kam auch über Mamila hin, ein arabisches Stadtviertel, das im Krieg verwüstet worden war und jetzt im Niemandsland lag. Seine Bewohner hatte es wer weiß wohin verschlagen, vermutlich in Flüchtlingslager. Die Häuser waren zerstört, aber ihre Ruinen ließen noch etwas von ihrer ehemaligen Form erkennen. Gesprengte Ziegeldächer, durchlöcherte Mauern, kaputte Fensterläden, verbogene Eisengeländer, geborstene Stufen. Hier und da lagen Möbelteile und verbeulte Kochtöpfe herum. Man konnte erahnen, wie das Viertel vor dem Krieg ausgesehen hatte. Ich stellte mir vor, wer die Bewohner gewesen waren und wie sie gelebt haben mochten. Damals fragte ich mich noch nicht, warum sie nicht mehr da waren. Jenseits der Grenze standen die Legionäre; jederzeit konnte einer unvermittelt das Feuer eröffnen. Das kam häufig vor.

Der Berg Zion ist von alten Gräbern umgeben, und ein mächtiger Grabstein auf seiner Kuppe gilt seit rund tausend Jahren als König Davids Grab. Ein Mann, der immer dort saß, erzählte mir, einmal habe er um Mitternacht hinter seinem Rücken Lyraspiel gehört, und als er sich umdrehte, König David gesehen. Die christliche Überlieferung, wonach Jesus das letzte Abendmahl mit seinen Jüngern auf dem Berg Zion eingenommen hat, ist auch sehr alt. Die Kirche, die Kaiser Wilhelm dort oben finanzierte, sollte außerdem den Ort markieren, an dem Maria, die Mutter Jesu, in ewigen Schlaf gesunken war.

Hans Mehl, alias Pater Paul, kannte viele Jerusalemer, und viele kannten ihn. Er war in einer Kleinstadt am Oberrhein geboren und als junger Mann ins Zionskloster eingetreten, rund dreißig Jahre vor unserer Begegnung. Er leitete den Souvenirshop der Abtei. Ich weiß nicht mehr, wieso wir uns an jenem Tag etwas angefreundet haben; wir sprachen Deutsch, das ich von zu Hause kann. Ich erinnere mich an den leicht muffigen Geruch der schwarzen Kutte, in der ich hinter dem bärtigen Pater die Treppen hinaufstieg. Hatte er wirklich einen Bart? Ich meine, ja. Einen weißen, scheint mir. Als wir auf den Balkon hinaustraten, verschlug es mir den Atem: Die ganze Altstadt lag vor mir ausgebreitet, und in der Mitte glänzte die goldene Kuppel des Felsendoms. Als Kind hatte ich einen Modellbaukasten der Altstadt, den mein Vater gemacht hatte, eine Art Lego-Vorgänger aus Holz, komplett mit Stadtmauer, Davidsturm und Tempelberg. Ich wusste, dass es die Altstadt tatsächlich gab, dass sie aber für immer unerreichbar war, da sie jenseits der Teilungslinie, gewissermaßen auf der dunklen Seite des Mondes lag. Jetzt sah ich sie vor mir, ganz in Gold, ganz mein. Pater Paul fasste mich um die Hüften und führte mich vorsichtig an der Brüstung entlang. Hier und da war der Balkon im Krieg getroffen worden, dort durfte man nicht hintreten, damit der Boden nicht einbrach. Die Kirche neben dem Turm reichte bis an die Grenze. Zwischen ihren vier Türmchen patrouillierten ständig israelische Soldaten. Sie konnten fast jeden Punkt in der Altstadt sehen, und wenn sie zum Turm aufblickten, sahen sie auch uns.

Ich hatte einen Fotoapparat dabei, aber Pater Paul sagte, wenn die Soldaten annehmen, dass ich sie ablichte, bekämen wir Unannehmlichkeiten. Er streckte mir den Arm entgegen, sodass der Ärmel seiner Kutte ein schwarzes Dreieck bildete, und flüsterte mir zu, schnell zu fotografieren, im Schutz des Ärmels. Die Fotos existieren bis heute. Doch es gibt ein Problem: Obwohl ich schwarz-weiß fotografierte, sieht man die Sonne auf der goldenen Kuppel blitzen. Die Goldbeschichtung der Kuppel wurde aber erst 1965 fertiggestellt; zuvor war sie mit geschwärztem Blei überzogen. Das heißt, der nette Ordenspriester hatte wohl keinen Vierzehnjährigen zum Schnauzer des Kaisers hinaufgeführt, sondern einen jungen Mann von mindestens zwanzig. Das verändert die Geschichte ein bisschen. Wieder mal.

Am Fuß des Turms befanden sich mehrere düster-schauerliche Nischen, die als »Schoa-Keller« bezeichnet wurden. Gegen Bezahlung konnte man dort die Namen zerstörter jüdischer Gemeinden und seiner von den Nazis ermordeten Verwandten auf Marmorplatten eingravieren lassen. Es gab auch ein kleines Museum mit grauenhaften Bildern nackter Juden und Jüdinnen – Augenblicke vor der Erschießung – und auch das Schlimmste, was ich mir bis dahin hatte vorstellen können: Seifen, die angeblich aus dem Fett jüdischer Leichen hergestellt waren. Lange sah ich in diesen Seifenstücken den gesamten Holocaust. Zum ersten Mal war ich mit meiner Klasse dort. Viel mehr lernten wir damals nicht über den Völkermord an den europäischen Juden. Ich bin gar nicht auf die Idee gekommen, nachzufragen, ob das mit der Seife stimmte. Später hat die Holocaust-Gedenkstätte Yad Vashem es als unrichtig bezeichnet.

Ich blicke vom Computer auf, sehe durchs Fenster den versteinerten Kaiser und erkenne, dass all diese Geschichten mir die Corona-Depression nicht abnehmen werden, denn die geht offenbar tiefer als alle Erinnerungen, Mythen und Fiktionen, die mein Leben weitgehend geformt haben – die Deutschen und der Holocaust und der Zionismus und der Krieg mit den Arabern. Der Großherzog von Baden ist natürlich nicht schuld daran, auch nicht sein Erster Komiker. Im Gegenteil. Vielleicht hat Hermann Meltzer-Burg mir etwas von seiner Begabung vererbt, sich Abend für Abend in jemand anderen zu verwandeln und seine wahre Identität für sich zu behalten: Er war ein Großvater meiner Mutter. Die prächtige Zulassung, die er vom Großherzog erhielt, wird bis heute im Landesarchiv Baden-Württemberg verwahrt.

Eben jetzt schlagen die Glocken in Pater Pauls Turm wie gewöhnlich zur vollen Stunde, und mir fallen die ersten Worte ein, mit denen mein Lehrer Saul Friedländer seine Lebensgeschichte beginnt: »Ich wurde zum denkbar schlechtesten Zeitpunkt – vier Monate vor Hitlers Machtergreifung – in Prag geboren.« Dies scheint mir ein günstiger Anfang zu sein. Ich wurde in Jerusalem in eine Zeit hineingeboren, die große Hoffnung für die Menschheit bereithielt. Vier Wochen waren seit Hitlers letzter Rundfunkansprache vergangen, und seither war seine Stimme nicht mehr zu hören gewesen. Deutschland lag in Trümmern und kapitulierte zehn Wochen später. Ich weiß nicht, ob meine Geburt, vier Jahre nach der meiner Schwester, den Glauben meiner Eltern an die neue Welt widerspiegelte. Vielleicht nicht. Wie dem auch sei, zehn Jahre, nachdem sie aus ihrer Heimat hatten fliehen müssen, erschien ihnen jeder weitere Tag in Palästina sinnlos, und sie planten ihre Heimkehr – in das Land von Großvater Hermann Meltzer-Burg und anderen anständigen Deutschen, die sie dort anzutreffen hofften. Doch sie blieben in Jerusalem hängen.

ANSTÄNDIG BLEIBEN

Atempausen

Meine Eltern trafen und verliebten sich am Bauhaus in Dessau. Meine Mutter studierte Fotografie, mein Vater Architektur. Beide waren Kommunisten. Meine Mutter war keine Jüdin. Den Vater meines Vaters, Emil Schwerin, störte das nicht, im Gegenteil: Vielleicht machte es ihn sogar stolz, dass sein jüngerer Sohn mit einem deutschen Mädchen ging. Ihre Nase war zu lang, aber sie hatte blaue Augen, und das blonde Haar wallte ihr noch fast bis zur Taille herab. Der Vater meiner Mutter hingegen war nicht erbaut von der Verbindung, vor allem fürchtete er wohl, was seine Bekannten dazu sagen würden. Meine Mutter war immer schnell bei der Hand mit ihrem Urteil, unterteilte die Menschen in Gute und Böse. Den Vater meines Vaters zählte sie zu den Guten, ihren eigenen Vater zu den Bösen. Wenn sie von ihm sprach, nannte sie ihn »den Mann aus Heidelberg«, nach dem Homo heidelbergensis, dem Urmenschen, der vor einer halben Million Jahre dort lebte.

Manchmal dachte ich, meine Mutter könnte ihrem Vater übelnehmen, dass er sie überhaupt gezeugt hatte. Das hätte auch gar nicht passieren sollen: Als seine Tochter geboren wurde, war Hans Meltzer, der Sohn des Schauspielerpaars, dreiundzwanzig Jahre alt, ein lediger Wirtschafts- und Statistikstudent an der Universität Göttingen. Er benannte das Neugeborene nach der berühmten Historikerin und Schriftstellerin Ricarda Huch, die damals noch lebte. Alle wussten, dass Ricarda »unehelich« war – alle, nur sie selbst nicht. Sie entdeckte es zufällig, mit fünfzehn Jahren. Sie verzieh ihrem Vater nie, dass er es ihr nicht erzählt hatte. Alle rätselten, wer die Mutter gewesen sein könnte: eine ausländische Studentin, die Hausangestellte, die Tochter eines Professors oder vielleicht die des örtlichen Bahnhofsvorstehers? Als meine Mutter drei Jahre alt war, starb ihre Mutter jedenfalls, wohl an Tuberkulose. Meine Mutter kannte ihren Namen, erfuhr jedoch bis an ihr Lebensende nicht, wer sie eigentlich gewesen war. Sie wusste nur, dass ihr Vater ihre Mutter einige Monate nach ihrer Geburt geheiratet hatte. Doch hier greift meine Skepsis wieder ein: Ist es denkbar, dass sie ihren Vater nie danach gefragt hat? Oder wenigstens ihre Großmutter?

Kindheit und Jugend verbrachte meine Mutter in allerlei Kinderheimen und Internaten. Als sie in die Schule kam, brach die Spanische Grippe aus. Der Erste Weltkrieg war gerade erst vorbei. »Alle waren tot oder krank«, schrieb meine Mutter in ihren Erinnerungen. In Deutschland erlagen Hunderttausende der Epidemie, weltweit waren es zig Millionen. Es herrschte auch Hunger: Tagelang durften die Kinder nur ins Freie, um Pilze zu sammeln und Frösche zu fangen. Eines der Internate, die meine Mutter besuchte, gehörte zur Herrnhuter Brüdergemeine – einer strengen, protestantisch-pietistischen Reformkirche. Es war eine angesehene und teure Anstalt, Albert Schweitzer spielte dort einmal Orgel. Aber meine Mutter erwarb sich den Ruf einer Rebellin: Sie hasste Röcke und Zöpfe, spielte lieber mit Jungs, sogar »Zigeunerkindern«, und sie verabscheute jeden religiösen Glauben. Es gibt keinen Gott. Sie verweigerte die kirchliche Konfirmation.

Ihr Vater beendete sein Studium unterdessen mit der Promotion, fand eine gute Stelle bei der Stadt Mannheim und wurde später Bankdirektor. Er spezialisierte sich aufs Versicherungswesen und lehrte an der Mannheimer Handelshochschule, zuweilen auch an der Universität Heidelberg. Er besuchte seine Tochter regelmäßig, unterhielt ihre Lehrerinnen im Internat gelegentlich mit Gitarrenspiel und Flirts. Eine von ihnen wurde seine zweite Frau, was meine Mutter ihm ebenfalls nicht verzieh. Erwartungsgemäß fand sie ihre Stiefmutter dumm und böse. Ricarda verfiel in eine seelische Krise, sagte eine Zeitlang kein Wort und wurde schließlich zu ihren Schauspieler-Großeltern geschickt. Sie liebten sie innig, und die Enkelin erwiderte ihre Liebe.

Hermann und Elise Meltzer hatten unterdessen eine Tournee durch die Vereinigten Staaten gemacht und ihre Tochter Clara, die sie mitgenommen hatten, in New York gelassen. Nach der Rückkehr aus Übersee verließen sie Karlsruhe und gingen ans Görlitzer Theater. Sie lebten mit ihrer Enkelin in einer Altbauwohnung im fünften Stock, mit Gemeinschaftstoilette und ohne fließendes Wasser. Großvater Hermann empfing Schauspielschüler oder probte für seine Stücke. Meine Mutter lauschte im Nebenzimmer und lernte dabei einige seiner Rollen auswendig, einschließlich der Atempausen. Die seien sehr wichtig, die Atempausen, sagte sie einmal zu mir. Wenn Großvater Hermann ihr eine Freude machen wollte, versicherte er ihr, sie habe seine große dramatische Begabung geerbt. Meine Mutter behauptete später, ich hätte diese Begabung wiederum von ihr geerbt.

Die Großmutter kümmerte sich mit Hingabe um ihre Topfpflanzen und lud gern Verwandte und Freunde zu Kaffee und Kuchen ein. Mindestens einmal die Woche setzte sie ihre Lesebrille auf und blätterte in der *Gartenlaube*, einem beliebten, seriösen Familienblatt. Tochter Clara schickte ihnen die Hefte von *National Geographic* aus New York. Die Fotografien darin beflügelten die Fantasie meiner Mutter und regten sie vielleicht schon damals dazu an, einmal selbst Fotografin zu werden. Bei der Lektüre lernte sie etwas Englisch. Über dreißig Jahre später schickte Tante Clara das Magazin mit den großartigen Reportagen von allen Enden der Erde – von Menschenfressern im afrikanischen Dschungel bis zu Eskimos am Nordpol, von den Pyramiden in Ägypten bis zum Weißen Haus in Washington – nach Jerusalem, für mich. Auch meine Fantasie beflügelten sie, und auch mich verlockten sie zum Englischlernen.

Bald beschäftigten sich alle mit der Frage, »was mal aus ihr werden sollte«, das heißt, was Ricarda machen sollte, wenn sie groß war. Ihrem Vater schwebte vor, dass sie die Handelshochschule besuchte, damit sie später ein gesichertes Einkommen hatte. Sie zeichnete gern und bastelte allerlei Dinge aus Pappe, und als ihr ein Prospekt der legendären Bauhaus-Schule in die Hände fiel, wusste sie sofort, was sie wollte: Fotografie studieren. Insgeheim reichte sie eine Bewerbung ein, und als die Zulassung eintraf, kannte ihre Freude keine Grenzen. Nun musste sie noch einen günstigen Moment abpassen und die Zustimmung ihres Vaters einholen. Dieser Moment kam, als eine lautstarke Auseinandersetzung mit seiner zweiten Frau ihn aus dem Haus trieb. Meine Mutter begleitete ihn, »und wir haben gesprochen«, wie sie sagte. Das kam nicht oft vor: Bankdirektor Professor Meltzer war ein vielbeschäftigter Mann. Inzwischen hatte er noch einen Sohn bekommen, und auch das verzieh Ricarda ihm nie. Er begeisterte sich nicht für das Bauhaus, das damals schon als provokative, unkonventionelle, linke Einrichtung bekannt war. Aber er sagte auch nicht nein. Ihm gefiel, dass seine Tochter wusste, was sie wollte, und nicht wieder heimkehren würde, was ihm angesichts der Spannungen mit seiner Frau nicht ungelegen war. Er erklärte sich bereit, für ihre Studiengebühren und ihren Lebensunterhalt aufzukommen, und schenkte ihr seinen alten Fotoapparat.

Im Herbst 2013 durfte ich einen kurzen Rundgang durch die leeren, dunklen Korridore des ursprünglichen Bauhaus-Gebäudes in Dessau machen. Jedenfalls hielt ich es für das Originalgebäude. Die freundliche Dame, die mich begleitete, war voller Ehrfurcht, als hätten wir ein Heiligtum betreten. In einem nahen, moderneren Bau wurde an jenem Abend eine Ausstellung mit den Werken meiner Eltern eröffnet. Diese sorgfältig zusammengestellte Schau zeigte einige Möbelstücke, die mein Vater gebaut, und Spielsachen, die er angefertigt hatte, dazu Fotografien meiner Mutter. Ich war leicht verlegen. Die Schränke, die man aus Jerusalem hergeschafft, restauriert und zu Museumsstücken gemacht hatte, waren in meiner Jugend unsere Kleiderschränke gewesen; die hölzernen Autos, die Walze, der Kran, das Flugzeug und das Boot hatten zu meiner Spielzeugsammlung gehört. Nie war ich auf die Idee gekommen, sie könnten mal in die Kunstgeschichte eingehen. Deshalb wollte sich auch kein richtiges Hochgefühl einstellen, als ich als Sohn der Künstler eine Privatführung durch das historische Gebäude erhielt.

Natürlich weiß ich, dass nichts die Architektur, das Design und die Ästhetik im 20. Jahrhundert stärker beeinflusst hat als die Bauhaus-Kultur, aber darin erschöpft sich mein Wissen mehr oder weniger. Meine Mutter erzählte mir viel über ihre Studienzeit an der Schule, schilderte Zeiten des Schaffens und Liebens. Ich hörte dabei eine gewisse Nostalgie nach den ausgelassenen Festen heraus, die einige der größten Künstler, Maler, Bildhauer und Schriftsteller aus Berlin anlockten. Über die Jahre wurde sie kritischer. Das Bauhaus war ihr nun zu dogmatisch. Dabei erlangte es fast rituelle historische Verehrung, wurde Gegenstand gelehrter Aufsätze und Bücher. Einige Forscher suchten auch meine Mutter auf, aber sie lieferte ihnen nicht immer das Gewünschte: »Nicht alles, was einer von uns auf ein Blatt Papier gekritzelt hat, bedarf der wissenschaftlichen Untersuchung«, mäkelte sie. Das Streben nach einer anerkannten Geschichte des Bauhauses verzerre die Tatsachen, meinte sie: Alles sei dort experimentell gewesen, man habe Dinge ausprobiert und aus Fehlern gelernt. Einig sei man sich nur darin gewesen, dass alles, was dem Bauhaus vorausging, nichts taugte, und selbst da hatte meine Mutter mittlerweile ihre Zweifel.

So sein wie alle

Mit den Zweifeln ging es schon am ersten Tag los, erzählte sie mir. Sie war damals achtzehn Jahre alt, voll Bewunderung für das, was sie vorzufinden erwartete, und zum ersten Mal im Leben schrieb ihr niemand vor, was sie sagen oder tun oder denken sollte und was nicht. Aber gleich nach der Ankunft begriff sie, dass sie ein blaues Cordkleid brauchte, denn das trugen alle Studentinnen am Bauhaus. Sie war in einem normalen Kleid gekommen, das sie nun auf keinen Fall mehr anziehen konnte. Eilig stattete sie sich in einem Textilgeschäft aus. Auch ihr wallendes Haar verstieß gegen die örtlichen Normen. Bauhaus-Studentinnen trugen »Bubikopf«, eine Art Herrenschnitt. Und so ging sie schließlich auch zum Friseur. Später entdeckte sie, dass das Bauhaus von seinen Studierenden mehr erwartete als ein konformes Äußeres: Es wollte ihnen eine neue Persönlichkeit und eine andere Identität vermitteln. Nach der deutschen Niederlage im Ersten Weltkrieg und dem Zusammenbruch des Wilhelminischen Kaiserreichs schien es möglich, ein modernes Wertesystem mit neuen Definitionen von Gut und Böse durchzusetzen, und dafür gab es kein würdigeres Heiligtum als das Bauhaus. Dort herrschten strenge Regeln: Die Lehrer hießen »Meister«, was die Studierenden zu einer Art »Lehrling« machte, der Gehorsam schuldete. Die oberste Regel betraf die Verbindung von Kunst und Handwerk. Die Meister sprachen pausenlos von »freier Kunst«, meinten damit jedoch: »Vergiss alles, was du vor deiner Ankunft hier getan hast, und mach es wie ich.« Ungeachtet der deutschen Rechtschreibregeln benutzten sie ausschließlich Kleinbuchstaben. Das sollte wohl für Gleichheit stehen. Meine Mutter erwähnte keine Drogenkultur, erzählte jedoch, dass einige der Freikörperkultur huldigten.

Sie wusste die am Bauhaus propagierte Architektur zu schätzen und vertrat die sozialen und künstlerischen Ziele, die man an dieser Einrichtung verfolgte, unter anderem hochwertiges, egalitäres und bezahlbares Wohnen. Ihr gefielen die Stühle, die Lampen und sonstige Gegenstände, die man dort entwarf, die klaren, schnörkellosen Linien, und sie mochte die Gestaltung der Buchstaben und die Grafik, die in der hauseigenen Druckerei entstand: Alles war neu, subversiv, aufregend. Alle waren Partner, alle hatten ihre Ansichten, und alle diskutierten pausenlos mit allen, manchmal auch mit den Reinigungskräften. Alles, nur nicht »bürgerlich« sein. In diesem Stadium fühlte sich meine Mutter noch als Teil des Kollektivs mit seinen Konventionen; sie trat in die kommunistische Partei ein. »Ich wollte wie alle mit allen am Kampf für eine bessere Welt teilnehmen«, erzählte sie. Sie las Marx und Lenin. Die Genossen führten ihre ideologischen Diskussionen bis tief in die Nacht hinein oder gar bis zum Morgengrauen, und das zuweilen Nacht für Nacht.

Meine Mutter begeisterte sich vor allem für die Fotoabteilung. Dort gab es stattliche Räume und reichlich Ausrüstung: Kameras, Lampen, Dunkelkammern. »Ich habe sehen gelernt«, erzählte sie mir. Einige Monate vor ihrem Eintritt ins Bauhaus war ein neuartiger Fotoapparat auf den Markt gekommen, die »Rolleiflex«. Es handelte sich um einen hochrechteckigen Kasten mit zwei Blenden an der Vorderseite und einem umlegbaren Deckel, der beim Öffnen eine Glasplatte freigab, auf der sich das durch die Blenden sichtbare Motiv umgekehrt spiegelte. Das war der letzte Schrei der Fotokunst. Wenn ich es richtig verstanden habe, konnte man mit der Rolleiflex weit künstlerischer arbeiten als mit der Leica.

Manchmal erwähnte meine Mutter das Buch eines Fotografen, der für Natürlichkeit und eine »neue Sachlichkeit« eintrat. Er hieß Albert Renger-Patzsch. Sein Buch *Die Welt ist schön* erregte damals große Aufmerksamkeit und gilt bis heute als eines der wichtigsten Werke über Fotografie. Thomas Mann begeisterte sich dafür und auch meine Mutter. So hoffte sie selbst einmal zu fotografieren, so hoffte sie praktisch, einmal zu sein. Und so verstand sie auch die Philosophie des Bauhauses. Bertolt Brecht hingegen verwarf das Buch, und seine Bewunderer am Bauhaus taten es ihm nach: Schön sei die Welt vielleicht für die Bourgeoisie, aber nicht für das Proletariat, erklärten sie und bezeichneten das Werk als naiv. Meine Mutter sagte, sie verstehe nicht recht, warum alles Bürgerliche schlecht und alles Proletarische gut sein solle. »Es erschien mir nicht wünschenswert, dass alles proletarisch sein sollte«, schrieb sie später einmal. Um besser zu sein, müsste die Welt gerade weniger proletarisch werden, fand sie. Einige ihrer Genossen bezichtigten sie daraufhin »Trotzkistischer Abweichungen«, wobei sie kaum verstand, was damit gemeint war. Sie war durchaus für die Freiheit des Menschen, aber der kommunistische Rigorismus erinnerte sie an religiöse Glaubensstrenge. Sie fragte sich, wie sich das mit dem Tun am Bauhaus vereinbaren ließe, das eine durch und durch »bürgerliche« Einrichtung war. So tief in ihrem Innern, dass sie es anfangs sogar vor sich selbst zu verheimlichen suchte, war sie enttäuscht von den Lehrveranstaltungen der beiden besonders bewunderten Lehrer Maler Wassily Kandinsky und Paul Klee. Beiden misstraute sie: »Mit allen Bemühungen konnte ich keinen Sinn darin finden.« In Momenten kühner Selbstbetrachtung fragte sie sich, ob es sein könnte, nur mal kurz angenommen, dass die beiden ein Stück weit Scharlatane waren? Diskret drückte sie sich vor den Stunden der beiden.

Wenn ich an meine Mutter denke, kommt mir nicht nur ihre Meinungsstärke in den Sinn, sondern mehr noch ihre Kompromisslosigkeit und Ungeduld im Umgang mit Andersdenkenden. Oft tat sie sie hochmütig ab. Nach dem, was sie mir über das Bauhaus erzählte und später auch niederschrieb, scheint mir jedoch, dass nicht die Weltanschauung dieser Einrichtung ihren Widerstand weckte, sondern der Versuch, sie ihr aufzudrängen. »Mir genügten schon die Herrnhuter«, erklärte sie einmal, als sei das Bauhaus eine Art geschlossene Sekte, die ihr einen bestimmten Glauben abverlangte. Es gab dort eine starke, faszinierende Gemeinschaft, aber auch die folgte häufig den ideologischen Konventionen vor Ort: Wer anders dachte oder anders empfand, riskierte, an den Rand gedrängt zu werden. In diesem Zusammenhang erinnerte sich meine Mutter an einige Studenten aus dem damaligen Palästina, Kibbuz-Mitglieder, die sich oft mit der Wendung »bei uns im Kibbuz« rechtfertigten. Mit der Zeit dachte ich, wie gut, dass sie am Bauhaus den Mann gefunden hat, der mein Vater werden sollte. Auch er glaubte nicht an Gott und schrieb nur klein. Auf gemeinsamen Fotos sehen die beiden sehr glücklich aus.

Mein Vater war großgewachsen, aber hager und nicht besonders kräftig. Auch seine Nase war zu groß, ebenso die Ohren. Schon mit zweiundzwanzig Jahren hatte er einen Glatzenansatz. Auf Bildern wirkt er meist ernst und gedankenversunken, sympathisch, vertrauenerweckend, aber nicht gerade attraktiv. Er rauchte Pfeife, spielte Saxophon und Klarinette und fuhr Motorrad. Meine Mutter fand ihn mutig. Als sie zusammenzogen, taten sie es illegal, denn es war gesetzlich verboten, unverheirateten Paaren eine Wohnung zu vermieten.

Ihr Heinz war stolz auf diesen Gesetzesübertritt, er hasste freiheitsberaubende Gesetze. Er war als Sohn jüdischer Eltern in Kattowitz in Schlesien geboren, dem heutigen Katowice in Polen, betrachtete sich jedoch in erster Linie als Mensch und als Kommunist. Und auch er fragte sich, nur mal kurz angenommen, ob es sein könnte, dass das Proletariat gar nicht imstande war, die Revolution durchzuführen, die der Kommunismus von ihm erwartete.

Mein Vater besuchte die Freie Schulgemeinde in Wickersdorf bei Saalfeld, eine der besten und fortschrittlichsten Internatsschulen Deutschlands. Einige ihrer Lehrer unterrichteten auch am Bauhaus, und vielleicht brachten sie ihn dazu, nebenher das Tischlerhandwerk zu erlernen, nach dem Ideal der Vereinigung von Kunst und Handwerk. Er war ein rastloser Junge, fasziniert vom politischen Wandel in Deutschland. Doch die Weimarer Republik geriet schnell in einen Abwärtstrend. Die Nationalsozialisten gewannen an Zulauf, und die beiden wichtigsten Linksparteien bekämpften sich gegenseitig. Am 1. Mai 1929 veranstaltete die KPD in Berlin eine illegale Demonstration. Die Polizei zerstreute sie mit Gewalt. Die Unruhen hielten drei Tage an und endeten mit dreißig toten Zivilisten und über tausend Verhafteten. Die Polizei unterstand der sozialdemokratischen Stadtführung. Mein Vater, keine achtzehn Jahre alt und noch in Wickersdorf, war entsetzt.

Er sei bereit, in Kauf zu nehmen, dass der Kampf Menschenleben kosten würde, schrieb er an eine Freundin in Berlin, aber er könne nicht begreifen, wieso die Mehrheit der Proletarier tatenlos dabeigestanden, geschaut, geschwiegen und nicht eingegriffen habe: »eine gruppe von arbeitern kämpft unter einsetzung aller ihrer kräfte, und die anderen sehen zu, erklären sich nicht einmal durch einen generalstreik mit ihnen solidarisch. das ist geradezu ungeheuerlich. sie schreiben ›das organisierte proletariat ist nicht gewöhnt, ohne seine führer zu handeln‹. schlimm genug, aber es ist auch nicht gewöhnt, ohne seine führer zu denken.« Er fragte sich: »wo liegt der fehler? hat man das wilhelminische verdummungsverfahren beibehalten, und ist das proletariat nur ein werkzeug der parteibonzen …, oder wird das proletariat überhaupt nicht lernen zu denken?«

Er offenbarte seiner Freundin in dem Brief einen Anflug von Selbstkritik: Er fühle sich wohl in der Wickersdorfer Schule. »bei mir ist dieses zufriedensein schon sehr stark eingetreten und wenn ich nicht energisch dagegen ankämpfe, bin ich in einem jahre ein bürger übelster sorte.« Gleich darauf verspottete er die bürgerliche Atmosphäre in seinem Elternhaus: »so etwas schönes wie ein krebsessen bei den alten schwerins werden sie nicht erleben. ich tue die viecher nicht essen. und zwar aus verschiedenen erwägungen heraus: erstens schmecken sie mir nicht (ich weiß das, trotzdem ich noch nie einen gegessen habe), zweitens ist es mir ein unangenehmes gefühl zu wissen, dass die biester lebendig gekocht werden und außerdem ist krebsessen der inbegriff der bürgerlichkeit für mich. wenn man diese menschen um unseren tisch herumsitzen sieht, wie sie mit recht unappetitlichen geräuschen an den biestern kauen, dann kann man nur laut lachen, was ich auch zum größten ärger meines vaters immer tat.«

In den nächsten Monaten nahm er ein Jurastudium auf, doch bald widmete er seine ganze Zeit dem kommunistischen Jugendverband. Zuerst schickte man ihn zu einer kleinen Zelle im Süden Berlins, um den Genossen die Grundlagen des Marxismus zu vermitteln. »da habe ich die funktion eines zelleninstruktors bekommen.« Einige Zeit später berichtete er stolz, er sei befördert worden: »jetzt hat man mich aber aus dieser zelle herausgezogen, und ich sitze im sekretariat des unterbezirkes berlin süd-west.« Dort befasste er sich mit Propaganda für die bevorstehenden Wahlen. Er wurde bestätigt in seiner Ansicht, dass man »theoretisch viel wissen muss« und den Arbeitern dieses Wissen weiterzugeben habe. Die Kommunisten täten nicht genug dafür, meinte er. Er wollte etwas Radikaleres tun, als Jura zu studieren, und glaubte, als Architekt könne er mehr zur Veränderung der Welt beitragen.

Sachsenhausen

Mein Vater war zu spät ans Bauhaus gekommen: Bald forderte die nationalsozialistische Fraktion im Dessauer Gemeinderat die Schließung der Einrichtung, und der Antrag wurde angenommen. Die letzten Monate der Bauhaus-Schule standen im Zeichen eines verzweifelten und aussichtslosen inneren Kampfes. Die Studierenden protestierten vorwiegend gegen das Verbot, sich auf irgendeine Weise mit »entarteter Kunst« zu befassen. Die Leitung der Schule versuchte, deren Existenz zu schützen, und schloss daher kommunistische Aktivisten vom Unterricht aus – darunter meinen Vater. Er erhielt kein Abschlussdiplom. Zwei der drei Ausschussmitglieder, die seinen Ausschluss unterzeichneten, errangen später Weltruhm: der Architekt Ludwig Mies van der Rohe und der Maler Wassily Kandinsky. Der Rauswurf konnte das Bauhaus nicht retten: Wenige Monate später kamen die Nationalsozialisten an die Macht und schlossen es endgültig.

Adolf Hitler wurde am 30. Januar 1933 Reichskanzler. Am selben Tag wurde meine Mutter einundzwanzig. Mindestens einmal pro Jahr sagte sie, sie habe Hitler zum Geburtstag bekommen. In jenen Monaten wohnte sie zusammen mit meinem Vater in dessen Elternhaus in Berlin. Mein Vater träumte von einem Massenaufstand gegen die Nazis unter Leitung der KPD und legte im Keller des Hauses ein Munitionslager an. Sein großer Bruder beeilte sich, alles zu entsorgen. Meine Eltern übersiedelten schließlich nach Frankfurt am Main und immatrikulierten sich dort an einer anderen progressiven Hochschule, deren Rektor ein Nazigegner war und den Begriff »entartete Kunst« ablehnte. Die Stimmung war noch recht frei, wie meine Mutter es liebte. Das zeigte sich unter anderem in der Kleidung der Studierenden. Meine Mutter kam manchmal in kurzen Hosen. Einmal wurde sie deswegen auf offener Straße angegriffen. Mädchen vom BDM umringten sie und riefen im Chor: »Zu-nähen, zu-nähen«, und meinten ihre Beine. Bald darauf brach die Zeit der Flucht und des Flüchtlingsdaseins für meine Eltern an. Gute, anständige Menschen – Deutsche, Juden, Kommunisten, Menschenrechtsaktivisten, die teils selbst in Gefahr schwebten – boten ihnen ein geheimes Nachtquartier, verschafften ihnen Reisepässe und führten sie auf verschwiegenen Bergpfaden an die Grenze. Was ich darüber von meiner Mutter hörte, beeinflusste weitgehend meine Vorstellungen von Gut und Böse: Es gibt nichts Edleres als Fluchthilfe. Der böse Mann in der Geschichte meiner Mutter war ihr eigener Vater.

Die Flucht begann rund drei Monate nach der Machtergreifung der Nationalsozialisten. Eines Tages kehrte meine Mutter zu der Frankfurter Wohnung zurück, die sie und ihr Freund Heinz gemietet hatten. Schon von Weitem sah sie einen SA-Mann am Eingang stehen. Sie ging an ihm vorbei weiter zu einem Café, wo ein alter Freund vom Bauhaus aus dem Nichts auftauchte: Jascha Weinfeld. Er stammte aus Palästina, aus dem Kibbuz Beit Alfa, und studierte in Frankfurt zusammen mit meinen Eltern. Er berichtete meiner Mutter, SA-Männer seien in die Wohnung eingedrungen, hätten sie durchsucht und Heinz mitgenommen. Gelähmt vor Schreck fragte meine Mutter ihn nicht einmal, woher er das wisse. Offenbar war er bestens vernetzt: Er brachte sie in eine Fluchtwohnung, dann in eine andere und sorgte sogar dafür, dass man sie mit Kleidung zum Wechseln und mit Geld versorgte. Sichtlich erfahren in diesen Dingen, riet er ihr, sich tagsüber draußen auf der Straße oder in Parks aufzuhalten und erst gegen Abend heimzukehren. »Wenn dir kalt ist, geh ins Kino oder auf den Bahnhof«, sagte er.

Vier Tage später war Heinz wieder da. Er war in Sachsenhausen eingesperrt gewesen und hatte dort sozialdemokratische Aktivisten getroffen. Einige hatten Demütigungen und Misshandlungen erlitten. Zweimal am Tag holte man auch ihn zum Verhör, tat ihm jedoch nichts an. Bei seiner Ankunft hatte man ihm Schnürsenkel und Gürtel weggenommen und seine Taschen geleert, jedoch eine kleine Münze übersehen. Die benutzte er als Schraubenzieher, um das Gitter vor seinem Fenster zu lösen. Unter dem Fenster befand sich ein Schrägdach mit Blitzableiter. Daran hangelte er sich ein Stückchen das Dach entlang. Durch ein Fenster sah er einige Wachen am Tisch Karten spielen. Er sprang auf den Hof und schlich sich zur Mauer. Flaschensplitter waren oben eingelassen, aber die Winterregen hatten sie stumpf gemacht, sodass er hochklettern und unbeschadet auf die Straße springen konnte. Irgendwie schlug er sich zu Bekannten durch, die ihn über Nacht versteckten. Jascha Weinfeld wusste, dass Heinz geflohen war und wo er sich verbarg – und wieder kam meine Mutter nicht darauf, ihn zu fragen, wie er es erfahren hatte. Er verfrachtete sie in ein Auto, von dem sie nicht wusste, wem es gehörte. Unterwegs stiegen sie in einen wartenden Wagen um, gelangten schließlich in ein Wäldchen am Stadtrand. Dort wartete Heinz bereits auf sie und erzählte, was er durchgemacht hatte. Weiter ging es nach Offenbach. Inzwischen war der Tag angebrochen. Heinz ließ sich rasieren, danach kauften sie in einem Kaufhaus ein paar Kleidungsstücke zum Wechseln und fuhren mit der Bahn nach Berlin – erster Klasse, um das Verhaftungsrisiko zu verringern.

Über die Jahre erzählte meine Mutter oft, dass Heinz aus einem Konzentrationslager geflohen war und wie er das fertiggebracht hatte mittels der Münze. Ich lernte, ihn als wahren Helden zu betrachten. Manchmal verwies sie auf diesen Helden, wenn es beispielsweise Beschwerden über mein Verhalten in der Schule gab: »Heinz ist aus einem KZ geflohen, und ich muss hören, dass du im Klassenzimmer störst«, schimpfte sie dann. Wir sagten nie Papa, immer Heinz. Meine Schwester und ich redeten auch sie nie mit Mama an, sondern mit dem Kosenamen, den er ihr gegeben hatte, Carda. Die Verwendung der elterlichen Vornamen beruhte wohl auf derselben antibürgerlichen Ethik, die der Kleinschreibung zugrunde lag.

Einmal fragte ich meine Mutter, wo mein Vater interniert gewesen war, und sie antwortete, »in Sachsenhausen«. Als ich zum ersten Mal nach Frankfurt kam, beschloss ich, das Lager zu suchen. Ich betrachtete es fast als Geheimmission, denn wie sollte man sich nach so etwas erkundigen? »Verzeihung, wo gibt es bei euch ein Konzentrationslager?« Ich fragte nach Sachsenhausen. Erst jetzt erfuhr ich, dass es sich um ein ganzes Stadtviertel handelte. Es war mir unangenehm zu fragen, ob dort auch ein Lager existiert hatte. Schließlich gab ich es auf. Jahrelang, bis ich schon fast mit dem Studium fertig war, dachte ich also, dass mein Vater aus dem KZ Sachsenhausen geflohen war, was mich recht stolz machte. Vielleicht hätte es sogar sein können, aber es war nicht so.

Schließlich bat ich meine Mutter, ihre Erinnerungen niederzuschreiben. Das sollte ihr Geschenk zu meinem dreißigsten Geburtstag werden. Sie zeigte mir die ersten Kapitel, und da war mein Vater nicht aus dem KZ Sachsenhausen geflohen, sondern aus einem Amtsgerichtsgefängnis. Ich habe es nachgeprüft: Es lag im Frankfurter Stadtteil Sachsenhausen und war offenbar nicht besonders streng bewacht. Vielleicht hätte man ihn später zu Fuß oder per Lkw ins KZ Osthofen gebracht, das bald darauf geschlossen wurde. Das KZ Sachsenhausen bei Berlin wurde erst 1936 eröffnet, als mein Vater nicht mehr in Deutschland war.

Was hätte der Richter getan

Als ich begriff, dass mein Vater nicht aus einem Konzentrationslager geflohen war, begann ich seine Verhaftung überhaupt anzuzweifeln. Deshalb war ich froh, als der Filmemacher Amos Gitai mir die Kopie eines Protokolls schickte, das am 14. Juni 1933 bei einem Haftverlängerungsverfahren für vier Verdächtige an einem Frankfurter Gericht aufgenommen worden war. Einer der vier war Gitais Vater, der Architekt Munio Weinraub, der ebenfalls am Bauhaus studiert hatte. Ihnen wurde vorgeworfen, einen Aufruf zum gewaltsamen Widerstand gegen die Regierung gedruckt zu haben, was als Landesverrat galt. Drei der Verdächtigen verblieben in Haft. Über den vierten hieß es, sein Aufenthaltsort sei unbekannt. Das war mein Vater. Ich freute mich, nun wenigstens mit Sicherheit zu wissen, dass er sein Vaterland verraten hatte. Ich war nicht böse, dass er keinem richtigen Konzentrationslager entflohen war, begriff aber nicht, warum meine Mutter mich statt mit der Wahrheit mit einem Mythos aufgezogen hatte. Auf meine Frage reagierte sie zutiefst verletzt: »Ich sehe, du überprüfst meine Aussagen, glaubst mir wohl nicht. Dann brauche ich auch nicht zu schreiben.« Sie vernichtete alles, was sie bis dahin zu Papier gebracht hatte. Kurz vor ihrem Tod schrieb sie noch ein paar Seiten, aber der Großteil dessen, was sie zu erzählen hatte, war mir durch meine Nachfrage entgangen. Ich hatte natürlich sehr dumm gehandelt und lernte daraus einen wichtigen Grundsatz für biographische Interviews: Man diskutiert nicht mit dem Interviewpartner, man hört ihm zu. Als ich später einige KZ-Kommandanten interviewte, dachte ich, dass ich meiner Mutter für diese Lektion dankbar sein müsse. Und da war noch etwas Schreckliches, das meine Mutter meiner Schwester erzählte.

Als mein Vater noch in Haft war, oder vielleicht gleich nach seiner Flucht, fuhr sie zu ihrem Vater, dem Bankdirektor, nach Mannheim. Sie suchte ihn oben in seinem Büro auf. Dort erzählte sie ihm, dass ihr Freund verhaftet sei, ihr das ebenfalls drohte, und bat ihn um Hilfe, sie bräuchten Geld. »Was, du wirst gesucht?«, fragte ihr Vater. »Dann muss ich ja sofort die Polizei informieren, dass du hier bist.« Meine Mutter sprang auf, verließ das Büro und wechselte bis zu seinem Tod kein Wort mehr mit ihm. Sie erzählte uns immer, er sei kein Nazi gewesen, nur ein feiger, gehorsamer Bürger, der um seine Stellung fürchtete. Was sie gegen Ende ihres Lebens noch aufschreiben konnte, fand ich erst nach ihrem Tod, und dort stand, sie habe ihren Vater nur einmal getroffen, während sie in Frankfurt lebten, und das auf dem Bahnhof. »Wie immer fand er nur dann Zeit für mich, wenn er zwischen zwei Zügen wartete«, schrieb sie verletzt. Er hatte sich zufrieden darüber geäußert, dass sie vom Bauhaus abgegangen war. Das war anscheinend vor Heinz' Verhaftung. In dem Text wird nichts erwähnt von der Begegnung im Büro, als es schien, ihr Vater würde sie an die Nazis ausliefern. Manchmal fragte ich mich, was ein Richter getan hätte, wenn er die Glaubwürdigkeit dieser Geschichte hätte beurteilen müssen. Bei meinem ersten Aufenthalt in Deutschland hätte ich ihn beinahe getroffen, meinen Großvater, den »Mann aus Heidelberg«. Als ich schon zu ihm unterwegs war, telegrafierte er, es gehe ihm nicht gut. Ich bin nicht sicher, ob ich es gewagt hätte, ihn zu fragen. Vielleicht nein. Jedenfalls kannte ich diese Geschichte damals noch nicht.

Meine Eltern schafften es über die Grenze in die Tschechoslowakei. »Auf dem Weg hörten wir Schüsse«, erzählte meine Mutter, »und wir stießen auch auf eine Streife der deutschen Grenzpolizei. Wir trugen einen Rucksack und sahen aus wie Ausflügler. Die Grenzer erteilten uns einen Rat: Nehmt nichts mit, wo ein Hakenkreuz drauf ist. Die Tschechen mögen uns nicht.« Das sei das letzte Mal gewesen, dass sie in Deutschland einen guten Rat erhalten habe. Fast fünfzig Jahre später verriet eine alte Freundin meiner Mutter mir ein Geheimnis, das sie angeblich von ihr erfahren hatte: Bevor sie Deutschland verließen, hatten sie gemerkt, dass meine Mutter schwanger war, und abgetrieben.

In Prag erlebten sie eine glückliche Zeit der Freiheit und Schaffensfreude. Die Stadt florierte unter dem beliebten Staatspräsidenten Tomáš Masaryk. Sie gingen häufig in Cafés, trafen Maler, Dichter, Journalisten und freundeten sich mit anderen politischen Flüchtlingen an. Einer von ihnen wohnte bei ihnen. Er hieß Heinrich Blücher, war Dichter und Philosoph und heiratete später Hannah Arendt. Über die Jahre hielt er Verbindung zu meinen Eltern, und als ich in den USA studierte, zeigte sich Arendt mir gegenüber sehr freundlich. Zunächst plante mein Vater in Prag Wohnungsrenovierungen, meine Mutter fotografierte: Gassen und Plätze, Mauern und Schlösser, Kirchtürme und vor allem endlose Flächen roter Ziegeldächer. Die Fotos zeugen von großer Liebe, ähnlich wie die Bilder, die sie später in Jerusalem aufnahm. Beide Städte liebte sie besonders im Schnee. Schon bald gründeten die beiden eine kleine Werbeagentur und gaben ihr einen originellen Namen, im Anklang an ihre kommunistische Einstellung: *Hammer und Pinsel.* Sie entwarfen Plakate und Schaufensterdekorationen.

Alles war großartig, und möglicherweise wären sie dort geblieben, vielleicht sogar für immer. Aber ihre Aufenthaltsgenehmigungen liefen ab, und sie mussten sich notgedrungen eine andere Zuflucht suchen. Die Option Palästina verdrängten sie, solange sie konnten. Zuerst überzeugten sie den Schweizer Konsul davon, dass sie das Matterhorn besteigen wollten, und erhielten Touristenvisa. Eine Weile blieben sie in Genf, wo meine Mutter Englischunterricht gab. Doch auch die Gültigkeit des Schweizer Visums lief ab, und meine Eltern zogen weiter in die ungarische Stadt Pécs zu Freunden, auch er Architekt und sie Fotografin und beide ehemalige Bauhaus-Studenten. Sie brachten ihre Gäste als Erstes zum Heiraten aufs Rathaus und bedrängten sie dann, mit ihnen nach Südafrika zu emigrieren. Das stellte die beiden vor eine schwierige Entscheidung. Palästina standen sie kritisch und skeptisch gegenüber, denn jede Form von Nationalismus war ihnen zuwider. Aber Südafrika fanden sie noch schlimmer. Und so entschieden sie sich fast notgedrungen, die nächsten Jahre in Palästina zu verbringen. Dort hatten sie Freunde vom Bauhaus, die ihnen ihre Hilfe anboten. Mein Vater war damals vierundzwanzig Jahre alt, meine Mutter ein Jahr jünger. Seine Eltern kamen zum Abschied in den Hafen von Triest. Alle vier glaubten, dass sie sich eines nicht mehr fernen Tages in Berlin wiedersehen würden. Das nächste Mal trafen sie sich in Jerusalem. Meine Großeltern waren damals schon recht abgerissen.

Die Telefonnummer

Zu meinem ersten Geburtstag schenkten mir meine Großeltern eine Fünf-Dollar-Note mit dem Konterfei von Abraham Lincoln, fast der letzte Rest jüdischen Wohlstands in Schlesien, den ich bis auf das Jahr

1789 zurückverfolgen kann. Das Testament der Großmutter meines Urgroßvaters, Johanna, Witwe des Kaufmanns Salomon Schwerin, geborene Ollendorf, ist nach dem jüdischen Kalender datiert und verzeichnet unter Paragraph 6: »Mein buntseidenes Kleid soll, wenn es noch brauchbar sein sollte, zu einem Thoravorhang für die hiesige Synagogen-Gemeinde gemacht werden.« Nur einer ihrer fünf Söhne ist im Testament mit einem hebräischen Namen aufgeführt, Samuel Joseph. Seine Brüder hießen Tobias, Philipp, Moritz und Julius. Alle betrachteten sich als deutsche Juden. Ihre Mutter vererbte ihnen ein Haus und ein Geschäft in Namslau, dem heutigen polnischen Namysłów, dazu ein Warenlager und eine kleine goldene Uhr sowie zehn Esslöffel und ein Dutzend Teelöffel aus Silber, ein Paar Ohrringe, einen Gewürzbecher, ein Paar Kerzenständer und auch »eine aus Amerika erhaltene goldene Brosche« – all das unter der Bedingung, dass nichts davon verkauft wurde, sondern alles für immer in Familienbesitz blieb.

Über die Generationen fällt mir auf, dass keiner meiner Vorfahren dort gestorben ist, wo er geboren wurde, sondern dass es sie allesamt in fremde Länder verschlug und ihre Jugendträume unerfüllt blieben. Mein Großvater Emil war in Kattowitz geboren, das die ansässigen Juden schon damals als »Klein-Berlin« bezeichneten, sei es aus Lokalpatriotismus, sei es aus Sehnsucht nach dem echten Berlin. Auch mein Großvater erbte ein Haus von seinem Vater und sehnte sich bis an sein Lebensende nach diesem Besitz. Im vierten Stock lagen teure Wohnungen; im dritten war das brasilianische Generalkonsulat eingezogen, was dafür spricht, dass es sich um eine feine Adresse gehandelt hat. Die beiden unteren Etagen beherbergten ein Kaufhaus, dessen Besitzer seinen Namen auf Polnisch in erhabenen Lettern auf der Fassade hatte anbringen lassen: Karol Schwerin. Das war der Vater meines Großvaters. Durch die Fenster im zweiten Stock sah man von der Straße eine schöne Auswahl an Kinderwagen und Kinderbetten. Unten waren in drei weiteren Schaufenstern – eines rechts der Haustür, zwei links davon – Kinderzimmermöbel und Haushaltswaren ausgestellt. Ich bin nie dort gewesen, kannte aber von frühester Kindheit an die Fotografie des Ladens. Gäbe es ihn noch, würde ich ihn mühelos erkennen.

Das Foto wird in einem hellen Lederkoffer verwahrt, der hervorragend zum Selbstbild meines Großvaters passt. Die Koffermacher hatten ihn nicht nur für lange Fahrten und Überseereisen, vermutlich erster Klasse, vorgesehen, sondern auch für ein langes Leben. Er zeugt von Qualitätsbewusstsein und Berufsstolz: doppelte Nähte, glänzende Metallschlösser, millimetergenau schließender Deckel. Meine Großeltern kauften immer nur das Beste. Neben allerlei Familienurkunden und alten Briefen enthält der Koffer ein älteres Foto des Hauses: Das Geschäft hatte damals nur ein Schaufenster, und der Name stand lediglich auf Deutsch daran – Carl. Das ist ein Beweis für den wirtschaftlichen Aufschwung und für die Hinwendung zur polnischen Kundschaft, die Großvater Emil, der Vater meines Vaters, vorgenommen hatte.

Emil war seinen Bekannten als leichtsinniger und tollkühner Junge in Erinnerung. Gleich nach Abschluss der Volksschule trat er als Lehrling ins Familiengeschäft ein. Er wuchs hinein in ein neues Jahrhundert, das fantastische Neuerungen von einer Größenordnung bereithielt, wie meine Altersgenossen und ich sie bei der Erfindung des Personal Computers erlebten. Ich stelle mir meinen Großvater beim Anblick der ersten Eisenbahn, des ersten Kraftwagens, des ersten Telefonapparats vor. Das Leben schritt stürmisch voran. Er hatte Erfolg, kaufte Ware und vertrieb sie auch in deutschen Städten, und als er zweiundzwanzig Jahre alt wurde, rückte er zum Wehrdienst ins deutsche Heer ein. Jemand zeichnete ihn mit Bleistift, in Uniform, einen kleinen Schnurrbart unter der Nase und eine Schirmmütze auf dem Kopf. Er sitzt an einem Tisch und tut, was er sein Leben lang gern tat: Er liest Zeitung und trinkt Wein. Seine Miene ist ernst. Er sieht prüfend auf die Zeitung, als wäre es die Rechnung, die der Kellner ihm vorgelegt hatte. Als er zwei Jahre später aus dem Militärdienst heimkehrte, übertrug ihm sein Vater die Geschäftsführung. Im selben

Jahr heiratete er die Tochter eines jüdischen Gastwirts aus Radzyń Podlask, nördlich von Lublin. Seinen beiden Söhnen gab er deutsche Namen: Kurt und Heinz. Groß und kräftig gebaut, ließ er sich gern mit seiner Stute ablichten. Er war stolz, rechthaberisch, aufbrausend und ein Chauvinist im Umgang mit Frauen.

Kattowitz gehörte zu Preußen. Die Stadt nahm einen raschen Aufschwung. Der Großvater schien familiär und geschäftlich auf Erfolgskurs zu sein. Doch dann brach der Erste Weltkrieg aus. Großvater Emil zog in Kaiser Wilhelms Heer in den Kampf. In einer Notiz heißt es, er habe »an der Front« gekämpft. Nach dem Krieg erhielt er das Eiserne Kreuz, mit farbigen Bändern verziert, aber auch sie konnten die schmerzliche Wahrheit nicht vertuschen: Wie alle kehrte Großvater Emil besiegt heim.

Nach dem Krieg war alles anders. Das deutsche Kattowitz stand vor der Übergabe an Polen und Großvater vor der Frage, ob er in seiner Heimat bleiben oder wegziehen sollte. Seine Eltern waren in jenem Jahr gestorben. Die Vorsitzenden der jüdischen Gemeinde ächteten ihn und er sie. Das lag unter anderem daran, dass er einer – anscheinend ziemlich esoterischen – Gruppe angehörte, die unter dem Namen »Flamme« firmierte und für die Einäscherung von Leichnamen anstelle der im Judentum vorgeschriebenen Erdbestattung eintrat. Etwas Provokativeres hätte er sich kaum ausdenken können, aber Großvater Emil hatte seine Prinzipien: Er glaubte nicht an Gott. Und er war ein strammer Sozialist, beinahe Kommunist. Er entschied sich schließlich für Berlin. Kurz zuvor war mein Vater auf dem Schulhof von einem älteren Jungen verprügelt und von seinem großen Bruder Kurt herausgehauen worden. Den Eltern erzählten die beiden davon nichts. Es war also nicht der zunehmende Judenhass im »kleinen Berlin«, der meinen Großvater veranlasste, ins große Berlin zu übersiedeln, sondern der Wunsch nach einem Neuanfang, den viele Menschen nach dem Ersten Weltkrieg verspürten. Er war damals zweiundvierzig Jahre alt. Haus und Geschäft behielt er noch, zumindest für eine Weile.

In jüdischen Familien, die seit Generationen in Berlin ansässig waren, blickte man auf die Immigranten aus dem Osten gern herab. Der Begriff »Ostjude« war im Grunde eine Beleidigung. Die Alteingesessenen fürchteten, die Immigration aus dem Osten könnte ihre eigene Eingliederung in die deutsche Gesellschaft gefährden. Großvater Emil fand das lächerlich. Wie viele der alteingesessenen Berliner Juden sprach er wie ein Deutscher, kleidete sich wie ein Deutscher, aß und vor allem trank wie ein Deutscher und engagierte sich in der deutschen Politik. Als Anhänger der Sozialdemokratie hielt er es stets mit dem ultralinken Flügel, der USPD. Er verleugnete seine jüdischen Wurzeln nicht, trat als überzeugter Atheist aber aus der jüdischen Gemeinde aus und entrichtete keinen Mitgliedsbeitrag mehr. Gemeinsam mit einem anderen Juden, der ebenfalls aus dem Osten kam, erwarb er eine Fabrik für Damenhüte. Von dem Gewinn konnte er sich eine schöne Villa An der Rehwiese, eine der feinsten Adressen im noblen Stadtteil Nikolassee, leisten. Die Familie beschäftigte eine Zugehfrau, eine Köchin, einen Gärtner und einen livrierten Chauffeur für die amerikanische Limousine. Wie andere Deutsche ihres Standes fuhren die Schwerins in mondäne Bäder und in den Skiurlaub.

Später soll das Unternehmen hundertfünfzig Mitarbeiter gehabt haben, so notierte es mein Großvater; ich halte das für übertrieben. Ein Foto seines Büros zeigt einen raumfüllenden Schreibtisch und drei Sekretärinnen. Am Schreibtisch sitzt ein schmaler Mann in Anzug und Krawatte. Er hat etwas Gehorsames, fast Unterwürfiges an sich und ist völlig kahl. Das ist wohl sein Partner, Salo Wieruszowski, der sich vorwiegend um die Buchhaltung kümmerte. Mein Großvater steht neben dem Schreibtisch und telefoniert, ignoriert quasi die Anwesenheit des Fotografen. Er trägt eine Weste, aber kein Jackett. Zwischen Zeige- und Mittelfinger der linken Hand hält er eine Zigarre. Auch er hat eine Vollglatze, ähnelt darin sogar ein wenig seinem Partner, strahlt aber gebieterische Ruhe aus. Ein anderes Foto ist in der Fabrikhalle aufgenommen. Sieben junge Frauen sitzen um einen Tisch und nähen Glockenhüte. Die Arbeitsbedingungen sind annehmbar, wie es sich für das Unternehmen eines Sozialisten gehört: Mein Großvater gewährte kein Miteigentum an seinen Produktionsgütern, aber die Halle hatte große Fenster und Zentralheizung. Er scheint ein anspruchsvoller, aber anständiger Chef gewesen zu sein. Irgendwie hatte er die große Inflation überstanden und daraus gelernt: Damen tragen immer Hüte. Das galt durchaus auch für die ersten Jahre der nationalsozialistischen Herrschaft. Alles Blödsinn, meinte Großvater Emil daher: Die Nazirüpelei würde genauso schnell verschwinden wie sie begonnen hatte. So dachten viele, auch jüdische Deutsche.

Ich konnte niemals verstehen, warum meine Großeltern so lange blieben. Es war kein überhebliches Befremden – wer weiß, wie ich an ihrer Stelle gehandelt hätte –, aber trotzdem: Wie konnten sie dort ausharren? Einmal habe ich Josef Burg gefragt, der dreißig Jahre lang als Minister in israelischen Regierungen saß. Wie mein Großvater stammte er aus Oberschlesien und war fast bis zum letzten Moment in Deutschland geblieben: Sechs der zwölf Nazijahre hatte er dort verbracht. Wie sei das gekommen, fragte ich ihn, denn anders als mein Großvater sei er doch überzeugter Zionist. Anstelle einer Antwort diktierte Dr. Burg mir die Nummer des Telefonanschlusses in seinem Elternhaus in Dresden und vergewisserte sich, dass ich jede Ziffer richtig notiert hatte, als könnte man dort noch anrufen und fragen, ob er zu Hause sei.

Großvaters Traum

Mein Großvater fürchtete, die Nationalsozialisten würden die deutsche Wirtschaft ruinieren, und spielte daher mit dem Gedanken, seine Hutfabrik in ein anderes, stabileres Land zu transferieren, zum Beispiel nach Großbritannien oder zumindest in eines der Länder im britischen Hoheitsbereich. Das Nächstliegende war Palästina. Man sollte es zumindest prüfen, dachte er und fuhr mit meiner Großmutter hin. Ich weiß nicht, wen sie vor Ort getroffen haben, aber offenbar sind sie mit dem erstbesten Schiff wieder heimgefahren, in Hitlers Berlin. Die Menge an Damenhüten, die seine Fabrik pro Monat herstellte, überstieg die Anzahl der Hüte, die die Damen des gesamten Nahen Ostens im Verlauf eines Jahres kaufen würden, kalkulierte mein Großvater, daher müsste man entweder verrückt oder Zionist sein, wenn man sich im Land Israel niederließ. Er spendete großzügig für die Rote Hilfe Deutschlands, eine Untergrundorganisation, die Regimegegnern zur Flucht verhalf, und glaubte, es würde sich schon alles regeln. Doch die Nationalsozialisten stabilisierten ihre Macht in Windeseile, und mein Großvater erkannte allmählich, dass das Leben sich änderte. Als er von der Verhaftung meines Vaters erfuhr, rief er umgehend den Frankfurter Polizeipräsidenten an und versuchte sogar, den Oberbürgermeister zu erreichen: So eine Unverschämtheit, seinen Sohn zu verhaften.

Eines Nachts träumte Großvater Emil dann, Reichspropagandaminister Joseph Goebbels statte seiner Hutfabrik unerwartet einen Besuch ab. Der Traum wurde in den Sammelband *Das Dritte Reich des Traums* von Charlotte Beradt aufgenommen, der viele Jahre später in Deutschland und den USA erschien. Unter großer seelischer Anspannung und körperlicher Anstrengung gelingt es Großvater darin, seinen Widerwillen zu überwinden und den Minister ordnungsgemäß mit deutschem Gruß zu empfangen. Alle Mitarbeiter, die auf Goebbels' Befehl hin in Zweierreihen Aufstellung genommen haben, verfolgen seine minutenlangen Anstrengungen. Goebbels, der ihn ebenfalls beobachtet, sagt schließlich kühl: »Ich wünsche Ihren Gruß nicht«, und geht. 1938 verkaufte Großvater die Fabrik.

Ich verwende absichtlich das neutrale Verb »verkaufte«. Scheinbar war es ein rechtmäßiges Handelsgeschäft. Eines Tages erschienen SA-Männer in der Fabrik und forderten meinen Großvater auf, sie an »arische« Eigentümer zu verkaufen. Sie hatten gleich einen Interessenten mitgebracht, einen gewissen C. Heinrich Müller. Das war gängige Praxis. Mein Großvater und sein Partner weigerten sich. Die Nazirüpel versuchten zunächst, die beiden zu überreden, dann gingen sie zu Drohungen über, und schließlich schleppten sie seinen Partner ins KZ Sachsenhausen, wo er ihr Angebot überdenken sollte. Ab und zu erlaubten sie seiner Frau, ihn zu besuchen, und schließlich verlangten sie, dass die Kinder mitkamen, »um von ihm Abschied zu nehmen«. Sie folgten der Aufforderung, und als sie gegangen waren, prügelten die SA-Männer ihn tot. Mein Großvater unterzeichnete den Kaufvertrag.

So hat mein Großvater es erzählt. Es hätte so gewesen sein können, war es aber nicht. Sein Partner, Salo Wieruszowski, wurde tatsächlich nach Sachsenhausen verschleppt, dort aber nicht ermordet, und mein Großvater wusste das. Einige Zeit nachdem er die Fabrik verkauft und Deutschland verlassen hatte, erhielt er die Nachricht, dass Wieruszowski noch am Leben sei und zu emigrieren versuche. Mein Großvater schuldete ihm Geld, und Wieruszowski drängte schriftlich auf Begleichung, um seine Rettung zu finanzieren. Mein Großvater antwortete, er habe kein Geld, werde aber umgehend zahlen, wenn es ihm gelinge, das Haus in Kattowitz zu verkaufen. Drei Jahre später wurde Wieruszowski nach Auschwitz deportiert und kam nicht wieder. Die Unterlagen sind im deutschen Bundesarchiv und im Archiv von Yad Vashem verwahrt.

Wieder stand ich vor einem Mythos: Genauso, wie ich mich gewundert hatte, warum meine Mutter die Geschichte von der Flucht meines Vaters aus dem Konzentrationslager erfunden hatte, so fragte ich mich nun, warum mein Großvater sich diese Geschichte ausgedacht hatte. Vielleicht wollte er seine Schwäche kaschieren. Er war ein sehr stolzer Mann. Vielleicht schämte er sich seiner schmählichen Kapitulation. Außerdem war er ein anständiger Mensch und quälte sich vermutlich damit, dass er seinem Partner nicht hatte helfen können. Und am schwersten fiel es ihm vielleicht, seinen Irrtum einzugestehen: Die Nazis hatten gesiegt, und Großvater Emil war wieder unterlegen, diesmal nicht als deutscher Soldat im kaiserlichen

Heer, sondern als jüdischer Hutmacher. Er mochte nicht zugeben, dass er falsch gelegen hatte. Jahre später erhielt meine Mutter einige Details über das Verkaufsgeschäft. Mein Großvater hatte den Wert der Fabrik auf 80000 bis 85000 Mark geschätzt, und als er sie verkaufen musste, hatte er mit 45000 gerechnet. Letzten Endes erhielt er 30000, wovon 20000 Mark Verkaufssteuer abgingen. Die Urkunde, die all das belegt, befindet sich ebenfalls in dem bewussten Lederkoffer. Sie ist mit einer braunen, einer grünen und einer roten Stempelmarke und mit fünf Notariatsstempeln versehen, alle in Form eines Adlers mit ausgebreiteten Schwingen und Hakenkreuz.

Meine Schwester und ich haben uns einmal ein Zufallstreffen unserer beiden Großväter ausgemalt. Es hätte in Berlin stattfinden können. Professor Hans Meltzer war bald nach der nationalsozialistischen Machtübernahme dorthin gezogen. Später verlieh ihm der westdeutsche Bundespräsident das Bundesverdienstkreuz erster Klasse, wozu eine offizielle Biographie erstellt und in mehreren Versionen veröffentlicht wurde. Über seine Berliner Jahre stand darin nur, dass er einer der Vermögensverwalter der großen Versicherungsgesellschaft Victoria gewesen war. Meine Schwester engagierte zwei Rechercheure, die herausfanden, dass Meltzer dort eine Metallgesellschaft leitete, die zuvor offenbar Juden gehört hatte. Es war unklar, wie sie in den Besitz der Victoria gelangt war, aber man konnte es ahnen. Bei Kriegsende wurde die Metallgesellschaft geschlossen, und Meltzer kehrte nach Heidelberg zurück. Vorher besorgte er sich noch die Bestätigung, »weder in Berlin noch an seinem neuen Wohnsitz unter Entnazifizierungsmaßnahmen zu fallen«.

Hätte ich es gewagt, ihn danach zu fragen, wenn wir uns begegnet wären? Vielleicht. Wie dem auch sei – es ist reizvoller, sich eine Begegnung zwischen ihm und Großvater Emil auszudenken. Das wäre Stoff für ein Schauspiel: Statt der Metallgesellschaft könnte er darin die Damenhutfabrik leiten, die man Großvater Emil geraubt hatte. Da haben wir zwei Deutsche, die wider Willen verschwägert waren. Was hätten sie einander zu sagen? Vielleicht würden sie sich über die Wirtschaftslage austauschen, ohne dabei den Raub der Fabrik anzusprechen. Ihre Kinder würden sie wohl erwähnen. Der überaus korrekte Meltzer würde vielleicht Grüße an das junge Paar ausrichten. Man darf hoffen, dass mein Großvater Emil erwidert hätte: Danke, aber ich wünsche ihren Gruß nicht.

Nachdem meine Eltern in die Tschechoslowakei geflohen waren, verließen auch mein Onkel Kurt und seine Frau Deutschland. Sie planten, den Rest ihres Lebens auf einer Farm in Afrika zu verbringen, vielleicht in Angola oder Mosambik, die damals portugiesische Kolonien waren. Deshalb fuhren sie zunächst nach Lissabon in der Hoffnung, von dort weiterzukommen. Das Haus in Kattowitz brachte noch Miete ein. Der amerikanische Woolworth-Konzern war am Erwerb des Warenhauses interessiert. Aber daraus wurde nichts, und auch der Plan mit der Farm in Angola oder Mosambik wurde eingemottet. Mein Onkel, Doktor der Ökonomie, blieb in Lissabon und importierte nun Spielsachen aus Deutschland, speziell Teddybären. In seiner Freizeit unterstützte er eine Organisation, die sich um Flüchtlinge aus dem Spanischen Bürgerkrieg und auch jüdische Flüchtlinge kümmerte. Viele Jahre später nannte er meiner Mutter den Namen eines Diplomaten am amerikanischen Konsulat in Ost-Jerusalem. »Er schuldet mir einen Gefallen«, schrieb er geheimnisvoll.

Kurt kümmerte sich auch um die Großeltern. Die beiden schafften es einige Monate vor der Reichspogromnacht nach Lissabon. Für ihren Lebensunterhalt betrieben sie einen kleinen Mittagstisch, der überwiegend von deutschen Emigranten frequentiert wurde. Großvater ging auf den Markt, Großmutter kochte. Im Vergleich zu dem, was sie in Berlin besessen hatten, war es ein großer und bedrückender Niedergang. Das Geld aus Kattowitz blieb nun immer öfter aus. Mein Großvater engagierte dort einen Anwalt namens Goldstein, der ihm Briefe über Briefe schickte, in denen er ihm die unzähligen bürokratischen und juristischen Hürden genau auseinandersetzte. Der letzte Brief aus Kattowitz ging wenige Tage vor dem Überfall der Wehrmacht auf Polen ab, mit dem der Zweite Weltkrieg begann. Haus und

Geschäft waren verloren, und mein Großvater hatte kein Einkommen mehr. Das faschistische Portugal trat nicht in den Krieg ein, aber mein Großvater fand, dass es zu nahe an der Front liege. Er sah keinen Grund, länger dortzubleiben, und beschloss, vorerst bei meinen Eltern in Jerusalem zu leben.

Schwarze Punkte

Bevor meine Eltern nach Palästina aufbrachen, wussten sie über die Verhältnisse dort kaum mehr als das, was sie von ihrem Freund Jascha aus Beit Alfa am Bauhaus gehört hatten. Dieser warnte, im Land Israel gebe es keinen Schatten, und wer Zuflucht vor der Sonne suche, müsse sich unter einen Esel setzen. Die Schiffspassage sei herrlich gewesen, besonders bei Nacht, schrieb meine Mutter ihrer Freundin in Genf bald nach der Ankunft. Als sie in Jaffa von Bord gingen, bemerkte sie »viel geschrei, viel dreck und gestank und viele araber, die wirklich so angezogen sind wie auf den bildern in 1000 und eine nacht«. Doch über Tel Aviv hatte sie nur Gutes zu berichten: »eine saubere, fast europäische stadt, nette moderne häuser, viele vergnügte junge menschen und gute geschäfte, in denen es alles zu ganz annehmbaren preisen zu kaufen gibt«. Das war ihr erster Brief aus Palästina. Er fiel mir erst kürzlich in die Hände und überraschte mich, denn ich war mit anderen Geschichten aufgewachsen. Tel Aviv sei ihr wie ein großer Sandhaufen vorgekommen, erzählte mir meine Mutter. Die Hitze sei unerträglich gewesen, ebenso die Insekten. An ihrem ersten Tag in der Stadt habe sie vor einer Gaststätte einen Tisch gesehen und darauf eine weiße Tischdecke mit schwarzen Punkten, ein Anblick, der sie erfreute. Als sie näherkam, schwirrten die schwarzen Punkte auf und davon. Es waren Fliegen, und das fand sie verstörend.

Auch diese Geschichte habe ich oft gehört. Der erste Brief, den meine Mutter nach der Ankunft verfasste, ist voller farbiger Schilderungen und Eindrücke, als stamme er von einer Journalistin, aber die Geschichte mit den Fliegen enthält er nicht. Hatte sie sie nachträglich erfunden? Ich höre in meinem Innern eine klassische Debatte zwischen zwei Historikern. Schreibe nichts, was du nicht urkundlich belegen kannst, sagt der eine, und sein Kollege erwidert: Stimmt denn alles, was in den Urkunden steht? Gibt es keine Irrtümer? Täuschungen? Widersprüche? Verzerrungen? Auslassungen?

Meine Mutter schrieb gern sarkastische Briefe. Ihre Berichte waren scharf, politisch, meist unpersönlich. Sie verfasste soziologische Abhandlungen. Häufig meinte sie, Situationen und Personen hätten sie »interessiert«. »die heilige stadt ist mehr interessant als heilig«, schrieb sie, nachdem die Hitze, die Feuchtigkeit und der Sand meine Eltern nach Jerusalem vertrieben hatten. »es gibt hier eine menge völker und rassen, christen jeder richtung, schwarze, gelbe und weiße, ein buntes durcheinander und keiner verträgt sich mit keinem. betrug ist trumpf.« Wer hier Geschäfte zu machen gedenke wie in Europa, solle »auf jeden fall wegbleiben. die griechen betrügen die araber, die araber die juden und die sich selber. das ist nicht etwa ein antisemitischer witz, sondern tatsache.« Und sie erklärte: »man hat von den juden eine bestimmte vorstellung, man weiß, sie sind klug, lebendig, oft über durchschnitt stehend. hier haben wir uns davon überzeugt, dass nicht nur die fehler, die man den juden vorwirft, ›wanderungserscheinungen‹ sind, sondern auch ihre guten eigenschaften. die eingeborenen dagegen – man nennt sie ›sabres‹ = kakteen – sind dumm, träge, und es scheint, als ob sich nur ihre schlechten eigenschaften erhalten haben.« Alle könnten Deutsch, beharrten aber aus Prinzip darauf, Hebräisch zu sprechen, klagte sie. Das ärgerte sie, weil sie kein Hebräisch konnte. Die zionistische Bewegung wollte im Land Israel einen »neuen Juden« erschaffen, zuweilen sogar einen »neuen Menschen«, eine Art Mutation des biblischen Hebräers. Auf Plakaten zeigten sie ihn – jung und muskulös, blond und glücklich.

Die Selbstsicherheit, die viele der im Lande Geborenen an den Tag legten, ärgerte meine Mutter ebenfalls: »die menschen fühlen sich sicher und vergessen, was im land vorgeht, und haben auch vergessen, was 1929 vorging.« Sie meinte die blutigen arabischen Überfälle auf die einheimischen Juden. Den Juden des Landes solle selbstverständlich ein Gefühl der Sicherheit gegeben werden, schrieb sie, aber sie selbst machten dabei alle nur erdenklichen Fehler. Sie wetterte besonders gegen die öffentliche Kampagne, die Juden dazu aufforderte, nur »hebräische Arbeit« zu unterstützen und nur von Juden hergestellte Waren zu kaufen. »mit diesen schlagworten werden hier wie überall die kleinen gefangen, während die großen miteinander geschäfte machen«, befand sie und nannte eine Reihe von Preisen. »Jüdische« Butter sei dreimal so teuer wie holländische Importbutter, erzählte sie. Sie nahm an, dass ihre Freundin sich über diesen Bericht wundern würde: »wo die romantik bleibt, werden sie fragen. es ist selten, dass jemand in den orient fährt und von butterpreisen erzählt. aber das ist eben mal so bei uns alten materialisten. und außerdem, wenn an der alten jerusalemer stadtmauer hakenkreuze angemalt sind, da vergeht jedes romantische gefühl.« Sie meinte arabische Propaganda.

Die Lagebeurteilung, die sich bei ihr in so wenigen Wochen im Land verfestigte, und ihre Voraussagen fußten, wie zu erwarten, auf ihrer marxistischen Weltanschauung: »eigentlich könnte es den arabern ja egal sein, ob sie von jüdischen, englischen oder arabischen kapitalisten ausgebeutet werden, aber soweit, dass sie gegen die ausbeutung an sich kämpfen, sind sie noch nicht, und da den engländern der antisemitismus ganz gut passt, wird er eben gezüchtet«, schrieb sie und fügte hinzu: »die juden sind hier die eindringlinge und werden als solche gehasst.« Sie nahm an, dass die Juden siegen würden, aber »der aufbau von erez israel wird noch manche schwierigkeiten zu überwinden haben.« Sie schrieb Erez Israel, nicht Palästina, wie sonst auf Deutsch üblich, und alles wie gewohnt in Kleinbuchstaben. Sie meinte auch, dass die Spannungen sich verschärfen würden, glaubte jedoch, dass es einige Jahre dauern würde, bis sie ihren Höhepunkt erreichten, und dann wären Heinz und sie nicht mehr hier: »wir hoffen, dass unser aufenthalt hier kein lebenslänglicher ist. das ist doch kein unbescheidener wunsch.« Die trockene Hitze der Wüstenwinde, der »Chamsine«, setzte ihr zu. In ihren Träumen sah sie Tannen und verschneite Weiten und sehnte sich nach Europa und all ihren Freunden dort. Aber Heinz und sie machten auch Ausflüge und begeisterten sich für die Landschaft. Das Land sei schön, fand sie. Zum Schluss würden sie irgendwie zurechtkommen, beruhigte sie sich. »wir sind ja nicht nur zum vergnügen hergekommen, es wird schon was werden.«

Schließlich mieteten sie eine kleine Dachwohnung in Jerusalem mit Blick über die ganze Stadt. »ein berliner rechtsanwalt wäscht unsere wäsche«, berichtete meine Mutter in ihrem ersten Brief aus dem Land. Das konnte durchaus sein. Die meisten Jeckes, an die sechzigtausend, waren vor dem Krieg nach Palästina gekommen. Einige bewährten sich bestens in fast allen Lebensbereichen. Aber das Flüchtlingsdasein konnte auch überaus tragisch verlaufen, weil der Sturz so tief war: Ein Geiger wurde hier zum Gärtner, ein Arzt verkaufte heiße Würstchen, ein Historiker machte ein Schuhgeschäft auf. Dazu überlieferte meine Mutter eine Geschichte, die wirklich passiert sein soll: »es wird einem mann im autobus schlecht. die fahrgäste bemühen sich um den kranken, der autobus hält, und in das allgemeine durcheinander ruft der chauffeur – meine herren kollegen, in meinem autobus operiere ich alleine!«

Viele deutsche Juden verhielten sich hochmütig angesichts des jähen Übergangs von Europa in den Orient. Mein Vater fand sofort nach seinem Eintreffen Arbeit als technischer Zeichner in einer Schreinerei und war, laut meiner Mutter, recht zufrieden dort. Sie selbst hatte es schwerer und berichtete ihrer Freundin, dass sie Mühe habe, Arbeit zu finden: »erstens wird frauenarbeit schlecht bezahlt, zweitens ist mit foto wenig zu machen und drittens sind jüdische nationalisten nicht besser als deutsche und blond-sein ist unangenehm.« Sie arbeitete einige Tage in einer Jerusalemer Pension, gab die Arbeit jedoch auf, weil sie zu anstrengend war, wie sie in einem

Brief mitteilte. In ihren Erinnerungen, die sie mir hinterlassen hat, steht, sie habe dort nicht durchgehalten, weil man ihr als Nichtjüdin misstraute. Einige Pensionsgäste verdächtigten sie, nicht auf die Trennung von milchigem und fleischigem Geschirr zu achten, und zwei Frauen folgten ihr sogar heimlich in die Küche. »offensichtlich habe ich die prüfung bestanden«, schrieb meine Mutter, denn eine habe zur anderen auf Jiddisch gesagt, wenn sie (meine Mutter) nicht nach Israel gekommen wäre, hätte man denken können, sie sei eine »Schickse« (Nichtjüdin). Auch diese Geschichte steht nicht in dem Brief. Während sie einst begeistert von der Überfahrt nach Palästina geschrieben hatte, notierte sie in ihren Erinnerungen, an Bord sei sie auf »grässliche leute« gestoßen, und schilderte einen Zwischenfall mit einem Passagier: »einen dicken bankier aus breslau bat ich, seinen frechen gören zu sagen, dass sie nicht dauernd über den liegestuhl springen sollten, in dem ich lag und las, aber er meinte, die kinder seien eben jetzt frei und brauchten nicht auf irgendeine schickse rücksicht zu nehmen.« Hier haben wir also alles auf einmal: Bankier und Ostjude und dick und Rassist. Das steht nicht in ihrem ersten Brief, und ich frage mich wieder: Hat sie den dicken Bankier hinterher dazu gedichtet?

Wie dem auch sei, die Leiden an ihrem Anderssein hat meine Mutter nicht erfunden. Als nichtjüdische Deutsche galt sie in Israel als fremd und wurde häufig auch herablassend behandelt, besonders angesichts von Weltkrieg und Holocaust. Über die Jahre legte sie sich einen Panzer aus eisiger Verachtung und Sarkasmus zu, aber bis an ihr Lebensende empfand sie das als ungerecht. Sie hatte sich in einen Juden verliebt, war, als er verfolgt wurde, mit ihm aus ihrer gemeinsamen Heimat geflohen und hatte ihn geheiratet. Seine Familie liebte sie, und gemeinsam hatten sie jüdische Freunde. In Jerusalem lernte sie fließend Jiddisch, sprach es gern und stolz. In ihren Augen waren alle Menschen gleich. Häufig sagte sie »bei uns in Europa«, nicht »in Deutschland«. Mein Vater lehnte ebenfalls jede religiöse Etikettierung ab. Ähnlich wie sein Vater war auch er offiziell aus der jüdischen

Gemeinde in Berlin ausgetreten, schon bevor er meine Mutter kennenlernte. Nach ihrer Darstellung hätte er dadurch beinah die Chance verloren, sich in Palästina niederzulassen.

Ein Kommunist im Königspalast

Man hat mir nie erzählt, warum ich den Namen Thomas bekam, und ich habe auch nie nachgefragt. Ich wollte glauben, ich sei nach dem tschechischen Staatspräsidenten Masaryk benannt. Möglich. Aber vielleicht ist auch das nur Fantasie. In meiner ersten Geburtsurkunde steht jedenfalls »Tito« als Vorname. Viele Jahre lang wusste ich nichts davon, und mittlerweile hieß ich schon Thomas, und alle nannten mich Bambi, was mir meine Schwester angehängt hatte, weil sie dieses Kuschelreh damals liebte. Eigentlich wollten meine Eltern nicht den jugoslawischen Präsidenten Tito ehren, sondern einen seiner Landsleute, der mit ihnen am Bauhaus studiert hatte, Selman Selmanagić aus Bosnien, der engste Freund, den mein Vater je gehabt hat. Auch Selmanagić hatte es nach Jerusalem verschlagen, und anders als mein Vater war er dort sogar als Architekt untergekommen.

Die Tischlerei, bei der mein Vater zunächst in Jerusalem arbeitete, spezialisierte sich unter anderem darauf, die von deutschen Juden mitgebrachten schweren Möbel zu zerlegen und an die kleinen Wohnungen im Land anzupassen. Die Nachfrage war groß. Mendel Cohen, der Inhaber der Tischlerei, ein ehemaliger Lehrer, prahlte damit, einen Architekten aus dem Bauhaus zu beschäftigen, den er in seinen Erinnerungen als seinen Gehilfen bezeichnete. Die Werkstatt erhielt unter anderem den Auftrag, die Möbel für das King David Hotel anzufertigen und das Parkett im britischen Government House in Jerusalem zu verlegen. Ein Gast des Hochkommissars war so begeistert von dem Parkettboden, dass er Cohen bat, in seinem Palast einen ebensolchen zu verlegen. Es handelte sich um König Abdallah von Jordanien. Cohen fuhr also nach Amman und nahm meinen Vater mit. »Die Eingangshalle des Palastes hatte Ähnlichkeit mit einem türkischen Bad«, schrieb Cohen. »In der Mitte befand sich ein Wasserbecken mit Brunnenfiguren aus Damaszener Marmor, die meist richtig funktionierten. Um noch größeren Eindruck zu machen, befand sich ein überdimensionaler runder Spiegel im Raum, der den Körper des Beschauers bis zur Lächerlichkeit verzerrte: ihn auf der einen Seite klein und dick und auf der anderen groß und hager machte.« Eine mächtige Treppe aus weißem italienischen Marmor führte hinauf zum »Frauentrakt« des Königs. Der Gegensatz zu der funktionalen Schlichtheit, die mein Vater als Bauhaus-Architekt vertrat, hätte kaum größer sein können. Vielleicht fühlte er sich auch als Kommunist erniedrigt, da er nun im Palast eines korrupten Königs mit Hang zu orientalischem Kitsch arbeiten musste. Ich hoffe für ihn, dass er dieses groteske Abenteuer mit Humor meistern konnte.

Damals hielten sich meine Eltern noch als Touristen in Palästina auf. Das Recht auf Ansiedlung wurde Juden aufgrund einer Abmachung zwischen der Jewish Agency, die als vorläufige Regierung des künftigen Staats fungierte, und der britischen Mandatsregierung verliehen. Die Jewish Agency bestätigte zumeist auch die Identität der Ankömmlinge. Bürger des Landes konnten Zertifikate für dringend benötigte Fachleute beantragen, und das tat Mendel Cohen im Fall meines Vaters. Doch die Erlaubnis kam nicht. Praktisch genügte die Tatsache, dass mein Vater Kommunist war, um ihm die Immigrationserlaubnis zu verweigern. Die Jewish Agency hatte sich der britischen Regierung gegenüber verpflichtet, die Einreise bekennender Kommunisten so weit wie möglich einzuschränken, damit das Land sich nicht in ein prosowjetisches Gebiet verwandelte. Kommunisten wurden nicht völlig ausgegrenzt. Aber mein Vater war zudem mit einer nichtjüdischen Frau verheiratet. Doch auch das war noch nicht das Schlimmste: Es kamen Hunderte von gemischten Paaren. Etwa ein Jahr nach der Einreise meiner Eltern informierte man David Ben Gurion, dass sich unter den Einwanderern aus Deutschland mindestens tausend »fremde Frauen« befänden. Ben Gurion, der damals die Jewish Agency leitete, befand: »Wir werden nicht die Wege der Nazis beschreiten«, und bestimmte, dass ein zionistischer Jude eine nichtjüdische Frau mitbringen dürfe. Doch der Fall meines Vaters lag komplizierter, und das nicht, weil er kein Zionist war, sondern weil eine interne Untersuchung seinen Austritt aus der jüdischen Gemeinde zutage förderte oder, in den Worten eines zuständigen Beamten, »die Aufgabe des Judentums«. Schlimmer ging's kaum. Und so wurde mein Vater zum zweiten Mal wegen eines angeblichen Verrats am Vaterland bestraft.

Meine Mutter beschrieb in ihren Erinnerungen die Anstrengungen meines Vaters, die Sache zu regeln. Und das geschah so, wie man damals derlei Dinge regelte: Er suchte jemanden, der vielleicht jemanden kannte, der den zuständigen Beamten kannte. Selman Selmanagić, sein guter Freund vom Bauhaus, arbeitete im Büro von Richard Kauffmann, dem Architekten der zionistischen Bewegung, dem alle Türen offenstanden. Er wandte sich an seinen Chef, doch in diesem Fall konnte selbst Kauffmann die Mauer der nationalen Geschlossenheit nicht überwinden. Irgendwie schaffte mein Vater es dann, sein Touristenvisum zu verlängern. Die palästinensische Staatsbürgerschaft erhielt er erst einige Jahre später. Selmanagić hingegen verließ Kauffmanns Büro einige Zeit später, da herauskam, dass er kein Jude, sondern Muslim war. Daran sei meine Mutter schuld gewesen, behauptete er, denn sie sei in Kauffmanns Büro gerauscht und habe scherzhaft gefragt, »wo denn der Muslim Selman wäre«.

Selmanagić war eine Art Vorläufer von Woody Allens Zelig, einem Mann mit tausend Gesichtern, der kein Zuhause und keine Pflichten hat. In Palästina gab es damals viele solche Menschen: Fantasten und Weltverbesserer, Revolutionäre, Propheten, Abenteurer, Romantiker, Erlösungssuchende, Flüchtlinge und Verräter, Schwindler und Agenten – nicht immer ließ sich das klar unterscheiden. Selmanagić stammte aus der bosnischen Kleinstadt Srebrenica, ein abenteuerlustiger junger Krauskopf, der das Tischlerhandwerk erlernte und von der großen Welt träumte. Deshalb ging er auf Wanderschaft. In der

Eisenbahn nach Berlin erzählte ihm jemand vom Bauhaus. Er war von der Schule begeistert und blieb bis zu ihrer Schließung. Er beteiligte sich an den Aktionen der kommunistischen Studenten, doch zu seinem Glück und vielleicht dank seiner Fähigkeit, sich jeder Umgebung anzupassen und jeder Führung zu gehorchen, erhielt er im Gegensatz zu meinem Vater das Abschlussdiplom als Architekt. Zwei der Bauhaus-Leiter, die es unterzeichneten, hatten zuvor den Ausschluss meines Vaters unterschrieben. Mit der Machtergreifung der Nationalsozialisten trennten sich die Wege der beiden Freunde. Selmanagić begab sich wieder auf Wanderschaft, nunmehr in den Gebieten des Islams. Nachdem er die Türkei und Syrien, Palästina und Ägypten bereist hatte, kam er nach Jerusalem. Der Wirtschaftsaufschwung und der Elan des zionistischen Aufbauwerks faszinierten ihn ebenso wie das bunte Gemisch der Völker, Hautfarben und Religionen. Eine Zeitlang teilte er eine Wohnung mit meinen Eltern. Sie hatten ihn sehr gern. Das war 1935. Selmanagić war damals ein liebenswürdiger und lebenslustiger Mann von dreißig Jahren, fünf Jahre älter als mein Vater. »Wir sind immer zusammen«, erzählte er. Gelegentlich arbeiteten sie auch zusammen. Unter anderem entwarfen sie eines der Cafés in der Jerusalemer Ben-Jehuda-Straße, deren Sahnetorten eine gehörige Portion Sehnsucht nach der verlorenen europäischen Kultur verströmten.

Jerusalem nahm Selmanagić mit offenen Armen auf. »um beim juden arbeiten zu können hier, muss man jüdisch sein«, schrieb er an einen Freund vom Bauhaus, Araber stellten nur Araber ein. Daher müsse er, je nach Arbeitgeber, »theater spielen«. Das sei kinderleicht, erzählte er: »infolgedessen habe ich je nach arbeitsstelle die farbe gewechselt. und man hat mir immer geglaubt. ich habe dabei gesehen, dass es nur auf die äußere form ankommt. wenn ich ein rotes fez trage, hält man mich für einen mohammedaner, und wenn ich am sonnabend nicht arbeite, glaubt man, ich sei jüdisch. die ganze sache ist verlogen.« Alle wollten ihn stets als einen der Ihren betrachten, denn er wusste sich allseits beliebt zu machen. Verriet er dann, dass er kein Jude war, glaubte man ihm nicht. Einmal habe er sogar »eine ziemlich hohe summe gewettet«, um seine Mitmenschen herauszufordern, doch sie meinten, er verstelle sich, ohne zu ahnen, wie recht sie hatten, erzählte er später belustigt. Aber auch bei den Arabern habe alles von Äußerlichkeiten abgehangen, meinte er. So wechselte er Farben und Identitäten, ein Mann für alle Zwecke. »dabei hatte ich gelegenheit, den ganzen betrug von grund auf zu studieren«, schrieb er.

Es ist unklar, ob Kauffmann ihn vor die Tür setzte, weil er kein Jude war oder weil er sich verstellt hatte. Vielleicht wollte er ihn loswerden, weil er Kommunist und kein Zionist war. Kauffmann, ursprünglich aus Frankfurt am Main, plante über hundert jüdische Dörfer im ganzen Land. In Jerusalem entwarf er einige Gartenstädte fern der Innenstadt und eine Reihe von Wohnhäusern im »internationalen Stil«, viele davon im Viertel Rechavia, wo die akademische und politische Elite wohnte. Eines dieser Häuser wurde später zur offiziellen Residenz israelischer Ministerpräsidenten. Selmanagić hielt nicht viel von den Zionisten. »zionismus und nationalismus ist genau dasselbe, ohne irgendeinen anderen unterschied als dass es sich einmal um juden handelt und das andere mal um ›arier‹«, schrieb er. »so wie man in deutschland die arbeiter gegen die juden aufhetzt, so tut man das hier mit jüdischen gegen arabische arbeiter.« Und aus der Zeit vor seiner Immigration berichtete er: »in europa hielt man die juden im allgemeinen für kluge menschen. aber hier sieht man, dass diese klugheit und intelligenz nur eine wanderungserscheinung ist. die eingeborenen hier sind doof wie andere eingeborene auch. d. h. spießig, kleinbürgerlich und unlebendig.« Das ähnelt dem, was meine Mutter zwei Monate zuvor an ihre Freundin geschrieben hatte. Vielleicht ist das kein Zufall. Den Brief an seinen Freund in Berlin hatte Selmanagić mit ihrer Hilfe verfasst. Sie hatte sein holpriges Deutsch verbessert und den Text auf ihrer Schreibmaschine getippt.

Immer umsichtig und vorausdenkend, hatte Selmanagić von Kauffmann ein Empfehlungsschreiben erhalten und machte sich selbstständig. Zu seinen Kunden zählten einige der reichsten arabischen Jerusalemer, und auch sie ließen sich Villen im internationalen Stil errichten. Später einmal erzählte er, ein Empfehlungsschreiben des Großmuftis von Bosnien habe ihm die Tür zum Mufti von Jerusalem, Hadsch Amin al-Husseini, geöffnet, dessen Vertrauen er ebenfalls gewinnen konnte. Der Mufti bestellte bei Selmanagić Konstruktionspläne zur Verstärkung der Fundamente der Klagemauer, die damals arabischer Verwaltung unterstand. Das war im Juni 1938. Danach beendete Selmanagić die Jerusalemer Ära seines Lebens, verließ die Stadt, und der Kontakt zu meinen Eltern riss ab. Bald danach brach der Zweite Weltkrieg aus. Meine Eltern sehnten sich oft nach ihm und schickten ihm Briefe an die alte Adresse in Srebrenica, aber sie kamen zurück. In ihrem Schmerz gaben sie mir den Namen Tito, nach dem Helden der Partisanen. Mittlerweile stellten sie Holzspielzeug her.

Sieben Gebote für Spielzeug

Ein Reporter der *Palestine Post* beschrieb meine Eltern als leicht verrückt, »wie alle Leute vom Bauhaus«. Ihre Werkstatt befand sich im Viertel Nachlat Schiva, früher »das Hurenviertel von Jerusalem«, wie meine Eltern in einer ihrer Werbebroschüren vermerkten. Sie mochten Journalisten. »Sie haben sich die Latte sehr hochgelegt«, schrieb die *Palestine Post*. »Jedes Spielzeug, das ihre Fabrik verlässt, egal ob eines der großen und schönen Flugzeuge oder ein kleines Auto, zeugt von der Qualität in Verarbeitung, Design und Färbung.« Auch Dr. Karl Schwarz, der erste Kurator des Tel Aviver Kunstmuseums, begeisterte sich: »Einfache Holzspielzeuge, stabil und von besonders schöner, künstlerischer Form«, schrieb er in der Tageszeitung *Haaretz*. Schwarz war ein bekannter Kunsthistoriker, zuvor Gründungsdirektor des Jüdischen Museums in Berlin. Ein Besuch in der Werkstatt meiner Eltern inspirierte ihn zu einer theoretischen Abhandlung über die Bedeutung von Spielsachen für die »Kunsterziehung«. Dieses Lob ließ sich kaum noch überbieten, aber das Gewerkschaftsblatt *Davar* verwies darüber hinaus auf den Wert, den das Spielzeug meiner Eltern für die Förderung des zionistischen Gedankens unter den Kleinsten besaß, denn dies waren ja keine Allerweltsspielsachen, sondern Traktor, Walze, Eisenbahn und Flugzeug, Hacke und Spaten, »die ganze Bandbreite unseres neuen Lebens«.

Ich nehme an, es war meinen Eltern unangenehm, als Handlanger des Zionismus zu gelten; eine Zeitung ernannte sie sogar zu »Pionieren«. Aber sie wussten alles zu schätzen, was man über sie schrieb. 1937 wurden einige ihrer Arbeiten sogar im Zionistischen Palästina-Pavillon der Pariser Weltausstellung gezeigt. In einer offenbar eigens dafür verfassten Werbebroschüre stellten sie »sieben Gebote« auf, die ein Spielzeug erfüllen musste, bevor es ihre Werkstatt verlassen durfte: »Du sollst unzerbrechlich sein / Du sollst dich waschen lassen / Du sollst eine einfache Form haben / Du sollst die kindliche Fantasie anregen / Du sollst deinen Eigentümer nicht verletzen / Du sollst ein ›Schwerin Wooden Toy‹ sein.« Meine Mutter fotografierte die Spielsachen häufig.

Die britische Mandatszeit in Palästina glänzte mit einer levantinischen Mischung aus Romantik und Brutalität, Idealismus und Korruption, angereichert mit einer ordentlichen Portion Abenteuerlust. Als ich später das Leben in jener Epoche erforschte, beeindruckten mich vor allem die Scharen junger Menschen aus aller Welt, die sich hier ein neues Leben aufbauten in dem festen Glauben, alles sei möglich und der Himmel die einzige Grenze.

Meine Eltern verpassten dieses Aufbruchsgefühl; sie lebten in einer vorläufigen Gegenwart. Ihre ersten drei Jahre im Land standen unter dem Zeichen der Krawalle und des Terrors, die Palästina in der »großen arabischen Rebellion« von 1936 bis 1939 überzogen. Doch als der Zweite Weltkrieg ausbrach, nahm das Land einen Aufschwung. Zehntausende lebten vom Krieg, unter anderem beim Bau von Schutzwällen, vorwiegend an der Nordgrenze. Palästina rüstete die britischen Streitkräfte im gesamten Nahen Osten aus. Es produzierte Munition und Minen, Reifen und Ersatzteile, versorgte die Soldaten mit Kleidung, Schuhwerk und Nahrungsmitteln. Insgesamt beschäftigten Militär und Polizei rund fünfzehn Prozent der jüdischen Arbeitskräfte. Auch meine Eltern waren offenbar ein talentiertes, strebsames und erfolgreiches junges Paar. Neben ihren Spielsachen schufen sie einige Haushaltsartikel wie Pfeifenhalter und Buchstützen, gelegentlich sogar Schmuckstücke.

Mein Vater scheint sehr arbeitsfreudig, wenn nicht gar arbeitssüchtig gewesen zu sein. Jahre vergingen, bis meine Eltern den ersten richtigen Urlaub machten. Die Kontobücher der Fabrik belegen gute Zeiten. Das waren wohl die Jahre, die meine Mutter veranlassten, einem der letzten Bauhaus-Direktoren zu schreiben: »Wir hatten große Freude an unserer Arbeit. Außerdem verschaffte uns diese Arbeit eine große Unabhängigkeit, die wir brauchten, um hier leben zu können, da wir nicht als Zionisten nach Palästina kamen.« Auch mein Vater war zufrieden: »Meine Wünsche sind jedoch unverändert, wie ich selbst: ein Motorrad, ein Saxofon, eine Reiseschreibmaschine, na usw.«, schrieb er seinen Eltern. Obwohl ihnen gefiel, was sie taten, sehnten sie das Ende dieses Lebensabschnitts herbei, denn sie meinten, sich in Palästina nicht wie erhofft verwirklichen zu können. Es war nicht leicht, den Traum meines Vaters von einer Architektenlaufbahn aufzugeben.

Meine Mutter bezeichnete Heinz gern als »Freund und Kamerad«. Die Freundschaft stand für die erklärte Gleichheit in ihrer Beziehung, die Kameradschaft für ideologische Einigkeit. Aber ihre Partnerschaft war nicht völlig gleichberechtigt. Mein Vater entwarf die Produkte und erledigte die meiste Arbeit, kümmerte sich auch um das Geschäftliche und verfasste die Werbebroschüren. Die übliche Arbeitsteilung zwischen Papa und Mama herrschte im Großen und Ganzen auch bei ihnen: 1941 kam meine Schwester zur Welt, der sie den damals in Deutschland beliebten Namen Jutta gaben. Ihre Geburt machte die beiden sehr glücklich. Sie wohnten damals in einem gemieteten einstöckigen Haus mit drei Zimmern, möbliert mit Holzschränken, die einander ähnelten wie Zwillinge: hell, schmal, unaufdringlich, leicht arrogant. Mein Vater hatte sie selbst entworfen und gezimmert. Ein passender Kleiderschrank mit drei Türen sah aus wie der große Bruder der anderen, zudem gab es einen ähnlichen kleinen Bruder, der als Nachtschrank diente. Die Familienähnlichkeit war auch an Vaters Schreibtisch erkennbar, der Berufsstolz ausstrahlte, als wollte er verkünden: Ich gehöre einem Architekten. Ich habe ein Foto von meinem Vater an diesem Schreibtisch, zwar in kurzen Hosen, aber bebrillt und höchst konzentriert, und heute noch ermahne ich mich beim Betrachten des Bildes: Heinz arbeitet, bloß nicht stören. Später schrieb ich an diesem Tisch alle meine Bücher, bis er zum ewigen Leben ins Bauhaus-Archiv in Berlin überführt wurde.

Talpiot-Arnona, wo das Haus stand, war eine der Gartenstädte, die Richard Kauffmann konzipierte hatte, um Juden europäischen Wohnkomfort zu bieten. Es war eine gute, malerische Wohngegend, fern vom Trubel des Zentrums, am südlichen Stadtrand – zwei Kilometer vom Kibbuz Ramat Rachel, zwei vom arabischen Dorf Sur Baher entfernt. Die Geburtskirche in Bethlehem lag näher als die Jeschurun-Synagoge, die damals die Stadtmitte markierte. Zum Haus gehörte ein kleiner Garten im Schatten von Kiefern und Zypressen. Meine Mutter zog dort Blumen und Gemüse, mein Vater baute uns einen Sandkasten. Es gab auch Kinderschaukeln. Die Beziehungen unter den Nachbarn waren gut. Viele von ihnen sprachen, dachten und träumten auf Deutsch. Manche sprachen mit ihren Kindern Deutsch, auch meine Eltern. Sie waren nun eine normale bürgerliche Familie, bürgerlicher, als sie es bei ihrer Hochzeit gedacht hatten, vielleicht mehr als sie wollten. Gelegentlich nahmen sie hilfsbedürftige Menschen auf.

Eines Tages kam ein alleinstehender junger Mann aus Deutschland in diese offene junge Familie, der es irgendwie herausgeschafft und auf dem Weg nach Palästina wohl einige Gräuel des Krieges miterlebt hatte. Ich habe ihn als Zwanzigjährigen in Erinnerung: gutaussehend, kräftig, kühn. Er nannte sich Aryeh. Ich weiß nicht viel über ihn, nur dass mein Vater ihn im Laden eines Fleischers getroffen hatte, wo man ihm keine Würstchen auf Pump verkaufen wollte. »Jetzt, wo so viele junge Männer umkommen, kann ich es mir nicht mehr erlauben anzuschreiben«, sagte der Fleischer. Ich habe diese Geschichte im Buch meiner Schwester gelesen: Aryeh trat einen Schritt zurück, ballte die Rechte zur Faust und stand in Begriff, sie dem Fleischer ins Gesicht zu hauen. Mein Vater hielt ihn im letzten Moment zurück und nahm ihn mit nach Hause. Von da an gehörte er zur Familie. Ich betrachtete ihn als großen Bruder. Und es gab auch ein junges Mädchen aus Deutschland, dessen Eltern noch nicht in Palästina eingetroffen waren. Man hatte die Kleine zu einer Nachbarin geschickt, aber sie wollte lieber zu meiner Mutter. Ich betrachtete sie als große Schwester. Mit der Zeit wurde auch die Nachbarin, Miss Jane Lancaster, eine Art Familienmitglied. Wir nannten sie Tante Jona.

Kein Mensch wusste, warum diese Miss Lancaster, eine alleinstehende Anglikanerin, eigentlich in Jerusalem war. Man munkelte, sie sei mit einem englischen Rabbiner verlobt gewesen. Die beiden hatten sich angeblich geschworen, in der Heiligen Stadt zu leben, aber er habe einen Rückzieher gemacht, und so sei sie allein gekommen, um ihr Gelübde nicht zu brechen. Auch in diesem Fall habe ich keine Ahnung, ob die Geschichte wahr ist. Die kugelrunde Frau wohnte ein Haus weiter und glaubte, dank ihrer Willenskraft das Böse auslöschen oder wenigstens vertreiben zu können. Sie hatte ein Fadenpendel, das sie kreisen ließ, wo immer sie ein Übel ausmachte, und deutete dann die Schwingungen. Von meiner Mutter erbat sie die Erlaubnis, unter jedem unserer Betten einen Kupferdraht spannen zu dürfen. Das sollte wohl die Pendelausschläge verbessern. Soviel ich weiß, hatte meine Mutter nichts dagegen. Sie hatte eine Schwäche für Sonderlinge wie diese Nachbarin. Miss Lancaster liebte das Land Israel. Einmal im Jahr zog sie in die Judäischen Berge, wo sie Narzissenzwiebeln, Alpenveilchenknollen und Anemonensamen in der

Erde vergrub. Sie tat es zum Wohl aller Bewohner des Landes, Juden wie Araber: »Das ist mein Leben«, schrieb sie.

Rückblickend scheint mir, meine Eltern brauchten vielleicht die Gesellschaft schwächerer Menschen, die Rat und Hilfe bei ihnen suchten. Das war ihre Art, die kommunistische Solidarität auszuleben und sich als rebellische, andersgeartete und vor allem anständige Menschen zu fühlen. In einem Brief an seinen Freund Heinrich Blücher fantasierte mein Vater in etwas kindischer Geheimsprache, er werde nach »Mekka« fahren, womit er wohl Moskau meinte, und legte eine Spende bei, vermutlich für irgendeine Aktion. »Anständigkeit« war für meine Eltern ein hoher ideologischer Wert, der alle anderen übertraf. Ehrlichkeit, Treue, Liebe, Barmherzigkeit und sogar das Leben selbst galten höchstens als Teil davon. Wenn meine Mutter mir die Anständigkeit meines Vaters vor Augen führen wollte, erzählte sie, dass er einmal einen Verhörraum für die britische Geheimpolizei bauen sollte. Als er die technischen Vorgaben sah, erkannte er, dass die Wände des Raums schalldicht sein sollten, und verstand sofort, dass es sich um den Plan für eine Folterkammer handelte. Laut meiner Mutter weigerte er sich, die Arbeit zu verrichten. Vielleicht. Unter den wenigen Papieren, die mir verblieben sind, gibt es einen Entlassungsschein, den mein Vater von der Abteilung für öffentliche Arbeiten der Mandatsregierung erhalten hat. Darin steht, er habe in knapp vier Monaten den Auftrag ausgeführt, für den man ihn einberufen hatte. Er habe die Aufgabe zur vollen Zufriedenheit erfüllt, und seine Führung sei »sehr gut« gewesen. Ich hoffe, es ging um ein anderes Projekt.

Ums Kap der Guten Hoffnung

Im Juni 1942 rief die Jewish Agency die Juden Palästinas dazu auf, sich zu den britischen Streitkräften zu melden. Die Truppen des deutschen Feldmarschalls Erwin Rommel rückten auf Ägypten vor, und viele fürchteten, sie würden das Land überrollen. In diesem Fall war unschwer auszumalen, was mit den Juden geschehen würde. Mein Vater war zweiunddreißig Jahre alt. Nie hatte sein politisches Gewissen vor einer größeren Herausforderung gestanden. Sich melden? Verweigern? Sich drücken? Vermutlich blieb ihm nicht verborgen, dass der Dienst in den britischen Streitkräften auch dazu diente, die Soldaten der zionistischen Bewegung für den künftigen jüdisch-arabischen Krieg auszubilden, der zweifellos ausbrechen würde. An die hunderttausend Juden des Landes hatten sich bereits zum Militärdienst gemeldet, einer von drei jüdischen Erwachsenen; rund die Hälfte waren Frauen.

Solange der Weltkrieg andauerte, gab es für meine Eltern keine andere Zuflucht als das Land Israel, und da konnten sie praktisch nur als Teil der jüdischen Gesellschaft leben. Mein Vater sagte sich vermutlich, dass er nicht aus der jüdischen Gemeinde in Berlin ausgetreten war, um in Palästina sein Leben für sie zu geben, aber er konnte sich natürlich mit dem Kampf gegen das Naziregime identifizieren und wusste auch, dass die meisten Führer der Araber Palästinas die Nazis unterstützten. Kaum ein Jahr vor dem Aufruf zum Einrücken hatte er in der Zeitung lesen können, dass der Mufti Hadsch Amin al-Husseini sich in Berlin aufhielt und unter anderem mit Hitler konferierte. In jenen Wochen häuften sich die Nachrichten über die Judenvernichtung. Und so meldete er sich schließlich. In seiner »Urkunde über Pflichterfüllung« heißt es: »Übernahm die ihm übertragene Aufgabe.« Es steht nicht da, welche Aufgabe das war. Seine Einheit wurde zum laufenden Schutz der jüdischen Stadtviertel eingesetzt. Mein Vater konnte sich einreden, er verteidige Frau und Tochter.

Angesichts hoher Aktenstapel sagte ich mir gelegentlich, um den Kern einer Geschichte herauszuarbeiten und ihren Sinn zu erfassen, kann es manchmal gut sein, eine einzige historische Urkunde so gründlich zu studieren, als sei sie ein Einzelstück, ein uraltes Pergament, das bei einer archäologischen Ausgrabung gefunden wurde, der letzte Rest einer Epoche. Das hilft nicht immer, aber auch ein Übermaß an Material kann einen Forscher irreleiten, seinen Sichtbereich einschränken und sein Denken blockieren. So lernte ich viel aus dem Wehrpass meines Vaters. Er besitzt keine rechtliche Gültigkeit, zeugt jedoch von fast staatlicher nationaler Herrschaft. Er war offenbar den Wehrpässen nachgebildet, die die Briten ihren Wehrleuten ausstellten, und passte in die Brusttasche. Er bestand aus gefalzter Pappe und ging nach links auf. Die hebräischen Buchstaben auf der Titelseite waren blau gedruckt, in einer Schriftart, die später auch für die Urkunden des Staates Israel verwendet wurde: »Jewish Agency für Erez Israel, Nationalkomitee, Zentrale für Rekrutierung«. In größeren und fetteren Lettern stand dort: »Urkunde über Pflichterfüllung«. Name, Personalnummer, Anschrift, Foto, Stempel, Unterschrift. Unter der Feststellung, dass der Passinhaber die ihm aufgetragene Aufgabe gemäß dem »Einberufungsbefehl« erfüllt hatte, stehen zwei Unterschriften, eine für die »Rekrutierungsabteilung«. Der Vorsitzende der »Zentrale« hat sozusagen zur Bestätigung der Unterschrift des Vertreters der »Abteilung« unterzeichnet. Das war Bernard (Dov) Joseph, später Minister in mehreren Regierungen Ben Gurions. Unter dem Datum steht, dass der Passinhaber sich vier Monate später ohne besondere Vorladung erneut melden müsse. Die für mich interessanteste Aufschrift erscheint am unteren Rand des Passes, in winziger Schrift: Formular 2 – Nr. 9.42 – 5000 – 003029. Man kann die Zahl in ihre Einzelteile zerlegen, aber gerade ihre bürokratische Anonymität macht ihren historischen Wert aus: Der jüdische Staat ist kein reiner Traum mehr; er ist im Entstehen und hat einen Verwaltungsapparat. Formulare sind die Väter der Obrigkeit. Ich wüsste gern, was Formular 1 gewesen war. An der gebundenen Seite ist senkrecht ein Datum eingestanzt, vermutlich mit einem speziellen Gerät, das vielleicht der letzte Schrei in der Verwaltung war. Man sieht die Ziffern, wenn man den Ausweis gegen das Licht hält. Sie lassen sich nicht fälschen.

Nur ein Eintrag in dem Wehrpass ist nicht auf Hebräisch: die Unterschrift meines Vaters unter seinem Bild. Das Foto macht mir zu schaffen. Mit seiner Halbglatze wirkt er recht unscheinbar. Er blickt gleichgültig in die Kamera, das rechte Lid bedeckt den oberen Teil des Auges, die Wangen könnten eine zweite Rasur vertragen. Er wirkt unwillig, kommt seiner Pflicht sichtlich ungern nach. Es war auch gar nicht mehr nötig: Die britische Armee hatte die Deutschen im Sinai bereits zum Stehen gebracht, die Gefahr ihres Einmarschs in Palästina war gebannt. Die Wooden Toys Schwerin florierten weiter. Im Frühsommer 1943 fuhren meine Eltern nach Tiberias. Das war ihre glücklichste Woche in Palästina. »Wir haben uns geaalt und acht Tage lang benommen wie Kinder, mit Wasser bespritzt und Steinchen hopsen lassen«, schrieb meine Mutter nach der Rückkehr. Ich kann mir meinen Vater schwer beim Steinchen-Hopsen-Lassen am See Genezareth vorstellen, aber meine Mutter war ganz begeistert. »Der Tiberiassee ist ein wunderschöner See mit Bergen ringsherum, und abgesehen von den Bananen, Feigen und Grapefruits, die einem direkt in den Mund wachsen, hat er uns an den Genfer See erinnert«, berichtete sie meinen Großeltern, die schon auf dem Weg ins gelobte Land waren.

Der Passierschein, den das portugiesische Innenministerium meinen Großeltern ausgestellt hatte, verzeichnet neben ihren ursprünglichen Namen auch die hebräischen Namen, die die Nationalsozialisten den Juden aufgezwungen hatten: Emil Israel und Hedwig Sara. Großvater hat Großmutter nie Sara genannt und sie ihn nie Israel, sondern immer Liebling, sogar wenn er sie anschrie. Viele Amtsstempel trägt ihr Passierschein, neben Stempelmarken von Marokko, Südafrika, Indien und Ägypten. Ich kann mir den bürokratischen Aufwand vorstellen, den mein Großvater treiben musste, bis er all die Stempel und Marken zusammenhatte. Wer weiß, wie viele Konsularbeamte er dafür geschmiert hat. Am erstaunlichsten ist das Ausstellungsdatum: 6. Februar 1943. Die Niederlage der deutschen Streitkräfte ist bereits abzusehen, Berlin wird schwer bombardiert, aber die nationalsozialistische Vernichtungsmaschinerie läuft weiter: In Majdanek werden die letzten jüdischen Häftlinge ermordet, eine halbe

Million ungarischer Juden geht noch der Vernichtung entgegen. Unterdessen schippert quasi seelenruhig ein Luxusdampfer ums Kap der Guten Hoffnung. Die Großeltern reisen natürlich erster Klasse. Zuletzt durchqueren sie den Suezkanal und gehen in Haifa vor Anker, nachdem sie an die sieben Monate unterwegs gewesen waren. Auf dem Passierschein gab es keinen Platz mehr für weitere Stempel, sodass man zwei Seiten anheften musste. Auf der letzten Seite prangt der Stempel der Immigrationsabteilung der britischen Mandatsverwaltung in Palästina, die es den Eheleuten Schwerin erlaubte, für immer dazubleiben.

Das Gepäck der beiden bestand größtenteils aus schweren Überseekisten und Lederkoffern. Sie hatten vor allem viel Winterkleidung, Bettzeug, Federbetten und Daunendecken mitgebracht. Die Unterwäsche lag exakt gefaltet auf speziellen Pappunterlagen mit geblümtem Stoffbezug und passenden Gummibändern. Großmutter hätte auf die Pappunterlagen auch unter normalen Umständen nicht verzichtet, aber jetzt waren unter den Stoffbezügen amerikanische Dollarnoten versteckt, von denen ich eine zum ersten Geburtstag geschenkt bekam. Irgendwo sonst, in den Kistenwänden oder zwischen den Strümpfen oder wer weiß wo hatten die Großeltern darüber hinaus an die zwei Dutzend Goldsovereigns Georgs V. von 1928 verborgen. Meine Eltern mieteten ihnen eine Einzimmerwohnung im Stadtzentrum. Eigentlich wollten die alten Schwerins eine kleine Pension in Jerusalem aufmachen, aber das schafften sie nicht mehr. Damit Großvater doch ein wenig zu tun hatte, räumte mein Vater ihm einen Schreibtisch im Werkstattbüro ein. Vielleicht hat er dort die Buchhaltung übernommen. Viel konnte er nicht beitragen. Seine letzte Station deprimierte ihn zutiefst. Doch eine Freude hatte er noch: die Geburt seines Enkels.

Als der Zweite Weltkrieg seinem Ende entgegenging, nahm mein Vater mit Blick auf die geplante Heimkehr die alten Kontakte wieder auf, und so erfuhr er verblüfft, dass sein guter Freund Selman Selmanagić den Krieg überlebt hatte und in Berlin wohnte.

Mein Vater war glücklich, und ich ertappe mich wieder dabei, eine Geschichte kaputtzumachen, obwohl diesmal auch das vermutlich wahre Geschehen durchaus dramatisch ist.

»Wir haben es satt«

Es ist nicht herauszufinden, warum Selman Selmanagić Palästina verlassen hatte. Vielleicht war sein Touristenvisum abgelaufen, vielleicht hatte er sich irgendwie in Schwierigkeiten gebracht. Er war noch ledig. Vielleicht war es die Hitze, wie er später versicherte, oder es packte ihn wieder einmal das Reisefieber. Jedenfalls fuhr er zunächst nach Italien und kurz auch in seine Heimat Jugoslawien. Dann zog er weiter nach Nazi-Deutschland und startete dort eine neue Karriere. Auch in Berlin nahm man ihn mit offenen Armen auf. Zunächst arbeitete er bei einem erfolgreichen Architekten, der sich später als einer der wichtigsten Baumeister Westdeutschlands profilierte: Egon Eiermann. Einige Monate vor Selmanagićs Arbeitsantritt hatte Eiermann an einer großen Propagandaausstellung mitgearbeitet, die unter anderem ein Riesenbild von Hitler zeigte und nach dessen Wahlparole von 1933 benannt war: *Gebt mir vier Jahre Zeit.* Der Führer eröffnete sie persönlich mit einer langen Rede. Eiermann beschäftigte noch ein paar weitere Bauhaus-Absolventen, und vielleicht hatte einer von ihnen Selmanagić die Stelle vermittelt. Irgendwann verschaffte Selmanagić sich abermals eine Empfehlung des Muftis von Bosnien, in der ihm bestätigt wurde, dass er einer alteingesessenen muslimischen Familie entstammte, was ihn gegen den Verdacht schützte, womöglich jüdisches Blut in den Adern zu haben. Später wechselte er zur Filmgesellschaft Ufa, die, nunmehr verstaatlicht, dem Propagandaminister Joseph Goebbels unterstand. Zuerst beteiligte er sich am Bau von Kinosälen der Gesellschaft, später entwarf er die Kulissen für einige ihrer Filme.

In der englischen Version von Wikipedia steht, Selmanagić sei

»unter unklaren Umständen« nach Berlin übersiedelt. In der deutschen Fassung fehlen diese Worte, als sei da nichts zu klären. Er selbst erzählte, er sei »auf Bitten seiner kommunistischen Genossen« nach Berlin zurückgekehrt und habe am Widerstand gegen die Nationalsozialisten teilgenommen. Es ist unklar, was er diesbezüglich unternommen hat – wenn überhaupt. Einige seiner Fans mutmaßten, er habe bis an sein Lebensende den Geheimhaltungseid des Untergrunds gewahrt und sein Geheimnis mit ins Grab genommen. Eine seiner Töchter meinte, er habe sich mit seiner Untergrundtätigkeit nicht brüsten wollen. Mehr als achtzig Jahre später schrieb sie mir: »Die Recherche zum Widerstand beginnt, was meinen Vater betrifft, eigentlich erst jetzt so richtig.«

Meine Skepsis warnt mich: Selmanagić glich einem Chamäleon. Ich darf davon ausgehen, dass er nach Nazi-Deutschland zurückkehrte, weil er sich dort gute Arbeits- und Erfolgschancen ausrechnete. Wenige Monate vor dem Zweiten Weltkrieg glaubte er vielleicht, das »Dritte Reich« würde siegen. Seine bosnische Heimat wurde später von den Nazis erobert und zu deren Verbündeten. Kein Mensch verfolgte ihn. Nach dem Krieg arbeitete er am Wiederaufbau Berlins mit. Er sagte gern, vielleicht nicht ganz ernsthaft, er habe dabei unter anderem eine Methode zur Sanierung von Häusern angewendet, die er lernte, als er im Auftrag des Muftis die Fundamente der Klagemauer verstärkte. Er arbeitete auch in Ostdeutschland. Unter anderem beteiligte er sich an der Planung des Riesenstadions im Zentrum Berlins, das den Namen des Staatsratsvorsitzenden der DDR Walter Ulbricht erhielt.

Bis zum Kriegsende wussten meine Eltern offenbar nichts von der Karriere, die Selmanagić unter Hitler machte. Seine neue Adresse erfuhren sie von einer gemeinsamen Freundin. »wir haben kaum unseren augen getraut«, schrieb mein Vater ihm im September 1946. »wir haben in den letzten jahren viele, viele male an dich gedacht und von dir gesprochen. wir haben alle möglichen kombinationen gemacht, wo und ob man dich überhaupt mal wiedersehen würde.

aber am allerwenigsten haben wir dich in berlin vermutet. jedenfalls war der brief mit deiner adresse eine der wenigen wirklichen freuden, die wir in der letzten zeit hier hatten.« Auch meine Mutter schrieb ihm: »ich bin s e h r froh, dass du nach all der scheiße noch da bist, aber wieso eigentlich in berlin?« Sie erbat einen langen Brief von ihm über alles, was er nach der Trennung durchgemacht hatte, »erstens überhaupt und zweitens, weil es uns in diesem heiligen lande noch genauso zum kotzen ist wie damals, als du noch da warst. eigentlich noch mehr, denn alles hier wird immer schlimmer.« Und weiter: »für uns ist es nicht nur so, dass wir nach hause wollen, sondern auch so, dass wir hier nicht mehr lange bleiben können.« Sie schilderte die Lage auf ihre Weise: »die araber sind nicht sympathischer geworden, die engländer nicht klüger, und die juden versuchen jetzt, genauso gute faschisten zu werden wie die gojim.« Sie versprach, »wenn es dich interessiert, schreibe ich dir gern mal ausführlich über den ganzen dreck«, und fügte hinzu, er sei hier nicht vergessen: »dein haus steht noch, und es sagen uns deine ingenieure und mädchen ›schalom‹ auf der straße.« Sie bat ihn, allen, die sie in Berlin noch kannten, Grüße auszurichten. Aber der Schlüsselsatz lautete: »ich hoffe, du siehst aus unserem brief, dass wir so sind wie wir waren.« Auch meinem Vater war sehr wichtig, dass Selmanagić das wusste.

Einige Zeit vor seiner Übersiedlung nach Berlin hatte Selmanagić meine Eltern anscheinend wüst beschuldigt: Sie hätten sich »an die verhältnisse in palästina angepasst und sich ihm gegenüber entsprechend benommen«. Ich weiß nicht, was er damit meinte, aber nach der Erneuerung der Beziehungen konnte mein Vater nicht einfach zur Tagesordnung übergehen. »ein ziemlich grober brief«, schrieb er, »deine vorwürfe haben mich nicht getroffen. du hast nämlich einfach unrecht.« Sie würden noch Gelegenheit bekommen, die Sache mündlich zu besprechen, aber »unterdessen nimm bitte zur kenntnis, dass ich mich hier keineswegs akklimatisiert habe und auch nicht die absicht habe, es zu tun. wir haben hier weiter gelebt wie wir es zu deiner zeit taten, haben uns mühe gegeben, anständige menschen zu bleiben, und ich hoffe, es ist uns gelungen.« An dieser Stelle erklärte er: »den sohn haben wir mit vielen gedanken an dich tito genannt, und ich hoffe, dass du dich entsprechend geehrt fühlst.« Ansonsten habe sich nicht viel verändert in ihrem Leben, vor allem nicht in ihrem Denken, fuhr mein Vater fort: »wir sind, was wir waren, nur unser heimweh ist größer geworden, und je größer die kinder werden, und je stärker der chauvinismus hier wird, umso mehr wächst unser wille heimzukehren.« Er hört sich sehr abhängig an, scheint fast flehentlich um die Rettung ihrer Freundschaft zu bitten.

Auch in den folgenden Briefen hielt mein Vater es für nötig, dem Freund zu versichern, dass er nicht untreu geworden sei: »ich habe mir mühe gegeben, das zu bleiben, war wir unter einem anständigen menschen verstehen. das hat sich natürlich auf die kasse ausgewirkt, und nachdem ich ein paar monate krank war und dann ein paar monate nur teilweise arbeitsfähig, stehe ich heute da, wo ich immer stand: ohne geld, aber mit einem guten gewissen. es ist eben ein luxus, so zu leben wie ich es nun mal will.« Dass der geliebte Selmanagić sich umgekehrt in Nazi-Deutschland »akklimatisiert« haben könnte, kam meinen Eltern offenbar gar nicht in den Sinn. Mein Vater nahm es seinem Freund auch nicht übel, dass er mit dem SED-Staat kooperierte, erwog vielmehr sogar, es ihm gleichzutun. Er wartete nur darauf, dass Selmanagić seinen Ärger endlich überwand und ihm mit einem freundschaftlichen Rat aushalf. »verstehe mich richtig: ich will mich mit dir nicht darüber beraten, ob wir nach deutschland zurückkommen sollen oder nicht. darüber gibt es keine diskussion. wenn wir jetzt in berlin ankommen – du kennst mich und ricarda genug, um unsere berufsmöglichkeiten dort richtig einschätzen zu können. wir haben keine großen illusionen und keine großen ansprüche. aber wir haben zwei kleine kinder, die ernährt werden müssen. ich würde auch gerne wissen, ob man meine kinder wegen ihres jüdischen vaters schief ankucken wird.« Im Prinzip war er auch bereit, sich in einer der westlichen Besatzungszonen niederzulassen, war sich jedoch hinsichtlich der Lage dort nicht sicher.

Ich weiß nicht, ob Selmanagić antwortete. Meine Mutter hat fast alle Papiere vernichtet. Der nächste Brief von Jerusalem nach Berlin wurde jedenfalls erst ein knappes Jahr nach dem ersten abgeschickt. Mein Vater war damals monatelang krank und erholte sich nur langsam. »unterdessen sind die verhältnisse hier nicht erfreulicher geworden und unser wunsch, nach deutschland zurück zu kommen, nicht kleiner«, schrieb er an Selmanagić. »im gegenteil, ein großer teil unseres denkens und sprechens dreht sich um diesen punkt. die verhältnisse hier werden von tag zu tag unerträglicher. ich meine nicht die rein äußerlichen unannehmlichkeiten. zwar fliegen täglich wieder irgendwo bomben und andauernd ist ausnahmezustand und durchsuchungen; aber du erinnerst dich ja daran: an so etwas kann man sich gewöhnen. woran man sich aber nicht gewöhnen kann, wenigstens nicht *wir*, ist der geistige zustand, in dem sich das land befindet. es hat mir eigentlich genügt, *einmal* in meinem leben sehen zu müssen, wie sich faschismus entwickelt, es hat mir *einmal* genügt zu sehen, wie man rassenhass predigt und zu welchen resultaten es führt. es kotzt mich an, zum zweiten mal die jahre 1928-33 durchmachen zu müssen. in jedem falle kann ich schwerer ertragen, dass man hier heute zu meiner tochter ›dreckiger goi‹ sagt, als damals, als man zu mir dreckiger jude sagte. damals habe ich mit meiner überzeugung und, wenn es sein musste, mit der faust geantwortet. heute empfinde ich, dass es mich einerseits nichts angeht und dass ich es andererseits nicht miterleben *muss*, weil ich hier nichts zu suchen habe.« Die nebulösen Nachrichten über die Lage im besiegten Deutschland schreckten ihn nicht ab: »ich bin mir über eure schwierigkeiten im klaren, aber ich bin bereit, sie zu tragen, wenn ich damit u. a. erreiche, dass ich meine kinder einem idiotischen chauvinismus entziehen kann.«

Die Spannungen in Jerusalem wuchsen unterdessen, was auch den Verkehr von der Innenstadt nach Arnona behinderte. Junge Araber schleuderten Steine auf Autobusse, die Juden beförderten, und beschossen sie später sogar. Die Fenster wurden erst mit Schutzgittern, später mit Stahlplatten versehen. Mein Vater nahm eine eigene

Stahlplatte mit und schützte damit seinen Kopf. Manchmal wurde der Busverkehr ganz eingestellt. So geschah es, als er eines Abends aus der Werkstatt kam und kein Bus mehr nach Arnona fuhr. Notgedrungen beschloss er, den weiten Weg zu Fuß zu gehen. Er kam bis zur britischen Regierungsdruckerei. Dort hatten sich junge Araber mit Holzknüppeln zusammengerottet, die bei seinem Anblick »ein Jude, ein Jude« schrien. Meine Mutter hat den Vorfall meiner Schwester erzählt, die ihn in ihr Buch aufnahm. Mein Vater wollte sich in die Druckerei flüchten, doch der britische Wachmann am Tor sagte: »Ich habe keinen entsprechenden Befehl«, und ließ ihn draußen stehen. Die Araber rückten näher. Im letzten Moment kam ein Nachbar aus Arnona mit dem Auto um die Ecke. Er verlangsamte kurz, mein Vater sprang auf und war gerettet.

Meine Mutter arbeitete seit meiner Geburt im »Kinderschloss«, einer privaten Einrichtung unweit unseres Hauses. Wegen der Spannungen verließ die Inhaberin das Land und überließ meiner Mutter die Abwicklung der Kinderkrippe. Mein Vater wehrte sich nicht dagegen, dass der »Volksschutz« der offiziellen Untergrundarmee Hagana, einen Wachposten auf dem Dach des Hauses errichtete, war aber vermutlich auch nicht begeistert davon. Die britische Polizei kam, verhaftete die vierzehn Wächter und konfiszierte ihre Waffen. Arabern gelang es, die Telefonverbindung des Viertels zu kappen. Nach der Annahme des UNO-Teilungsplans, demzufolge Palästina in zwei Staaten aufgeteilt werden sollte, hieß es, die Araber verlangten den Kibbuz Ramat Rachel, das Viertel Talpiot und auch unser kleines Arnona für sich.

Um sich ein klareres Bild über das Geschehen in Deutschland zu machen und ihre Rückkehr richtig vorzubereiten, entschieden meine Eltern, einer von ihnen solle hinfahren und die Lage vor Ort prüfen. Allerdings brauchte man für Reisen nach Deutschland noch eine wohlbegründete Ausreiseerlaubnis. Wie so häufig in seinem Leben versuchte mein Vater, auch dieses bürokratische Hindernis zu umschiffen: Ob Selmanagić ihm vielleicht eine offizielle Einladung zur Leipziger Messe verschaffen könne, erkundigte er sich, »möglichst mit vielen und großen stempeln«, fügte er hinzu und erklärte, »das ganze wird doch jetzt ziemlich dringlich, denn es ist uns z. b. nichts anderes übrig geblieben, als unsere tochter in eine hiesige schule zu stecken, wo man ihr versucht einen brei aus bibel und jüdischem nationalismus einzutrichtern.« Es sei schade um die Kraft, schloss er: »wir haben genug.« Drei Monate später kam er um.

Eine Mörderkugel

In dem Gedenkband *Yizkor – In Memoriam*, den das Verteidigungsministerium herausgab, steht: »Getroffen durch eine Mörderkugel auf dem Wachposten im Viertel Arnona in Jerusalem und dadurch gefallen.« Von meiner Mutter hörte ich, die tödlichen Kugeln seien aus Sur Baher gekommen. Ich weiß nicht mehr, wann sie mir das zum ersten Mal erzählt hat, vermutlich so früh wie möglich, damit ich keine andere, noch schlimmere Geschichte hörte – und vielleicht auch etwas anderes herumerzählte. Die meiste Zeit meines Lebens glaubte ich das, und viel mehr wusste ich nicht darüber. Wer sie benachrichtigt, wie sie reagiert, was sie getan, wer ihr geholfen hatte, ob mein Vater erst verwundet oder auf der Stelle tot gewesen war, wer die Beerdigung auf dem Ölberg arrangiert hatte, wer mitgegangen war, ob es Kondolenzbesuche gegeben hatte – all das war tabu. Ich fragte nicht nach, und meine Mutter erzählte nichts. Meine Schwester erinnerte sich, dass Tante Jona auf uns aufpasste, als man meinen Vater im Krankenwagen abholte, und meine Mutter mitfuhr.

Miss Jane Lancaster hätte eigentlich gar nicht mehr da sein sollen. Wegen der zunehmenden Gewalttaten hatte die Mandatsregierung alle britischen Staatsangehörigen angewiesen, das Land zu verlassen. Aber Tante Jona fürchtete um ihren Garten: »Ich werde wohl einige Monate wegbleiben müssen«, schrieb sie an Golda Meyerson (später Meir). »Es steht zu befürchten, dass unterdessen Diebe kommen, denn einige der Pflanzen in meinem Garten sind sehr wertvoll.« Sie bat Meyerson, für die Bewachung des Gartens zu sorgen. Das sei ihr sehr wichtig. Es war eine der dramatischsten Zeiten in der Geschichte des jüdischen Volkes, aber die Vorsitzende der politischen Abteilung der Jewish Agency ließ alles stehen und liegen und beauftragte einen ihrer Mitarbeiter, dafür zu sorgen, dass sich kein Fremder an Miss Lancasters Garten vergriff. In den folgenden Monaten war Tante Jona noch da. An dem Tag, als mein Vater starb, trug sie mich auf dem Arm. Drei Wochen später wurde ich drei Jahre alt.

Meine Mutter erwies sich als starke und couragierte Frau, vielleicht auch aufgrund ihrer unerschütterlichen Weltanschauung, von der sie sich ihr Leben lang leiten ließ. In einem sachlichen, emotionslosen Brief von sieben Zeilen schrieb sie an Freunde vom Bauhaus, die nun in Tel Aviv wohnten: »gestern starb Heinz (...) mein freund, mein guter kamerad lebt nicht mehr.« So gehen Menschen, die keinen Gott haben, mit Katastrophen um. »im übrigen denke ich überhaupt nur für die jeweilige nächste halbe stunde«, schrieb sie. Bis kurz vor dem Pessach-Fest, das heißt fast drei Monate lang, blieb sie noch in Arnona und versuchte, das gewohnte Leben für uns Kinder wenigstens äußerlich fortzuführen. Eigentlich kann ich mich gar nicht entsinnen, inwiefern sich unser Leben damals geändert hat. Meine Schwester ging noch in die erste Klasse, ich spielte im Garten des Hauses. An Arbeit in der Werkstatt war nicht zu denken, meist kam man gar nicht durch in die Stadt.

An einem der letzten Tage in Arnona tat meine Mutter einem jungen Mann namens Gerhard einen Gefallen: Sie tippte auf ihrer Schreibmaschine einen Liebesbrief auf Deutsch, den Gerhard einer gewissen Henny schicken wollte. »Es sind jetzt fast zwei Jahre her seit wir uns ›auf Wiedersehen‹ gesagt haben. Wir versprachen einander zu schreiben. In Belgien bekam ich noch Briefe von Dir, in denen jedes Wort eine Liebkosung war. Ich glaubte zum ersten Mal in meinem Leben an etwas, Henny. Ich glaubte an Dich. Ich glaubte an unsere Liebe. Ich glaubte an eine Zukunft – an unsere Zukunft.«

Das war in Arnhem in Holland gewesen. Gerhard war wohl als Soldat der Jüdischen Brigade mit der britischen Armee dorthin gekommen. Zum ersten Mal im Leben hatte er Liebesglück erfahren und Zukunftsträume gehegt, aber seine geliebte Henny hatte den Kontakt nicht aufrechterhalten. Die Briefe, die er ihr aus Palästina schickte, blieben unbeantwortet, doch er war ihr nicht böse: »Ich mach Dir keine Vorwürfe. Wenn Du mich und unsere Liebe so schnell vergessen konntest, dann war ich diese Liebe nicht wert.«

Nach Ablauf von zwei Jahren schrieb er ihr nicht nur, weil er sie immer noch liebte, sondern auch, um Abschied zu nehmen, denn er war nun wieder Soldat. »Der Krieg, den ich diesmal mitmache, ist ein Kampf bis aufs Messer, ein Kampf um das nackte Leben ohne viel Aussicht auf einen Sieg.« Er berichtete ihr von den Getöteten, an viele der Jungs erinnere sie sich vielleicht noch aus der Zeit in Arnhem, meinte er, »erschossen, in die Luft gesprengt, ihre Leichen von arabischen Messern zerstückelt.« Er selbst sei in einem der isolierten Vororte Jerusalems stationiert, schrieb er, und meinte vermutlich Arnona oder Ramat Rachel. Er und seine Kameraden führen in Panzerwagen, um die Verbindung zur Stadt aufrechtzuerhalten. Die Front sei überall, aber »wir geben nicht einen Quadratmeter Boden auf«, versicherte er. Zwei Wochen zuvor war sein Panzerwagen auf eine Mine gefahren, mitten in einem arabischen Dorf. Die Jungs vor, neben und hinter ihm wurden getötet. Er überlebte. Eine halbe Stunde verbrachte er dort, hatte nur noch »sechs Patronen für einen Karabiner und zwei Handgranaten für den letzten Moment«, schrieb er. »Da habe ich daran gedacht, dass Du es nie erfahren wirst, wenn mich jetzt eine Garbe aus dem gegenüberliegenden MG erwischt.« Deshalb habe er sich entschieden, ihr zu schreiben. In seiner Erinnerung sehe er sie vor einem Hotel namens Sluis stehen und mit einem holländischen Jungen im Sonsbeek Park spazieren gehen. »Ich bin Dir sehr gut, Henny, auch wenn Du mir nicht schreibst und mich inzwischen schon ganz vergessen hast. Wenn ich eines Nachts auf irgendeiner Landstraße oder auf irgendeinem der steinigen Felder um Jerusalem eine Kugel erwische, werde ich noch bis zuletzt dankbar sein, dass es Dich gegeben hat, und daran denken, wieviel Schönes Du mir geschenkt hast und dass es jetzt leicht ist zu sterben, weil es dieses Schöne nicht mehr gibt.« Er wünschte ihr nur Glück und Wärme und Liebe – all das, was er sich erhoffte und nicht hatte finden dürfen.

Auf der Gedenkplattform des Verteidigungsministeriums kann man Gefallene auch nach ihren Vornamen suchen. Es gibt dort keinen Gerhard, dessen Personalien für unseren Gerhard passen würden. Ich hoffe natürlich, dass er nicht umgekommen ist, sondern sein Glück in einer neuen Liebe gefunden hat. Es gibt vielleicht Wege, seine Identität zu klären, ich habe sowas noch vor der Zeit des Internets getan. Aber auch das Geheimnisvolle seiner Person hat seinen Zauber, besonders die Frage, was ihn zu meiner Mutter geführt haben könnte, so kurz, nachdem sie Heinz verloren hatte. Vielleicht konnte er nicht genug Deutsch für so einen Brief. Warum schrieb er überhaupt auf Deutsch? Vielleicht war er nur deshalb zu meiner Mutter gekommen, weil sie eine Schreibmaschine besaß. Warum schrieb er seiner Liebsten nicht per Hand? Und ich wüsste natürlich gern, warum dieser Brief in ihrem Besitz geblieben ist, zwei dünne Blätter Luftpostpapier, engzeilig beschrieben, von ihm mit blauer Tinte unterzeichnet. Vielleicht wusste Gerhard die Adresse nicht, vielleicht hatte er vergessen, sie meiner Mutter dazulassen, vielleicht hatte sie die Adresse verloren, vielleicht hatte sie vergessen, den Brief abzuschicken, vielleicht funktionierte die internationale Postverbindung nicht oder vielleicht hatte sie keine Briefmarke. In der Geschichte, die ich um dieses Papier zu erfinden beginne, hat meine Mutter Gerhards Brief ohne sein Wissen zurückgehalten, weil sie meinte, er brauche eine neue Liebe, statt sich nach einer Henny zu sehnen, die ihn längst vergessen hatte. Sie mischte sich oft in das Leben ihrer Mitmenschen ein. Ich kann mir kaum ein Dokument vorstellen, das ihrem Denken und Fühlen ferner gewesen wäre. Vielleicht weckt es bei mir gerade deswegen so viele Gedanken über das, was sie damals erlebte. Natürlich könnte Gerhard ihr selbst gesagt haben, sie solle den Brief nicht abschicken.

Die Außenmauern unseres Mietshauses waren inzwischen mit Löchern übersät. Immer wieder hatten sie im Schussfeld gestanden, und als meine Mutter es nicht mehr aushielt, beschloss sie, ins Stadtzentrum zu ziehen. »das klingt einfach«, schrieb sie an Freunde vom Bauhaus, sah aber folgendermaßen aus: Erst musste sie sich die Erlaubnis »irgendwelcher generäle« besorgen. Dann kam das »besorgen eines panzerautos für die sachen. wenn man es hatte und für einen tag fest bestimmt, ging entweder gar kein transport, oder der wagen war nicht vorhanden oder – oder – oder.« Endlich ergatterte sie einen halben Milchwagen. Wie zuvor schon das Packen musste sie auch das Aufladen allein erledigen, ohne jede Hilfe. Die Fahrt in die Stadt dauerte anstelle von zwanzig Minuten ganze vier Stunden und endete abrupt: »an einer straßenecke schmiss der freundliche chauffeur die kinder, an einer anderen die sachen vom wagen, und da standen wir also.«

Ich sehe sie dort stehen, allein, eine magere, bleiche, blonde Frau von sechsunddreißig Jahren, umgeben von Sack und Pack und zerlegten Möbeln – und von zwei kleinen Kindern, die in den letzten vier Stunden vielleicht nichts getrunken hatten, vielleicht auch auf die Toilette mussten. Vermutlich waren wir sehr verängstigt. Klassische Flüchtlingsfotos aus anderen Kriegen und auch aus Palästina steigen vor mir auf. Ich kann mich in sie einfühlen. Hätte sie geschrieben, sie habe geweint, hätte ich mitweinen können. Aber sie dachte nur daran, was in der nächsten halben Stunde zu tun war.

Irgendwie bin ich froh, dass mir ihr Brief nicht noch zu ihren Lebzeiten untergekommen ist, denn ich fürchte, ich hätte der Versuchung nicht widerstehen können, alle Punkte Stück für Stück mit ihr durchzugehen, als wäre ich Ermittler im Gericht der Geschichte. Kann es wirklich angehen, dass kein Mensch ihr geholfen hat, den Laster, der sie in die Stadt fuhr, zu beladen, insbesondere mit den Kisten und Möbelbrettern? Kann es sein, dass der Fahrer uns Kinder an einer Straßenecke vom Wagen »schmiss«, uns dort stehenließ und zur nächsten Straßenecke fuhr, um dort die Sachen abzuladen? Das konnte natürlich nicht sein und war auch nicht so. Meine Schwester erinnert sich sehr wohl an die Packer, die unseren Hausrat verpackten, und auch an den jungen Mann, den mein Vater beim Fleischer aufgesammelt hatte, Aryeh, der mittlerweile zur Familie gehörte. Er half meiner Mutter. Wir waren auch nicht mit dem Lastwagen in die Stadt gefahren, sondern mit dem Autobus. Aryeh fuhr mit. Ganz zum Schluss gingen meine Mutter und meine Schwester noch einmal in das leere Haus, Hand in Hand, warfen einen letzten Blick auf den Sandkasten und den Garten, und im Kinderzimmer entdeckten sie ein vergessenes Felläffchen, das sie dazulassen beschlossen. Meine Mutter weinte. So kann es gewesen sein.

Die erste Schokolade

Als ich der Lebensgeschichte des »Nazijägers« Simon Wiesenthal nachging, fragte ich mich, warum es manche Menschen drängt, ihre Leiden aufzubauschen. Wiesenthal war in fünf Konzentrationslagern inhaftiert, doch gegen Ende seines Lebens behauptete er, er habe »mindestens ein Dutzend« Lager durchgemacht. Unter Menschen, die gemeinsam eine große Katastrophe überlebt haben, entsteht hin und wieder eine Art Konkurrenzkampf, wer mehr gelitten und wer mehr Leidensfähigkeit, Glauben, Überlebenswillen und ähnliches bewiesen hat. Ein österreichischer Psychologe, der Wiesenthal gut kannte, verwendete dafür den Begriff »Leidensadel«. Meine Mutter hatte den Drang, ihrem schrecklichen Unglück die Behauptung anzufügen, sie sei Opfer rassistischer Diskriminierung. Wie gewohnt drückte sie es spöttisch aus: »man hielt damals jeden zweiten für einen spion, warum also nicht mich«, schrieb sie. Und sie unterschlug die Hilfe, die sie beim Wegzug aus Arnona erhalten hatte.

Dass wir Arnona verließen, war auf die wachsende Gefahr zurückzuführen, wie sie selbst schrieb. Der Vorort kam immer wieder unter Beschuss. Das »Kinderschloss« ging von Hand zu Hand, ebenso der Kibbuz Ramat Rachel und schließlich Arnona selbst. Viele der Bewohner flüchteten. Das geschah auch andernorts. Die Stadtzentren füllten sich mit jüdischen Flüchtlingen. Die israelische Armee versuchte, den Flüchtlingsstrom aufzuhalten. Jitzchak Rabin erwähnt in seinen Erinnerungen den Befehl, auf jeden zu schießen, der aus Arnona zu flüchten versuche. Letzten Endes evakuierte das Militär selbst die Bewohner. Meine Mutter hatte die Erlaubnis erhalten, schon vor den anderen wegzuziehen. Aber nicht »irgendwelche Generäle« unterschrieben die Erlaubnis, sondern zwei ihrer Nachbarn, Mitglieder im »Sicherheitskomitee« des Viertels. Einer von ihnen betrieb dort eine kleine Pension. Sie halfen ihr gewiss ehrlich und mitfühlend mit Rücksicht auf ihren großen Verlust. Natürlich verdächtigte sie kein Mensch der Spionage. Jemand stellte ihr sogar einen Personalausweis aus, der ihr im Namen der Volkswehr »freien Durchgang im hebräischen Jerusalem« gewährte. Auch das war nicht selbstverständlich. Wenige Tage vor der Ausrufung des Staates Israel ergatterte meine Mutter sogar noch einen Personalausweis des britischen Bezirksvorstehers. Der Ausweis verzeichnete in der Rubrik »Rasse« »Deutsche Christin«. Ich kann mir vorstellen, wie sie das geärgert hat. Sie war Atheistin und keine Christin. Ihr Ausweis von der Volkswehr enthielt keine solche Rubrik, und so konnte sie die freie Passage im hebräischen Jerusalem ungestört genießen. Nicht weniger wichtig – vielleicht sogar wichtiger – war der »Berechtigungsschein für Hilfeleistungen an Soldatenfamilien«. Das war der Krankenkassenausweis.

Einige Handwerker, die meine Eltern kannten, machten eine kleine Spendensammlung, um meiner Mutter die ersten Tage in der Stadt zu erleichtern. Als mein Vater krank war, hatte er einen Kredit aufnehmen müssen, konnte die Raten dann jedoch nicht abzahlen. Die Bank wandte sich an zwei seiner Bürgen, Freunde vom Bauhaus. »warum hast du schwein nicht gezahlt?«, fragte der eine in einem Eilbrief an meinen Vater. Der speiste ihn mit einer lustigen Karikatur ab und schrieb beruhigend, es handle sich höchstens um eine formelle Verpflichtung. Doch jetzt, da er tot war, mussten sie zahlen. Meine Mutter entschuldigte sich und versicherte, sie würde das Land nicht verlassen, ehe sie ihnen das Geld erstattet hatte. Inzwischen lebte sie auf Pump und wartete auf das Geld aus Vaters Lebensversicherung.

In seinen letzten Lebensjahren war Heinz eine Partnerschaft mit einem Holzschnitzer eingegangen, der Holzfigürchen produzierte, Frauen und Männer in palästinensischen Volkstrachten. Er hieß Maximilian Rosenkranz, war in Rumänien geboren und in Deutschland aufgewachsen. Dort hatte er Flugstunden genommen, Ballett und Schauspiel studiert, war in Frankfurt im Theater aufgetreten und hatte sich schließlich, unter dem Pseudonym Martin Rost, dem Schreiben gewidmet. In Palästina schrieb er für das hebräische Theater. Seine Figürchen schuf er zusammen mit seiner Frau Helga, einer Malerin. In der strengen Unterteilung in Gute und Böse, die meine Mutter im Umgang mit ihren Mitmenschen vornahm, gehörten Rost und seine Frau zu den Guten. Nach dem Tod meines Vaters schrieb einer unserer Nachbarn einem gemeinsamen Freund: »Rost benimmt sich phantastisch und gibt sich alle erdenkliche Mühe, Ricarda zu helfen.« Drei Monate später kam auch er um. Auf der Gedenkplattform des Verteidigungsministeriums heißt es, er sei zum Schutz der jüdischen Stadtviertel im Westen der Stadt postiert gewesen. Der Staat Israel war drei Tage alt. Im Theater gab es an diesem Abend ein Musikspiel von Rost mit dem Titel *Unser Staat, er möge leben.* Die Werkstatt war hochverschuldet. Die beiden Witwen unterzeichneten ein Abkommen zu ihrer Abwicklung. Soviel ich weiß, sind sie Freundinnen geblieben.

Eine Weile lebten wir auf engstem Raum bei den Großeltern väterlicherseits. Sie wohnten unter prekären Bedingungen in der Abessinierstraße, die später in Äthiopienstraße umbenannt wurde. Sie hatten zwei Zimmer in der verwaisten Hausmeisterwohnung einer Schule. Zum Glück hatten die Schüler Ferien – da es Sommer war und wegen des Kriegs. Dort wohnten noch weitere Familien: »kurden, bucharen, sefarden, abessinier, jeckes«, schrieb meine Mutter. Im ganzen Gebäude gab es nur eine Toilette. Die Kloschüssel war ewig verstopft, die Wände waren kotverschmiert. Das Haus geriet häufig ins Visier von Scharfschützen und stand unter Beschuss durch Mörser und Handgranaten aus dem Ostteil der Stadt, vor allem bei Nacht. Oft liefen wir in den Keller hinunter. Großvater verklebte die Fenster mit braunen Klebestreifen und sicherte sie mit Sandsäcken. Großmutter bekam hysterische Anfälle. Großvater erzählte ihr von seinen Erinnerungen an die Front im Ersten Weltkrieg. Eines Nachts fiel ein Brandsatz vor der Gebäudefront nieder und fing Feuer. Keiner hatte den Mut, etwas zu unternehmen, doch mein alter Großvater, noch im Pyjama, trat das Feuer aus und stieg umgehend zum Helden des Viertels auf.

Freunde vom Bauhaus schickten ein Paket aus Tel Aviv. »es wird uns über viele schwere tage hinweghelfen«, dankte ihnen meine Mutter. Sie kochte auf einem kleinen Holzfeuer im Hof. »während der letzten schlimmen bombentage fraßen wir vorwiegend bohnen und manchmal unkraut vom felde (wenn man es wagte, es zu sammeln) und kerne von pineappeln, die ich auf einem kleinen holzfeuer im hinterhof zu kochen versuchte.« Mit dem »Unkraut« meinte sie eine »Chubesa« oder auch »Zwergenbrot« genannte Malvenart, die »Pineappel-Kerne« waren Pinienkerne. Für das Feuer ließ sie Holzlatten aus einer Tischlerei mitgehen: »nuss, olive, teak, mahagoni, was gerade kam. es ist alles so gleichgültig geworden«, schrieb sie. »wenn es zu nah krachte, ging ich eben in deckung mit dem triefenden kochlöffel.« Die Monate, in denen die Stadt bombardiert wurde, seien schrecklich gewesen, erzählte sie. Wir Kinder waren dauernd krank, wohl wegen der monatelangen Unterernährung und des Aufenthalts im Luftschutzkeller. Wir machten einen Tuberkulosetest, und der war positiv. Meine Schwester bekam dazu noch die Röteln. Neun Tage lang hatte sie 40 Grad Fieber – und es sei kein Arzt dagewesen, schrieb meine Mutter. Seinerzeit gab es auch kaum fließendes Wasser. Ich weiß noch, wie ich mit meiner Mutter in der langen Schlange vor dem Wassertankwagen anstand, in der Hand einen kleinen Blecheimer mit einer aufgemalten Mickymaus. Meine Mutter sagte, ich sei ein so niedliches Kind, sicher würde man mir mein Eimerchen zusätzlich zu unserer Wasserration füllen. Sie hatte recht. Meine Schwester erinnerte sich daran, dass meine Mutter schreckliche Angst hatte, man könnte ihr als nichtjüdischer Witwe ihre beiden Kinder wegnehmen. Nichts spricht dafür, dass ihre Angst begründet war.

Die Neigung, nicht länger als eine halbe Stunde vorauszudenken, sollte meine Mutter in ihrer Trauer stärken. Freunden schrieb sie: »als ich einmal beinahe ersoffen bin im rhein, half es auch, nur an die nächste Schwimmbewegung zu denken. nur jetzt weiß ich nicht, ob ich eigentlich weiter schwimmen will. von meinem großen jammer der einsamkeit und verzweiflung ist es besser zu schweigen.« Tatsächlich dachte sie jedoch sehr häufig an die Zukunft, schlug dabei unter anderem den Vorschlag aus, in einen Kibbuz zu ziehen. Ihre Kinder sollten dort leben, wo ihr Vater gelebt hatte, sagte sie. Das Leben im Kibbuz passte nicht zu ihr und sie nicht zu den Leuten dort. Sie wolle versuchen, »so schnell wie möglich dieses unheilige land zu verlassen«, schrieb sie einem der letzten einstigen Leiter des Bauhauses. Mein Onkel Kurt versprach, sie nach Portugal zu holen.

Schließlich zogen wir in ein altes Steinhaus, nicht weit von der Wohnung meiner Großeltern, und dort siedele ich meine erste Erinnerung an. Ich muss vier Jahre alt gewesen sein. Eines Tages klingelte es an der Haustür, und ich ging öffnen. Vor mir stand ein bärtiger Mann, der mir eine Tafel Schokolade gab, ein rares Geschenk in jenen Mangelzeiten. Das war Martin Buber. Keine Schokolade hat mir je süßer geschmeckt.

RICARDAS SOHN

Ein Löwe im Bügelzimmer

Seit über hundertzwanzig Jahren steht das Taborhaus an der Propheten-/Ecke Abessinierstraße, ausgestattet mit Giebeln, Zinnen und eigenwillig geneigten Ziegeldächern, ein zauberhaftes und geheimnisumwobenes Traumschloss, ein wahres Puppenhaus. Conrad Schick, der Mann, der es als Wohnhaus für seine Familie entworfen hatte, war ein deutscher Schlosser, der in der zweiten Hälfte des 19. Jahrhunderts als Abgesandter einer Schweizer Missionsgesellschaft nach Jerusalem gekommen war und auch Kuckucksuhren herstellen konnte. Über die Jahre beschäftigte er sich außerdem mit Archäologie, Kartographie und einem halben Dutzend anderen Dingen, bis er seine Begabung für Architektur entdeckte und einer der wichtigsten Architekten Jerusalems wurde. Das Taborhaus gilt bis heute als eines der stattlichsten Häuser der Stadt. Die oberen Ecken sind den Hörnern des Altars im Tempel nachgestaltet. Den Namen hatte Schick einem Bibelvers entnommen. Das Taborhaus erlebte eines der leidvollsten Jahrhunderte in der Geschichte Jerusalems, in dem ein Krieg auf den anderen folgte. Im Garten fand sich einst eine vergessene Tür zu einer dunklen Kammer, seit Jahrzehnten verborgen hinter einem dichten Netz von Spinnweben. Von einer Wand blätterte ein vergilbtes Stück Papier mit den englischen Zeilen: »Wir sitzen hier und warten, versteckt vor den Gräueln des Krieges, wer weiß, ob wir hier noch jemals herauskommen.« In einer Ecke stand ein Feldbett. Vermutlich waren die Schutzsuchenden im Keller englische Missionare oder Mitarbeiter des amerikanischen Konsulats, und wahrscheinlich hatten sie sich aus Angst vor den Türken oder den Deutschen versteckt und waren bei der britischen Eroberung Jerusalems am Ende des Ersten Weltkriegs aus ihrem Unterschlupf herausgekommen.

Dreißig Jahre später verschlug es uns dorthin wegen eines der spektakulärsten Bombenanschläge, die es hier je gegeben hat. Es geschah am frühen Morgen des 22. Februar 1948. Ein mit Sprengstoff beladener Wagen explodierte in der Ben-Jehuda-Straße im Stadtzentrum. Dutzende Menschen wurden getötet. »Den Augen der ersten Ankömmlinge an der Unglücksstelle bot sich ein unbeschreibliches Bild des Grauens«, berichtete ein Zeitungsreporter: »Zerfetzte Leichen und abgetrennte Gliedmaßen lagen verstreut zwischen Trümmerhaufen, Leichname hingen an Balkongittern.« Einige Häuser waren eingestürzt, wobei es die Bewohner aus den Betten auf die Straße geschleudert hatte. Einer davon war der Rabbiner Kurt Wilhelm, Redakteur beim Schocken Verlag und Oberhaupt der kleinen liberalen Gemeinde Emet weEmuna (Wahrheit und Glaube), der überwiegend friedliebende Jeckes wie er angehörten. Benommen von dem Lärm grub der Rabbiner sich aus den Trümmern, fand seine Frau und seine drei Kinder und schlug sich, noch immer im Pyjama, zum Taborhaus ein paar Straßen weiter durch. Das Haus gehörte seit zwanzig Jahren einem seiner Bekannten, einem englischen Missionar, der den Wilhelms Obdach gewährte. Als die Briten einige Monate später das Land verließen und der israelische Staat gegründet wurde, ging der Missionar mit ihnen weg. Kurz vor seiner Abreise vertraute er das Haus dem Rabbiner an, bei dessen Familie meine Mutter als Hausgehilfin arbeitete.

Wilhelm gehörte zu einem kleinen Kreis von Intellektuellen, die zumindest in Teilen von der üblichen zionistischen Linie abwichen und anstelle eines jüdischen Staates eine »binationale« jüdisch-arabische Lösung propagierten. Doch auch er verließ das Land. Er wurde Oberrabbiner der Juden Schwedens. Vor seiner Abreise suchte er David Ben Gurion auf und sagte ihm, er nehme Abschied als Unterlegener, denn Ben Gurion habe recht behalten: Man brauche einen jüdischen Staat. Ben Gurion notierte es in seinem Tagebuch. Die Katastrophe in der Ben-Jehuda-Straße habe seine Familie mittellos gemacht, dabei jedoch die Größe des jüdischen Volkes unter Beweis gestellt, sagte Wilhelm und machte sich auf nach Stockholm. Eine ruhigere Zuflucht vor dem Grauen des Krieges in Jerusalem hätte er sich nicht wünschen können. Er ließ zwei seiner Kinder im Land zurück, die beide Militärdienst leisteten. Die Verantwortung für das Taborhaus übertrug er meiner Mutter mit der Auflage, sich um die beiden zu kümmern. Auf einem Foto bin ich mit Nathan, einem seiner Söhne, abgelichtet: Er sieht aus wie einem zionistischen Werbeplakat entnommen, im Sinne des »neuen Menschen«, der den Zionisten vorschwebte. Ich sehe aus wie ein glücklicher Lausbub.

Wir blieben drei Jahre dort wohnen, bis ich die erste Klasse abgeschlossen hatte. Ich habe fast alles in lebhafter Erinnerung. Eine hohe Mauer mit nur einer kleinen, grüngestrichenen Eisentür darin umgab das Haus. Auf der Innenseite war ein dicker Holzbalken angebracht, der sich zur Sicherheit vorschieben ließ. Wir taten das manchmal, und meine Freude war grenzenlos, wenn jemand dann nicht reinkonnte. Über der Tür ragte ein Erker für die Wache auf mit einem zwanzig Zentimeter großen Loch im Boden, einst dazu gedacht, feindlichen Eindringlingen siedendes Öl auf die Schädel zu gießen. Auf dem Hof hatte ein Orthopäde seine Praxis. Manchmal ließ meine Schwester ihr nacktes Bein durch das Loch im Erker baumeln – zum Entsetzen eintreffender Patienten. Ich liebte die Mauer und die Kiefern, die das Haus beschatteten, kletterte auf die Bäume, um Zapfen zu pflücken, und dann auf die Mauer, um Passanten damit zu bewerfen. Manchmal traktierten wir sie auch mit Wasserpistolen.

Zwei Stockwerke und Keller hatte das Haus. Der Fußboden war mit schwarzen und weißen Marmorplatten belegt. Eine Vorbewohnerin hatte Vorhänge in Rot und Schwarz, Weiß und Grün und Blau an die Fenster gehängt, nicht zu grell, wohlabgestimmt: »Wir haben alte Teppiche und schöne Messingsachen und auch einen herrlichen Messingkronleuchter«, schrieb sie ihrer Mutter in Belfast. Ihr Mann, ein höherer Beamter der britischen Verwaltung, schickte seinem Vater Hunderte von Briefen, fast täglich. Der Vater hatte sie gar nicht alle geöffnet; als ich ins irische Nationalarchiv kam, machte ich sie zum ersten Mal auf. Ich las darin viel über Teepartys, Tennisturniere und Fuchsjagden, mit denen sich die Briten ihre Zeit in Palästina verkürzten, alles in passender Kleidung und stets auf gegenseitige schriftliche Einladung hin, die manchmal lediglich auf die andere Straßenseite geschickt werden musste, denn viele Adressaten wohnten in der Nachbarschaft des Taborhauses.

Ich kann nicht beschwören, dass die Vorhänge und der herrliche Messingkronleuchter zu unserer Zeit noch da waren, aber so ungefähr habe ich das Haus in Erinnerung. Einige der Verbindungstüren zwischen den Zimmern waren oben abgerundet. Es gab einen Raum nur mit Büchern in dunklen Holzschränken mit Glastüren, und es gab einen Gebetsraum – den meine Mutter »Kapelle« nannte – mit einem Harmonium. Kam ich mit den Fingern an die Tasten, reichten meine Füße nicht an die Pedale für die Blasebälge und umgekehrt. Eigentlich durfte ich dort gar nicht rein, und wenn ich erwischt wurde, sperrte meine Mutter mich zur Strafe eine Stunde in das kleine Bügelzimmer. Erst versuchte ich weinend, die verschlossene Tür aufzukriegen, dann schlief ich ein. Und dann kam der Löwe, bedrohlich und furchteinflößend. Wenn meine Mutter mich wieder befreite, behauptete sie, da sei kein Löwe gewesen, und versuchte, meinen Traum damit zu deuten, dass unsere Badewanne auf vier Löwentatzen stand. Unsinn: Gewiss weiß ich alles, was meiner ersten Erinnerung vorausgegangen ist, nur aus Erzählungen, und es kann gut sein, dass ich manches von dem, was ich einst wusste, verdrängt habe. Ich gebe auch zu, dass nicht alles, an was ich mich zu erinnern meine, tatsächlich so gewesen ist. Aber der Löwe war da. In echt. Dessen bin ich mir völlig sicher. Meine Mutter hatte mir ja auch nicht geglaubt, dass es irgendwo im Garten einen Geheimtunnel zur Altstadt gab. Als ich viele Jahre später suchte, fand ich ihn nicht mehr, und kein Mensch wusste was davon, aber ich bin sicher, dass es ihn gegeben hat: Kriegsflüchtlinge, Schmuggler und Spione haben den Tunnel benutzt, vermutlich kriechend. Da hege ich keinerlei Zweifel.

Der Garten ist mir als Dschungel von dichten Pinien in Erinnerung geblieben. Ihre Rinde blätterte in Fetzen auf den Nadelteppich, der sich unter ihnen sammelte, und wir machten Spielzeugboote daraus. Zwischen den Stämmen der Zypressen, deren Spitzen bis zum Dachgiebel ragten, waren die Wäscheleinen gespannt, und es gab Oliven- und Granatapfel- und Zitronen- und Feigenbäume. Wir hatten viele Geranien, in Rosa, Rot und Weiß, und im Herbst sprossen erste Alpenveilchen zwischen den Felsbrocken. Es gab dunkle Ecken im Garten, die wir nie aufsuchten. In einer hielt meine Mutter Kaninchen im Käfig, warum, weiß ich nicht, vielleicht um den Hunger in den Notzeiten der Rationierung zu stillen, vielleicht um ihr Fell zu Hausschuhen zu verarbeiten. Und die nette Frau Dr. Feigenbaum, die Gattin des Augenarztes, deren Fenster auf unseren Garten hinausging, ließ uns manchmal einen Korb mit Süßigkeiten am Seil herunter.

Als meine Mutter eines Morgens in den Garten ging, lagen dort ein paar Säcke, die jemand nachts über die Mauer geworfen hatte. Darin waren Bücher. Einige hatte man in Wolldecken gewickelt, manche waren feucht oder hatten Schusslöcher. Meine Mutter erkannte sofort, dass sie Martin Buber gehörten. Bis zum Ausbruch der Kämpfe hatte Buber in Abu Tor gewohnt, einer jüdisch-arabischen Randgegend. Als die Lage schlimmer wurde, musste er sein Haus samt allen Büchern verlassen. Soldaten, die dort einzogen, benutzten einige Bücher zum Schutz vor arabischen Heckenschützen, indem sie die Fenster damit verbarrikadierten. Danach wurden sie geborgen und auf verschlungenen Wegen ins Stadtzentrum gebracht. Ich konnte nie ganz herausfinden, warum man sie gerade über unsere Gartenmauer geschafft hatte. Jedenfalls rief meine Mutter Martin Buber an, der umgehend mit der bewussten Schokolade auftauchte. Er war danach noch einige Male bei uns. Meine Mutter half ihm, die Bücher zu sortieren.

Eines Tages traf dann ein schrecklicher Brief bei uns ein, auf Deutsch, in Bubers Handschrift und in einem Stil, den nur er schreiben konnte. Er lese da in einem Buch über die hundert wichtigsten

Menschen der Welt, das in den Vereinigten Staaten erschienen sei, zwei »Anekdoten«, die, so viel er wisse, von meiner Mutter gestreut worden seien. Nach der einen besitze er eine Kochbuchsammlung, nach der anderen habe er um ein von einer Katze gefressenes Huhn getrauert. »Wer immer solche armseligen, aber einen Mitmenschen lächerlich zu machen geeigneten Schein-Anekdoten kolportiert, soll darüber belehrt werden, dass er eine des Wesens Mensch unwürdige Kurzweil betreibt«, schimpfte der Philosoph. Anscheinend hatte er sich lange mit dem Text abgemüht. Sein Archiv, das sich in der israelischen Nationalbibliothek befindet, enthält einen Entwurf für den Brief und auch die Antwort meiner Mutter: Sie erwiderte ihm höflich, aber bestimmt, dass sie nicht die Quelle der Behauptungen sei. Später schenkte sie mir den Brief, der zum Grundstein meiner Autographensammlung wurde.

Ein Journalist im Haus

Nachdem das Taborhaus meiner Mutter anvertraut worden war, öffnete sie es für andere Menschen, die wie sie ihre Wohnungen verloren hatten. Sie putzte und kochte und wusch und bügelte die Hemden ihrer Mitbewohner. Aus purpurrotem Filz und Stoffresten, die sie in einem Schrank gefunden hatte, nähte sie Puppenkleider. Sie konnte auch hübsche Jacken und Pullover stricken. Aber es gab nur wenige Käufer. Trotzdem war sie zufrieden mit ihrer Unterkunft. »dieses wohnen ist das einzige erfreuliche an meinem dasein«, schrieb sie.

Ein Zimmer bewohnte der Journalist Gabriel Stern, und damit begann eine Freundschaft fürs Leben. Es war mein erster Kontakt zum Journalismus. Sein Zimmer war mit Zeitungen vollgestopft, viele davon auf Arabisch: Sie stapelten sich vom Boden bis in Fensterhöhe, bedeckten Tisch, Stühle und Bett. Wenn meine Mutter sie nicht abräumte, schlief Gabriel auch mal auf den Zeitungen. Er hörte oft Radio, und gegen sechs Uhr abends musste es mäuschenstill sein, denn dann sprach er am Telefon. Der Apparat stand auf einem eigens angebrachten Wandbrett in der Eingangshalle. Ich kam noch nicht dran. Man benutzte ihn, wenn es etwas Wichtiges zu sagen gab. Dass die Hausbewohner die Pflicht hatten, seinetwegen täglich um eine bestimmte Uhrzeit völlig still zu sein, verlieh Gabriel eine fast offizielle Stellung im Haus. Es waren ehrfurchtgebietende Momente: Gabriel sprach mit Tel Aviv. Ein Gespräch mit Tel Aviv musste vorher angemeldet werden. Wenn man »Zeitungsreport« sagte, bekam man wohl eher eine Leitung.

Gabriel sprach im Stehen. Langsam und deutlich, mit lauter Stimme, einzelne Silben betonend und teils auch wiederholend, diktierte er der Redaktion die Nachrichten, die er tagsüber gesammelt hatte. Sein Spezialgebiet waren innerarabische Angelegenheiten. Eines seiner häufigsten Wörter, das er fast jeden Abend verwendete, war »Frieden«, aber kaum weniger häufig waren die Wörter »man hört nichts«. Damit haben wir beinahe schon die Quintessenz des gesamten israelisch-arabischen Konflikts. Anders als Josef Burg die Nummer seines Dresdener Elternhauses habe ich die Telefonnummer des Taborhauses nicht im Gedächtnis behalten, aber ich meine, ich habe sie herausgefunden: 3822.

Die Hoffnung meiner Mutter, »das unheilige Land« zu verlassen, wie sie schrieb, hat sich nicht erfüllt. Bürokratische Hürden verhinderten ihre Ausreise nach Portugal: Das nächste Konsulat befand sich in Alexandria. Meine Mutter schickte ihren palästinensischen Pass nach Lissabon, damit mein Onkel ihn dort abstempeln lassen konnte, doch der war mittlerweile wegen seiner politischen Tätigkeit ausgewiesen worden und in Paris gelandet. Außerdem hatte er sich scheiden lassen. Nur noch ein wenig Geduld, bat er meine Mutter, er verspreche, sie und die Kinder zu sich zu holen. Er hatte einen Sohn, und geplant war, dass meine Mutter und mein Onkel uns drei gemeinsam großziehen würden. Onkel Kurt bezeichnete sich als Freund und Bruder. Alles, was er tun konnte, um uns aus dem Land zu holen und nach Paris zu bringen, hat er auch getan.

Tante Clara, die Schwester ihres Vaters, besorgte meiner Mutter einen Immigrationsantrag für die Vereinigten Staaten; alle Papiere waren fertig unterschrieben. Aber meine Mutter wollte nicht nach Amerika. Sie nahm an, dass es auch dort schwierig sein würde, seinen Unterhalt zu verdienen, und meinte, die USA gefährdeten den Weltfrieden. In einem Brief schrieb sie, sie habe durchaus etwas über das globale Interesse der Vereinigten Staaten zu sagen, unterlasse es aber wegen der Zensur. Trotzdem erwog sie, den Antrag einzureichen. Sie erwartete, dass bis zum Eintreffen einer Antwort einige Jahre vergehen würden und sie als Immigrationsanwärterin mittlerweile in Schweden leben und arbeiten könnte. »ich habe hohe protection dort, den oberrabbiner persönlich«, schrieb sie ihren Freunden. Rabbiner Wilhelm rangierte jetzt sehr hoch auf ihrer Liste der Guten, gleich nach meinem Onkel Kurt. »einer der großzügigsten menschen, die ich kenne, und mir sehr zugetan«, schrieb sie, verschonte ihn aber auch nicht mit ihren sarkastischen Spitzen. Wilhelm war ein sehr liberaler Rabbiner. Meine Mutter behauptete, so etwas gäbe es gar nicht, und nannte ihn »Pastor Wilhelm«. Über seine Frau schrieb sie, sie habe ihr »ein stück speck« nach Jerusalem geschickt, »für eine frau oberrabbiner eine beachtliche handlung«. Im Prinzip hätte meine Mutter nach Deutschland zurückkehren können, aber dort lebten noch ihr Vater und ihre Stiefmutter. Und hätte sie Israel verlassen, wären die Großeltern allein zurückgeblieben. In Großvaters Lederkoffer fand ich eine Bestätigung, dass auch er als Hinterbliebener eines gefallenen Soldaten anerkannt war und ihm deshalb eine kleine finanzielle Unterstützung zustand.

Die Pläne meiner Mutter erfüllten sich jedenfalls nicht, und je länger es damit dauerte, desto einsamer fühlte sie sich und desto schlechter wurde auch ihre finanzielle Lage. »ich habe das verdammte gefühl, dass ich irgendwann nicht mehr weiterkann«, schrieb sie ihren Freunden in Südafrika und bat sie um etwas Geld, zumindest bis »wir wieder in normalen umständen leben«. Vorerst könne sie für sich nur positiv verbuchen, dass wir Kinder »trotz allem vergnügt sind und nett«, schrieb sie. Das stimmte nicht ganz: »jutta ist eine ganz arme, sie hat so gut verstanden, was ihr geschehen ist«, berichtete sie von meiner Schwester.

Ich hatte es gut im Taborhaus, sehnte mich nicht nach etwas, was ich nicht hatte, auch nicht nach Papa. Noch nicht. Manchmal lief ich zu Chaja Patt, der Inhaberin des kleinen Cafés gegenüber, die mich dann in die Wange kniff und mitleidig »was für ein Süßer« sagte, mit der Zunge schnalzte und mir ein Stück von ihrem legendären Käsekuchen vorsetzte, für den sie in der ganzen Stadt berühmt war, schon zu britischen Zeiten. Ich erinnere mich auch an einen dünnen Mann in derselben Straße, der schier zusammenbrach unter der Last der Zuckersäcke, die er nach Hause schleppte. Er und seine Frau stellten hervorragende Marzipanpralinen her. Manchmal ließen sie mich davon kosten. Sie hießen Oppenheimer. Später bauten sie ein ganzes Marzipanimperium auf.

Ab und zu ging ich mit meiner Mutter die Großeltern besuchen, um zu fragen, ob sie etwas brauchten, vielleicht Zitronen vom Baum in unserem Garten. Auf dem Weg kamen wir an einer äthiopischen Kirche mit einer Mauer drumherum vorbei. Auf dem Grundstück wohnten mehrere Familien. Geistliche trugen bunte Sonnenschirme wie in Äthiopien, und manchmal spielten wir mit den Kindern auf der Straße. Meine Schwester erinnerte sich später, dass unser sozialistischer Großvater sie rügte: Man spielt nicht mit schwarzen Kindern. Fast immer, wenn wir dort vorbeikamen, erzählte meine Mutter mir, dass sie früher einmal, in den dreißiger Jahren, Kaiser Haile Selassie dort gesehen hatte, der sein Exil mit einem zweiwöchigen Besuch in Jerusalem begann. Das hatte eine ironische Note, denn ähnlich wie mein Großvater verbrachte er die meiste Zeit dort im Kampf um die Rückerstattung seines Besitzes.

Der namenlose Pfadfinder

Ich habe meinen Großvater als ehrfurchtgebietende Gestalt in Anzug mit Weste in Erinnerung. Nie verließ er das Haus ohne seinen Borsalino, und immer nahm er einen Spazierstock mit, als glaubte er, dieser würde ihn eines Tages nach Berlin zurückführen. Manchmal begleitete ich ihn. Ich schob dann meine Hand in seine, froh, ihn zu haben, und stolz auf ihn. Er brachte mich an meinem ersten Schultag in die Schule. Auf seinen Beschluss hin nannte man mich von nun an nicht mehr Bambi, sondern Tommy. Wir sprachen Deutsch. Er konnte kein Hebräisch. Als er sich aufmachte, um an den ersten Knesset-Wahlen teilzunehmen, nahm er »einen, auf den Verlass ist«, mit in die Kabine. Das war der Journalist Gabriel Stern. Großvater brauchte ihn, damit er ihm zeigte, welchen hebräischen Wahlzettel er in den Umschlag stecken musste, um die kommunistische Partei zu wählen.

Einen Großteil ihrer Zeit verbrachten meine Großeltern in ihrer armseligen Wohnung in der Abessinierstraße mit der Lektüre von Briefen aus Stockholm, Shanghai, Chicago und Flushing, New York, aus Paris, Prag, Quito in Ecuador und São Paulo in Brasilien und auch aus London und Berlin. An die meisten Umschläge war ein Begleitschein geheftet mit dem roten Aufdruck »von der Zensur geöffnet«. Falls der Zensor Deutsch konnte und die Handschrift zu entziffern vermochte, erfuhr er, dass Verwandte, Freunde, Bekannte und ehemalige Nachbarn meiner Großeltern hocherfreut waren, sie noch am Leben zu wissen, sich nach ihrem Befinden erkundigten und erzählten, wie es anderen Verwandten, Freunden, Bekannten und Nachbarn im Krieg ergangen war, von denen viele in Auschwitz und anderen Vernichtungslagern verschwunden waren, manche jedoch überlebt hatten und nun, Gott sei Dank, ihr Leben fristeten, sich aber einsam, krank und heimatlos in ihrem Exil grämten. Viele hatten sich nach Kräften bemüht, Einreisevisa in andere Staaten zu ergattern, notfalls sogar nach Israel, aber dorthin, schrieb eine Tante, könne man jetzt nur mit Gruppenreisen gelangen, und dazu fehle ihr der Mut. »Ich hatte genug an Gruppenreisen nach Theresienstadt.« Die Unsicherheit belaste am meisten, fand eine Freundin meiner Großmutter. Es war eine internationale Gemeinschaft von Leid und Exil. Manchmal wetteiferten auch sie untereinander, wer es am schwersten hatte. Sie ließen Erinnerungen aus längst vergangenen Zeiten aufleben und bekundeten vor allem Sehnsucht nach dem einst Gewesenen. Gelegentlich zitierten sie Nachrichten und Aufsätze, die sie in der Exilzeitung *Aufbau* gelesen hatten.

Alte Verbindungen wieder auffrischen wurde zum Lebensinhalt meiner Großmutter. Sie erinnerte sich auch an nichtjüdische Nachbarn. Eine der Nachbarinnen, eine Journalistin namens Elisabeth Küstermeier, erzählte ihr, wie sie unter Lebensgefahr Juden gerettet hatte, und schilderte ihr die schlimme Lage im zerstörten Berlin. Großmutter schickte ihr mit Hilfe des Jüdischen Weltkongresses in Stockholm ein Lebensmittelpaket aus Jerusalem ins besetzte Berlin. Küstermeier versprach, mit dem SPD-Vorsitzenden Franz Neumann in Berlin zu reden, vielleicht könne sie über ihn die Rückkehr meiner Großeltern nach Berlin arrangieren, schrieb sie, aber alles wäre einfacher, wenn Großvater zuvor seinen Besitz in Kattowitz zurückgewinnen könnte. Die Information über das Haus war ihr durch Zufall zu Ohren gekommen. Eines Tages hatte sie einen Juden kennengelernt, der ihr von seiner Zeit in Auschwitz berichtete. Er und sein Bruder hatten anscheinend nur überlebt, weil sie Zwillinge waren, schrieb Küstermeier meiner Großmutter. Die Einzelheiten ersparte sie ihr. Nach seiner Freilassung war der Mann nach Berlin gezogen. Auf dem Weg hatte er jedoch in Kattowitz haltgemacht, um sich dort nach dem Haus der Familie zu erkundigen, und hatte es »vollkommen unzerstört und wohlerhalten« vorgefunden. Mein Großvater war sein Onkel. Küstermeier erklärte, auch sie kenne in Jerusalem Leute aus Kattowitz, und so erfuhr mein Großvater, dass das Haus dort noch stand.

Von nun an kümmerte er sich um die Rückerstattung dieser Immobilie, tat wohl bis zu seinem letzten Tag kaum noch etwas anderes. Der Name des Rechtsanwalts Goldstein hatte sich in Rauch aufgelöst, vielleicht auch der Anwalt selbst, und an seiner Stelle trat ein anderer auf, der sein Honorar in Nylonstrümpfen berechnete, wie damals wohl üblich im kommunistischen Polen. Der Papierberg, der sich dabei anhäufte, verweist auf mehr als ein Immobilienproblem: An erster Stelle ging es um Ehre und Besessenheit. Das Haus entpuppte sich als wesentlicher Bestandteil von Großvaters Identität: Solange es noch jemanden gab, an den man schreiben konnte, gab es einen Grund zu leben. Aber das Eigentum an dem Haus war dahin – und damit auch Großvaters Identität. Wenige Wochen vor seinem siebzigsten Geburtstag hatte er seinen Sohn, meinen Vater, verloren. Meine Großmutter starb zwei Jahre später, und danach trank Großvater sich zu Tode. Die letzten Monate seines Lebens verbrachte er in der Nervenklinik Kfar Schaul. Und es wäre nicht Großvaters Lebensgeschichte, wenn nicht auch diese letzte Station mit historischen Wechselfällen verbunden gewesen wäre: Tatsächlich starb er in Deir Yassin, einem arabischen Dorf, in dem über hundert Bewohner, darunter Frauen und Kinder, von jüdischen Kämpfern ermordet worden waren. Bis heute steht Deir Yassin für die schreckliche Tragödie der Araber des Landes. Die Häuser des verlassenen Dorfes, vor allem die Schule, dienten fortan der Nervenklinik Kfar Schaul.

Anfang der 1950er Jahre erhielt meine Mutter einen Brief von einem ehemaligen Mitarbeiter in Großvaters Hutfabrik. Er berichtete ihr von dessen Beziehung zu den Arbeitern: »Für uns wie ein Vater« sei er gewesen. Der Mann, der mittlerweile selbst ins Hutgeschäft eingestiegen war, wusste, was aus der Fabrik geworden war: Heinrich Müller, der sie mit Protektion der SA gekauft hatte, verlegte sie nach Dresden, wo sie unter dem britischen und amerikanischen Bombenangriff im Februar 1945 bis auf die Grundfesten niederbrannte. Nach dem Krieg flüchtete Müller aus Angst vor den Kommunisten, die nun in Ostdeutschland herrschten, in den Westen und versuchte die

Fabrik dort neuzugründen, machte jedoch Pleite und war danach mittellos. Meine Mutter hätte vielleicht Mitgefühl für ihn empfinden sollen, aber wie ich sie kannte, verspürte sie wohl eher einen Hauch von Gerechtigkeit. Sie bemühte sich, Restitution für diesen Zwangsverkauf zu erlangen. Doch in Großvater Emils elegantem Lederkoffer, in dem auch sie alte Briefe und wichtige Papiere der Familie aufbewahrte, ruhte das Urteil eines deutschen Gerichts, in dem es hieß, sie sei tatsächlich Großvaters Erbin, aber sein Testament gelte nur für Besitz, der sich in Israel befinde.

Viele Jahre später – das kommunistische Regime in Polen war beseitigt, und auch meine Mutter lebte nicht mehr – schien eine erneute Restitutionsforderung erwägenswert. Ein Rechtsanwalt aus Tel Aviv, den ich zufällig kennengelernt hatte, riet mir, mich noch einmal um das großväterliche Haus zu bemühen. Und so zog ich denn den bewussten Lederkoffer aus dem Stauraum über meinem Badezimmer. Der Koffer wirkte quirlig und kampflustig, wie in einer zweiten Jugend. Der Anwalt, Joel Katz, ein unermüdlicher und entschlossener Mann, war in Polen geboren und arbeitete achtzehn Jahre an dem Fall. Immer wieder wandte er sich an verschiedene Ämter, forderte Unterlagen an, ließ sie vom Hebräischen ins Polnische und umgekehrt übersetzen. Immer wieder rief er an, bestellte mich in seine Kanzlei, schickte mir Briefe. Haufenweise. Gelegentlich fuhr er selbst nach Polen. Und nie verlangte er Geld. Das ist keine Geldangelegenheit, erklärte er mir: Uns geht es hier ums Prinzip. Prinzipiell dürfen wir den Polen keinen einzigen Stein von all dem Besitz belassen, den sie uns geraubt haben. Mit »wir« meinte er das jüdische Volk.

Am Anfang sah alles ganz einfach aus: Es bestand keinerlei Zweifel daran, dass das Haus meinem Großvater gehört hatte, meine Mutter seine Erbin und ich wiederum ihr Erbe war. Er hatte ein Testament hinterlassen. Doch leider war nur eine Kopie vorhanden, und die hatte Großvater nicht unterschrieben. Außerdem schlossen sich auch die Polen dem überaus günstigen Urteil an, dass das nicht unterzeichnete Testament meines Großvaters ohnehin nur für seine Hinterlassenschaft in Israel gelte, das heißt praktisch nur für den edlen Lederkoffer, und den hatte ich bereits erhalten. Ich hätte die Sache bald aufgegeben, aber Rechtsanwalt Katz machte da nicht mit, als käme mein Verzicht einem Landesverrat gleich. Notgedrungen würden wir nicht auf das Testament abheben, sondern einen Erbschein im Namen aller Verwandten erwirken, entschied er. Und so vergingen weitere zehn Jahre. Katz suchte und fand, dass Großvater Emils Erben in einem halben Dutzend Staaten in aller Welt, von Russland bis Brasilien, verstreut lebten. Die meisten waren tot, teils schon im Holocaust umgekommen, und auch die hatten Erben, von denen einige noch lebten. Die Polen verlangten Geburts-, Heirats-, Sterbe-, Begräbnisurkunden für alle, dazu die letzte Wohnadresse, und das alles in dreifacher Ausführung mit Übersetzung ins Polnische und notarieller Beglaubigung, ebenfalls samt Übersetzung. Katz sagte mir immer, das seien wir dem Andenken an meinen Großvater schuldig. Manchmal überlegte ich, ob es womöglich sein einziger Fall war. Vermutlich ahnte er nicht, dass mein Großvater für die kommunistische Partei gestimmt hatte.

Ich weiß noch genau, wann ich die Sache endgültig aufzugeben beschloss: Das war, als man in Polen plötzlich ein Papier fand, dem zufolge meinem Großvater nur die Hälfte des Hauses gehört hatte, die andere Hälfte seiner Schwester, die auch Hedwig geheißen hatte. Katz und ich hegten den Verdacht, dass die Polen dieses Papier selbst in die Akte geschmuggelt hatten, vielleicht noch unter dem kommunistischen Regime, denn in dem polnischen Papier taucht Hedwig als Jadwiga auf. Die Nazis hatten sich jedenfalls nicht um die Schreibweise ihres Namens gekümmert, als sie Hedwig mit ihrem Mann Julius nach Theresienstadt deportierten. Beide wurden dort ermordet. Nun wollten die Polen wissen, wer von ihnen zuerst gestorben war. Rechtsanwalt Katz war mittlerweile ein betagter Mann, aber unermüdlich wie eh und je. Er ließ keinen Stein auf dem anderen und entdeckte mit Hilfe von Yad Vashem, dass Hedwig Notman vor ihrem Mann ermordet worden war; er kam einige Tage später an die Reihe, was juristisch bedeutete, dass er ihr Erbe war. Die Polen fragten, ob er ebenfalls Erben gehabt habe, und verlangten, wenn ja, deren Geburtsurkunden und alle anderen Papiere nebst polnischer Übersetzung und – nicht zu vergessen – sämtlich notariell beglaubigt, und falls es keine Erben gegeben hatte, dasselbe.

Manchmal versuchte ich mir die Menschen hinter diesen amtlichen Schreiben vorzustellen: Was mochten sie dort in Kattowitz von mir denken, wenn überhaupt. Vielleicht hatten sie irgendeinen Vornamen für mich erfunden, der »der Jude« bedeutete, wie ein Beamter des israelischen Außenministeriums, der 1951 die Entschädigungsforderungen arabischer Flüchtlinge bearbeitete und sie dabei allesamt »Achmed« nannte. Alles hätte so einfach sein können, wenn ich Großvaters Unterschrift auf der Testamentskopie kurzerhand gefälscht hätte. Dazu fehlte mir aber der Mut, und was hätte der gute Katz wohl dazu gesagt. Dann schied auch er dahin. Vorher hatte er mir noch mitteilen können, dass das Haus in Kattowitz gar nicht mehr stand. An seiner Stelle hatte man ein Denkmal für den namenlosen Pfadfinder errichtet. Ich hoffe, er war dessen würdig. Mir ist der Fünf-Dollar-Schein verblieben, den meine Großeltern mir zum ersten Geburtstag schenkten. Bis heute habe ich ihn nicht ausgegeben. Er ist mir sehr wertvoll.

Die Tatsachenlage

Einige Zeit nachdem ich die Angelegenheit mit dem Haus in Kattowitz zu den Akten gelegt hatte, übergab mir meine Schwester das Manuskript ihrer Autobiographie, die sie veröffentlichen wollte. Und da erfuhr ich, mit nunmehr fast siebzig Jahren, zum ersten Mal, dass ich mit einer Lüge aufgewachsen war: Mein Vater war nicht durch die Kugel arabischer Mörder umgekommen, sondern durch einen Unfall. Meine Schwester war damals knapp sieben Jahre alt, und mein

Vater nahm sie gelegentlich zu seinen Einsätzen für die Hagana mit. Unter anderem erinnerte sie sich an den Bau von Schießständen aus Steinen und Sandsäcken, mit kleinen Öffnungen für die Gewehrläufe. Andere Verteidiger des Wohnviertels brachten ihre Kinder nicht mit, aber keiner hatte etwas dagegen, dass meine Schwester meinen Vater begleitete, meist an Samstagnachmittagen. Einmal durfte sie sogar im Panzerwagen mitfahren.

An einem Samstag wurde mein Vater zur Wache auf dem Dach eines dreistöckigen Wohnhauses unweit von uns beordert. Laut Bericht meiner Schwester bot dieses Dach freie Sicht auf das arabische Dorf Sur Baher. Wieder nahm er sie mit. Als sie bei dem Haus ankamen, fanden sie die Tür verschlossen. Alle Rufe zu den Kameraden oben blieben unbeantwortet. Daraufhin beschloss mein Vater, am Regenrohr zu ihnen hinaufzuklettern. Oben angekommen, würde er die Treppe runterlaufen und sie nachholen, versprach er meiner Schwester. Er begann seine Klettertour, sie schaute zu ihm auf. Als er das dritte Stockwerk fast erreicht hatte, verlor er plötzlich den Halt am Regenrohr und stürzte zu Boden, beinahe vor die Füße meiner Schwester. Er war noch bei Bewusstsein und bat sie, schnell meine Mutter zu holen. Unterdessen scharten sich Menschen um ihn, man rief einen Krankenwagen, hob ihn auf die Trage, brachte ihn ins Krankenhaus, wo er am dritten Tag starb.

Als ich diese Geschichte las, hatte ich das Gefühl, mein Leben lang eigentlich jemand anders gewesen zu sein. »Verblüffend«, »erschütternd«, »haarsträubend« – derlei Klischees können nicht richtig ausdrücken, was ich im ersten Moment empfand. Ich bin nicht mal sicher, was es genau war. Wie meine Mutter konzentrierte ich mich erstmal auf das, was ich in der nächsten halben Stunde zu tun hatte. Erste Frage: Konnte das sein? Alle offiziellen Urkunden besagen doch ausdrücklich, dass mein Vater von einem arabischen Scharfschützen erschossen wurde, und das hatte meine Mutter mir auch erzählt, solange ich zurückdenken kann. Sie hatte bis zuletzt eine Witwenrente vom Verteidigungsministerium erhalten und auch das

Abzeichen für die Teilnahme am Unabhängigkeitskrieg, das meinem Vater posthum verliehen worden war. Zweite Frage: Falls meine Schwester recht hatte – warum hatte mich meine Mutter dann Zeit ihres Lebens angelogen? Sie hätte doch daran denken können, wie schlimm es für sie gewesen war, dass ihr Vater ihr das Geheimnis ihrer Geburt verschwieg. Und warum hatte meine Schwester mir nichts erzählt? Vielleicht war sie gar nicht auf die Idee gekommen, dass ich es nicht wissen könnte. Vielleicht fiel es ihr immer noch schwer, ihr lebenslanges Trauma mit mir zu teilen. Sicher wussten noch andere Menschen davon – warum hatte es mir keiner erzählt? Antworten auf die beiden ersten Fragen brauchte ich, um die dritte und schwerste anzugehen: Wie lebe ich mit dieser Geschichte weiter, und was fange ich damit an? Wie verhalte ich mich zu echten Kriegswaisen, Kriegerwitwen und hinterbliebenen Eltern? All das konnte ich nicht sofort beantworten. Manchmal kam ich mir vor wie ein Hochstapler. Wie gewohnt bemühte ich mich zunächst, die Fakten zu klären.

Ich hatte keinen Grund, die Darstellung meiner Schwester anzuzweifeln, aber ihre Geschichte ließ viele Fragen offen: Wenn mein Vater seine Wache auf dem Dach antreten wollte, warum hatte er sie dann mitgenommen? Vielleicht waren sie einfach nur spazieren gegangen? War er das Regenrohr aus Übermut hochgeklettert, um ihr eine Freude zu machen? Den Helden zu spielen? Um einem da oben die Mütze vom Kopf zu ziehen? Das glaubten einige Nachbarn. Und warum verlor er den Halt? Vielleicht aus Schwäche nach einer gerade überwundenen Krankheit? Meine Mutter schrieb ihren Freunden, er sei »wahrscheinlich von einer seiner Nervenattacken überrascht worden«. Ich wusste gar nichts von Nervenproblemen bei ihm. Eine Bekannte sagte mir, er habe an Gehirnhautentzündung gelitten; auch dafür fehlen mir Belege. Und sie fügte hinzu, er sei nicht die Regenrinne, sondern eine Leiter hochgeklettert und habe sich nicht zur Wachablösung dort eingefunden, sondern um den Männern auf dem Dach Kaffee zu bringen. Ich schloss nicht völlig aus, dass er seinem Leben ein Ende setzen wollte, fand es jedoch kaum vorstellbar, zumal vor den Augen meiner Schwester. Soweit sie sich erinnert, war er unbewaffnet.

Eines Tages fiel mir ein Brief in die Hände, den ein Bekannter meines Vaters wenige Tage nach dem Vorfall an gemeinsame Freunde geschrieben hatte: »Er kletterte die Regenrinne herauf, ungefähr 10 Meter hoch, und stürzte ab. Das sind die Tatsachen für euch. Man versucht zu erklären, Hagana ... Signale ... etc., damit die Jewish Agency zahlt, aber ich glaube nicht an den Erfolg. Also ihr wisst von nichts anderem, bitte, Geld ist keins da, nur Schulden.« Er nahm wohl – vielleicht irrig – an, dass ein normaler, ziviler Unfall meiner Mutter kein Anrecht auf eine Witwenrente der Jewish Agency verschaffen würde. Doch falls er wirklich seinen Wachdienst hatte antreten wollen, hätte meine Mutter vermutlich auch dann Unterstützung erhalten, wenn ihn keine »Mörderkugel« getroffen hatte. Aber vielleicht war das damals noch nicht ganz sicher. Und vielleicht stand er gar nicht in Begriff, seinen Wachdienst anzutreten. So oder so entnehme ich dieser Geschichte die rührende Solidarität in einer kleinen Jerusalemer Gemeinschaft, die um ihr Leben kämpft: Alle versuchen zu helfen, sind dafür sogar bereit, den im Entstehen begriffenen Staat zu betrügen. Und das alles, damit meine Mutter Witwenrente bekam. Alle wissen davon, und alle erlegen sich ewiges Schweigen auf. Das waren vielleicht gute Gründe, die Wahrheit auch mir nicht zu erzählen. Ich bemühte mich, das erste Glied dieser Geschichte aufzufinden: Woher kam der Begriff »Mörderkugel«, wer hat ihn erstmals verwendet, und wie wurde er zur offiziellen Wahrheit?

Beim Verteidigungsministerium sagte man mir, man stoße häufig auf ähnliche Fragen. Dafür gebe es ein geregeltes Procedere. Es brauche nur seine Zeit. Ich wartete. Auf telefonische Nachfrage erfuhr ich, man könne die Akte nicht finden, bemühe sich aber weiter. Nach Monaten besuchte mich eine freundliche Offizierin in adretter Uniform, Frau Hauptmann Yuval. Sie hatte offensichtlich Erfahrung mit Besuchen bei Hinterbliebenen, signalisierte Verständnis, Empathie, kein Mitleid und vor allem viel Hilfsbereitschaft. Sie hatte vorher bei Wikipedia nachgeschaut, wer ich bin, und mein Gesuch genau studiert. Vermutlich hätte ich große Erwartungen, begann sie, das sei immer so, überdies sei ich Historiker, aber leider müsse sie mich enttäuschen: Die Suche im Archiv der Israelischen Verteidigungsstreitkräfte habe zwar eine Akte zum Tod meines Vaters zutage gefördert, aber bedauerlicherweise enthalte sie keine Antworten auf die Frage, die mich umtrieb. Das komme häufig vor, fügte sie hinzu. Dann überreichte sie mir einen Aktendeckel aus blau-weißer Glanzpappe mit dem Emblem der Streitkräfte. Er enthielt Fotokopien einiger Dokumente, das älteste von 1951, als man meinen Vater rückwirkend »rekrutiert« und eine Personalnummer gegeben hatte. Das sei nötig gewesen, um die Witwenrente auszahlen zu können, da er ja vor der Staatsgründung gestorben sei, als es die Streitkräfte noch nicht gab, erklärte mir die Offizierin.

Die Formulierung zu den Todesumständen ist in den Papieren nicht einheitlich. Mal heißt es »gefallen im Kampf um Jerusalem«, mal »gefallen in Erfüllung seiner Pflicht« und mal »gefallen auf Posten in Arnona«. Wann er eingezogen wurde und was ihm genau passiert war, geht aus der Akte nicht hervor. Ein Dokument von 1954 berührte mich besonders. Es ist ein Memorandum von einem Beamten an einen anderen: Das Verteidigungsministerium arbeite an einem Gedenkband, *Yizkor*, für die knapp sechstausend im Unabhängigkeitskrieg Gefallenen, eine Sammlung von Daten über ihr Leben und ihren Tod. Für meinen Vater hätten sie keinerlei Informationen. Sie wüssten nicht, was sie schreiben sollten. Sie hätten sich schon zweimal schriftlich an meine Mutter gewandt, ohne Antwort zu erhalten, aber die Briefe seien auch nicht zurückgekommen. Der Sekretär der Gedenkabteilung in Tel Aviv bat daher seinen Kollegen in Jerusalem, meine Mutter aufzusuchen, um die fehlenden Informationen bei ihr einzuholen. Sie hat ihnen dann wohl erzählt, dass mein Vater in Jerusalem als Architekt tätig gewesen sei, denn so steht es in dem Buch. Ich weiß nicht, was sie ihnen über die Umstände seines Todes gesagt hat. Ein Foto von meinem Vater hat sie ihnen nicht gegeben. Es ist nur ein leerer Rahmen abgebildet.

Als die nette Frau Hauptmann Yuval gegangen war, sah ich erneut in den *Yizkor*-Band. Er ist 1955 erschienen, als ich zehn Jahre alt war. Ich weiß noch, dass ich ihn schon damals aufgeschlagen habe, oder kurze Zeit später. Die offiziellen Angaben kannte ich bereits: eine Mörderkugel. Aber jetzt registrierte ich erstmals eine Einzelheit, die, soweit ersichtlich, den Eintrag für meinen Vater von anderen unterscheidet: Statt »gefallen«, wie bei den anderen Getöteten, steht bei meinem Vater »zum Opfer gefallen«. Ich nehme an, jemand wusste damals vielleicht, dass »gefallen« allein Probleme aufwerfen könnte. Und womöglich gibt es doch irgendwo eine einschlägige Geheimakte, oder es handelt sich um einen dieser Fälle, die der Verwaltungsapparat lieber nicht beurkunden möchte.

Meine Mutter dachte wahrscheinlich, mit einem Heldenvater könnte ich leichter leben. So, wie sie mir erzählte, er sei aus einem Konzentrationslager geflohen, erzählte sie mir auch, er sei bei der Verteidigung unseres Viertels umgekommen. Das hätte durchaus sein können: Scharfschützen aus Sur Baher schossen auf Arnona, wobei Menschen vor und nach Vaters Tod starben. In vieler Hinsicht hatte meine Mutter recht: Wenn meine Mitschüler mich fragten, warum ich keinen Vater hatte, sagte ich ihnen gern, er sei im Unabhängigkeitskrieg umgekommen, prahlte sogar damit. Damals konnte ich mich schon nach ihm sehnen. Doch als ich erstmals mit dieser Geschichte konfrontiert wurde, tat es mir nur weh, dass meine Mutter nicht den Mut und die Kraft aufgebracht hatte, mir noch zu ihren Lebzeiten die Wahrheit zu gestehen. Bis heute bedaure ich es: Vielleicht wusste sie sogar, wie die Geschichte mit der Mörderkugel entstanden war. Doch jetzt, da ich besser weiß, wie sehr sie jede Form von Nationalismus und Militarismus verachtete, kann ich auch nachempfinden, wie schwer es ihr gefallen sein muss, mich mit diesem Mythos großzuziehen. Manchmal bin ich sogar dankbar dafür. Sie konnte nicht sicher sein, ob auch Witwen, deren Männer als Soldaten einen Unfalltod erlitten, Rente bekamen, und wer weiß, was geschehen wäre, wenn ich die wahre Geschichte arglos ausgeplaudert hätte. Ich kann mir auch ihre Reaktion vorstellen, wenn man ihr die Rente hätte nehmen wollen: Sie hätte gekämpft wie damals, als sie aus dem Taborhaus vertrieben werden sollte: streitbar, hartnäckig und couragiert.

Anfang 1951 hatte man ihr das Haus für eine sagenhafte Summe zum Kauf angeboten, die sie, was bedauerlich war, natürlich nicht besaß. Wenig später wurde das Anwesen an das »Schwedische Theologische Institut« vermietet, eine Art Seminarzentrum für interreligiöse Annäherung. Gut möglich, dass Rabbiner Wilhelm an dem Projekt beteiligt war, aber meine Mutter sprach immer nur abfällig von »Missionaren«. Ich weiß noch, wie die neuen Mieter unsere Bewegungsfreiheit einengten, Zimmer für Zimmer, Flur für Flur, Balkon für Balkon, in der Bibliothek, der Kapelle und sogar in dem kleinen Bügelzimmer. Zwei Personen führten jetzt Mutters Liste der Bösen an und sind auch mir als wahre Ekel im Gedächtnis geblieben: eine Schwedin und ein Deutscher. Gabriel Stern – immer dem Guten auf der Spur – schrieb später, die Frau habe im Krieg an der Botschaft ihres Landes in Österreich gearbeitet und ihre Stellung dazu genutzt, Juden zu retten, und der Mann sei ein Nazigegner gewesen. Beide hätten große Sympathie für Israel gehegt, schrieb der Journalist. Ich habe keinen Grund, das anzuzweifeln, und auch keine Lust, der Sache nachzugehen, denn bis heute versetzen mich die beiden Namen in fast militärische Anspannung: der Feind.

Meine Mutter weigerte sich standhaft, aus dem Taborhaus auszuziehen, denn mittlerweile hatte sie zwei kleine Kinder in Pflege genommen und einen Kindergarten aufgemacht. Sie verlangte eine geeignete Ersatzunterkunft. Und so gelangte ihr Name in einen der ersten Fälle in der Geschichte des israelischen Außenministeriums. Offenkundig bemühten sich mehrere Beamte erfolglos um eine neue Bleibe für sie. Alle Beteiligten waren sich einig, dass man sie nicht gegen ihren Willen rauswerfen konnte, obwohl – oder vielleicht weil – sie keine Jüdin war. Man berücksichtigte auch ihren Status als Kriegerwitwe. Der Leiter des Amts für die Unterbringung und Rehabilitation von Soldaten im Verteidigungsministerium schrieb an sie, ihr Wohnungsproblem sei bestens bekannt und man tue alles zu seiner Lösung. Immer wieder suchte man sie auf, um ihr gut zuzureden, aber sie blieb bei ihrer Weigerung. Die schwedischen »Missionare« übten ihrerseits Druck aus.

Schließlich wandte sich der Generaldirektor des Außenministeriums, Walter Eytan, in einem sorgfältig begründeten Schreiben an Giora Josephthal, der dem Vorstand der Jewish Agency angehörte und die dort zuständige Abteilung für die Eingliederung von Neueinwanderern leitete. Eytan wie Josephthal waren in Deutschland geboren und dachten dasselbe: Zum Wohl des jungen Staates müsse man klug und höflich vorgehen. »Angesichts der großen Wohnungsprobleme, die vor Ihnen stehen«, begann Eytan sein Schreiben, »wende ich mich an Sie mit einer kleinen Wohnungsfrage, die einen Stein des Anstoßes für unsere guten Beziehungen zu Schweden bildet und zu dessen Lösung Sie vielleicht beitragen können.« Er erwähnte, dass meine Mutter sich bereit erklärte habe, ihren Kindergarten in ein anderes Gebäude zu verlegen, und erläuterte, warum die Beilegung dieses Konflikts für den Staat Israel so wichtig sei: »Diese lästigen Bagatellfälle, deren Regelung unter unseren Bedingungen oft einer Teilung des Schilfmeers gleichkommt, wirken sich nicht wenig auf unsere Beziehungen zu anderen Staaten aus. Und im vorliegenden Fall Schwedens lohnt sich die Anstrengung, Hürden zu überwinden, um guten Willen und Freundschaft für unsere Seite zu fördern, die entstehen können, wenn wir das Unsere dazu beitragen.«

Auf den Beziehungen zwischen Israel und Schweden lastete noch der dunkle Schatten des kaum drei Jahre zurückliegenden Mords an dem UN-Vermittler Graf Folke Bernadotte in Jerusalem. Der Mann war ein Neffe König Gustavs V. von Schweden, der inzwischen auch verstorben war. Der Bezirksverwalter für Jerusalem im Innenministerium, der ebenfalls eingespannt wurde, um das Wohnungsproblem meiner Mutter zu lösen, befand, man müsse dem schwedischen Institut auch deshalb helfen, weil seine Leiter Israel dabei unterstützten, hölzerne Fertighäuser, die die Wohnungsnot lindern sollten, in erheblicher Zahl von Schweden nach Israel zu verbringen. Sein Brief trug die Seriennummer 17/61/26. Meine Mutter verwarf dieses und noch eine ganze Reihe weiterer Angebote. Schließlich brachten es die unter Beamten gewechselten Schreiben in dieser Angelegenheit auf die Nummer 804/21/9 T/277/ Z. Alle wurden sorgfältig abgeheftet und im Zionistischen Zentralarchiv aufbewahrt. Ende 1952 erhielten wir eine Unterkunft im Viertel Baka, dessen Bewohner kurz vor der Eroberung durch israelische Streitkräfte geflohen waren. Und dort wuchs ich auf.

Ein Tischler aus Nazareth

Baka war ein hübsches Viertel. Bis zu seiner Eroberung 1948 wohnten dort überwiegend Muslime und Christen, viele griechischer Abstammung, viele wohlhabend. Die meisten gingen, flohen, wurden zur Flucht genötigt oder schlichtweg vertrieben. Ebenso erging es den Arabern Palästinas zumeist auch anderswo; nur wenige waren geblieben. Und dann begann das Plündern: Häuser, in denen sich Tage zuvor noch ein bürgerliches Leben abgespielt hatte, wurden von israelischen Zivilisten und Soldaten aufgebrochen, die alles ausräumten, was sich bewegen ließ: Autos, Kassetten mit Geld, Schmuck und anderen Wertsachen, Radiogeräte, Klaviere, Teppiche, Möbel, Kleidung, Bilder, Bücher und Familienalben. Manche nahmen Haushaltsartikel: Töpfe, Pfannen und Teller, andere hatten es aus Not auf Nahrungsmittel abgesehen. Manche Plünderer nisteten sich in den leeren Häusern ein, darunter auch obdachlose Flüchtlinge aus dem jüdischen Viertel der Altstadt. Ab und zu kamen Beamte des »Treuhänders für das Vermögen des Feindes« und versuchten, der Orgie

Einhalt zu gebieten; einiges an Raubgut wurde konfisziert und registriert, Eindringlinge wurden wieder vor die Tür gesetzt.

In dem Natursteinhaus, dessen Erdgeschoss meiner Mutter als Ersatz für das Taborhaus zugewiesen wurde, hatte zuvor eine griechischstämmige Familie namens Louisidis gewohnt. Zu Mandatszeiten gehörte ihnen ein guter Feinkostladen in der Nähe des Jaffators. Sie hatten die beinah letzte Chance genutzt, das Land geordnet zu verlassen, und waren nach Zypern gefahren. Vermutlich hatten sie vor, zurückzukommen, denn sie hatten ihre Möbel dagelassen. Bevor wir ins Haus einzogen, waren offenbar Beamte des Treuhänders dort gewesen und hatten alles, was nicht geplündert worden war, in eines der drei Zimmer des nun für uns gedachten Stockwerks verbracht und dann das Türschloss mit einem amtlich wirkenden roten Wachssiegel versehen. Ich weiß noch, wie ich mich auf die Zehenspitzen stellte und durch die Ladenritzen spähte. Drinnen sah ich mit purpurrotem Plüsch bezogene Sessel, einen Teetisch mit geschwungenen Beinen und weitere Möbel in levantinischem Stil, goldschimmernde Stehlampen, zwei aufgerollte Teppiche. All diese fremden Gegenstände übten einen geheimnisvollen Zauber auf mich aus.

Meine Mutter wollte ein Babyheim in der Wohnung aufmachen und brauchte dafür auch das dritte Zimmer. Die Louisidis würden nicht zurückkommen, soviel sei klar, und der Treuhänder würde sich nicht an das Zimmer erinnern, auch das sei sicher, sagte sie. Trotzdem wagte sie nicht, das rote Siegel zu brechen; ihre Weltanschauung hätte es ihr ohnehin nicht erlaubt, die Sachen der Familie zu benutzen. Bis heute frage ich mich, wieso sie sich überhaupt bereitfand, in das besetzte Haus einzuziehen. Vielleicht dachte sie immer noch, sie würde das Land ohnehin bald verlassen, und bis dahin müssten wir schließlich irgendwo wohnen.

Und dann kam ein junger Araber aus Nazareth und verrichtete allerlei Tischlerarbeiten im Haus. Als er meiner Mutter von seiner baldigen Heirat erzählte, kam ihr eine Idee: Sie sagte ihm, er solle das versiegelte Türschloss aufbrechen und den gesamten Inhalt des Zimmers als Hochzeitsgeschenk mitnehmen, aber wirklich restlos alles: Sessel und Teetisch, Stehlampen und Teppiche – einfach alles. Der Mann war hocherfreut. Meine Mutter sah darin vielleicht einen Akt historischer Gerechtigkeit, beinahe einen Weg zu einem israelisch-palästinensischen Friedensabkommen. In den nächsten Jahren gehörte das Zimmer meiner Schwester und mir.

Das Haus war nur für eine Familie gedacht, doch der Treuhänder hatte im oberen Stockwerk noch eine zweite Familie untergebracht. Das Badezimmer befand sich auf ihrer Etage, uns blieb nur ein enges Kämmerlein mit Toilettenschüssel und Waschbecken; meine Mutter ließ dort eine Dusche einbauen. Aber wir bekamen die Küche. Es war nicht leicht, mit der uns sehr fremden Familie zusammenzuleben – frommen Teppichhändlern aus Persien. Für sie war es auch nicht leicht mit uns. Sie hatten ein junges Hausmädchen namens Masal aus Persien mitgebracht. Manchmal gellte herzzerreißendes Wimmern durchs Haus, dann ging meine Mutter hinauf und versuchte, das Mädchen zu beschützen. Schließlich konnte sie erreichen, dass Masal den Nachbarn weggenommen wurde.

Das einst beschauliche Baka verwandelte sich bald in ein übervölkertes Armenviertel. Viele seiner neuen Bewohner stammten aus Marokko oder Jugoslawien. In der Schülerzeitung meiner Schule las ich in einem Beitrag, dass die arabischen Häuser ihren neuen Bewohnern nicht immer den gewünschten Wohnkomfort boten: »Unser Haus ist schön; wir haben einen Garten, in dem Weinreben, Granatäpfel, Feigen und Maulbeeren wachsen. Wir haben kein Wasser, weil wir kein Geld haben, um Rohre zu kaufen; jetzt gehen wir bis zur Wohnsiedlung, um dort Wasser zu holen. Wir haben keinen Strom, aber das ist nicht schlimm, man kann Petroleumlampen anzünden …« Unsere Straße war ungepflastert. Jedes Haus hatte seine eigene Jauchegrube, doch häufig leerte die Stadt sie nicht rechtzeitig, und dann floss das Abwasser die Straße entlang. Die Lebensmittelknappheit in der Frühzeit des Staates drückte die meisten Israelis schwer. Wir hatten es vielleicht etwas leichter, weil Tante Clara uns

Care-Pakete finanzierte und auch Kaufgutscheine, die sogenannten Scrips, schickte. So lernte ich Erdnussbutter kennen, eine Köstlichkeit, die ich jahrelang mit unserem amerikanischen Traum gleichsetzte. Wenn der Zweck dieser Pakete gewesen sollte, die Israelis für die Vereinigten Staaten einzunehmen, ist das in meinem Fall voll und ganz gelungen.

Die meisten unserer Nachbarn konnten kein Hebräisch. Mit Frau Konforti, der Inhaberin des Lebensmittelladens, sprach ich Deutsch. Rückblickend frage ich mich, wie sich das wohl für sie anhörte, nach allem, was sie im Holocaust durchgemacht hatte: Ein israelischer Junge kauft auf Deutsch bei ihr ein. Aber ich war höflich und nett, sie mochte mich, und Deutsch war unsere einzige gemeinsame Sprache. Ihre Kunden sprachen überwiegend Serbokroatisch. Mit der Zeit lernte ich die Zahlen und ein paar Brocken in ihrer Sprache. Viele Jahre später, in Dubrovnik, fielen sie mir wieder ein.

Heute sehe ich das Haus gelegentlich durchs Autofenster, sage mir, da ist das Haus, und fahre weiter. Es hätte von Selman Selmanagić entworfen sein können: Seine beiden Stockwerke sind im internationalen Stil gehalten – urban, komfortabel, etwas kühl. Die Front zur Bethlehemstraße ist leicht gerundet, mit Balkon, hat aber, im Gegensatz zu vielen anderen Häusern des Viertels, keine Bogen und Wölbungen, und das Dach ist flach. Als ich im Sommer 2020 hinging, waren die Läden geschlossen, und an der Klingel stand kein Name; es wirkte unbewohnt. Warscheinlich war eine größere Renovierung geplant. Der Garten, in dem einst rote und weiße Rosenstöcke wuchsen, zog sich jetzt als schmaler, dürrer und verlassener Streifen ums Haus. Kurz schien es mir, als hätte hier nach den Louisidis kein Mensch mehr gelebt, nicht einmal wir. Ich denke ungern an diese Familie. Aber eines Tages suchte ich den Namen im Internet. Ich fand das Foto zweier Frauen vor dem Haus. Vielleicht waren sie Töchter der Familie auf einer Reise zu ihren Wurzeln, dachte ich. Nur ganz kurz kam mir auch Großvaters Haus in Kattowitz in den Sinn.

Ich stand vor den geschlossenen Läden des Zimmers, das einmal meiner Schwester und mir gehört hatte, und überlegte, ob auch das vielleicht nicht so gewesen war, wie ich es erzähle. Wir waren doch erst 1952 eingezogen, fast vier Jahre nach dem Wegzug der Louisidis. Wer hatte zwischendurch dort gewohnt, wenn überhaupt? Ich surfte ein wenig im Internet und entdeckte, dass das Haus den Louisidis gar nicht gehört hatte. Sie hatten zur Miete dort gewohnt, aber es kaufen wollen. Wer weiß, wem die aufgerollten Teppiche und all die anderen Dinge einst gehörten und wer sie so sorgsam hinter dem roten Wachssiegel eingelagert hatte. Und so drohte meine Skepsis noch eine Geschichte zu verderben; ich beschloss, nicht weiterzuforschen. Aber den »Tischler aus Nazareth«, wie meine Mutter ihn nannte, hat es gegeben, da bin ich sicher.

Das »Babyheim Schwerin«, das meine Mutter betrieb, erlangte eine prominente, fast amtliche Stellung im Viertel. Im großen Zimmer standen zehn hölzerne Gitterbettchen, die nach ihrem Entwurf angefertigt worden waren. Die meisten Kinder kamen vom Sozialamt: Meine Mutter beschränkte das Alter auf zwei Jahre. Viele brauchten besondere Pflege. Vielleicht waren sie Findelkinder oder ihren Eltern weggenommen worden. Nur wenige bekamen Besuch. Nach den Fotos meiner Mutter zu urteilen, stammte mindestens eines von jemenitischen Eltern, ein niedlicher Junge, den wir Onny nannten. Viel später trat ich als »Gutachter« in einem der Untersuchungsausschüsse auf, die das Schicksal Hunderter Kinder aufklären sollten, deren zumeist aus dem Jemen stammende Eltern behaupteten, man habe sie ihnen »entführt«. Das war eine furchtbare Affäre. Tatsächlich waren die meisten Kinder nicht »entführt« worden, sondern gestorben. Ich erinnere mich dunkel, dass auch bei uns ein Kind gestorben ist.

Meine Mutter arbeitete hart, meist mit gestärkter weißer Schürze, manchmal im ebenfalls weißen Kittel. Sie tat viel für den guten Ruf ihrer Einrichtung. Alles musste stets sauber und ordentlich sein, die Pflege gut und verlässlich, die Nahrung gesund, ein Arzt ständig auf Abruf bereit. Wir hatten sogar einen privaten Telefonanschluss, den einzigen in der ganzen Gegend. Die Nachbarn wussten, dass sie Deutsche war, ohne sie deswegen anzugreifen oder zu demütigen. Gelegentlich holten sie sich medizinischen Rat bei ihr oder baten um Erste Hilfe, manchmal wollten sie einfach nur telefonieren. Das Sozialamt zahlte wenig und spät; nicht immer deckten die Einnahmen die Ausgaben, und dann drohte meine Mutter mit Schließung. Doch sie brauchte die tägliche Arbeit und die damit verbundene Autorität und Verantwortung. Sie war stolz auf das, was sie fast ohne fremde Hilfe erreicht hatte, und liebte die Babys. Auch ich hatte eine Aufgabe: Fast täglich brachte ich die dreckigen Windeln zur Wäscherei. Mit dem Wäschereiinhaber, Herrn Siegreich, einem Holocaust-Überlebenden, sprach ich ebenfalls Deutsch. Nach der Schule brachte ich die noch feuchte Wäsche nach Hause und hängte sie zum Trocknen auf. Ich lernte auch, Windeln zu wechseln.

Eine Zeitlang beschäftigte meine Mutter eine aus Marokko stammende Putzfrau namens Kochava, eine fröhliche junge Frau mit festen Ansichten. Sie hatte ihre vorige Gnädigste verlassen, weil sie deren herrisches Wesen nicht aushielt. Die Gnädigste war Paula Ben Gurion. Sie wollte Kochava gern zurückhaben und schickte ein- oder zweimal uniformierte Polizisten vorbei, die diese zur Rückkehr bewegen sollten. Die Polizisten waren sehr nett. Sie kamen über den Hof zur Küchentür, Kochava bat sie herein und bot ihnen Tee mit Minze an. Die Polizisten machten Paula nach, wie sie anwies, die Silbersachen in der Residenz des Ministerpräsidenten zu putzen: »Blank-blank«, sagten sie in Paulas Tonfall. »Blank-blank«, sagte auch Kochava, und die drei kugelten sich vor Lachen. »Blank-blank«, lachte ich mit. Dann gingen die Polizisten und berichteten Frau Ben Gurion, dass Kochava lieber bei ihrer neuen Gnädigsten bleiben wolle. Meine Mutter erzählte das gern und stolz.

So sagt Ruth

»Prima, Stalin ist tot!« Ich weiß nicht mehr, welcher Junge mir das gesagt hat, aber die Worte habe ich gut in Erinnerung: »Prima, Stalin ist tot!« Ich meine, es war ein Klassenkamerad. Ich bin nicht sicher, ob er mich herausfordern wollte, vielleicht plapperte er nur etwas nach. Aber ich fühlte mich angegriffen: »Warum prima?« Wir waren in der zweiten Klasse. Stalins Tod im März 1953 interessierte mich weniger als andere Ereignisse derselben Woche: Zu Anfang feierte ich meinen achten Geburtstag, und dann folgte das Purim-Fest. Ich meine, ich hatte mich als Charlie Chaplin verkleidet – oder als holländische Bäuerin? Jedenfalls schneite es im weiteren Verlauf der Woche heftig, und wie immer in Jerusalem brachte der Schnee viel Freude. Deshalb kann ich mich an keine kindliche Grundsatzdebatte über Stalin erinnern.

Doch getreu meiner Gewohnheit, manchmal ein einzelnes historisches Dokument unter die Lupe zu nehmen, versuche ich etwas aus den vier Wörtern zu lernen, die mir der Junge damals an den Kopf warf, und auch aus meiner Reaktion: Ich sagte nicht: »Stimmt nicht«, sondern verlangte Erklärung: »Warum prima?!« Ich bin sicher, dass ich damals noch nicht die sozialistische Tageszeitung *Al Hamishmar* las, für die Gabriel Stern schrieb. Es dauerte noch fast eine Woche, bis er uns die neue Kinderzeitung des Blattes mitbrachte. Die Titelseite jener Woche ist seither häufig beschrieben worden: Ein offizielles Foto von Stalin in Uniform vor rotem Hintergrund in schwarzem Trauerrahmen mit der Unterschrift: »Der Kapitän der Revolution ist nicht mehr.« Die jungen Leser sollten mit ihren Eltern tiefe Trauer empfinden. Als bekannt wurde, dass Stalin eine Gehirnblutung erlitten hatte, berichtete das Blatt: »Die Welt erschauert.« Auch in Israel sei »Erschütterung« zu vermerken, hieß es im Weiteren: »Menschengruppen bildeten sich auf den Straßen beim Eintreffen der Nachricht.« Gabriel, damals »unser Korrespondent in Jerusalem«, verlieh der Nachricht eine lokale Note: »Hunderte riefen unaufhörlich bei der Lokalredaktion an, um die letzten Nachrichten zu hören.« Er musste es wissen, denn vermutlich beantwortete er selbst die Telefonate. Allerdings bezweifle ich, dass es »Hunderte« waren. *Al Hamishmar* war keine kommunistische Zeitung. Über ihrem Titel stand die Parole: »Für Zionismus, Sozialismus, Völkerfreundschaft«. Aber die Wochenzeitung für Kinder, die das Blatt herausgab, schilderte den sowjetischen Diktator als hervorragenden Führer, der seinem Volk Wohlstand, Frieden und Gleichberechtigung gebracht hatte und dessen Landsleute einen liebevollen und fürsorglichen Vater in ihm sahen. Der deutsche Angriff auf die Sowjetunion 1941 wurde in dem Artikel als »Schoa« bezeichnet.

Meine Mutter verfolgte die Neuigkeiten in der englischsprachigen *Jerusalem Post*, die die Haltung der Regierung und der Regierungspartei, Mapai, vertrat. Fast täglich kommentierte sie ärgerlich das Gelesene, und wenn sie sehr wütend war, wurde sie hämisch, doch ihr blieb keine Wahl: Hebräisch konnte sie nicht, und die deutschsprachigen Tageszeitungen fand sie blöd. Der kommunistischen Partei Israels trat sie nicht bei. Vielleicht stimmte sie, wie Großvater Emil, bei den ersten Wahlen dafür. Später wählte sie die Vereinigte Arbeiterpartei, Mapam, die Gabriels *Al Hamishmar* herausgab. Zwei Monate nach Stalins Tod nahm sie mich mit zu einer Demonstration gegen den amerikanischen Außenminister John Foster Dulles, der Israel damals einen Besuch abstattete. Die Menschen, die für *Al Hamishmar* als »progressive Öffentlichkeit« galten, betrachteten ihn als Kriegshetzer, aber auch die »reaktionären Kreise« lehnten ihn ab, weil er Jerusalem unter internationale Verwaltung stellen wollte, einschließlich des israelischen Teils der Stadt, was ihn angeblich als Antisemiten entlarvte. Die Hausmauern waren mit Graffiti beschmiert: *Foster Dulles Amalek – geh aus unserem Lande weg*, und ich sah mich selbst bemüßigt, aus voller Kehle »Foster – Dulles – Go – Home!!!« zu brüllen.

Eine Zeitung berichtete anderntags, die Bewohner einiger Häuser in der Innenstadt hätten Eimer voller Wasser über den Demonstranten ausgeschüttet, nicht unbedingt, weil sie die globalen Ansichten Präsident Eisenhowers und seines Außenministers teilten, sondern weil sie lieber ihre Ruhe haben wollten. Ich habe das nicht in Erinnerung. Laut dem Blatt waren höchstens ein paar Dutzend Demonstranten auf der Straße. Doch ich erinnere mich sehr wohl, dass ich das rote Stück Stoff verlor, das meine Mutter mir als rote Fahne für die Demonstration mitgegeben hatte. Sie war sehr ärgerlich; wenn ich mich nicht irre, war es ein Stück Seide, aus dem sie eine Bluse hatte nähen wollen.

Die kommunistische Begeisterung ihrer Jugend kühlte sich bei meiner Mutter in dem Maße ab, in dem ihre kritische Einstellung zum Bauhaus zunahm, vermutlich besonders, als sie mehr über die mörderische Tyrannei Stalins erfuhr. Doch sie fühlte sich weiterhin der »progressiven Öffentlichkeit« zugehörig und wollte auch mich möglichst in diesem Geist erziehen. Deshalb schickte sie mich in die Geulim-Schule, die dem Arbeiterschulzweig angehörte und ihre Schüler im Geist der zionistischen Arbeiterbewegung unterrichtete. Am 1. Mai wurde neben der Landesflagge auch die Rote Fahne gehisst.

Der Schultag begann mit dem Morgenappell, der mit einem Lied an die Gewerkschaft endete, mit dem wir für all das Gute, das die Histadrut unseren Eltern und uns bescherte, dankten: Beschäftigung, Arbeitsschutz, Krankenversorgung, Erziehung im Geist der Bewegung und die Tageszeitung *Davar*, die ebenfalls eine Wochenzeitung für Kinder herausgab. Auch dafür mussten wir der Histadrut danken in einem Lied mit dem Refrain »So sagt Ruth – Histadrut – His-ta-drut!« Die Schüler der höheren Klassen waren angehalten, sich den sozialistischen Jugendbünden anzuschließen, wo man die jungen Mitglieder für die »zionistische Verwirklichung« im Kibbuz gewinnen wollte. Im Geist der Arbeiterbewegung hatten wir »Handarbeiten« als Unterrichtsfach: Wir töpferten Teller aus Gips und sägten Katzen und Hasen aus Sperrholz. Getreu der zionistischen Ideologie sollten auch wir Stadtkinder an die Landwirtschaft herangeführt werden.

Auf dem Schulhof begossen wir ein paar Beete, und man präsentierte uns einige der jüdischen Feiertage – Pessach, Schawuot und Sukkot – in ihrer Naturbezogenheit als Erntedankfeste. Mädchen und Jungen wurden gemeinsam unterrichtet. Die Lehrer redeten wir mit dem Vornamen und ihrer Berufsbezeichnung an: »Lehrerin Rivka«, »Lehrer Yaakov«. All das war meiner Mutter nicht progressiv und nicht säkular genug und zu patriotisch. Aber die »Erziehungshäuser«, wie die Schulen des Arbeiterschulwerks genannt wurden, unterrichteten nur rund ein Drittel der israelischen Schüler, was meine Mutter als etwas Elitär-Hochgestelltes in meiner Erziehung ausgemacht haben mag, und sicher wusste sie, dass die Geulim-Schule jedenfalls weniger rechtsnational und religiös ausgerichtet war als andere Schulen in der Gegend.

Ich fühlte mich dort nicht wohl. Neben ein paar Zeugnissen mit überwiegend schlechten Noten habe ich zwei Klassenfotos, auf denen ich bedrückt dreinschaue. Lehrerin Rivka gab mir beim Übergang von der zweiten zur dritten Klasse eine optimistische Beurteilung: »Kommt mit dem Lernen gut voran.« Im ersten Tertial hielt ich mich noch, doch dann ging es von Jahr zu Jahr weiter abwärts, bis Lehrerin Sahava in der fünften Klasse anmerkte: »Muss sich sehr anstrengen, um das Klassenziel zu erreichen.« Nur im Lesen bekam ich »beinah sehr gut«, im Aufsatz »beinah gut«, in Geschichte – »ungenügend«. Bei Bibelkunde, Rechtschreiben, Grammatik, Rechnen und Geometrie stand dort »zurückgeblieben«, desgleichen bei »Fleiß«. Mein Benehmen war ebenfalls besserungsbedürftig, denn ich störte im Unterricht. Lehrer Yaakov Banai schrieb: »Er muss im Rechnen vorankommen; seine Einstellung zur Landwirtschaft ist nicht in Ordnung.« Er war der einzige Lehrer, den ich mochte, ja fast wie einen großen Freund betrachtete. Manchmal hörte ich ihn abends im Radio die Bibelverse des Tages verlesen. Er war im Jerusalemer Stadtteil Machane Jehuda, nicht weit vom gleichnamigen Markt, geboren, als Sohn einer armen, kinderreichen Familie aus Persien, die eine Reihe beliebter Schauspieler und Sänger hervorgebracht hat. Vor seiner

Lehrerkarriere hatte er Theater gespielt und war auch in einigen Filmen aufgetreten. Und so war Lehrer Yaakov, noch ehe ich neun Jahre alt wurde, schon der zweite Kulturheld in meinem Leben. Gesellschaftlich gesehen bildete er den Gegenpol zu Martin Buber, der mir meine erste Schokolade geschenkt hatte. Der aus Deutschland immigrierte Philosoph, Professor und Elitist stand für eine Hochkultur, die jedoch bereits um ihre Position kämpfen musste und innerhalb einer Generation anfing zu verschwinden. Yaakov Banai war stolz auf seine einfache Herkunft; er stand für die Kultur der Zukunft. Meine Mutter hörte ihn gern im Radio. Er hatte eine tiefe und warme Stimme und eine betont orientalisch-gutturale Aussprache. Sie verstand kein Wort, meinte jedoch, so habe man zweifellos zu biblischen Zeiten gesprochen.

Ein jüdisches Mädchen

Meine erste Sprache war Deutsch. Mit meiner Schwester redete ich Hebräisch, wobei manchmal auch ein paar deutsche Brocken einflossen. Meine Mutter verlangte ein reines Hochdeutsch, ohne jeden Anflug von Dialekt, und korrigierte pausenlos unsere grammatikalischen Fehler. Sie brachte uns auch bei, lateinische Buchstaben zu erkennen.

Fast jeden Abend vor dem Schlafengehen gingen meine Schwester und ich zu ihr ins kleine Zimmer. Ich nehme an, es war ursprünglich für die Köchin oder das Dienstmädchen der Louisidis vorgesehen. Das Bett füllte den Raum fast vollständig aus. An einer Wand hatte meine Mutter ein Bord angebracht, auf dem Bücher standen, die meisten auf Englisch, viele davon Penguin-Bände. Sie las gern Romane des englischen Schriftstellers J. B. Priestley, besaß aber auch aktuelle politische Schriften, darunter die sechs Bände von Churchills Erinnerungen, die sie vielleicht zum Sonderpreis für Abonnenten der *Jerusalem Post* erworben hatte. Meine Schwester und ich kuschelten uns an sie, und sie las uns deutsche Kinderbücher vor. Am liebsten hörten wir immer wieder die von Erich Kästner. Irgendwann konnten wir die Sätze von *Emil und die Detektive* beenden, ehe unsere Mutter sie noch begonnen hatte. Ich liebte Emil, meine Mutter freute sich an der Weimarer Atmosphäre, die Kästner aufleben ließ. Häufig unterbrach sie ihre Lektüre mit nostalgischen Erinnerungen an das Berlin, das sie und Heinz gekannt hatten. Mit der Zeit gewann ich den Eindruck, dass wir eine bessere Welt verloren hatten; unser Leben in Israel schien mir weniger wünschenswert als das, das wir hätten haben können, wenn die Nazis uns in Emils Deutschland hätten leben lassen.

Ich las Kästners Bücher auch auf Hebräisch. Trotz des damals üblichen Boykotts gegen die deutsche Kultur erfreute er sich in Israel großer Beliebtheit. Einige Namen seiner Figuren wurden durch hebräische ersetzt, ferner wurde München zu Zürich und der Schweinebraten zum Kalbsbraten. Seine Bücher verkauften sich, als wäre er kein Deutscher. Ich las viel, lieh die meisten Bände in einer Gewerkschaftsbücherei aus. Ich mochte Romane, die ich bereits auf Deutsch kannte, wie *Nils Holgerssons wunderbare Reise* …, und prüfte dabei auch, ob meine Mutter etwas zensiert hatte. Sie achtete nämlich sehr darauf, dass ich nicht mit etwas zu Nationalistischem, wie den Büchern von Karl May, oder etwas zu Militaristischem wie Yigal Mossinsons Abenteuerbuchserie *Chasamba* in Berührung kam, wo eine Tel Aviver Kindergruppe der Hagana im Kampf gegen die Araber hilft. Andererseits verstehe ich bis heute nicht, warum sie uns immer wieder Josephine Siebes Kasperle-Bücher vorlas, die einige Jahre vor der nationalsozialistischen Machtergreifung entstanden waren. Die fünf der sieben Bände, die wir im Haus hatten, waren in »deutscher Schrift« gedruckt, was sie noch deutscher machte. Bis heute kann ich sie nicht lesen. Ich mochte dieses Kasperle, spürte jedoch damals schon, wie fern seine Welt dem Israel draußen vor der Haustür lag. So empfand ich weder beim London von Phileas Fogg, den Jules Verne in achtzig Tagen um die Welt schickte, noch bei Tom Sawyers fiktiver Kleinstadt am Ufer des Mississippi, beides Bücher, die ich auf Hebräisch verschlungen hatte. Ich las nicht viele israelische Bücher, aber als ich noch nicht selbst lesen konnte, las meine Schwester mir ein spannendes Buch über einen Tel Aviver Jungen namens Dani Morr vor, der sich als blinder Passagier an Bord eines Schiffes schlich, nach Addis Abeba fuhr und dort die äthiopischen Juden entdeckte. Immer wieder bat ich meine Schwester, es mir noch einmal vorzulesen.

Die Sprache war Teil der Erziehung, die meine Mutter uns angedeihen ließ, und gehörte zu der in deutschen Haushalten gewünschten »guten Kinderstube«: Ordnung, Sauberkeit, Genauigkeit, Fleiß, Genügsamkeit, Tischmanieren, nicht auf der Straße essen, Schlange stehen, sich nirgends vordrängeln, bitte, danke, Verzeihung – oder kurz »Benehmen«, wie sie es nannte. Ihre Vorschriften widersprachen nicht selten dem freieren Geist, den die neue israelische Gesellschaft, auch in Anpassung an das örtliche Klima, pflegte. Anders als bei anderen Kindern musste mein Hemd stets gebügelt und bis oben zugeknöpft sein, und auch im heißesten Sommer gehörten Socken in die Sandalen. Sie konnte streng mit uns umgehen, strafte uns ab und zu mit einem Klaps auf die Oberschenkel, aber manchmal war sie auch spontan und unvorhersehbar. Einmal weckte sie uns und ging mit uns die fünf Minuten über die Bethlehemstraße bis zum Bahngleis, nur um den Nachtzug aus Tel Aviv zu bewundern. Und eines Tages machte sie überraschend einen Ausflug mit mir: Wir fuhren mit dem Überlandbus in die Jerusalemer Berge und suchten Alpenveilchenknollen für unseren Garten, nur sie und ich.

Ungefähr zu dieser Zeit begann ich eine Strategie der zwei Bereiche zu entwickeln: Draußen redete ich nicht über die Familie, zu Hause nicht über draußen Erlebtes. Sicherheitshalber kapselte ich mich möglichst weit ab. Ich war ein Junge fürs Fahrrad, nicht für Fußball, für Spaziergänge mit meinem Hund Bonny, nicht für Jugendbünde. Meine besten Freunde waren gleichaltrige Pflegekinder meiner Mutter. Mit einem von ihnen sprach ich Deutsch, aber nur, wenn wir allein waren. Selten kamen Kinder aus dem Viertel zu mir, und dann geriet ich in höchste Alarmbereitschaft.

Eines Nachmittags stürzte meine Schwester ins Zimmer und rief aufgeregt: »Ich war bei Ben Gurion.« Ich erschrak zutiefst: Zufällig waren zwei Jungs aus der Gegend bei mir, und ich hoffte, sie hatten ihre Worte nicht verstanden. »Wir reden später«, sagte ich schnell. Ich wusste, worum es ging: Meine Schwester wollte keinen Wehrdienst leisten. Auch meine Mutter wollte nicht, dass sie zum Militär ging. Es war keine Verweigerung aus Gewissensgründen, der Wehrdienst passte ihr einfach nicht. Damals tobte in Israel eine der bis dahin hitzigsten Diskussionen – über die Frage, welche Rechtsstellung Kinder besaßen, die einen nichtjüdischen Elternteil hatten. Ben Gurion beschäftigte sich Zeit seines Lebens mit dem Problem, wer Jude ist. Sein Sohn hatte eine Nichtjüdin geheiratet, die später konvertierte. Meine Schwester hatte ihm einen Brief geschickt. Da es in Israel keine Ziviltrauung gebe und das israelische Gesetz sie nicht als Jüdin anerkenne, obwohl ihr im Krieg gefallener Vater Jude gewesen sei, könne sie nach den Gesetzen des Rabbinats, die im Lande herrschen, nicht heiraten und auch nicht auf einem jüdischen Friedhof begraben werden. Liege da nicht ein Widerspruch zu ihrer Einberufung vor? Sie verriet Ben Gurion nicht, dass sie keine Lust auf Wehrdienst hatte. Im Gegenteil: »Ich betrachte die Einberufung zur Israelischen Verteidigungsarmee als wichtige Pflicht für jeden Bürger des Staates Israel und würde ihr gern nachkommen«, schrieb sie.

Seinerzeit wusste man in Israel noch nicht mit Wehrdienstverweigerern jeglicher Art umzugehen, und wohl auch wegen des Sturms um »Wer ist Jude«, der die Regierungskoalition bedrohte, war der Brief meiner Schwester Ben Gurion persönlich vorgelegt worden. Er ließ sie zu einem Gespräch mit seinem Adjutanten einladen und betrat dabei wie zufällig selbst den Raum. Er war väterlich und zugewandt, versuchte meine Schwester von ihrer Weigerung abzubringen, und schrieb ihr später sogar einen netten Brief. »Es ist viel Wahrheit in dem, was Du sagst. Aber auch viel Übertreibung«, schrieb er. »Die

Rabbiner herrschen noch nicht im Staate und ich bin sicher, dass sie ihn nie beherrschen werden. In unser aller Augen bist Du ein jüdisches Mädchen wie jede unserer Töchter.« Die Anmaßung, persönlich entscheiden zu können, wer ein »jüdisches Mädchen« sei, war typisch für ihn. Das Gesetz, das Ziviltrauungen unterband, sei »aus notwendigen Gründen« erlassen worden, schrieb er, fuhr jedoch beruhigend fort: »Aber ich glaube nicht, dass Du nicht so heiraten können wirst, wie Du es willst. Und mach Dir keine Sorgen über Deine Beerdigung. Du wirst als Tochter Israels angesehen, nicht weniger als jede unserer Töchter; und gerne werde ich zu gegebener Zeit zu Deiner Hochzeit kommen, wenn ich dazu eingeladen werde.« Er endete mit einer pädagogischen Überlegung: »Das Leben im Allgemeinen und unser Leben im Besonderen ist nicht ganz frei von Widersprüchen, aber wir werden sie überwinden. Lass Dich durch diesen formalen und vorübergehenden Widerspruch nicht betrüben und sei nicht zu traurig.« Meine Schwester blieb bei ihrer Weigerung und wurde vom Wehrdienst befreit. Einige Zeit später verließ sie das Land, ging erst in die Schweiz und dann nach Deutschland.

Ich habe nicht viele unbeschwerte Erinnerungen an das Leben mit ihr. Als wir siebzig Jahre später darüber sprachen, traten ihr immer noch Tränen in die Augen. In ihrer Autobiographie schrieb sie, mit meiner Geburt sei ich an ihrer Stelle in den Mittelpunkt der Familie gerückt. Später dachte ich, vielleicht habe sie mir nicht verziehen, dass ich überhaupt zur Welt gekommen war. Das kann ich natürlich nicht mit Sicherheit sagen, aber vielleicht ertrug sie nicht, dass ich ihren Schmerz über Vaters Tod nicht teilen konnte. Ich war damals ja erst drei Jahre alt, und er hinterließ keine Lücke bei mir. Wie dem auch sei – im Gegensatz zu mir schwärmte meine Schwester für unseren Vater und fühlte sich verpflichtet, beruflich und politisch in seine Fußstapfen zu treten. Im Handarbeitsunterricht beharrte sie darauf, von der Mädchengruppe, die Sticken und Häkeln lernte, in die tischlernde Jungengruppe überzuwechseln, und später trat sie auch in den kommunistischen Jugendbund ein. Das fand ich peinlich und sogar beängstigend: Tatsächlich entfernte sie sich immer weiter von der israelischen Identität. Ich hingegen wollte dazugehören, kam gar nicht auf die Idee, mich vor der Wehrpflicht zu drücken, wollte mich aber auch nicht von unserem sehr deutschen Zuhause lösen. Meine Mutter machte mir die Sache nicht leichter.

Eine sehr harte Frau

»Ricarda erzählte mir, wie man hier als Nichtjüdin lebt«, schrieb Hannah Arendt an ihren Mann Heinrich Blücher. Die beiden Frauen waren sich erstmals 1961 begegnet, als Arendt den Eichmann-Prozess in Jerusalem verfolgte. Meine Mutter berichtete ihr von dem Fremdheitsgefühl, das ihr fast pausenlos zusetzte. Es hatte noch in Deutschland angefangen, als sie spürte, dass ihr Vater sie geringschätzte, weil sie einen Juden liebte, und ging weiter in Israel, wo sie erwartete, als Nichtjüdin abgelehnt zu werden. Jeden Anflug davon bauschte sie auf. Einmal sagte ihr jemand im Autobus, es sei ungehörig, mit den Kindern Deutsch zu sprechen. Ähnliches taucht in den Erinnerungen vieler Juden aus Deutschland auf. Die Organisation, die deutschsprachige Juden gründeten, als infolge der nationalsozialistischen Machtergreifung immer mehr Jeckes in Palästina eintrafen, riet ihnen – vor allem während und nach dem Holocaust –, ihre Herkunft in öffentlichen Räumen möglichst wenig zu betonen. Meine Mutter reagierte auf die Bemerkung des Mitfahrers, als wolle er ihr verbieten, öffentliche Verkehrsmittel zu benutzen: »Ich rede wie ich will«, blaffte sie, ewig bereit zum Kampf. Manchmal schien sie regelrecht danach zu lechzen.

»Wir haben uns angefreundet«, berichtete Arendt ihrem Mann. »Ricarda ist eine sehr nette, sehr interessante Frau – kurz hocherfreulich.« Immer neue Bemerkungen über meine Mutter in Arendts Briefen, die heute in der amerikanischen Library of Congress lagern, verdichten sich zu einem scharfäugigen Porträt meiner Mutter. »Zu mir hat sie ursprünglich und ohne alle Ideologien Vertrauen gehabt!«, schrieb Arendt. Meine Mutter erzählte vom Exil in Prag und erklärte, sie sei Blücher böse gewesen, weil er sich entschieden hatte, ausgerechnet in die Vereinigten Staaten zu emigrieren, habe das eine Zeitlang sogar als Verrat angesehen. Sie fand es wichtig, dass Arendt ihre ideologische Festigkeit anerkannte. »Sie hat nicht einen Pfennig Restitution bekommen, weil es ihr nicht gepasst hat, den Antrag zu stellen.« Auch von ihrem »sehr vermögenden« Vater weigere sie sich Geld anzunehmen, und überhaupt: »Deutschen Boden betritt sie nie wieder.« Arendt hielt all das für überflüssig. »Ricarda ist sehr eigensinnig und man bräuchte Wochen, um sie in Ordnung zu bringen. Ich hatte die Zeit nicht«, bemerkte sie. Besondere Sorgen machte ihr, dass meine Mutter kaum Hebräisch konnte: »Sie lebt also stumm«, stellte sie fest. Sie war allerdings der Ansicht, dass meine Mutter in Israel nicht schlecht behandelt werde. Es gebe noch genug Menschen, die ihr das Leben dort erträglich machen, schrieb sie, »aber wie lange noch«?

Sie und ihr Mann beschlossen, meine Mutter zu einem gemeinsamen Urlaub in Griechenland einzuladen.

Ich erwartete von meiner Mutter keinen Übertritt zum Judentum, obwohl damit alles leichter hätte sein können. Ich achtete ihr Recht, jegliche Religion abzulehnen. Anfang der 1960er Jahre schrieb sie meiner Schwester, wenn sie in einem amtlichen deutschen Fragebogen ihre Religion angeben müsste, würde sie »jüdisch« eintragen. Aber als Israelin bestehe sie auf dem Recht, ohne religiöses Bekenntnis zu leben. Zum Schabbat und zu Feiertagen buk meine Mutter Kuchen, und wir durften dann bis zehn Uhr schlafen. Zum jüdischen Neujahrsfest Rosch Haschana und zu Chanukka bekamen wir Geschenke. Manchmal fand sie auch jemanden, der uns zum Sukkot-Fest eine Laubhütte baute. Über die Jahre nahm sie einige ihrer Grundsätze etwas lockerer: Sie akzeptierte eine kleine Entschädigung für den Ausschluss meines Vaters aus dem Bauhaus; sie gelangte zu einem Erbschaftsabkommen mit ihrem Vater und fuhr sogar nach Deutschland, um ihren Enkel zu sehen. Andererseits störte es mich, dass sie meine Sprache nicht lernte; sie konnte meine Zeitungsartikel nie lesen und musste die Übersetzung meiner Bücher abwarten.

Aber sie lebte nicht stumm: Einmal standen wir gemeinsam auf der Straße und beobachteten eine Demonstration, an deren Spitze der rechtsradikale Oppositionsführer Menachem Begin marschierte. Plötzlich kreischte meine Mutter: »Hitler!!!« In meinen Ohren klang es wie Kanonendonner, aber zum Glück achtete keiner der Umstehenden auf sie. »Es ist keine Frage, dass sie sehr schwierig ist«, bemerkte Arendt. Sie war auch sehr einsam. Als mein Vater starb, war sie sechsunddreißig. In den nächsten zehn Jahren entwickelte sie keine emotionale Beziehung zu einem Mann. Sie reagierte mit Tränen, aber ohne Wut, als ich ihre beiden liebsten Erinnerungsstücke an meinen Vater verlor: seine Flöte und die Rolleiflex, die ihr noch im Bauhaus gedient hatte. Die Flöte verfaulte im Garten des Hauses, und den Fotoapparat hatte man mir geklaut, als ich nicht ordentlich aufpasste.

Die Beziehungen zwischen meiner Mutter und meiner Schwester wurden immer angespannter und oft unerträglich für uns alle. Einmal brachte meine Mutter zwei andere Mädchen bei uns unter. Die Eltern der einen zahlten für den Aufenthalt, die andere war eine Neueinwanderin aus Deutschland, die meine Mutter ehrenamtlich aufnahm. Vielleicht tat sie das auch, um ihre Stellung gegenüber meiner Schwester zu stärken. Ich sagte den Kindern im Viertel, die beiden seien Schwestern von mir. Ich log auch zu Hause. Einmal erzählte ich meiner Mutter, die Lehrerin fordere mich auf, einen hebräischen Namen anzunehmen, David. Das stimmte nicht, aber meine Mutter glaubte mir und verfasste augenblicklich ein flammendes Protestschreiben auf Englisch, das ich der Lehrerin aushändigen sollte. Das tat ich natürlich nicht, und eines Tages fand meine Mutter ihren Brief zerknüllt unten in meiner Schultasche. Vermutlich wünschte ich mir einen Namen, der mein Anderssein vertuschte. Tommy hatte noch etwas Lausbubenhaftes, Amerikanisches, aber ich hasste die Momente, wenn ich meinen offiziellen Namen, Thomas, angeben musste. Er klang so deutsch. Und eines Tages erzählte ich meiner Mutter, ein arabischer Scharfschütze habe auf das Fenster unseres Klassenzimmers geschossen, und das Projektil sei in der Tafel steckengeblieben. Ich kann mir mehrere Motive vorstellen, die diese Geschichte ausgelöst haben könnten, doch diesmal glaubte meine Mutter mir nicht.

Mit zunehmendem Alter wurde mir bewusst, dass ich aus Angst vor Schmähungen in ständiger Abwehrhaltung lebte. Das hatte ich von meiner Mutter geerbt. Andererseits hoffte ich, als Sohn eines Kriegsgefallenen würde man mir die Herkunft meiner Mutter verzeihen. Trotzdem hasste ich die Gedenkzeremonien in der Schule; ich weiß nicht genau, warum. Vielleicht sah ich darin eine Fremdeinmischung in etwas, was eine sehr persönliche, fast intime Auseinandersetzung erfordert. Ich meinte, alle würden mich anstarren und in meinem Leben stochern: Was gibt euch das Recht, über mich zu reden, dachte ich. Am zehnten Unabhängigkeitstag sollte in Jerusalem eine Militärparade stattfinden. Wie alle Hinterbliebenen von Gefallenen erhielten meine Mutter und meine Schwester Einladungen für die Zuschauertribüne. Mich hatte man vergessen. »Ich bin sehr traurig, dass das Verteidigungsministerium sich dieses Jahr nicht an mich erinnert hat«, beschwerte ich mich in kleinen, ordentlich aufgereihten Buchstaben, die Appell zu stehen schienen. Ich versah das offizielle Schreiben mit dem hebräischen und dem regulären Datum, nannte die Plätze, die für meine Mutter und meine Schwester vorgesehen waren, und bat um eine Karte neben ihnen. Über ein halbes Jahrhundert später entdeckte ich den Brief in der Akte, die ich auf mein Gesuch, die Umstände des Todes meines Vaters zu prüfen, von der Armee erhielt. Jemand hatte in Beamtenschrift »erledigen« an den Rand gekritzelt. Ich weiß nicht mehr, ob ich letztlich bei der Parade dabei gewesen bin. Die Karte brauchte ich hauptsächlich, um meinen Mitschülern zu zeigen, dass der Staat mich eingeladen hatte.

Die Kinder schikanierten mich nicht, während manche andere wirklich litten. In einer Schülerzeitung der Geulim-Schule stand der Aufsatz eines Jungen, der seine frühe Kindheit in einem ungenannten arabischen Land verbracht hatte. Er und seine jüdischen Freunde hatten unter der harten Hand der muslimischen Kinder gelitten, durften es jedoch nicht wagen, sich zu wehren. Deshalb träumten sie von dem Tag, an dem sie in Israel ankommen würden. »Und hier nun leben wir frei und unabhängig in unserem Staat«, schrieb er. »Nur eines vergesse ich nicht: Als ich einmal von der Schule nach Hause ging, setzten mir einige Sabres zu, genau wie die muslimischen Kinder in der Diaspora, und ich fragte mich, haben wir denn noch keine Freiheit und Unabhängigkeit bekommen?« Vielleicht ärgerten sie ihn, weil er schwächlich war, vielleicht weil er aus einem muslimischen Land stammte, vielleicht vor allem, weil er kein Sabre, nicht in Israel geboren war.

Auf einem Klassenfoto sitzt unweit von mir ein Junge namens Tommy Glick. Er war »der kleine Tommy«, ich »der große Tommy«. Er war in Split in Jugoslawien geboren, nachdem seine Eltern aus einem süditalienischen Konzentrationslager zurückgekehrt waren, wo sie geheiratet hatten. Sie nannten ihn Tomislav. Nach seiner Geburt erkrankte die Mutter an Tuberkulose, und er wuchs bei seinen Großeltern väterlicherseits auf. Ich erinnere mich, dass ich immer an ihn dachte, wenn ich mal wieder *Tom Sawyer* las, der auch ein Waisenjunge war und bei seiner Tante aufwuchs; ich mochte sie beide sehr gern. Wir waren Nachbarn. Tommy hatte es schwerer als ich. Auch er hörte in seiner Kindheit Erinnerungen an bessere Zeiten: Sein Großvater hatte einst in Wien gelebt und das dortige Moulin Rouge mit elegantem Nachtclub, Restaurant und Kaffeehaus geleitet. Als der Antisemitismus zunahm, kehrte er nach Zagreb zurück, und als er schließlich in Israel eintraf, war er völlig mittellos. In Jerusalem verkaufte er Zigaretten, Süßigkeiten und Lotterielose. Tommys Großmutter ist mir vor allem dank ihrer aufwendigen Frisur in Erinnerung, dem fast letzten Rest von dem, was sie »dort« gehabt hatten. Auch das Gästebuch des Moulin Rouge mit den Unterschriften vieler berühmter Persönlichkeiten war gerettet, sie hatten es bei ihren Trecks über Grenzen und Lager mit hergeschleppt.

Irgendwann mussten die Großeltern Tommy in einen Kibbuz schicken. Erwartungsgemäß fühlte er sich dort einsam und elend. Zum Glück entdeckte jemand seine musikalische Begabung. Als Erwachsener spielte er Euphonium im Militär- und Polizeiorchester. Es vergingen fast siebzig Jahre, bis wir uns wiedersahen. Tommy hatte eine Familie gegründet, hatte Kinder und Enkel und führte ein glückliches Leben. Wir tauschten Erinnerungen an die dritte Klasse. Alle hätten gewusst, dass meine Mutter keine Jüdin war, aber kein großes Aufheben davon gemacht, erzählte mir Tommy. Er erinnerte sich an viele Kinder, deren Eltern Flüchtlinge und Immigranten waren, einige aus arabischen Ländern, andere Holocaust-Überlebende. Auch sie hatten nicht viel über ihre Eltern gesprochen, auch sie hatten keine leichte Kindheit. Tommy erinnerte sich an ein Gewirr von Sprachen und eine gute, angenehme Stimmung. Tatsächlich war ich also weniger bedroht gewesen als gedacht – wie meine Mutter. Und auch weniger als Gabriel Stern in seiner Kindheit: Als er in die dritte Klasse ging, schikanierten ihn nicht nur die Kinder, sondern auch der Lehrer, erzählte er mir einmal.

Gute Menschen, böse Menschen

Es geschah an Sterns Geburtsort, der Kleinstadt Attendorn, nordöstlich von Köln. Der Lehrer war, so erzählte er, »ein alter Deutschnationaler«. Nach dem Sturz des deutschen Kaiserreichs infolge des Ersten Weltkriegs wollte er einmal von seinen Schülern wissen: »Wer für die Wiedereinführung des Kaiserreichs ist – aufstehen«, befahl er. »All die braven Bübchen« standen auf, sagte Stern, und nur er, der einzige jüdische Junge, stand für die Republik gerade, getreu der liberalen Erziehung in seinem Elternhaus. Stern hatte das nie vergessen: »Der Lehrer sah mich verächtlich an und ließ wortlos durchblicken: Da war der schlagende Beweis erbracht, dass es sich um nichts als eine Judenrepublik handelte«, erzählte er viele Jahre später, fügte jedoch hinzu, dass er dem Lehrer Dank schulde, denn dieser habe erstmals seinen Widerstandsgeist geweckt, und so sei er zum »eingeschworenen Neinsager«, zum Nonkonformisten geworden.

Tatsächlich verbreitete Stern sein Leben lang Sanftmut und Geduld, Kompromissbereitschaft, Freundlichkeit und Großzügigkeit, hatte ein Herz für Minderheiten und suchte Frieden. In diesem Geist erteilte er mir auch die erste Lektion meines Lebens über den israelisch-arabischen Konflikt. Ich war vier Jahre alt. Wir machten einen Spaziergang zum Mandelbaumtor, dem damals einzigen legalen Übergang zwischen den beiden Hälften des geteilten Jerusalems, und dort sagte er: »Diese Grenze ist keine Linie, die zwischen guten Menschen und bösen Menschen trennt. Auch auf der anderen Seite gibt es gute Menschen. Leider wissen die nicht, dass es auch auf unserer Seite gute Menschen gibt, und deshalb ist Krieg.«

Gabriel Stern gehörte zu den guten Menschen auf unserer Seite. Er hatte Orientalistik und Judaistik an der Hebräischen Universität in Jerusalem studiert und in den 1940er Jahren den binationalen Gedanken unterstützt, zusammen mit Martin Buber und anderen. Als die Jewish Agency begann, Juden für die britischen Streitkräfte zu mobilisieren – mit dem Einberufungsbefehl, dem auch mein Vater Folge leistete –, verweigerte Stern, worauf man ihn zu entführen versuchte. »Ein paar kräftige Rowdys lauerten mir nachts vor meinem Haus mit einer großen Kiste auf«, erzählte er. Zum Glück kam ein alter Araber vorbei und begann zu schreien. Sterns Angreifer flohen. Unterdessen waren in der Stadt schon Plakate geklebt worden, die sein Porträt und darunter das Wort »Geständnis« trugen, das er angeblich geleistet hatte: »Ich, der Drückeberger Gabriel Stern, habe meine Strafe bekommen und rufe alle Drückeberger auf, der Aufforderung der nationalen Institutionen zum freiwilligen Wehrdienst Folge zu leisten.« Stern meinte, seine Weigerung, sich zu den britischen Streitkräften zu melden, sei nur ein Vorwand gewesen: Tatsächlich hätten seine Angreifer ihn einschüchtern wollen, damit er seine Pressetätigkeit und seine politischen Bemühungen um die jüdisch-arabische

Zusammenarbeit einstellte. Er bezeichnete den Vorfall als »amüsanten Versuch«, aber Martin Buber beklagte bei Ben Gurion, die Angreifer hätten Stern geschlagen. Nach der Mitschrift der Worte, die die beiden in dieser Sache wechselten, war Ben Gurion nicht wirklich entsetzt: »Ich weiß nicht, was Gabriel Stern getan und was man Gabriel Stern angetan hat, und ob es im Namen der Nation geschehen ist«, wand er sich heraus.

Stern war keineswegs Pazifist; im Unabhängigkeitskrieg hatte er den Wehrdienst nicht verweigert. Eine Weile war er für einen Wachposten im italienischen Krankenhaus, an der Grenze zwischen West- und Ost-Jerusalem, eingeteilt. Eines Tages sah er sich jäh einem Uniformierten gegenüber, der seine Waffe auf ihn richtete, den Finger am Abzug: ein Feind. Der Mann stand am Ende eines langen, dämmrigen Korridors. Stern wusste nicht, wie er dort hingekommen war. In diesem Augenblick spürte er, dass sein Leben am seidenen Faden hing. Einer von ihnen würde das Feuer eröffnen und leben, der andere sterben. Stern drückte ab. Die Kugel drang in den Körper seines Gegenübers ein und zersprengte ihn in Hunderte von Glassplittern: Es war ein großer Spiegel gewesen. Mir gefällt diese Geschichte nicht nur wegen ihrer Dramatik, sondern vor allem wegen ihrer Symbolik: Stern schoss auf sich selbst; danach hat er nie mehr geschossen. Aber konnte es denn so gewesen sein? Ich glaube, er hat es mir selbst so erzählt, aber irgendwo in seinen Schriften findet sich eine leicht abweichende Darstellung: Er hatte nicht geschossen, sondern war mit seinem Gewehr auf die Gestalt zugegangen und schließlich mit dem Lauf an den Spiegel gestoßen. Ich mag meine Version lieber, aber Gabriel hätte es fertiggebracht, sie alle beide zu erfinden. Er liebte Geschichten. »Wenn du eine gute Geschichte hast, musst du vor allem prüfen, ob sie wahr sein könnte«, lehrte er mich.

In den neunzehn Jahren zwischen Unabhängigkeits- und Sechstagekrieg sehnte sich Stern nach dem bunten arabisch-jüdisch-christlichen Bevölkerungsgemisch der Altstadt und wollte praktisch nicht wahrhaben, dass er dort nicht mehr hinkonnte. Alle paar Jahre, wenn wieder einmal Schnee fiel, berichtete er in seiner Zeitung: »Unser politischer Korrespondent hat aus diplomatischen Quellen erfahren, dass auch die Altstadt unter einer weißen Decke liegt.« Einem deutschen Reporter, der ihn für eine Zusammenfassung seiner dreißigjährigen Pressearbeit in Jerusalem fragte, was die schwierigsten Tage gewesen seien, antwortete er: »Am schwersten war es, gegen Militäraktionen unsererseits anzuschreiben und eigene Unrechts- und Racheakte zu verurteilen, während unsere Toten vor uns lagen und die Herzen meiner Leser bluteten.« Nach seinem Tod benannte man in seinem Geburtsort eine Straße nach ihm, und ich sorgte dafür, dass in der Nähe seiner Jerusalemer Wohnung eine Bank mit einem Schild aufgestellt wurde, das seinen Namen und die Worte: *Liebte Gott und Mensch* trug.

Meine Mutter spöttelte über seine »Naivität«; für sie war er ein unverbesserlicher Idealist. Ihr Dogmatismus nervte ihn zuweilen, sich selbst betrachtete er dagegen als handfesten Realisten. Er war ein Jahr jünger als sie, ledig, ein kleiner, rundlicher Brillenträger mit Watschelgang und meist nachlässiger Kleidung. Ich sah nie eine größere Intimität in seiner Beziehung zu meiner Mutter als die verschämte Bitte, ihm einen losen Hemdknopf festzunähen. Bis an sein Lebensende blieben die beiden beim förmlichen Sie. Ihre Freundschaft, die begann, als sie ihn auf Initiative gemeinsamer Bekannter erstmals im Taborhaus wohnen ließ, dauerte viele Jahre. Beide waren einsam. Das Frühstück am Samstagmorgen ging manchmal ins Mittagessen über; gelegentlich besuchten meine Mutter und er gemeinsam ein Konzert. Einmal die Woche brachte er ihr eine linksgerichtete britische Wochenzeitung auf dünnem Luftpostpapier: *The New Statesman and Nation*. Das Blatt vertrat mehr oder weniger die Meinung der beiden.

Ich liebte Gabriel. Er war für mich fast alles, was ein Kind von seinem Vater erwartet, aber ich weiß nicht, ob er mich wie einen Sohn liebte. Wir haben nie darüber gesprochen: Gabriel pflegte anderen keinen Einblick in sein Gefühlsleben zu geben; auch ich tat das nicht.

Aber er war die Brücke zwischen der Welt meiner Mutter und der israelischen Wirklichkeit. Warmherzig, klug, ermutigend und unterstützend brachte er mir bei, in beiden zu leben. Damit lenkte er mich zum Journalismus. Es begann als Hobby, noch in der achtjährigen Grundschule.

Telegramm von Emils Vater

Als Vierzehnjähriger sah ich einmal zwei Franziskanermönche in braunen Kutten mit einem Strick um die Taille in der Nähe unseres Hauses in Baka umherirren, offenbar ohne zu finden, was sie suchten. Hier ist eine Geschichte für Gabriel, dachte ich und fragte, so wie er es getan hätte, ob man ihnen behilflich sein könne. Einer der beiden hielt einen großen Umschlag in der Hand, geradezu ehrfürchtig, und bald verstand ich auch, warum. Der Nachname auf dem Umschlag war verwischt, aber sie wiederholten immer wieder den Vornamen: Tommy, Tommy. Ich konnte sie nicht auf Anhieb davon überzeugen, dass sie mich suchten, und bat sie herein. Ein paar Nachbarn spähten misstrauisch aus dem Fenster. Ich war allein im Haus. Alles, was ich an Ausweisen zur Hand hatte, war meine städtische Radfahrerlizenz. Es stellte sich heraus, dass die beiden aus der Altstadt gekommen waren und der diplomatischen Vertretung des Vatikans angehörten. Nur zögernd trauten sie mir und wollten partout nicht gehen, bevor ich den Umschlag geöffnet hatte, der aus Rom eingetroffen war. Er enthielt einen höflichen Brief des Vatikansekretariats, zwei Farbfotos von Papst Johannes XXIII. und ein Lederkästchen, in dem auf einem roten Samtkissen eine silbrige Münze mit seinem Konterfei verwahrt war. Ein weiteres Foto, in Schwarz-Weiß, trug in blauer Tinte die Unterschrift des Heiligen Vaters. Die beiden Mönche baten um ein Glas Wasser. Das war und ist das spektakulärste Stück in meiner Autographensammlung, die ich zwei Jahre zuvor gemeinsam mit meinem Freund Gideon Amir begonnen hatte.

In der kleinen Stadt, die plötzlich zur Hauptstadt des Staates geworden war, verstand sich ein solches Hobby fast von selbst. Wir begannen zusammen mit vielen anderen Kindern vor der Knesset, die damals noch im Stadtzentrum tagte. Die meisten Abgeordneten kamen dorthin zu Fuß. Wir passten sie auf dem Bürgersteig ab, streckten ihnen kleine Notizbücher hin und baten sie um ein Autogramm. Sie unterschrieben bereitwillig, das gehörte zu ihrer Egopflege. Manche waren enttäuscht, wenn sie uns nicht antrafen, und der zweite Ministerpräsident, Mosche Scharet, ein Schmeichler, wartete sogar auf uns. Mosche Dajan hingegen, ein Aufschneider, fand es lästig und ignorierte uns zumeist. Bei der Tauschbörse der Sammler war ein Mosche Dajan daher mindestens drei Scharets wert. Für die meisten von uns war es ein Spiel, das die kindliche Sammelleidenschaft befriedigte, wie Briefmarken und Fotos von Filmdiven. Für mich war es Teil meiner politischen Ausbildung. Gabriel ermunterte mich, herauszufinden, wer die Abgeordneten waren, die in meinem Büchlein unterschrieben hatten, woher sie stammten, was sie vertraten, und möglichst auch etwas über die Intrigen, in die sie verwickelt gewesen waren. Bei den Mahlzeiten am Schabbat sprachen er und meine Mutter viel über Politik, und er lieferte uns einige kleine Hintergrundinformationen. Nach Tisch hatte ich das Gefühl, mehr als andere Kinder zu wissen.

Charles Hamilton, der berühmte Autographenhändler, dem ich später in New York begegnete, verglich Autographensammler mit Menschen, die durch die Schlüssellöcher der Geschichte spähen. Für mich war es eine direkte Verbindung zu Leuten, die zumindest in den Nachrichten vorkamen. In der fünften Klasse hörte ich schon Radionachrichten. Einige Kinder fragten mich bisweilen nach Neuigkeiten, die sie aus Gesprächen ihrer Eltern aufgeschnappt hatten. Das machte süchtig. In der sechsten Klasse las ich Gabriels *Al Hamishmar*.

In jenem Jahr wurde ich krank und ging kaum zur Schule. Wie bei vielen Kindern wurden bei mir »Herzgeräusche« festgestellt. Ich manipulierte auch schon mal das Fieberthermometer, um noch ein wenig daheimbleiben zu können. Daher erlebte ich die Suezkrise von 1956 nur am Rande, während meine Altersgenossen mehr davon mitbekamen. Jedenfalls war es kein Überlebenskrieg. Doch man verfolgte das Geschehen sehr intensiv. Seinerzeit entschied ich, dass mich nur Unterschriften von Politikern und Schriftstellern interessierten, keinesfalls die von Sportlern oder Schauspielern. Nun schrieb ich den Ministern. Ich stellte mich als Zwölfjähriger vor, der die Unterschriften von »berühmten und hervorragenden« Persönlichkeiten sammelte, und legte einen frankierten Umschlag für die Antwort bei. Fast alle antworteten, die meisten schickten mir auch den Umschlag zurück.

Ich liebte die Recherche, die jede dieser Anfragen an einen Berühmten und Hervorragenden verlangte: Zunächst war zu entscheiden, ob der Betreffende würdig war, in die Sammlung aufgenommen zu werden, dann musste man Namen, Titel und Anschrift genau herausfinden. Steckte er womöglich in irgendeiner Affäre, die ihm viel Zeit raubte, sodass man lieber etwas abwarten sollte, oder hatte er vielleicht umgekehrt gerade eine politische Ohrfeige einstecken müssen, und die Anfrage eines zwölfjährigen Jerusalemer Kindes könnte ihn zu einer Antwort reizen, sodass er sogar ein paar handschriftliche Zeilen anfügen würde? Vor der Ära des Internets erforderte das einige Übung. Manchmal musste ich länger warten, als mir lieb war, aber jedes neue Autograph machte mich stolz und glücklich. Vor den vierten Knesset-Wahlen schickte ich einigen Parteivorsitzenden ihre Satzung zur Unterzeichnung. Am Abend vor dem Urnengang – draußen dämmerte es schon – brachte uns ein Motorradkurier die von Menachem Begin unterzeichnete Satzung seiner Partei. Meine Mutter zeigte für die propagandistische Tüchtigkeit der rechten Bewegung weniger Bewunderung als ich. In einem Begleitschreiben wünschte Begin mir Erfolg in der Schule und auf all meinen künftigen Wegen. Ich setzte ihn auf meine Liste der guten Menschen. Die Satzung der Mapai mit Ben Gurions Unterschrift traf erst nach den Wahlen ein.

Gabriel verfolgte meine wachsende Sammlung, fast als wäre es auch seine. Hier und da erbat er für mich Unterschriften von Leuten, die er traf, meist auf Speisekarten des King David Hotels, vorwiegend allerlei Staatspräsidenten aus Afrika, die damals häufig Israel besuchten. Manchmal schrieb er in der Zeitung über mich. Die Überschrift »Tommy und die Päpste« erschien auf der Titelseite. Johannes XXIII. war nämlich schon der zweite Papst, der einen Brief von mir erhalten hatte. Sein Vorgänger, Papst Pius XII., hatte dem israelischen Jungen erwartungsgemäß die kalte Schulter gezeigt und nur ein Bild – ohne Unterschrift – geschickt. Gabriel, ein großer Experte für die Beziehungen des Vatikans zu den Juden, hatte mir erzählt, dass sich die Atmosphäre mit der Wahl von Johannes XXIII. geändert hatte und sich ein zweiter Anlauf lohnte. Ich probierte es, schrieb dem neuen Papst auf Hebräisch, allerdings in Erstklässler-Druckbuchstaben für den Fall, dass er die »Schreibschrift der Großen« noch nicht gelernt hatte. Gabriel empfahl die Anrede »Seine Heiligkeit«.

Vor den Präsidentenwahlen in den Vereinigten Staaten erbat ich Autogramme von möglichst vielen Kandidaten; einer davon würde schließlich zum Präsidenten gewählt werden, und danach hätte er gewiss kaum Zeit, mir zu antworten. Kurz vor seiner Wahl zum Vizepräsidenten der USA lobte Senator Hubert Humphrey, dass ich mich für das Weltgeschehen interessierte, und damit hatte er recht. Auch in Deutschland antworteten alle dem israelischen Jungen, der ihre Namen kannte: Konrad Adenauer, Willy Brandt, Franz Josef Strauß. Aber die größte Freude machte mir die Antwort eines alten Kindheitsfreundes, dem ich zum sechzigsten Geburtstag gratuliert hatte: Erich Kästner. Danach kamen auch die Umschläge von Pablo Picasso und Agatha Christie, aber sogar die Autogramme von Alan Shepard und Juri Gagarin übertrafen in meinen Augen nicht die Reime, die Emils Vater mir schickte: »Trotz der 60 Jahre kein Talent zum Jubilare, sitz am Fenster, Luft ist märzlich, melde Frühling, danke herzlich.«

Als ich viele Jahre später in Amerika studierte, verfolgte ich die Anzeigen von Autographenhändlern in den Wochenendausgaben der

Zeitungen: verblüffende Stücke von Geschichtsgrößen, von Abraham Lincoln bis Winston Churchill und von Mozart bis Königin Viktoria. Einer der Anbieter, Charles Hamilton, war selbst schon eine Berühmtheit, ein hochangesehener Handschriftenexperte. Häufig trat er in den Medien auf. Eines Tages stand ich unversehens vor seiner Tür, in der Madison Avenue, meine ich. Ich erinnere mich an Herbstlaub und sanften, belebenden Herbstwind. Sein Verkaufsbüro war in der Suite eines kleinen Hotels untergebracht; das Treppenhaus hatte die purpurne Pracht der dreißiger Jahre. Es war kurz vor achtzehn Uhr. Die Dame, die mich empfing, sagte schmallippig, Mister Hamilton sei schon durch für heute, und ließ den Blick von mir zur Tür und zurück wandern. »Vielleicht möchten Sie uns schreiben«, bot sie trocken an. In diesem Moment ging die Verbindungstür auf, und heraus trat ein Mann im purpurroten Jackett – mit Fliege, wenn ich mich nicht irre. Rosiges Gesicht, blaue Augen und vertrauenerweckende weiße Mähne: Mister Hamilton höchstpersönlich. Ja, er habe eigentlich gehen wollen, sagte er, erkundigte sich jedoch höflich, woher ich käme und was mich zu ihm führe. »Aha, Israel«, sagte er und fragte, was ich ihm anzubieten hätte: eine historische Deklaration in Ben Gurions Handschrift vielleicht? Ich sagte, ich hätte mehr als das: ein Autogramm von John F. Kennedy! Hamilton sagte kein Wort. »Wie viel ist das wert?«, fragte ich. »Das möchten Sie nicht wissen«, antwortete Hamilton. »Doch, das möchte ich«, beharrte ich. Hamilton fragte, ob es eine Unterschrift aus seiner Präsidentschaft sei. Ich musste gestehen, dass sie aus seiner Zeit als Senator stammte. »Ah, das ist vielleicht ein wenig besser«, sagte Hamilton, nannte aber keinen Betrag. »Sie wollen es nicht wissen«, wiederholte er und fragte, was ich in Amerika machte. Ich sagte ihm, ich hätte vor, eine Doktorarbeit über die Nazis zu schreiben. Jetzt leuchteten seine Augen auf. Er ging zurück in sein Zimmer, öffnete einen Safe, zog ein schwarzes Samttablett heraus, das für ein kostbares Schmuckstück gemacht zu sein schien, und darauf lag ein Blatt Papier. Ein Mann, den ich nicht kannte, erhielt die Ernennung für einen Posten, der mir nichts sagte. Die Unterschrift jedoch erkannte ich: Adolf Hitler. Hamilton sagte, er biete dieses Schriftstück heute Abend bei einer öffentlichen Versteigerung im Waldorf Astoria an, und lud mich dazu ein. »Das kann 15 000 Dollar einbringen«, sagte er.

Und Kennedy? Hamilton blickte mich traurig an und sagte: »Wenn Sie darauf bestehen, dass ich eine Summe nenne, dann müssten es um die zwei Dollar sein.« Ich war entsetzt: Kennedy?! Hamilton sagte, ich zwänge ihn, mir wehzutun, aber der Präsident habe ein ganzes Team von »Unterschriftsberechtigten« gehabt, die sein Autogramm nachahmen und an Kinder in aller Welt verschicken durften. Auch andere Präsidenten hätten das getan. Im Weißen Haus gebe es sogar einen Drucker, der Autogramme des Präsidenten für Sammler anfertigen könne. Mehr als ein solches Gerät. Es tue ihm leid, mir das zu erzählen, entschuldigte er sich. Er kämpfe mit aller Kraft gegen diese schmähliche Praxis, habe bisher aber nicht ihre Einstellung erreichen können. Deshalb habe er gefragt, ob die Unterschrift von Senator Kennedy stamme, denn vor dem Einzug ins Weiße Haus habe er manchmal noch selbst unterschrieben. »Das könnte zehn Dollar bringen, vielleicht«, sagte er, »viele Kinder haben Autogramme von ihm erhalten.«

Er fragte erneut nach Ben Gurion. Ich erzählte ihm, wie verblüfft ich einst gewesen war, als ich entdeckte, dass auch die Briefe, die meine Mutter zum Unabhängigkeitstag bekam, nicht vom Staatspräsidenten, Ministerpräsidenten und Verteidigungsminister unterschrieben waren, wie ich immer glaubte, sondern in blauer Farbe aufgedruckt. Schließlich hätte ich daraus gefolgert, dass auf den Staat kein Verlass sei, fügte ich hinzu. Das war ein Grund für meine Skepsis. Mister Hamilton sah auf seine Uhr und fragte, ob es noch etwas zu besprechen gebe. Ich erzählte ihm vom Papst. »Fünfundzwanzig Dollar, vielleicht etwas mehr«, sagte er und las wohl in meiner Miene: Nehmen Sie mich nicht auf den Arm – der Papst?! Mister Hamilton erklärte mir geduldig, dass solche Autogramme, die Staatschefs an Sammler versandten, selbst dann nicht viel wert waren, wenn sie tatsächlich selbst unterschrieben hatten. Geld brächten historische Dokumente und Privatbriefe namhafter Personen. Deshalb habe er nach einem historischen Dokument von Ben Gurion gefragt.

Ich konnte ihm von einem Autogramm berichten, dessen Zustandekommen ich bis heute bereue. Im August 1961 erschien auf der Titelseite der Wochenzeitung *HaOlam Hazeh* die Schlagzeile »Die Geschäfte der Familie Peres«. Schimon Peres amtierte damals als Vizeverteidigungsminister. Der Artikel sagte ihm eine unsaubere Beteiligung an der Firma Tadiran nach, die eine große Zulieferin des Verteidigungsministeriums war, und diese Geschichte hing ihm jahrelang an. In jener Woche besuchte ich seine Wahlversammlung in Jerusalem. Am Ende drängte ich mich mit anderen jungen Autogrammjägern um ihn und streckte ihm die Titelseite von *HaOlam Hazeh* entgegen – so gefaltet, dass Peres nicht sah, worauf er seinen Namen setzte. Er unterschrieb und klopfte mir auf die Schulter. Ich war zwar erst sechzehn, aber das war unfair von mir. Ich schämte mich, Mister Hamilton davon zu erzählen. Er fragte, in welchem Alter ich mit dem Sammeln begonnen habe, und freute sich über die Antwort: Auch er habe mit zwölf Jahren angefangen, als er an Rudyard Kipling schrieb, erzählte er mir. Und als der Verfasser des *Dschungelbuchs* ihm antwortete, habe es keinen glücklicheren Menschen auf Erden gegeben.

Er verstummte, nickte mit dem Kopf, sein Blick verschleierte sich, und er wurde sehr väterlich. »Zwölf Jahre«, sagte er mit weicher Stimme, »und Sie haben ihnen auf Englisch geschrieben, nicht wahr?« Stimmt, erwiderte ich. »Und das ist nicht Ihre Muttersprache, richtig?« Nein, bestätigte ich. »Und Sie haben sich angestrengt, damit alles richtig wird, haben im Wörterbuch nachgeschlagen.« Ich bejahte. »Und das ist nicht Ihre Muttersprache«, wiederholte er. Ich verneinte erneut. »Die Namen herausfinden, sie richtig schreiben, die Adresse suchen«, murmelte er und versank erneut in Schweigen. Einige Sekunden später hob er den rechten Zeigefinger, sei es zur Warnung oder um eine Wahrheit zu predigen: »Sie haben Ihren Brief in einen Umschlag gesteckt, sind auf die Post gegangen, haben

Briefmarken aufgeklebt …« Ja, sagte ich. »Und haben gewartet.« Ja, bestätigte ich. »… gewartet und gewartet«, wiederholte Mister Hamilton, »und manchmal haben Sie wochenlang gewartet! Sind jeden Tag dem Postboten entgegengelaufen, und wenn er nichts für Sie hatte, waren Sie so enttäuscht, oje, wie enttäuscht!« Ja, ich war enttäuscht, gestand ich. »Aber wenn der Postbote Ihnen etwas brachte, waren Sie so aufgeregt! Was war das gut!« Ich schwieg, auch Mister Hamilton verstummte, und schließlich sagte er, fast im Flüsterton: »Verkaufen Sie mir das nicht. Das ist doch Ihre Kindheit, von der wir reden. Heben Sie es auf.« Das war ein schöner Augenblick. Die Madison Avenue lag schon im abendlichen Lichterglanz. In den Spätnachrichten wurde aus dem Waldorf Astoria berichtet, Mister Hamilton sei über das Gebot für das von Adolf Hitler unterzeichnete Schriftstück unzufrieden gewesen und habe es daher zurückgezogen. Ich befolgte seinen Rat und bin ihm dafür zu Dank verpflichtet.

Ein gemeinsamer Egotrip

Gegen Ende der fünfziger Jahre schloss meine Mutter ihr Babyheim und begann endlich den Beruf auszuüben, um den sie von jeher gekämpft hatte: Sie trat in Alfred Bernheims Fotoatelier ein; viele betrachteten ihn damals als den besten Fotografen Israels. Wir zogen in eine neue Wohnung im Stadtzentrum, und ich kam in eine neue Schule.

Jerusalem entwickelte sich in den Jahren der Teilung zu einer rückständigen und gähnend langweiligen Kleinstadt. Die Hebräische Universität mit der Nationalbibliothek und der Oberste Gerichtshof verliehen ihr weiterhin konservative Gediegenheit, und die Knesset machte sie zur Stadt der Ideen und der Worte. In der Ben-Jehuda-Straße gab es noch einige gute Geschäfte. Orchester und Theater aus Tel Aviv kamen gelegentlich zu Gastspielen. Wir waren zwar stolz, Jerusalemer zu sein, erlebten die Stadt aber als klein und dürftig. Auf den

Bürgersteigen lag Müll, und überall saßen Bettler, die Plage der Stadt. Auch die Kinos – das Hauptvergnügen – hatten weder Klimaanlage noch Heizung, und die Holzsitze knarrten oder waren gar zerbrochen. Leere Getränkeflaschen kullerten zwischen den Sitzreihen, bisweilen hörte man durch die schadhaften Wände die Autos draußen hupen. Nicht selten wurde die Vorführung wegen einer Störung unterbrochen. Dennoch gefiel es mir in der Stadtmitte besser als in Baka; die Wohnung lag in der Nähe des Ateliers und auch meiner Schule.

Bernheim war mehr als ein Fotograf: Er war ein Künstler, der sich mit Fotografie beschäftigte. »Interessant, dass eine Fotografie von Bernheim einem Rembrandt-Gemälde näherkommt als einem modernen Foto«, schrieb der Kunstkritiker des *Haaretz* zu Bernheims achtzigsten Geburtstag. Wenn er von seinen Kunden sprach, sagte er nicht, sie kämen zum Fotografieren zu ihm: Er sagte, sie kämen, um »vor ihm zu sitzen«, und dann nahm er sie mit auf einen wohligen, verpflichtenden gemeinsamen Egotrip, der langes regloses Sitzen unter grellen Lampen erforderte, bis Bernheim das richtige Licht- und Schattenspiel in Schwarz-Weiß geschaffen hatte. Das ungeschriebene Abkommen zwischen ihm und den »vor ihm Sitzenden« besagte, dass er sie möglichst vorteilhaft ablichtete und sie ihm dafür erlaubten, ihre Persönlichkeit so abzubilden, wie er sie sah. Ihre Reaktion war ihm wichtig: Sie waren sein Publikum. Er brauchte dringend ihre Bewunderung und Dankbarkeit und konnte richtig wütend werden, wenn sie Unzufriedenheit zu äußern wagten. Solche Leute sind keines Porträts würdig, sagte er dann, und es klang, als hielte er sie des Daseins für unwürdig. Er machte viele Architekturaufnahmen und betrachtete sie als Teil der Porträtkunst. Er wollte auch das »Innenwesen« der Gebäude verewigen und »ihre Seelen aufzeichnen«, sagte er, und in einem Interview für *Haaretz* antwortete er auf eine Frage, Gebäude seien ihm lieber als Menschen.

Er konnte zu Tränen gerührt sein, war auf seine Weise jedoch ein rechthaberischer, konservativer und harter Mann, der Machtentfaltung liebte und Schwäche verachtete. Er werde nie vergessen, wie erschüttert er gewesen sei, als er den Weimarer Staatspräsidenten Friedrich Ebert einmal in der Berliner Oper sah, erzählte er mir. Es war zehn Minuten vor Beginn der Vorstellung. Besucher strömten noch in den Saal, standen in den Gängen zusammen, plauderten miteinander, manche gingen zurück ins Foyer, und die ganze Zeit saß der Präsident der Republik in seiner Loge und wartete. Bernheim, der aus Karlsruhe stammte, war entsetzt: Dem Großherzog von Baden wäre das nicht passiert. Und da habe er begriffen, dass die Republik keine Zukunft hatte, erzählte er. Allerdings hatte er nach eigenen Angaben von Anfang an nicht an sie geglaubt. In der letzten Januarwoche 1933 hatte er noch in einem der kaiserlichen Schlösser fotografiert und den Glanz bewundert.

Wie mein Großvater und viele andere verließ auch er Berlin nicht gleich nach der Machtergreifung der Nationalsozialisten. Erst einmal gab er einen Fotokurs. Später bezeichnete er ihn als Teil des zionistischen Bemühens, die deutschen Juden für ihr Leben in Israel zu schulen. Oft benutzte er die Wendung: »Ich, der ich als Zionist ins Land gekommen bin«, als verleihe das seinen Ansichten über das Landesgeschehen größeren Nachdruck. Tatsächlich wäre wohl auch er, wie die meisten Jeckes, lieber in seinem Land geblieben und war allenfalls ein »Hitlerzionist«, wie die Immigranten/Flüchtlinge aus Deutschland abfällig genannt wurden. In Israel fühlte er sich ständig beeinträchtigt von dem Gefühl, nicht genug geehrt und auch nicht richtig bezahlt zu werden. Er verlangte stets höhere Preise als andere Fotografen, was hauptsächlich der Befriedigung seines Egos diente. Er nahm nie so viel Geld ein, dass sein Lebensstandard seinem Selbstbild als Künstler entsprach. Er schrieb das dem Umstand zu, dass die israelische Gesellschaft sich weigerte, die kulturelle Überlegenheit der Jeckes anzuerkennen. Seinerseits fremdelte er mit der lokalen Kultur und tat sie gern überheblich ab, was ihn mit vielen deutschen Juden verband. Er konnte nur rudimentär Hebräisch – genug, um eine Nummer im Telefonbuch nachzuschlagen oder eine Rechnung zu schreiben, nicht genug, um ein richtiges Gespräch zu führen oder eine Zeitung zu lesen. Er entschädigte sich auf seine Weise. Auch in Notzeiten war es ihm wichtig, dass alle wussten: Alfred Bernheim macht nicht alles. Kunden, die nur ein Passbild brauchten, Hochzeitspaare, Kinder und auch die meisten Frauen schickte er zu Herrn Josef, dessen Fotoatelier ein Stück weiter die Straße hinunter lag. Er selbst etablierte sich als Porträtfotograf berühmter Menschen, darunter die Staatschefs.

Als meine Mutter anfing, mit ihm zusammenzuarbeiten, erkannte ich gleich, dass nun endlich ein neues Kapitel in ihrem Leben begann, das ihr Zufriedenheit und, wer weiß, vielleicht sogar Glück verhieß. Erst Jahre später begriff ich, dass es eine Lebensgemeinschaft war. Bernheim war damals Mitte siebzig, fast dreißig Jahre älter als meine Mutter. Seine Frau, sein Sohn und seine Schwiegertochter lebten nicht mehr, seine Tochter hatte in der Gegend von San Francisco eine Familie gegründet. Davor hatte sie in Arnona gewohnt und sich mit meiner Mutter angefreundet; vermutlich entstand daraus die Verbindung zu ihrem Vater. Ich hatte nichts dagegen, dass er einer von uns wurde. Freitagnachmittags kam er zum Kaffee, und wir hörten gemeinsam klassische Schallplatten. Nach einiger Zeit schloss er sich den Schabbat-Mittagessen mit Gabriel an. Er betrachtete meine Mutter, meine Schwester und mich als seine Ersatzfamilie und gerierte sich als deren Oberhaupt. Daher drängte er uns das Du auf. Ich habe ihn nie mit Vornamen angeredet und kam ganz gut ohne diesen aus. Ich meine, auch meine Mutter hat es so gehalten. Wenn sie ihn ansprechen wollte, rief sie »Hallo«. Wenn wir von ihm redeten, sagten wir Bernheim, selbst in seiner Anwesenheit.

Bernheim stellte meine Mutter als seine »Assistentin« vor. Nach einiger Zeit ließ sich zwischen seinem und ihrem Anteil an der künstlerischen Arbeit im gemeinsamen Atelier nicht mehr unterscheiden, aber er hatte stets das letzte Wort. Lange stand nur sein Name auf dem Stempel, der auf die Rückseite der Fotografien gedrückt wurde. Meiner Mutter entging nicht, dass sie eine zweitrangige Stellung einnahm. Ein- oder zweimal redeten wir darüber, und sie sagte, was macht das schon. Aber als sie in Amerika gemeinsam ein großes

Buch über Jerusalem herausbrachten, war sie tief verletzt, als auf dem Cover nur sein Name stand. Andererseits erschien nur ihr Name als Fotografin auf zwei Kinderbüchern. Bernheim tat das mit väterlicher Geringschätzung ab.

Fast jeden Tag um Punkt halb elf Uhr gingen die beiden in das kleine Café Taamon, gegenüber der Knesset. Wie mein Großvater trug Bernheim, wenn er aus dem Haus ging, stets ein Jackett, häufig auch Fliege, Hut und Gehstock. Die beiden hatten einen Stammtisch im Café, an dem im Übrigen hauptsächlich Lehrkräfte der Kunstakademie Bezalel saßen: Maler, Grafiker, eine Töpferin, eine Weberin, ein Silberschmied, zumeist sehr gut in ihrem Fach, aber nach Anerkennung hungernd. Am Tisch sprach man Deutsch. Bernheim war der älteste und allgemein geehrte Gast, und meine Mutter wurde mit in den Kreis aufgenommen. Dem schlossen sich mit der Zeit auch andere Bekannte Bernheims an, zumeist deutsche Juden, die im Stadtteil Rechavia wohnten. In dieser Hinsicht trat ein dramatischer Wandel ein: Zum ersten Mal seit dem Tod meines Vaters galt die Fremdheit meiner Mutter als Vorteil. Manchmal meine ich, man beneidete sie in diesem Kreis nicht nur, weil sie »vom Bauhaus kam«, sondern auch, weil sie so deutsch war. Vor allem galt sie jedoch als die Frau an Bernheims Seite. Auf dem Rückweg vom Taamon machte sie bei einem Metzger Halt, der auch Schweinefleisch verkaufte, und beim Gemüsemann, und sie kochte das Mittagessen. Beide warteten, bis ich von der Schule zurück war. Nach dem Essen hielt er Mittagsschlaf.

Der beste Freund

Die Partnerschaft zwischen Bernheim und meiner Mutter entwickelte sich nach und nach. Manchmal fuhren sie ein paar Tage auf Urlaub in eine Pension in Sichron Ja'akow oder in Haifa. Ein- oder zweimal reisten sie in die Schweiz. Ich habe weder mich noch meine

Mutter je gefragt, ob sie in getrennten Zimmern schliefen, und selbst heute habe ich keine Ahnung. Bernheim versuchte mich mit detailliertem Allgemeinwissen zu beeindrucken, meist aus der altgriechischen und römischen Literatur, aber ich war vorwiegend darauf bedacht, mein persönliches Territorium abzustecken und dafür zu sorgen, dass er sich nicht in mein Leben einmischte. Meist hielt er sich zurück. In den großen Ferien arbeitete ich gegen Bezahlung im Labor des Ateliers. Ich konnte Filme entwickeln und Bilder abziehen, fotografierte auch selbst oft. Mit der Zeit kam ich darauf, das Bernheim viel zu erzählen haben könnte: Ein Heft, das ich kurz nach meinem siebzehnten Geburtstag anlegte, enthält rund ein Dutzend seiner Geschichten, jeweils über die Begegnung mit einer der Berühmtheiten, die »vor ihm saßen«. Es ist eine Art Zeitungsartikelserie, in klarem Stil verfasst und mit passenden Überschriften versehen, aber die Geschichten selbst sind meist nicht besonders interessant. Im Zentrum steht Bernheims Weigerung, Staatspräsident Chaim Weizmann zu fotografieren, es sei denn, dieser trüge einen dunklen Anzug und nicht das zerknitterte, weiße Sakko, in dem er das letzte Mal bei ihm erschienen war.

Im Vorfeld einer Ausstellung, die Bernheim und meine Mutter gemeinsam planten, erhielten sie die Erlaubnis, ein Porträt von Ben Gurion aufzunehmen. Bernheim ging in die Knesset, um »seine Gesichtszüge zu studieren«, und machte sich dabei wie gewohnt die eine oder andere Skizze. Er wollte Ben Gurion, den er verehrte, als brüllenden Löwen. Doch als die beiden zum Fototermin erschienen, fanden sie einen entspannten, freundlich lächelnden Alten vor, der insgeheim bereits beschlossen hatte, sein Amt endgültig niederzulegen. Er verriet ihnen nichts von seiner Absicht, sie lasen es erst ein oder zwei Tage später in der Zeitung. Meine Mutter fühlte sich betrogen: Wie hatte er ihnen das antun können, so kurz vor der Ausstellung?! Ben Gurion notierte seinerseits einen Vorwurf in seinem Tagebuch: Die Aufnahmen hätten ihn mehr Zeit gekostet als vorgesehen. Aber er war sehr zufrieden mit dem Ergebnis. Der nächste

Regierungschef, Levi Eschkol, hatte eine Reihe Krawatten mitgebracht, hängte sie sich über den Arm und bat meine Mutter, eine passende auszusuchen. Ben Gurion hätte sowas nicht getan, grummelte Bernheim verächtlich.

Nicht mit Freuden, aber auch ohne überflüssige Streitigkeiten lebte ich meinen Teil in dieser Partnerschaft, und während für meine Mutter ein neuer Lebensabschnitt begann, besuchte ich eine neue Schule, die ebenfalls zum Arbeiterschulzweig gehörte und in der ich mich wohler fühlte als in der alten. Anders als dort hisste man hier nicht die Rote Fahne und ließ den Titel »Lehrer« oder »Lehrerin« vor dem Namen weg: Wir sagten Viktoria zu unserer Klassenlehrerin und Chedwa zur Schuldirektorin, die auch Englisch unterrichtete. Der Klassenbeste Moshe war brillant und dabei ein guter Kumpel und kein Angeber. Ich wollte seiner würdig sein; meine Noten verbesserten sich langsam. Ich machte keine großen Fortschritte in Mathematik, Moshes Paradefach, aber ich besitze einen kleinen Ordner mit einer Zusammenfassung dessen, was wir über Europa gelernt hatten. Er sieht aus wie ein umfassendes Geographie-Lehrbuch, mit Postkarten, Briefmarken, selbstgezeichneten Landkarten und eingeklebten Zeitungsausschnitten. Der Text enthält zwar viele Rechtschreibfehler, vermutlich wegen des Lebens in zwei Sprachen, ist aber klar formuliert, fast druckreif. Moshe lobte den Ordner, und wenn ich nicht so verschämt gewesen wäre, hätte ich ihn ihm geschenkt. Er hatte viele Freunde, aber für mich war er mein bester Freund.

Moshes Eltern stammten aus Polen und sprachen Hebräisch mit ihren Kindern. Sie repräsentierten eine normale israelische Familie, wie ich sie mir gewünscht hätte: Vater, Mutter und Geschwister. Moshe setzte bei mir zuvor verborgene Neigungen frei, wie das Interesse an Mädchen und die Bereitschaft zu Ausflügen und zum Schwimmen im damals einzigen Bad der Stadt. Den Spitzenplatz unter unseren Idolen besetzte Elvis Presley; wir schwärmten nicht nur für seine Songs, sondern auch für seine Tolle und seine Hosen.

Er war der Hauptagent der Amerikanisierung, die damals bereits in Israel einsetzte, vor allem über das Kino.

Sechzig Jahre später erzählte mir Moshe Shmid, ich sei oft so verletzend bissig und zynisch gewesen, dass es andere Kinder abschreckte. Briefe an meine Schwester beweisen, dass ich viel länger als gewollt so geblieben bin. Den hochmütigen Sarkasmus hatte ich wohl von meiner Mutter geerbt, vielleicht auch von meinem Vater. Vielleicht gehörte das zu den Schutzmauern, die ich um mich errichtete. Die Lehrerin Viktoria schrieb einen talmudischen Leitspruch in mein Poesiealbum: »Stets sei der Mensch biegsam wie das Rohr und nicht hart wie die Zeder.« Mit der Zeit lernte ich mich zu beherrschen, wurde weicher und skeptischer. Die Lehrerin Viktoria vermerkte auch, ich sei »ein nachdenklicher, tiefschürfender Junge« gewesen. Moshe gefiel mein reges politisches Interesse. Ich berichtete ihm, was ich in den Nachrichten gehört hatte, und schleppte ihn zu fast jeder Wahlversammlung. Manchmal besuchte er mich zu Hause, doch erst, als er – kurz vor unserem Wiedersehen – den Wikipedia-Eintrag über mich las, erfuhr er, dass meine Mutter keine Jüdin gewesen war. Er meinte, auch die anderen Kinder hätten es nicht gewusst; man habe nicht darüber gesprochen.

Als ich ihn anrief, waren wir beide schon fünfundsiebzig Jahre alt, und da verriet er mir, dass er sich als Kind gelegentlich auch unwohl gefühlt hatte: Seine Eltern sprachen untereinander Jiddisch, ein Überbleibsel ihrer Herkunft, und nannten ihn Moischele. »Ich habe immer meinen Bruder beneidet, der Uri hieß. Das klang viel schöner, israelischer und nicht nach Diaspora«, erzählte er. Und sie waren einfache Leute, wie er sagte. Sie wohnten zwar in Rechavia, waren aber keine hochgeachteten Professoren wie viele ihrer Nachbarn; der Vater war Schneider. Nicht nur auf Politik, auch auf Ephraim Kishon waren wir wild, der so israelisch und so fremd zugleich war. Wir konnten fast jedes veröffentlichte Wort von ihm auswendig: Ich begann einen Satz, Moshe beendete ihn, und dann kugelten wir uns vor Lachen. Das war eine Art interner Geheimcode, nur zwischen uns beiden.

Auch Kishon kam mir wie der ideale Israeli vor, so gesichert in seiner Identität, dass er sich scharfsinnig und kühn darüber lustig machen konnte. Mir kam gar nicht in den Sinn, dass seine Satire dem großen Leid des Immigranten und Holocaust-Überlebenden mit lächerlichem ungarischen Akzent entsprang. Ich wusste damals auch nicht, dass er gerade in Deutschland so überaus beliebt war. Seine Gegner behaupteten neidisch, er hätte dort sechs Millionen Exemplare seiner Bücher verkauft; tatsächlich waren es noch mehr.

Sehr viel später sprach und korrespondierte ich mit Kishon über sein Empfinden, in Israel nicht genügend Anerkennung zu finden, ein Gefühl, das ich schon von Bernheim kannte. Am meisten störte ihn, dass seine Bücher nicht zur Schullektüre gehörten und er den Israel-Preis für Literatur nicht bekam. Ich regte in der Zeitung an, ihm den Preis zu verleihen, schrieb ihm jedoch, dass man seine Werke nicht auf den Lehrplan setzen müsse, denn es gebe eine Generation von Israelis wie mich, die überaus dankbar für unzählige Kishon-Stunden seien. Diese hätten wir fast vom ersten Lesealter angesammelt und seine Werke mehr verinnerlicht als die jener Schriftsteller, die wir hatten lesen müssen. Kishon dankte mir für meine anerkennenden Worte: »Mir ist klar, dass Sie hinter Ihrem sarkastischen Stil in der Zeitung Komplimente für meine Arbeit verbergen, aber Sie sind nicht frei von der verbreiteten Journalistenkrankheit: Sie werten mich immer positiver in Ihren Briefen als in der Presse.« Versöhnlich endete er: »Sie ersehen aus der Länge meines Briefes, wie sehr ich Sie und Ihre Einstellung mir gegenüber schätze, und ich schicke Ihnen meine freundlichsten Grüße.« Einige Jahre später, als er schon eher als rechtsgerichteter Publizist denn als Satiriker bekannt war, erhielt er den Israel-Preis, aber nicht für Literatur, wie er es erträumt und verdient zu haben meinte, sondern für sein Lebenswerk. Einmal erzählte ich Kishon von meiner Freundschaft mit Moshe. Er fragte, ob wir noch in Kontakt seien, und äußerte Bedauern, als ich das verneinte. Dass es so gekommen war, daran war Bernheim schuld.

Der Preis eines Käfers

Moischeles Eltern meldeten ihren Sohn am Hebräischen Gymnasium in Rechavia an, einer hervorragenden Schule, deren Absolventen unter anderem in Wirtschaft, Politik und Militär Großes leisteten. Das Gymnasium gab den Schülern Optimismus und Zuversicht mit auf den Weg, ermunterte sie, in den Staatsdienst einzutreten, und vermittelte ihnen das Gefühl, später einmal für Führungspositionen geeignet zu sein. Die meisten waren Söhne oder Töchter von Eltern, die Europa frühzeitig verlassen hatten, Jahre vor dem Holocaust, und ihre Entscheidung für Israel nicht bedauerten. Oft hatten sie schwere Jahre hinter sich. Ihre Kinder glaubten, es einmal besser zu haben als die Eltern, vor allem dank ihrer guten Ausbildung. Viele sahen darin sogar das Ziel des ganzen Zionismus. Daher hatten sie keinen Grund zu rebellieren, weder gegen ihre Eltern noch gegen die Gesellschaft. Das Land schien es gut mit ihnen zu meinen. Moshe lebte sich bestens am Gymnasium ein; eine Mitschülerin wurde später seine Frau. Nach dem Studium an der Hebräischen Universität in Jerusalem ging er in die USA und kehrte nach einem Postdoktorat in Atomphysik zurück.

Auch ich wollte natürlich auf dieses Gymnasium, nur fünf Gehminuten von unserer neuen Wohnung. Aber Bernheim entschied, ich sei »zu gut« dafür, gehöre auf das Gymnasium bei der Hebräischen Universität im fernen Stadtteil Beit HaKerem. Neben dem Reali-Gymnasium in Haifa galt »Beit HaKerem« als eine der beiden renommiertesten Oberschulen Israels und behauptete von sich, vornehmlich die kommenden Generationen der akademischen Elite auszubilden. Auch dort hätten wir vertrauensvoll in die Zukunft blicken sollen, aber mir scheint, der Optimismus war gemäßigter, die Atmosphäre skeptischer, als könnten wir in Israel vielleicht nicht unser volles Potenzial ausschöpfen. Bernheims verstorbener Sohn hatte diese Schule mit Bestnoten absolviert, und mir schien, der Vater mit seinen mittlerweile fünfundsiebzig Jahren hatte mich zu dessen Nachfolger erkoren. Er drängte und flehte, brach einmal sogar in Tränen aus, und wir konnten ihm schließlich nicht widerstehen. Meine Mutter gab nach, und ich wagte nicht aufzubegehren. Und so verlor ich Moshe. Es war eine schmerzliche Trennung, die sich sofort in den Noten niederschlug und sich auch auf mein Betragen und meine Aufmerksamkeit im Unterricht auswirkte.

Das erste Jahr in Beit HaKerem ist mir entfallen, als wäre ich gar nicht dagewesen. Der Name des Klassenlehrers unter meinem Zeugnis sagt mir nichts. In den nächsten drei Jahren musste meine Mutter immer wieder in der Schule erscheinen und sich – zuweilen auf Deutsch – anhören: Wenn sich meine Noten und mein Betragen nicht besserten, dürfe ich nicht auf der Schule bleiben. »Wir müssen leider feststellen, dass Tommys Betragen im Unterricht die Arbeit in der Klasse oft sehr erschwerte«, schrieb man ihr einmal. Vielleicht wäre ich nicht traurig gewesen, wenn man mich rausgeworfen hätte, aber die eingebildeten Schulleiter fürchteten wohl, eine Suspendierung von diesem Bildungstempel könnte mein Leben ruinieren.

Die Atmosphäre in der Schule war kühl, elitär, stressig und von Konkurrenzkampf geprägt. Die Lehrkräfte wurden mit Herr Shavit und Herr Ben-Shlomo und Frau Bodek angeredet. Ich begriff eigentlich nie, was man von mir wollte. Eines Tages stürmte ein Aushilfslehrer für Literatur in unser Klassenzimmer: Abraham Jehoschua. Er berichtete uns tief erregt von einem Erlebnis, das ihn am Vorabend aufgewühlt hatte: In der Nähe des Rechavia-Gymnasiums sah er von Weitem einen Trupp Jungen lautstark im Laternenschein diskutieren. Das Herz wurde ihm weit: Er liebte junge Menschen, die das Morgen suchten. Doch wie groß war seine Enttäuschung, als er im Näherkommen hörte, worüber sie sprachen: Die jungen Leute diskutierten nicht über die Werte des Lebens, sondern über die Frage, wie viel ein Volkswagen-Käfer in Deutschland kostete. Der gute Jehoschua, den man »Bulli« nennen durfte, war entsetzt. Ich sehe ihn noch heute in echter Verzweiflung seine Tolle raufen: Welche Leere, was interessierte es denn, wie viel ein Auto kostete, was machte es aus, wie viel in Deutschland. In Deutschland! Ich verstand nicht recht, was ihn derart aufbrachte. In Rechavia wohnten Menschen, die im Zuge der Wiedergutmachungspolitik jetzt langsam Entschädigungszahlungen aus Deutschland bekamen. Man sah die ersten VW-Käfer auf den Straßen. Ich verstand auch nicht, warum Jehoschua uns mit den Trollen von Ibsens *Peer Gynt* plagte. Warum haben wir nicht was von Abraham B. Jehoschua gelesen, fragte ich ihn sehr viel später, als er ein berühmter Schriftsteller war, worauf Bulli mich daran erinnerte, dass er seinen ersten Roman damals noch gar nicht geschrieben hatte.

Als das Gymnasium Beit HaKerem 1985 sein fünfzigstes Jubiläum vorbereitete, rief mich eines Tages der Direktor an, dessen Namen zu nennen früher schon genügt hätte, mir den Schlaf zu rauben, und bat mich, einen Beitrag für die Festschrift zu schreiben. Ich riet ihm ab, da ich sicherlich wenig Erfreuliches schreiben würde, aber er versprach zu drucken, was immer ich ihm schickte, und hielt Wort. »Ich mochte die Schule nicht«, schrieb ich. »Einige von euch haben uns großen Hochmut eingetrichtert, der auch euch eigen war ... Viele von uns Absolventen der guten Schulen haben etwas Arrogantes und Abgehobenes; das mag ich nicht.« Die meisten meiner Mitschüler dachten da wohl anders, waren zumeist auch bessere Schüler gewesen. In sechs der sieben Abiturfächer erhielt ich die Note »fast gut« (7 von 10), im siebten »genügend« (6). Als meine Ben-Gurion-Biographie erschien, kam der nächste Anruf von der Schule mit der Einladung, mein Buch vorzustellen. Bevor ich das Wort ergriff, stand der junge Direktor auf und zitierte aus meiner Personalakte eine Anmerkung über meine Ausdrucksfähigkeit im Hebräischen: »Seine Leistung ist nur befriedigend«, hieß es dort. »Er muss lernen, seine Gedanken besser zu ordnen.«

Gegen Ende der Schulzeit verfasste ich Kurzbiographien einiger meiner Klassenkameraden. Ich würde das für mich tun, mich vielleicht mal an sie erinnern wollen, notierte ich mir, fügte jedoch vorsichtig, immer noch in ständiger Abwehrhaltung, hinzu, dass ich nichts hinschreiben würde, was mir peinlich sein könnte, falls das Heft eines Tages in fremde Hände geraten sollte. Wie Bernheim zuvor interessierten mich meine Klassenkameraden als Themen für Geschichten, die ich vielleicht einmal schreiben würde. Mit den meisten war ich befreundet, einige mochte ich richtig gern. Manche verspottete ich wegen ihrer ideologischen Sturheit aus der sozialistischen Jugendbewegung: Ihre Entscheidung für ein späteres Kibbuz-Leben im Geist des zionistischen Traums vom »neuen Menschen« fand ich sonderbar. Aber einige zogen tatsächlich in einen Kibbuz und blieben ihr Leben lang dort. Über ein halbes Jahrhundert später sehe ich überrascht, dass diese Kurzbiographien durchaus eine reife und ausgewogene Beobachtung erkennen lassen.

Eine Mitschülerin, die im Kinderstudio des zivilen israelischen Radiosenders auftrat, nahm mich einmal mit, und dort sagte man mir, ich hätte ebenfalls Schauspieltalent und eine radiophone Stimme. Wir machten bei einigen Hörspielen mit, bewarben uns dann gemeinsam für das Hörspielprogramm des Militärsenders *Gale Zahal* – und wurden angenommen! Einmal im Monat fuhren wir fortan nach Tel Aviv und nahmen eine Geschichte für die Sendung auf: Tschechows *Die Wette*, H. G. Wells' *Der Krieg der Welten* und andere. Wenn man mich als Kind fragte, was ich werden wollte, wenn ich groß sei, antwortete ich, vielleicht Schauspieler. Meine Mutter wollte, dass ich Architekt würde, wie mein Vater, hatte aber auch nichts dagegen, wenn ich ihrem geliebten Großvater nacheiferte. In der Geulim-Schule machte ich, vielleicht unter Lehrer Yaakovs Einfluss, in der Theater-AG mit und spielte einmal den Propheten Samuel. Doch jetzt wusste ich erstmals im Leben mit Sicherheit zu sagen, was ich werden wollte: Rundfunkredakteur. Vielleicht war das schon der Drang, der mich zum Journalismus trieb: Mehr als andere zu wissen und es ihnen zu erzählen. Ich hoffte, aufgrund der Beziehung zum Militärsender dort meinen Wehrdienst leisten zu können. Auch Uri Avnery, dem Chefredakteur des Nachrichtenmagazins *HaOlam Hazeh* (Diese Welt), wollte ich gern nacheifern.

Furchtlos und unparteiisch

Ich gehöre zu einer Generation von Israelis, die *HaOlam Hazeh* noch fast im Geheimen lasen. Wie viele meiner Altersgenossen kam ich mir dabei kühn, provokativ und rebellisch vor, denn wir, die erste Generation, die im jungen Staat Israel aufwuchs, war massiver zionistischer Indoktrinierung und Regierungspropaganda ausgesetzt. *HaOlam Hazeh* brachte uns andere Werte nahe und förderte unser kritisches Denken. Ich schwärmte für Avnerys brillanten und prägnanten Stil, stets in klaren, treffenden kurzen Sätzen. So schrieb Rudolf Augstein, der *Spiegel*-Gründer. Er hatte dasselbe Gymnasium in Hannover besucht wie Avnery, der sich dieser Bekanntschaft gern rühmte.

Avnery spezialisierte sich auf die Aufdeckung politischer Korruptionsfälle und attackierte Israels nationale Sicherheitspolitik: Schon in den frühen 1950er Jahren befürwortete er die Gründung eines arabisch-palästinensischen Staates an der Seite Israels. Außerdem verteidigte er die Menschenrechte und griff auch beherzt den Geheimdienst an, was seinerzeit einigen Mut erforderte. Damit war Avnery ein Wegbereiter der freien und bissigen Presse, »furchtlos und unparteiisch«, wie es auf dem Löwenlogo des Wochenblattes hieß.

Er träumte davon, ein Volkstribun zu werden und Geschichte zu machen. Es gelang ihm, seine Leser zu einer elitären Anhängerschaft zu einen und ihnen ein schmeichelhaftes Selbstbild zu verleihen. Allein schon der Umstand, dass wir sein Wochenblatt kauften, reihe uns unter die Guten und Gerechten, die Klugen und Kühnen ein, mache uns zu Söhnen des Lichts gegenüber dem »Apparat des Dunklen«, suggerierte uns Avnery. Es war eine säkulare, junge, patriotische und häufig auch militaristische israelische Identität, selbstsicher bis zur Arroganz, optimistisch und sehr Tel Avivisch, all das, was Avnery anstrebte, seit er als Helmut Ostermann aus Deutschland ins Land gekommen war, und ich, seit ich zurückdenken kann. Seinen deutschen Akzent wurde er jedoch nie los.

HaOlam Hazeh war daneben auch ein seichtes Radaublatt, an der Grenze des Pornographischen. Viele Ausdrücke waren zu bombastisch, zu entschieden, die Argumentationen zu scharf, teils zu arrogant, zu selbstgerecht, boshaft und, schlimmer noch, demagogisch, immer schwarz-weiß, ohne Grautöne. Fand Avnery mal keine passende Geschichte, dachte er sich notfalls eine aus. Dazu bemerkte Gershom Schocken, der Chefredakteur des *Haaretz,* mir gegenüber einmal: »Dass eine Geschichte in *HaOlam Hazeh* steht, heißt noch nicht zwingend, dass sie unrichtig ist.« Avnery bildete Generationen israelischer Journalisten aus. Die Besten lernten von ihm nicht nur, was guter, sondern auch, was schlechter Journalismus ist.

Nach dem Abitur fuhr ich zum ersten Mal ins Ausland, allein, dritter Klasse auf einem türkischen Passagierschiff. Die zig Briefe, die ich auf Deutsch an meine Mutter und auf Hebräisch an meine Schwester schrieb, zeugen vom Drang des Reporters, Eindruck zu schinden. Zwei Tage nachdem ich im Juni 1962 bei meinem Onkel Kurt in Paris angekommen war, konnte ich schon berichten, dass ich ein charmantes Lächeln von einer französischen Filmdiva ergattert hatte – der erste journalistische Erfolg meines Lebens.

Es war an einem herrlich sonnigen Morgen im Parc de Luxembourg. Ich saß auf einer Bank und las in meinem Touristenführer, dass der Frauenmörder Henri Désiré Landru seine Opfer in dieser Gegend verführt hatte. Plötzlich rückten Polizisten und zwei riesige Caravans an, und Minuten später war das Areal mit Bändern abgesperrt. Danach kamen Kameraleute, Beleuchtungs- und Tontechniker und zum Schluss eine Frau mit Tellerhut, ganz in Weiß. Ihre Hände steckten in weißen Handschuhen, in der Rechten hielt sie eine rosafarbene Rose, und ihre Miene drückte sehnliche Erwartung auf das Ungewisse aus. Ich wusste damals noch nicht, wer sie war, aber nach der Menge der Kostümbildnerinnen, Visagisten und Haarstylisten, die um sie herumwuselten, war mir klar, dass sie ein großer Star sein musste. Schließlich tauchte auch der Mörder auf, vermutlich zu einem Blind Date. Er trug einen schwarzen Anzug mit Fliege und ebenfalls weiße Handschuhe. Er hatte eine große Glatze, einen schwarzen Bart, und als er seinen schwarzen Hut aufsetzte, sah er aus wie ein ultraorthodoxer Jude – vielleicht nicht von ungefähr: Der Schauspieler Charles Denner war als Sohn einer jüdischen Familie in Polen geboren. Die Frau, die er diesmal verführen und ermorden wollte, war die Schauspielerin Michèle Morgan.

All das erkannte ich erst später. Vorerst wusste ich nur, dass ich mich inmitten eines Medienereignisses befand, das ich nicht verpassen durfte. Ich stand also auf und steuerte den abgesteckten Bereich an, um den Hals zwei Fotoapparate und zwei Taschen. Ich tat so, als gehörte ich dazu. Zu dem Polizisten, der mir den Weg versperren wollte, sagte ich »excuse me«, und er trat zur Seite. So hätte ein Reporter von *HaOlam Hazeh* gehandelt, dachte ich mir. Michèle Morgan bemerkte mich; sie schenkte mir ein Lächeln der Art, wie es Zeitschriftenfotografen vorbehalten ist. Es wurde ein gutes Foto. Ich verdanke ihr eine Lehre, die ich über die Jahre nicht vergessen sollte, auch als ich längst kein siebzehnjähriger Hochstapler mehr war: Vieles, wenn nicht alles, hängt von Gesichtsausdruck und Körpersprache ab. Man muss signalisieren, dass man dazugehört.

Onkel Kurt und seine zweite Frau Eva lebten in einer kleinen Wohnung mit Blick auf den bunten Poncelet-Markt, wenige Minuten vom Arc de Triomphe und den Champs-Élysées entfernt. Ich schlief bei meinem Cousin Peter, der gut zehn Jahre älter war als ich. Ich hatte in Israel schon etwas Französisch gelernt. Am Gymnasium konnten wir zwischen Französisch und Arabisch als zweite Fremdsprache wählen. Arabisch, hieß es, würde uns beim Wehrdienst vielleicht in eine der begehrten Nachrichteneinheiten bringen, und wer weiß, womöglich würde es eines Tages Frieden geben und wir könnten nach Ramallah fahren. Nicht zufällig nannten sie diese Stadt: Dort spielte ein beliebter englischsprachiger Radiosender Elvis-Hits, längst bevor sie der israelische Rundfunk brachte. Doch wie die meisten meiner Mitschüler nahm ich an, dass wir es wohl eher nach Paris als nach Ramallah schaffen würden. Ich kann mich nicht erinnern, dass damals jemand ernstlich dachte, Israels Grenzen könnten sich jemals verändern.

Mit Kurt und Peter sprach ich Deutsch, Eva konnte Jiddisch und Französisch. Alle drei waren sehr nett zu mir. Eva zeigte mir die Stadt und nahm mich mit zu Molières *Der Geizige* in der Comédie Française. Sie sei mir fremd, schrieb ich meiner Schwester und meinte wohl unbewusst: Sie ist so anders als meine Mutter. »Sie hat keine eigene Persönlichkeit«, schrieb ich, »es gibt Tausende wie sie. Sie stecken dieselben Plastikbroschen an, färben sich die Haare und bemalen sich die Lippen mit denselben Farben: Ein bisschen so, als hätte man sie im Warenhaus gekauft, alles maschinell hergestellt, wenn auch in guter Qualität.« Meine Mutter schminkte sich nicht und trug stets nur einen silbernen Armreif mit dem Namen meines Vaters. Einer der Grundsätze, die sie uns mitgab, besagte, dass jede Massenproduktion der Handarbeit unterlegen sei.

Onkel Kurt arbeitete in der Verwaltung des amerikanischen Krankenhauses. Er gehörte den Freimaurern an, zumindest stand er ihnen nahe, und meine Mutter hatte mir eingeschärft, ihn ja nicht zu fragen, ob die Freimaurer wirklich in Särgen schliefen, wie ich mal gelesen hatte. Ich habe dann doch gefragt, aber die Antwort vergessen. Peter beschäftigte sich mich dem Export von Uhren in alle Welt. »Jeden Abend geht er mit netten Mädchen weg und gibt einen Haufen Geld in Kabaretts, Nachtclubs und Striptease-Shows aus«, schrieb ich meiner Schwester. Er nahm mich dazu mit, und einmal war sogar die Schönheitskönigin von Portugal mit von der Partie, so wurde mir zumindest gesagt. »Eigentlich ist nichts Verwerfliches daran, dass der Mensch sich vergnügt«, erklärte ich in Jerusalemer Sittenstrenge, »aber wenn einer keinen Abend zu Hause bleibt, ist ihm das doch anzumerken.« Zwei Jahre später heiratete er.

Paris verdrehte mir erwartungsgemäß den Kopf, aber weder die Romantik noch die Kultur waren das Tollste für mich, sondern einfach das Erlebnis, im Ausland zu sein. Es gibt hier Cadillacs, schrieb ich meiner Mutter, und Coca-Cola und Shell-Tankstellen und noch vieles andere, was es bei uns nicht gibt, etwa Kaufhäuser mit Rolltreppen. Shell und Coca-Cola boykottierten Israel damals auf arabischen Druck. Paris war für mich daher vor allem ein Vorstoß in die große Welt. Ein Passant fand sich bereit, mir zu zeigen, wo die Juden wohnten, und erklärte mir nebenbei, warum sie nicht in Israel leben wollten: In Israel müssten sie nämlich arbeiten, und Juden arbeiteten bekanntlich nicht gern. Das war wohl meine erste Begegnung mit offenem Antisemitismus. An meinem letzten Tag in Paris bekam ich noch die Parade am 14. Juli mit. Natürlich drängte ich mich an den Bordstein vor, natürlich gelang es mir, Präsident de Gaulle zu fotografieren, dessen offener Wagen die Parade anführte, natürlich glaubte ich, dass er speziell mir zuwinkte. Es ist ein schönes Foto geworden. Ich zog weiter und kam erstmals in meinem Leben nach Deutschland. Einige Wochen zuvor hatte man in Israel Adolf Eichmann gehenkt.

»Ein anderer Planet«

Als ich zwölf Jahre alt war, erzählte meine Mutter mir, was die Nazis Dr. Kellermann angetan hatten, dem jüdischen Zahnarzt, der sie behandelt hatte, als sie vor dem Krieg Freunde in der ungarischen Stadt Pécs besuchte. Sie zerrten ihn und seine Frau aus dem Haus, packten das Baby an den Beinen, schwenkten es durch die Luft und zerschlugen seinen Schädel an der Wand. Ich höre meine Mutter immer noch in ihrem sachlich beherrschten Ton sagen: »Sie taten es vor den Augen der Eltern. Die kamen später in Auschwitz um.«

Bis dahin wusste ich über den Holocaust fast nur, dass die Nazis meinen Vater ins Konzentrationslager verschleppt hatten, dass meine Mutter und er nach Israel hatten flüchten müssen und dass er hier umgekommen war. Für mich war das eine zusammenhängende Geschichte. Meine Mutter sprach nicht viel über den Holocaust, und ich fragte nicht nach. Kein Mensch wusste damals, was auf dem

Gebiet des öffentlichen Gedenkens erlaubt oder verboten war. Als ich später die Geschichte der israelischen Haltung zum Holocaust erforschte, stieß ich auf Zeitungsanzeigen von 1949, die einen Auftritt der »Sieben Zwerge von Auschwitz« ankündigten: Das waren zwei Brüder und fünf Schwestern aus Ungarn, alle kleinwüchsig, die den Holocaust überlebt hatten: Sie tourten mit einem Tanz- und Gesangsprogramm durch mehrere Städte. Noch wusste keiner so richtig, wie man den Holocaust in den Schulen durchnehmen sollte. Er war weitgehend ein Tabu. Wie andere Kinder sang ich manchmal die hebräische Version eines englischen Kinderlieds: »Eins, zwei, drei, vier / aus Deutschland kam der Hitler hier / man suchte ihn und fand ihn nicht / Mäuse fraßen den Bösewicht.«

In der Volksbücherei empfahl mir die Bibliothekarin zwei Romane des Schriftstellers und Holocaust-Überlebenden, der unter dem Pseudonym K. Tzetnik schrieb. *Das Haus der Puppen* und *Piepel* enthielten grauenhafte Schilderungen von Sexualverbrechen an Mädchen und Jungen. Das war die pornographische Phase des Holocaust-Unterrichts. Dabei gingen wir auch in den Schoa-Keller auf dem Berg Zion, um die bewussten Seifenstücke zu sehen. Ein- oder zweimal die Woche hörte ich im Radio *Wer kennt, wer weiß*, eine Sendung, die der Auffindung verschollener Verwandter diente. »Salman Jakob Leibowitz, zuvor Łódź, jetzt Jerusalem, sucht die Tochter seines Bruders, Scheindel ... Mordechai Hirsch Rabinowitz, zuvor Wilna, sucht ...« Einige der Namen sind mir noch heute im Ohr. Ich versuchte mir vorzustellen, wie sie aussahen, diese Verschollenen, und fragte mich, wo sie sich verbergen mochten.

Der Holocaust verursachte mir also vor allem Schauder, manchmal Albträume, die Nazis blieben für mich in erster Linie sadistische Monster. Über die politischen und kulturellen Übel, die ihre Machtübernahme ermöglicht hatten, lernten wir nichts. Doch auf der Grundlage des Wenigen, das man uns dennoch erzählte, empfand ich Stolz und Schmach zugleich: Ich war stolz auf den Warschauer Ghetto-Aufstand; auch andere Versuche von Juden, Widerstand zu leisten, standen damals im Mittelpunkt der Holocaust-Erzählung, als ginge es vorwiegend um eine Geschichte nationalen Heldentums. Oft sagte man »Schoaugvura« – Holocaust-und-Heldentum« – in einem Atemzug, als wäre es ein Wort. Und ich schämte mich für die Juden, die gemeinsame Sache mit den Nazis gemacht hatten, sei es als »Kapos« in den Lagern, in den »Judenräten«, die die Nazis eingerichtet hatten, oder auf andere Weise. Ich war zu jung, um ihre prekäre Situation zu verstehen. Einer von ihnen, Rudolf Kastner, gehörte zu den Vorsitzenden der jüdischen Gemeinde in Ungarn. Er hatte mit Eichmann über die Rettung einer größeren Anzahl ungarischer Juden verhandelt. Später in Israel stand er im Mittelpunkt eines Verleumdungsprozesses, der für Ben Gurions Regierung bedrohlich wurde. Das war die erste große politische Affäre, die ich in den Nachrichten verfolgte, und in diesem Zusammenhang erzählte meine Mutter mir auch von Dr. Kellermanns Baby.

Als die Nachricht von Eichmanns Entführung und dem geplanten Prozess veröffentlicht wurde, kannte ich also seinen Namen, nicht jedoch die Hintergründe für Ben Gurions Entscheidung, den Holocaust gerade jetzt zum Gegenstand eines historischen Gerichtsprozesses zu machen. Ich war gerade fünfzehn Jahre alt, und wie alle beeindruckte mich hauptsächlich Eichmanns Festnahme in Buenos Aires. Der Einsatz war von Heldentum und Geheimnis umwittert. Vermutlich war es gar nicht so schwer gewesen, einen Fünfundfünfzigjährigen zu überwältigen, als er wie jeden Abend nach Hause ging; die Straße war dämmrig, Eichmann unbewaffnet und ahnungslos. Doch die Presse stellte ihn als gefährliches Raubtier hin. Wenige Tage später brachte *HaOlam Hazeh* den ersten Artikel einer Serie über Eichmann und seine Zeit, verfasst von Uri Avnery. Nichts bis dahin Gelesenes hatte mich dermaßen gefesselt.

Die Serie und das darauf beruhende Buch *Das Hakenkreuz* waren natürlich im Stil eines Thrillers aufbereitet, betont wurden unter anderem die sexuellen Neigungen einiger Nazigrößen. Aber zum ersten Mal erfuhr ich etwas über die Hintergründe von Hitlers

Machtergreifung – Nationalismus und Rassismus, Diktatur, Krieg, Judenvernichtung – und über die Zusammenhänge zwischen all dem. Avnery verhehlte nicht seine Absicht: »Ich wollte vor gewissen Erscheinungen in Israel warnen, die an ähnliche Entwicklungen vor dem Aufstieg des Nazismus erinnern, wollte zum Nachdenken anregen«, schrieb er. Stets sprach er von »Sgan Aluf« Eichmann, womit er dem Obersturmbannführer den israelischen Rang eines Oberstleutnants verpasste, und erklärte: »Das kann auch hier vorkommen.«

Avnery vermochte meine Wissbegierde nicht vollkommen zu stillen. Ich wollte mehr erfahren, und da kam mir das Erscheinen der hebräischen Ausgabe von William L. Shirers *Aufstieg und Fall des Dritten Reiches* gerade recht, zwei dicke Bände mit fast tausend Seiten. Ich verschlang sie alle, zig Seiten am Tag und vor allem bei Nacht. Seither habe ich das Werk immer wieder gelesen. Wenn ich es noch heute in Flughäfen ausliegen sehe, verstehe ich, warum. Unterdessen begann der Eichmann-Prozess.

Um in den Verhandlungssaal hineinzukommen, brauchte man einen Personalausweis, und den hatte ich noch nicht, aber alles, was dort geschah, wurde in das Gebäude gegenüber von unserem Wohnhaus übertragen. Ich bin nicht sicher, ob meine Mutter wusste, dass ich die Schule gelegentlich schwänzte oder sie vorzeitig verließ, um den Prozess zu verfolgen. Scheinbar war alles klar: Eichmann hatte die Judenvernichtung aufgrund des nationalsozialistischen Judenhasses geleitet, in Fortsetzung des Jahrtausende alten Antisemitismus, angefangen mit dem Pharao in Ägypten. Irgendwie befriedigte mich das nicht. Ich suchte eine Antwort auf die Frage, wie es hatte passieren können. Yehiel De-Nur – wie K. Tzetnik wirklich hieß – sagte im Prozess aus, Auschwitz habe auf einem anderen Planeten, außerhalb der Erdkugel, gelegen. Sekunden später fiel er in Ohnmacht. Das war der dramatischste Moment im Prozess, einer der dramatischsten in der Geschichte des Staates Israel. Damals begriff ich noch nicht, dass die Verlegung der Nazigräuel auf einen anderen Planeten dazu geeignet war, die Menschheit von der Verantwortung für das Geschehen zu befreien. Später sprach ich mit De-Nur darüber, und er sagte, er würde es nicht mehr wiederholen.

Am meisten interessierte mich, ob alle Deutschen davon gewusst hatten. Diese Frage beschäftigte auch Avnery. Er meinte, wenn die Deutschen es hätten wissen wollen, hätten sie es gewusst, aber sie wollten es nicht wissen. Sie hörten Gerüchte über die Vorgänge im Osten, verdrängten das jedoch, schrieb er, genau wie die Israelis mit den Gerüchten über Gräueltaten und Kriegsverbrechen gegen die Araber verfuhren. »Die Taten, die jemals von Israelis begangen wurden, und die von den Deutschen begangenen Verbrechen sind in ihrem Umfang völlig unvergleichbar«, schränkte er ein, »aber der Mechanismus der Reaktion ist der gleiche – eine weitere Erinnerung daran, dass das, was in Deutschland geschehen ist, überall geschehen kann.« In jenem Stadium interessierte mich mehr, was in Deutschland geschehen war; ich hatte das dumpfe Gefühl, selbst irgendwie damit verbunden zu sein, ohne zu wissen, wie genau. Meine Mutter lud gelegentlich junge Westdeutsche nach Hause ein.

Die Normalisierung der deutsch-israelischen Beziehungen hatte damals noch kaum eingesetzt, und ich hatte im Grunde keine Ahnung vom neuen Deutschland. In dem Erdkundeheft, das ich in Lehrerin Viktorias Klasse angelegt hatte, gab es einen Abschnitt über Deutschland mit Fotos, Flagge und einer selbstgezeichneten Karte. Die Karte ignorierte die Teilungslinie zwischen den beiden deutschen Staaten, die Flagge war die der Bundesrepublik. Der Text in meiner kindlichen Handschrift beschrieb die Flüsse und Gebirge und die großen Städte. Anders als bei den Kapiteln über andere europäische Länder betrafen hier nur vier Wörter – neben der Nennung Berlins – die deutsche Geschichte: »Deutschlands Hauptstadt vorm Krieg.« Aber es tauchten schon die ersten deutschen Gruppen in Israel auf – zumeist Studenten auf Studienreise. An sich kamen sie aus dem »anderen Deutschland«, wie Ben Gurion es nannte, aber viele der israelischen Jeckes empfingen sie, als brächten sie einen

Gruß von jenem Zuhause mit, nach dem sie sich so sehnten. Sie luden sie ein und reichten sie untereinander weiter. So gelangten sie auch zu uns. Oft blieben sie eine oder zwei Nächte. Meine Mutter, die auch zuvor gelegentlich Fremde zu uns eingeladen hatte, wurde eine begehrte Gastgeberin und damit auch ich: ein junger Israeli, der Deutsch konnte.

Als ich, nach dem Aufenthalt in Paris, zum ersten Mal nach Deutschland kam, sprach ich anfangs nur Englisch. Vielleicht wollte ich damit demonstrieren, dass ich da nicht hingehörte, vielleicht mich selbst daran erinnern oder auch ein Eindringen in die vertrauliche Beziehung zu meiner Mutter verhindern: Deutsch spricht man zu Hause, nicht mit einem fremden Passbeamten. Meine Schwester studierte damals schon Architektur in Stuttgart. Wir verbrachten einige Tage mit Tante Clara, die auf Urlaub in Deutschland war und meine Schwester und mich zu einer schönen Schifffahrt auf dem Rhein einlud. Wir sprachen Deutsch, und dadurch meinte ich, mich der Gefahr auszusetzen, dass die Menschen ringsum mich als Sohn meiner Mutter erkennen könnten: Sie alle sahen für mich aus wie ihre Bekannten. Deshalb achtete ich darauf, mich zu »benehmen«, wie sie zu sagen pflegte, damit sie ihr nicht etwa erzählten, ich sei »unverschämt« gewesen, wie es mir manchmal in Jerusalem passierte. Dieses Gefühl begleitete mich noch jahrelang in Deutschland: Ich war wie ein Kind, der Sohn meiner Mutter. Ich musste mich »benehmen«. Bald nach meiner Rückkehr nach Israel wurde ich zum Wehrdienst eingezogen.

Wo liegt Hanoi

Ich sehe noch heute meine Mutter am Tag meiner Einberufung an der Wohnungstür stehen. Wir hatten den Abschiedskuss hinter uns, ich war schon ein Stück die Treppe hinunter. Da wandte ich mich um und sah sie weinen. Ich stieg nicht wieder hinauf, vergaß diesen

Moment aber auch nicht. Sie hätte es mir leichter gemacht, wenn sie die Wohnungstür geschlossen hätte, bevor ihr die Tränen kamen. Sie fürchtete natürlich, in einem möglichen Krieg auch mich zu verlieren. Daran dachte ich nicht, aber in meinem Tagebuch aus der Rekrutenzeit steht, wenn ich gekonnt hätte, wäre ich nicht eingerückt. Die damals in Israel verbreitete Militärbegeisterung war nicht mein Fall. Ähnlich wie meine Schwester betrachtete ich den Wehrdienst vor allem als Zeitverschwendung, aber anders als sie war ich nicht der Typ, der um Freistellung kämpft. Allerdings konnte ich auch nicht ahnen, wie leicht, komfortabel, elitär und fesselnd mein Wehrdienst werden würde. Meine Mutter hatte meinem Kinderarzt ein Attest abgerungen, das alle meine Kinderkrankheiten auflistete. Verstärkt durch ein wenig Dramatik meinerseits befand der Militärarzt daraufhin, ich sei für die kämpfende Truppe ungeeignet, und schickte mich zur Grundausbildung für »eingeschränkt Taugliche«. Das Hakenkreuz sollte mich auch dort verfolgen.

Die Briefe, die ich als Rekrut nach Hause schickte, und das Tagebuch, das ich führte, zeugen von dem heftigen Kulturschock, den ich erlitt. In einem Brief schrieb ich, ich sei dem Zusammenbruch nahe. Die Übungen selbst waren nicht schwer: Das Schlafen in einer Baracke mit Dutzenden anderen Rekruten, das Schnarchen und die Gerüche, die Mahlzeiten und die Duschen und Toiletten – all das war vorhersehbar und erträglich. Mich störten auch nicht die Befehle, die Betten mitten in der Nacht auf den Appellplatz zu schleppen (»Ihr habt fünf Minuten, drei sind schon um.«), und andere Zumutungen dieser Art. Was mich beinahe umwarf, war vielmehr die erste persönliche Begegnung mit dem, was wir in unserer behüteten Schule abfällig »Mau-Mau-Material« nannten. Der Ausdruck zeigte, wie fremd und fern uns die Soldaten aus den Armenvierteln waren, zumeist Söhne von Eltern aus arabischen Ländern, die nach der Staatsgründung ins Land kamen; manche waren noch in der Heimat ihrer Eltern geboren. In der Schule hatte man uns auf die Begegnung mit diesen Mitmenschen nicht vorbereitet.

Die meisten Rekruten meiner Einheit kamen aus Katamon und Musrara, ehemals arabischen Jerusalemer Stadtteilen, die zu Inseln erbärmlicher Armut und Rückständigkeit verkommen waren. Sie gehörten zum »zweiten Israel«, wie die Tageszeitung *Haaretz* bereits Jahre zuvor geschrieben hatte. Viele von ihnen stammten aus Nordafrika. Die meisten hatten nur die Volksschule besucht, manche waren schon vor dem Abschluss abgegangen und konnten kaum lesen und schreiben. Bestenfalls hatten sie noch einen Berufsschulabschluss, wollten Kfz-Mechaniker oder Drucker werden. Größtenteils arbeiteten sie auf dem Bau oder auf dem Markt, rotteten sich zu Straßenbanden zusammen und gerieten mit der Polizei aneinander. Während der Grundausbildung klauten sie, rauchten viel, betranken sich, spielten Karten, türmten hin und wieder aus dem Lager. Gelegentlich gerieten sie in Schlägereien. Ihr Anführer verhängte Strafen über sie. »Kein Mensch wunderte sich, wenn er eines Morgens splitternackt im Bett aufwachte«, schrieb ich an meine Schwester. Mir ist das nicht passiert. Bei einer großen »Erweckungsversammlung« zu den jüdischen Herbstfeiertagen, an der der oberste Militärrabbiner teilnahm, lümmelten sich auf den Plätzen neben mir zwei Rekruten meiner Einheit und rauchten Haschisch. Ich dachte mir, jeder von ihnen schleppe gewiss eine Geschichte mit sich herum, die ich mir notieren sollte, aber ich traute mich nicht an sie ran.

Als wir die sogenannten tschechischen Gewehre erhielten, wagte ich auch nicht zu fragen, warum Hakenkreuze darauf eingestanzt waren. Kein Mensch fragte danach. Auf einem Blatt Papier habe ich – wohl in der ersten Unterrichtsstunde zum Kennenlernen der Waffe – notiert: »Mauser-Gewehr, hergestellt in der Tschechei nach deutschem Patent.« Ich vermutete, diese Gewehre seien vielleicht auf Bestellung der Wehrmacht hergestellt worden, auf Lager geblieben, als Deutschland besiegt war, und dann unter den Waffen, die die Tschechoslowakei für den Unabhängigkeitskrieg nach Israel lieferte, bei uns eingetroffen. Kann es so gewesen sein? Wikipedia entnehme ich, dass es sich tatsächlich um den Mauser-Karabiner 98k handelte, der im Zweiten Weltkrieg hergestellt und mit Hakenkreuz versehen wurde. Laut der hebräischen Ausgabe von Wikipedia wurde vor dem Einsatz in der israelischen Armee ein Davidstern eingraviert. Offensichtlich war das nicht bei allen geschehen.

Der Traum vom Militärsender verflog, als ich nach der Grundausbildung als Bibliothekar ans National Defense College in Jerusalem geschickt wurde. Ein großer Glücksfall. Genauso gut hätte ich die nächsten zweieinhalb Jahre in einer verstaubten Schreibstube, einer gottverlassenen Quartiermeisterei oder einer vergammelten Küche verbringen können. Das National Defense College nahm zwei Stockwerke eines Gebäudes in der Ben-Jehuda-Straße ein, fünf Minuten zu Fuß von meinem Zuhause. Jetzt konnte ich jeden Morgen ein paar Minuten später aufstehen als während meiner Schulzeit. Die Bibliothek unterstand dem Befehl einer netten Offizierin. Sie zeigte mir als Erstes den Panzerschrank, in dem das »streng geheime« Material eingeschlossen war: Geheimdienstberichte, Botschafterdepeschen und merkwürdigerweise auch Broschüren der amerikanischen RAND Corporation. Ich begann alles systematisch zu lesen, Akte für Akte, fühlte mich als Geheimnisträger, was mir schmeichelte. Einige Zeit nach meiner Versetzung dorthin bestellte mich ein leitender Offizier ein, räusperte sich und sagte, er hätte eine Frage bezüglich meiner Mutter. Sie müssten wissen, ob ich sie für staatstreu halte. Ich hatte mir gedacht, dass das irgendwann kommen würde. Ich sagte, als sie meinen Vater heiratete und nach seinem Tod hierblieb, habe sie ihr Schicksal mit dem des jüdischen Volkes verbunden; sie hätte weggehen können. Das stimmte nicht ganz, aber der Offizier vermerkte brummelnd etwas in seiner Akte, und künftig wurde ich nicht mehr danach gefragt.

Im College herrschte eine recht gelöste Atmosphäre. Abgesehen davon, dass ich Uniform trug und der Spieß mich ab und zu daran erinnerte, zum Friseur zu gehen, merkte ich kaum, dass ich beim Militär war. Ich weiß nicht, wie sich die Fahrer und das Küchenpersonal fühlten, aber im Bibliothekssaal ging es zivil und höflich zu:

Alle Studenten auf Fortbildung waren hohe Offiziere bis rauf zum Generalsrang oder hohe Beamte, Botschafter und Geheimdienstleute. Nationale Sicherheitsfragen galten als Teil der Staatswissenschaften. Viele Dozenten waren Spitzenkräfte israelischer Hochschulen. Manchmal kamen bekannte Persönlichkeiten aus dem Ausland, darunter auch Politiker. Kein Mensch wusste, wie die »Lehre der nationalen Sicherheit« zum Wohl des Staates beitragen konnte, aber alle hielten das Studium am College für karrierefördernd. Einer der Fortbildungsteilnehmer, Rafael Eitan, wurde später Generalstabschef und Minister, andere leiteten den Verwaltungsapparat in den besetzten Gebieten. Sie sprachen offen miteinander. Einige ignorierten uns einfache Soldaten, wie britische Adlige die Dienerschaft übersehen, andere wiederum unterhielten sich sogar mit uns. Einige schickten mich in die Universitätsbibliothek, um nach Material für Arbeiten zu suchen, die sie einreichen mussten; manche taten sich schwer mit dem Schreiben und baten um Hilfe. Ich durchlebte ein neues Stadium in meinem Drang zu erfahren, was tatsächlich passiert in der Politik, im Militär, in der Regierung. Als Zeitungsleser hatte ich das Gefühl gehabt, mehr zu wissen als meine Mitschüler. Am National Defense College meinte ich, mehr zu hören als die meisten Mitbürger. Über irgendwelche Kanäle erhielten wir täglich auch eine englischsprachige Tageszeitung, die in der Altstadt, jenseits der Teilungslinie, erschien.

Mein Alltag als Soldat unterschied sich nicht viel von dem der Zeit zuvor. Ich wohnte zu Hause, aß weiterhin zu Mittag mit meiner Mutter und Bernheim. Mir schien, meine Mutter kochte mit den Jahren immer besser. Sie sammelte Kochbücher. Als wir noch in Baka wohnten, hatte ich ihre wässerigen Zucchini und weichlichen Auberginen gehasst, und nun zergingen mir dieselben Gemüse auf der Zunge. Einmal erwähnte ich das, und sie war beleidigt. Sie wollte immer noch glauben, dass das Leben in Israel schlechter war als ihr altes, das sie verlassen hatte. Natürlich verbesserten sich auch ihre Hebräischkenntnisse ein wenig, doch das leugnete sie so entschieden, als verteidige sie ihr Recht, fremd und anders zu sein. Manchmal kam ich mit zum Stammtisch im Café Taamon. In Uniform demonstrierte ich eine israelische Identität, die der meiner Mutter diametral entgegensetzt war, und die Tischgenossen wollten aus mir herausholen, »was wirklich vor sich geht«. Einige versuchten es sogar auf Hebräisch. Insgeheim verspottete ich ihren jeckischen Akzent. Wenn sie über den Chamsin, den trockenheißen Wüstenwind, klagten, taten sie es auf Deutsch.

Ich belegte das Fach Französisch für Fortgeschrittene und hörte zwischendurch die eine oder andere Vorlesung in der Universität. Eines Tages fragte mich einer der Männer in Fortbildung am College, ein netter Höherer vom Mossad, ob ich vielleicht an die Harvard-Universität gehen wolle, um Chinesisch zu lernen und nach meiner Rückkehr beim Mossad zu arbeiten. Keiner meiner Altersgenossen wusste damals mehr über China als das, was man vielleicht seinen Briefmarken entnehmen konnte. Als ich kurz zögerte, sagte der Mossad-Mann: »Und in Amerika würdest du ein Auto haben.« Ich sagte, das könnte interessant sein, aber ich würde später ungern als Spion unter einer Straßenlaterne in Hanoi stehen. Der Geheimdienstler sagte trocken, bei ihnen gebe es keine gänzliche Unterscheidung zwischen Forschern und aktiven Agenten, und Hanoi liege nicht in China. Damit war die Sache wohl erledigt, obwohl ich erklärte, ich wäre bereit, über seinen Vorschlag nachzudenken, und er sagte, er würde sich wieder bei mir melden. Dagegen bot mir ein anderer Teilnehmer, ein Mann vom öffentlich-rechtlichen Rundfunk, an, mich einmal an der Redaktion von Nachrichtensendungen zu versuchen. Ich probierte es, war begeistert, wurde genommen und verbrachte danach viele Nächte und Wochenenden in der Nachrichtenredaktion des Radiosenders.

Etwa um jene Zeit fügte ich meinem Nachnamen den hebräischen Namen Segev an. Ich wollte nicht bei jeder Nennung meines Namens seine Herkunft erklären müssen (»eine Stadt in Deutschland, nein wir sind nicht von dort«), oder dauernd gefragt werden, ob ich mit dem Maler Ludwig Schwerin verwandt sei (»leider nein«). Ich weiß nicht, wie ich auf Segev gekommen bin. Ich wollte einen einfachen, eingängigen Namen, nicht zu ausgefallen, nicht zu häufig, leicht in lateinischen Buchstaben zu schreiben. Viele Israelis nahmen damals hebräische Namen an, um die Vergangenheit abzustreifen und in die neue hebräische Kultur in Israel einzutauchen. Ich dachte, wie der Mensch das Recht habe, seinen Haarschnitt zu bestimmen, hätte er auch das Recht, sich einen Namen auszusuchen. Während des Wehrdienstes gelangte ich zu dem Schluss, »Thomas Schwerin« könnte mich in Lebensbereichen festnageln, die ich hinter mir lassen wollte, und mich daran hindern, in eine vielversprechende Zukunft aufzubrechen.

Meine Mutter betrachtete das als Verrat. Ich erinnere mich an eine lange, schmerzliche Unterredung. Ich versuchte ihr zu erklären, dass ich von jeher in zwei Welten lebte und wie schwer das sei. Das höre sie zum ersten Mal, behauptete sie. Unweigerlich fragte sie, ob ich mich nur ihretwegen schämte, nach allem, was sie für mich getan hatte, oder auch wegen Heinz, einem anständigen Mann, der aus einem KZ geflohen und im Krieg umgekommen war. Ich versicherte ihr, mich nicht von ihr und ihrer Welt loslösen zu wollen. Ungern willigte sie ein, dass ich Segev an Schwerin anhängte und künftig einen Doppelnamen führte. Aber den verhassten Vornamen Thomas wollte ich ganz loswerden. Seine aramäische Wurzel interessierte mich nicht. Ich war es leid, anderen zu erklären, dass meine Eltern mich nach Masaryk benannt hatten, zumal ich nicht sicher war, ob das stimmte. Für mich war Thomas ein wesentlicher Teil meiner deutschen Identität.

Und so gelangte ich als Tom Segev in den Nachrichtenraum des Radiosenders. Dort gab es sehr interessante und nette Menschen, die mir halfen, und ich fühlte mich als der größte Glückspilz. Sie nannten mich Tommy. Ich war damals noch keine zwanzig Jahre alt und damit wohl der jüngste Nachrichtenredakteur, den sie je hatten. Jedenfalls behandelten sie mich als Wunderkind und zahlten mir sogar etwas für meine Arbeit: Bis zum Ende der Wehrdienstzeit konnte ich genug zusammensparen, um im Herbst 1966 meine zweite Reise nach Deutschland zu finanzieren, diesmal nach Berlin. Ich war einundzwanzig Jahre alt und wusste nun, dass ich Journalist werden wollte.

BANALITÄTEN

Eine Nacht in Spandau

So hatte ich mir meine ersten vierundzwanzig Stunden in Berlin nicht vorgestellt. Am Vormittag bekam ich Herzklopfen wie nie zuvor, und bei Nacht wurde ich Zeuge eines Ereignisses, das mir als wahrer Albtraum in Erinnerung ist. Ich muss mich hüten vor dem Drama und der Farbe, die meine Geschichten mit den Jahren annehmen, und halte mich jetzt streng an meine damaligen Notizen.

Einer meiner ersten Wege in Berlin führte mich nach Nikolassee. Ich hatte ein kleines, zerknittertes, vergilbtes Foto von dem Haus An der Rehwiese 13 dabei – und erkannte es sofort. Auf den ersten Blick hatte es einige Ähnlichkeit mit unserem Taborhaus. Das Haus, in dem meine Großeltern Schwerin in Berlin gewohnt hatten, war schmuckloser und weniger geheimnisumwittert, aber einen Stock höher und auch heller und eleganter. Wie viele Häuser der Villenkolonie Nikolassee wurde es im Landhausstil erbaut. Besonders schön ist das Fensterband, das sich über den Giebel des Biberschwanzdaches hinzieht und beidseitig in Erkern ausschwingt. Die Front des Hauses geht auf die Rehwiese hinaus und strahlt mit ihren hellen Wand- und üppigen Fensterflächen zwischen dem grauen Sockel und dem mächtigen grauen Dach optimistische, bürgerliche Ruhe aus. Sogleich meinte ich, Großvater und Großmutter beim Frühstück zu sehen, sie schenkt ihm aromatischen Kaffee in seine Porzellantasse ein, er wirft einen Blick in die Zeitung und zündet sich dann eine Zigarre an. Mir fiel eine der Lebensregeln ein, die meine Großmutter – nach Aussage meiner Mutter – sogar in Jerusalem befolgte: Die Fächer im Kleiderschrank müssen immer so aussehen, wie du willst, dass man sie nach deinem Tod vorfindet.

Ein üppiger Garten mit hohen Bäumen schirmte das Haus von seiner Umgebung ab. Natürlich dachte ich daran, dass dieses Haus jetzt mir gehören könnte, denn ich war ja in dem Glauben aufgewachsen, es hätte meinen Großeltern gehört. Aber auch das war ein Mythos: Tatsächlich wohnten Opa und Oma zur Miete. Warum musste meine Mutter die Realität auf diese Weise aufhübschen, frage ich mich wieder einmal. Wie dem auch sei: Als ich so davorstand, mit meiner Schwester, betrachtete ich das Haus mehr als historisches Kulturgut denn als Eigentumswert. Damals kannte ich noch nicht die nostalgischen Briefe, die Bekannte meiner Großeltern nach dem Krieg nach Jerusalem geschickt hatten, und als ich später las, was ihnen der Hausarzt Werner Gottstein aus Chicago schrieb, verstand ich sogleich, was er meinte: »Ach gäbe es doch noch einmal Karpfen wie an der Rehwiese! In Wirklichkeit ist es aber nicht das Essen. Der Karpfen mit seinem unvergesslich zarten Geschmack und der Wein dazu ist eigentlich für mich das Symbol der schönsten Freundschaft, des Genusses in einer Welt von Verfolgung.«

Nikolassee wurde im Krieg nicht zerstört. »Irgendwie unheimlich, dass die Häuser völlig unverändert sind, sich über die Zeit hinweg erhebend noch immer dastehen«, schrieb ich meiner Mutter. »Ein Herr stieg aus seinem Mercedes aus, ich dachte, na, das könnte doch auch der Großvater gewesen sein.« Ich empfand eine fast physische Beklemmung. Vielleicht war das erstmals Sehnsucht nach ihm. Ich erinnerte mich, wie er mich am ersten Tag in die Schule brachte und wir unterwegs ein Loch in meiner Hosentasche entdeckten. Seltsamerweise fühlte ich mich seiner untergegangenen Welt zugehörig. Es wäre nur ein Spaziergang gewesen vom Haus An der Rehwiese zu jener Villa am nahen Wannsee, in der »die Endlösung der Judenfrage« beschlossen wurde. Ich trat ihn lieber nicht an.

Auf der Fahrt nach Berlin hatte ich in London haltgemacht, und ich hatte nicht die Champs-Élysées vergessen, die mich bei meiner ersten Reise schier um den Verstand gebracht hatten. Deshalb verschlug es mir auf dem prächtigen Kurfürstendamm nicht gerade den

Atem. Mich faszinierte mehr die Archäologie des Kampfes um Berlin, dessen Spuren noch überall sichtbar waren: Wohnhäuser mit Einschusslöchern, teils mit blinden Fenstern, Häuserfronten ohne Haus dahinter, hochragende Balken, Schutthaufen. Vieles sah so aus wie in Spionagefilmen über den Kalten Krieg. Vor einem aufgegebenen Bahnhof ohne Dach und Innenwände stand ein Zeitungskiosk. Der Inhaber saß fast schon zweiunddreißig Jahre dort, »mit Unterbrechung«, sagte er. Er wollte wissen, wo ich herkam, und sagte dann: »Wie interessant. Meine Frau kennt auch einen Juden. Ist sogar ein ganz anständiger Kerl.«

Es war Freitag. Ein junger Berliner Architekturstudent, der bei uns in Jerusalem zu Gast gewesen war, machte mit mir einen Rundgang durch die Spandauer Altstadt und zeigte mir dabei die mächtige Festungshaftanstalt aus rotem Klinker, in der die Kriegsverbrecher einsaßen. Bewaffnete britische Soldaten patrouillierten zwischen den Wachtürmen, als rechneten sie jeden Augenblick mit einem Ausbruchsversuch. Seit zwanzig Jahren war das so. Draußen warnte ein Schild auf Deutsch und Englisch, man dürfe das Gebäude nicht fotografieren. Ich meine, dort stand auch, es sei gefährlich, zu nahe heranzugehen, da die Wachposten Befehl hätten, das Feuer zu eröffnen. Die Straße war ruhig; einige Häuser wirkten baufällig. Es gab einen kleinen Lebensmittelladen, und Kinder spielten Verstecken. Kein Mensch achtete auf die rote Festung mit den drei Häftlingen darin.

Gegen Mitternacht war ich noch einmal dort, denn in einigen Minuten sollten zwei der Nazigrößen, die bei den Nürnberger Kriegsverbrecherprozessen zu zwanzig Jahren Haft verurteilt worden waren, freigelassen werden: Baldur von Schirach, Hitlers Reichsjugendführer, und Albert Speer, sein Minister für Rüstung und Kriegsproduktion. Etwa einige Tausend Menschen hatten sich zu ihrem Empfang eingefunden. Nicht besonders viele, schien mir – vielleicht zweihundert – waren organisiert anmarschiert. Sie hatten auf einer etwas erhöhten Stelle, gegenüber dem Eingang, Posten bezogen, einige von ihnen schrien »A-dolf! A-dolf! A-dolf!« Alle anderen waren offenbar spontan gekommen, überwiegend junge Menschen. Sie hatten Blumen, bunte Luftballons und selbstgemalte Transparente dabei: »Deutschland über alles«, »Es lebe die Freiheit!« Viele forderten, auch Rudolf Heß, Hitlers Stellvertreter, freizulassen, der lebenslänglich bekommen hatte und nun als letzter Gefangener in Spandau verblieb. Andere riefen dazu auf, die Berliner Mauer einzureißen, und manche forderten, Deutschland einige oder auch alle im Krieg verlorenen Gebiete zurückzugeben. Es waren wohl ein paar Besoffene, Halbstarke und Neugierige dabei, aber ich hegte keinen Zweifel: Die meisten waren gekommen, um die Entlassenen zu begrüßen und zu feiern und um zu demonstrieren. Immer wieder hörte ich Umstehende sagen, Speer sei gar kein Kriegsverbrecher gewesen, bloß das Opfer einer Hexenjagd. Er habe sich so anständig im Prozess verhalten und sei auch ein großer Architekt.

Die Spannung stieg von Minute zu Minute. Immer mehr Wartende stimmten in den Chor der »Heil«-Rufer ein. Niemand ging dagegen an. Die Polizisten begnügten sich damit, die Leute auf die Bürgersteige hochzutreiben. Schließlich fuhren zwei schwarze Daimler vor. Die Herren Speer und von Schirach, beide weißhaarig, machten einen sehr korrekten und eleganten Eindruck. Sie winkten den Umstehenden zu, lächelten verbindlich. Eine untersetzte Alte blickte den Limousinen nach und seufzte leise: »Ach ja, das hätte unser Adolf doch noch erleben sollen.«

Der Student, der in Berlin mein Gastgeber war, trug ständig eine Jiskor-Anstecknadel aus Yad Vashem. Jetzt zerrte er mich entsetzt weg. Sein Vater war im Krieg umgekommen. Am nächsten Morgen hörte ich, was seine Mutter dachte: Sie freute sich über die Freilassung. Speer habe nicht zu den Schlimmsten gehört, und zwanzig Jahre seien genug, um für ein Vergehen zu sühnen. Natürlich, meinte sie, »wenn die wieder so einen Verein aufmachen, dann wäre ich auch nicht dafür«. Freunde meines Gastgebers erklärten mir eifrig den Unterschied zwischen historischer Schuld, die überwiegend in der Vergangenheit gründe und zeitlich begrenzt sei, und historischer Verantwortung, die auch in Gegenwart und Zukunft gelte. Sie redeten, ich hörte meistens nur zu. Gelegentlich meinte ich, sie sahen in mir etwas, das ich nicht sein wollte: einen Richter, einen Vertreter des jüdischen Volkes. Sie flehten mich geradezu an, sie von der Schuld ihrer Eltern freizusprechen und ihre Arbeit für ein anderes, demokratisches und gerechtes Deutschland anzuerkennen. Vielleicht hätte ich großzügiger, fairer sein können, aber auch sie waren für mich erstmal eine Geschichte. Einer bemerkte, dass ich mir Notizen machte, und betonte: »Wir werden alles tun, damit Berlin sauber von diesen Nazi-Rüpeln bleibt.« Er legte eine Pause ein und fuhr dann langsam zum Mitschreiben fort: »Aber in so einer geteilten Stadt, mit einer Mauer mittendurch, kann man ja nicht erwarten, dass alles normal abläuft.« Am Abend gingen wir in den Ostteil hinüber, und auch dort brauchte ich starke Nerven.

In israelischen Linkskreisen galt Ostdeutschland oft als Gegenteil des »Dritten Reiches« und Westdeutschland als dessen Fortsetzung. Ulbricht war der gute Deutsche, Adenauer der schlechte Deutsche. Den Osten verband man mit Bertolt Brechts Theater, den Westen mit der nationalistischen Springer-Presse. Was ich dann jedoch am Grenzübergang Friedrichstraße erlebte, versetzte mir einen Schock: Die Grenzer trugen Schaftstiefel, Reithosen, hohe Schirmmützen. Kein Zweifel: Ähnliche Uniformen hatte ich in Filmen gesehen – bei der SS. Am liebsten hätte ich auf dem Absatz kehrtgemacht, aber sie brauchten eine halbe Stunde, bis sie mir meinen israelischen Pass zurückgaben. Ich vermute, sie haben ihn fotokopiert. Ohne Pass zwischen den Grenzen und Welten, das allein ist schon ein beklemmendes Gefühl. Aber der Offizier, der ihn mir schließlich aushändigte, sagte sehr zuvorkommend auf Englisch: Willkommen in unserer Hauptstadt, angenehmen Aufenthalt. Und er salutierte. Am Ausgang hing neben einem Spruch des Genossen Ulbricht ein großes Bild von zwei Kindern, die mit zwei weißen Tauben spielen, eines trägt ein Palästinensertuch. Es handelte sich um ein Werk von Ruth Schloss, einer kommunistischen israelischen Malerin, mit hebräischer Unterschrift.

Im Berliner Ensemble gab man an diesem Abend *Schweyk im Zweiten Weltkrieg*. Die SS-Offiziere, die auf der Bühne erschienen, waren nicht überzeugend. Als wir nach der Aufführung die Grenze zum Westen passierten, meinte ich, die Schauspieler vor mir zu sehen, und fand sie nun doch überzeugend – fast dieselben Uniformen, dieselben Worte: »Passierschein«. In meiner Erinnerung waren die Uniformen schwarz, aber Nachprüfungen haben ergeben, dass sie in Ost-Berlin dunkelgrün waren. Ich kam heim mit einer Geschichte: Sie erschien im Studentenwochenblatt *Nitzotz* (Funke). Das war mein erster gedruckter Artikel.

Was geschah mit den Gesetzestafeln

Mir war klar, dass ich studieren würde. Das verstand sich fast von selbst im »ersten Israel«, und als Sohn eines Kriegsgefallenen erhielt ich sogar einen Kredit für die Studiengebühren. Ich fürchtete, ein Geschichtsstudium könnte mich langweilen, wollte es aber mit einer Vorlesung bei Jacob Talmon ausprobieren, der damals schon als Star galt. Der berühmte israelische Historiker lehrte manchmal auch in Oxford und Princeton, was sich vor allem seiner *Geschichte der totalitären Demokratie* verdankte. Darüber hinaus äußerte er sich oft zu aktuellen Fragen. Die erste Vorlesung fand in einem der größten Universitätssäle statt.

Eine Viertelstunde vor Eintreffen des Professors waren alle Plätze besetzt, teils auch die Fensterbänke. Unweigerlich begann er mit einer Geschichte – zu jedem Semesterbeginn immer derselben: Kürzlich habe ihn eine ihm unbekannte Frau angerufen und um Rat gebeten. Sie reise demnächst nach London, ginge gewiss ins Britische Museum, habe aber nicht viel Zeit und wolle sich dort nur ein einziges Ausstellungsstück ansehen. Was empfehle er? Er sei ja Historiker, also, was schlage er vor? Talmon versuchte auszuweichen, aber die Frau ließ nicht locker. Schließlich riet er ihr zu den Gesetzestafeln, die Moses auf dem Berg Sinai erhalten hatte. Eine ausgezeichnete Idee, jubilierte die Frau und reiste ab. Im Museum streifte sie durch die Säle, Korridore, Stockwerke und Abteilungen, fragte die Wärter, fragte Museumsführer, fragte andere Besucher: Kein Mensch wusste, wovon sie redete. Tief enttäuscht kehrte sie heim und rief Talmon an. Kein Mensch wisse, wo die Gesetzestafeln seien, klagte sie. »Ach, um Gottes Willen«, rief Talmon aus, »ich hatte ja ganz vergessen Ihnen zu erzählen: Sie sind zerbrochen! Moses hat sie doch zerbrochen!« Ich sehe ihn noch in dem überfüllten Hörsaal stehen: Ein kleiner Mann mit Glatze und osteuropäischem Akzent, der sich an die Stirn fasst und mit entsetzter Miene wiederholt: »Zerbrochen!« Als sei das soeben erst passiert. Ich mochte die geschichtsphilosophische Einstellung dieser Geschichte und beschloss, bei dem Fach zu bleiben. Und Anfang Juni 1967 gab es Krieg.

Ein halbes Jahr vor Kriegsausbruch hatten wir die Studentenzeitung *Nitzotz* mit einem gänzlich schwarzen Titelblatt herausgebracht, auf dem nur zwei Worte standen: »Die Lage«. Ich war damals stellvertretender Chefredakteur. Die israelische Wirtschaft steckte in einer tiefen Rezession, Arbeits- und Aussichtslosigkeit hatten eine Totalausverkaufsstimmung erzeugt – was umso bedrückender war, weil der Abschwung fast schlagartig gekommen war, nach einer relativ optimistischen Phase. Einige Tage nach Erscheinen der schwarzen Titelseite besuchte Ministerpräsident Levi Eschkol den Campus. Ich erinnere mich an einen schlimmen Abend. Die über tausend Studierenden im Saal störten viel. Sie sprangen auf, schrien, scharrten mit den Füßen, unterbrachen den Regierungschef immer wieder mit beleidigenden Zwischenrufen. Der Vorsitzende des Studentenverbands brüllte ihm ins Gesicht: »Herr Ministerpräsident, Sie lügen vorsätzlich.« Und dann fiel der Strom im Saal aus, wie damals häufig in Jerusalem, alle Lichter erloschen. Die Studierenden stimmten Schlaflieder an. Das Ganze passte zu dem Galgenhumor, der sich damals verbreitete: Am Ausgang des Flughafens Tel Aviv stehe auf einem Schild: Der Letzte, der das Land verlässt, möge das Licht ausmachen. Als nach kurzer Zeit der Notgenerator für das Saallicht ansprang, leuchteten drei fahle Lichtkegel auf. Sie zeigten, dass der Ministerpräsident noch auf dem Podium stand, jetzt umringt von seinen Leibwächtern, aber doch einsam und armselig wirkend. Eschkol versuchte tapfer, den Abend noch zu retten, hatte jedoch keine Chance. *Nitzotz*, nun plötzlich sehr staatstreu, rügte das Verhalten des Vorsitzenden des Studentenverbands: »Er hat sich nicht an Herrn Levi Eschkol vergangen, sondern am Staat«, schrieben wir. Aber die letzte Seite der Ausgabe war wieder pechschwarz, abgesehen von den Worten: »Die Lage – unverändert.«

Das allgemeine Gefühl der Schwäche verwandelte sich im Mai 1967 in die schreckliche Angst, die arabischen Streitkräfte könnten Israel wie angedroht »vernichten«. Und wenn die Araber »Vernichtung« sagten, verstanden die Israelis »Schoa«. Die offizielle Einschätzung, die ich erst sah, als ich viele Jahre später über diesen Krieg schrieb, rechnete mit Zehntausenden oder gar Hunderttausenden von Toten. Fußballplätze und Parkanlagen wurden insgeheim als Friedhöfe vorgesehen. Ich kann mich nicht erinnern, persönlich um mein Leben gefürchtet zu haben, aber als der Krieg kaum noch vermeidbar schien, wurden Hunderttausende Israelis einberufen, darunter viele Studierende.

Ich hatte damals noch keinen Posten im Reservedienst und war bald fast der Letzte in der *Nitzotz*-Redaktion. Ich gab zwei »Sonderhefte« heraus, vielleicht, um die Routine aufrechtzuerhalten, oder einfach, um »was zu tun«, möglichst etwas Nützliches. Das National Defense College war wegen des drohenden Krieges geschlossen, aber einer seiner Befehlshaber war in Jerusalem geblieben, wie ich erfuhr. Ich fand ihn und fragte, was ich machen solle. Er bereitete sich damals schon auf das für ihn vorgesehene Amt als Kommandeur der Besatzungstruppen im Westjordanland vor. »Geh nach Hause und fang an, Arabisch zu lernen, das werden wir bald viel brauchen«, gab er mir zur Antwort.

Nach dem Willen meiner Mutter sollte ich den bevorstehenden Krieg mit ihr und Bernheim in seiner Kellerwohnung verbringen. Ihre täglichen Briefe an meine Schwester waren von tiefer Sorge geprägt. Im Gegensatz zu vielen anderen Israelis dachte sie nicht an den Holocaust, sondern fürchtete, die Spannung könnte einen Atomkrieg auslösen und am Ende auch Israel zerstören. Wie im Unabhängigkeitskrieg klebte sie Papierstreifen über die Fensterscheiben für den Fall, dass Jerusalem unter Beschuss geriet. Mit der Forderung an mich, zu Hause zu bleiben, stürzte sie mich in einen Loyalitätskonflikt. Ich wusste nicht, was geschehen würde, hatte aber das Gefühl, dass der Lärm des nahenden Krieges ein historisches Erdbeben ankündigte, das das Leben aller Israelis verändern könnte, und fand, dass mein Platz mit da draußen war. Ich verspürte auch den Drang des Journalisten, »vor Ort« zu sein. Ich zog die Uniform an, nahm Abschied von meiner Mutter und begab mich mit einem Freund, der ebenfalls nicht einberufen worden war, zum nächsten Rekrutierungszentrum für Freiwillige. Man schickte uns in den Kibbuz Gvulot im Westen des Negev.

Eigentlich sollten wir bei der Aprikosenernte und auf den Erdnussfeldern helfen, denn die meisten Kibbuz-Mitglieder waren eingezogen. Doch dann brach der Krieg aus. Auf einmal, mitten in der Ernte, kreisten Flugzeuge über dem Kibbuz. In der Ferne hörte man Geschützdonner, und es war klar: Jetzt geht's los. Der zweite Krieg, der mein Leben beeinflusste, der erste, den ich in Erinnerung habe. Minuten später teilte man Gewehre an uns aus, und wir lagen hinter Sandwällen am Rand eines Minenfelds. Ich blickte Richtung Gaza und erwartete die feindlichen Panzer. Mir war bewusst, dass ich sie nicht würde aufhalten können, falls sie in den Kibbuz eindrangen, aber soweit ich mich erinnere, legte ich mir nicht zurecht, was dann genau passieren würde, hatte offenbar auch keine Angst, fürchtete höchstens, während der Wache einzuschlafen. In der Nacht hörte ich in meinem Transistorradio, die meisten Flugzeuge der ägyptischen Luftwaffe seien am Boden zerstört worden und der Krieg damit praktisch entschieden. Das Endzeitgefühl, das so viele Israelis befallen hatte, war unbegründet gewesen.

Die Vernichtung der ägyptischen Luftwaffe ermöglichte die Eroberung der ganzen Sinaihalbinsel bis hin zum Suezkanal, einschließlich des Gazastreifens, sowie der Westbank und der syrischen Golanhöhen. Damit hatte ich nie gerechnet. Viele Jahre später fielen mir die Protokolle der einschlägigen Kabinettsdebatten in die Hände, denen ich vor allem den emotionalen Drang nach Eroberung der Altstadt von Jerusalem entnahm: Es war eine Entscheidung aus dem Bauch, nicht aus dem Kopf. Die Jordanier hatten den israelischen Teil Jerusalems beschossen, aber als die Minister merkten, dass die Altstadt erobert werden könnte, waren sie »alle wie Träumende«, wie es im Psalter heißt, und bedachten auch, dass jede andere Entscheidung ihre politische Zukunft besiegeln würde.

Als wir von der Eroberung der Altstadt erfuhren, verließen wir hastig unseren Posten im Kibbuz und trampten nach Jerusalem. Auch wir waren »wie Träumende«. Zvi Steiner, so hieß mein Freund, und ich gingen durchs Damaskustor hinein; kein Mensch hielt uns auf. Das war voreilig und verantwortungslos: Unter den Fenstern einiger Häuser knieten noch arabische Scharfschützen und schossen auf die Gassen. Zwei Araber versuchten, eine Trage mit einem menschlichen Körper – vielleicht tot, vielleicht nur verwundet – anzuheben. Zvi und ich halfen ihnen. Ich hatte keine Ahnung, wo sie uns hinführten. Ich erinnere mich an die absolute Anspannung aller Sinne, erlebte jede Sekunde, jeden Lufthauch, jede Bewegung, jede Farbe, jeden Geruch, und vor allem dachte ich glasklar: Ich bin in der Altstadt. Die beiden Araber brachten uns zur Via Dolorosa und wollten uns ins Österreichische Pilger-Hospiz lotsen. Ich sagte zu Zvi: Bis hierhin und nicht weiter. Wir betreten kein Haus. Unversehens tauchte ein kleiner Junge vor uns auf, der uns wohl noch nicht von den Touristen normaler Zeiten unterscheiden konnte und uns zur Klagemauer durchwinkte. Wenige Minuten nach uns traf auch Ministerpräsident Eschkol dort ein.

Zurück gingen wir durchs Zionstor. Ich fragte Zvi, was ihn stärker beeindruckt habe: das Betreten der Altstadt oder der Aufenthalt an der Klagemauer. Wir stimmten überein, dass es nicht die Klagemauer war. Wir glaubten, eine einmalige Gelegenheit genutzt zu haben: Morgen würde alles wieder verschlossen sein, die Altstadt den Arabern zurückgegeben werden, dachten wir. Ich ging in Bernheims Wohnung und fand dort Gabriel Stern vor. Er wartete auf eine Journalistentour durch die Altstadt. Als ich ihm erzählte, dass ich schon dort gewesen sei, traf ihn das schwer. Fast bedauerte ich, es ihm verraten zu haben. Auf einmal war ich der Reporter und er der Untätige im Luftschutzkeller. Mir schien, die israelische Geschichte nahm eine neue Wendung. Ich war zweiundzwanzig Jahre alt.

Reine Luft

In den ersten Wochen nach dem Krieg begrüßte ich die »aufgeklärte Besatzung« in den palästinensischen Gebieten, wie man damals noch sagte. Das Leben verlaufe wieder in normalen Bahnen, schrieb ich meiner Schwester: Post, Krankenhäuser, Schulen, Straßenreinigung – alles funktioniere. »Von einer Grausamkeit der Besatzer kann gar keine Rede sein«, versicherte ich und fügte hinzu: »Ich habe mir überlegt, was geschehen wäre, wenn die Araber Israel erobert hätten. Gefangene hätte es dann keine gegeben. Nur Leichen.« So dachten und schrieben damals viele Israelis, und ich hatte auch einen persönlichen Grund, so optimistisch zu sein: Ich war gerade zum Chefredakteur von *Nitzotz* ernannt worden und fortan mit dem Journalismus verheiratet. Sechs Monate nach dem Krieg brachte ich als Schlagzeile einen Satz, den mir der amerikanische »Prophet des Realismus« in internationalen Beziehungen, Hans J. Morgenthau, in einem Interview gesagt hatte: »Die Staaten der Welt werden sich der Annexion von Gebieten durch Israel nicht widersetzen.«

Ich glaubte damals auch an die »Wiedervereinigung Jerusalems«, wie man die Besatzung nannte. Es war eine Illusion, die nur sehr wenige Israelis nicht teilten. »Es ist auf verblüffende Weise geglückt«, schrieb ich an meine Schwester. »Ein Musterbeispiel an Frieden und Zusammenleben, als wäre es immer so gewesen.« Ich erzählte ihr von den Israelis, die zu Hunderttausenden in die malerischen Basare der Altstadt strömten und sich begeistert auf Waren stürzten, die in Israel zuvor nicht zu bekommen gewesen waren, von australischem Käse bis zu chinesischen Bleistiften. Um diese Kaufwut zu verdeutlichen, schickte ich einen unserer Zeitungsreporter zum Vorplatz des Jaffators mit kleinen Fläschchen, deren Etiketten wir in Hebräisch und Englisch mit: »Reine Luft aus der Heiligen Stadt« beschriftet hatten. In Minutenschnelle waren sie ausverkauft.

Araber strömten auch massenweise in den Westteil Jerusalems. »Keine Zwischenfälle, keine Handgemenge«, schrieb ich. Ich meine, all das entsprach auch dem, was Gabriel Stern und meine Mutter glauben wollten. Sie teilte nicht die Siegeseuphorie, die nach dem Krieg um sich griff, meinte jedoch, Israel habe in Selbstverteidigung gehandelt, und riet meiner Schwester, den antiisraelischen Berichten in den deutschen Medien keinen Glauben zu schenken. Im Krieg von 1948 seien viel mehr Gräuel geschehen. Manchmal kam mir der Gedanke, die Eroberung der Altstadt übe einen Jugendzauber auf sie und Gabriel aus. Das »vereinigte Jerusalem« erschien ihnen als Weltstadt, die allen gehörte – Juden, Muslimen, Christen jeder Konfession, Gemeinde und Hautfarbe –, so wie sie es immer erträumt hatten. Sie schlenderten gern durch die Gassen der Altstadt, atmeten gemeinsam ihren Reiz und versuchten, ihre Geheimnisse zu enträtseln. Eine mystische Macht zog sie immer wieder in die Grabeskirche. Sie fotografierte, er machte sich Notizen in einem orangefarbenen Notizblock, meist auf Deutsch. Seine Artikel waren sehr persönlich, poetisch, mit schier endlosen Schachtelsätzen wie im Deutschen. Aber seine Leser konnten den Eindruck gewinnen, er habe geheime Quellen in jedem Kloster und jeder Moschee. Tatsächlich berichtete er hauptsächlich, was er mit eigenen Augen sah. In meiner Frühzeit als Journalist war das eine wichtige Lektion. Manchmal erwähnte er meine Mutter in seinen Artikeln, und wie ich bedauerte er, dass sie seine Schriften nicht lesen konnte. Auf seinen Rat nahm ich einen arabischen Studenten in die Redaktion von *Nitzotz* auf.

Mir gefiel natürlich die anspruchsvolle Aufgabe des Chefredakteurs und die damit verbundene Stellung. Die Tagespresse zitierte uns häufig. Aber meine nostalgischsten Gedanken an damals gelten den vielen Stunden, die ich in der kleinen Druckerei verbrachte – kaum verändert seit den Zeiten, als dort Ende des 19. Jahrhunderts einige der ersten hebräischen Zeitungen Jerusalems gedruckt wurden. Druckerschwärze und Bleisatz erzeugten ein berauschendes Duftgemisch. Die erste Ausgabe aus der Druckerpresse erfüllte mich mit Glück und ließ mich jedes Mal an eine Hebamme denken, die ein Baby aus dem Mutterschoß in Händen hält. Ein betagter und kluger Schriftsetzer namens Hoffner brachte mir bei, was man tut, wenn ein Artikel zu lang ist: Man streicht am Ende. »Wer es bis dahin nicht kapiert hat, wird es auch nicht mehr kapieren«, erklärte er. Meist hatte er recht.

Natürlich beteiligte sich die Zeitung an der Diskussion über die Zukunft der Gebiete, die im Krieg besetzt worden waren; seit der Staatsgründung hatte keine Debatte so stark an die Wurzeln des zionistischen Daseins gerührt. Eine unserer Umfragen ergab, dass die Mehrheit der Studierenden die Regierungspolitik unterstützte: Teilabzug für Frieden. So dachte auch ich damals noch. »Wir haben den unterlegenen Arabern viel zu bieten«, berichtete ich meiner Schwester. Ich wollte »ein direktes Abkommen, so klipp und klar wie in Jerusalem«, aber ich befürchtete damals schon, dass daraus nichts werden würde: Je länger die Niederlage der Araber zurücklag, desto weniger würden sie für einen Friedensschluss bereit sein. »Pass auf, wir werden den Frieden verfehlen«, schrieb ich meiner Schwester.

Mittlerweile ging es mit den palästinensischen Terroranschlägen los. Nach der Festnahme eines arabischen Studenten, der verdächtigt wurde, die PLO unterstützt zu haben, brachte ich auf dem Titelblatt der Zeitung einen Vergleich der palästinensischen Terrororganisationen mit den zionistischen Terrorverbänden, die vor der Staatsgründung im Land Israel agiert hatten. »Wer die Terroranschläge und Morde rechtfertigt, die im Namen des Selbstbestimmungsrechts der Juden im Land Israel verübt wurden, soll dann keine Taten als Verbrechen abstempeln, die im Namen desselben Rechts der Araber begangen werden«, schrieb ich. »Die einen wie die anderen darf man nur aufgrund eines einheitlichen und konsequenten Moralsystems beurteilen.« Der gute Herr Hoffner bat mich inständig, den Artikel wegzulassen: »Vielleicht setzt du stattdessen ein Foto ein«, schlug er vor. »Das ist zu deinem Besten, glaub mir, zu deinem Besten: Ich habe schon viele Redakteure im Leben gesehen, die wegen Geringerem als das entlassen wurden.«

Erwartungsgemäß gab es einen Skandal, aber er währte nur kurz: Die relativ liberale Stimmung auf dem Campus, vielleicht auch nur die politische Gleichgültigkeit der meisten Studierenden machten die Sache nach ein, zwei Tagen vergessen. Es regten sich auch nicht sonderlich viele auf, als wir nach längerem Zögern auf Ersuchen des Außenministeriums einen jungen Schriftsteller einluden, der damals schon für das »andere Deutschland« stand: Günter Grass. Ich habe einen eher zähen, nicht besonders interessanten öffentlichen Auftritt in Erinnerung, der reibungslos über die Bühne ging, obwohl die israelischen Studentenverbände die Deutschen offiziell weiterhin boykottierten. Etwa ein Jahr zuvor hatten Studierende noch gewaltsam gegen den Besuch Konrad Adenauers auf dem Campus protestiert. Der Führungsrat des Studentenverbands hatte sogar beschlossen, eine offizielle Einladung nach Deutschland abzulehnen, die ich erhalten hatte. Meine Schwester und ich bedauerten das. Damals fiel mir auf, dass sie nun häufiger »ihr« als »wir« benutzte. »Am Tag bevor der Krieg bei euch ausbrach, ist hier was Schreckliches passiert«, schrieb sie. »Die Berliner Polizei hat einen demonstrierenden Studenten erschossen. Das war bei der Demonstration gegen den Schah-Besuch.«

Mit dem Tod des Studenten Benno Ohnesorg in Berlin begannen die Demonstrationen der sechziger Jahre, die viele Staaten zu einigem

Umdenken veranlassten. Ich wusste diese Geschichte jedoch nicht auszulegen, und sie interessierte mich auch nicht besonders. Das lag natürlich daran, dass die große politische Wende, die der Sechstagekrieg ausgelöst hatte, alles andere überdeckte. So ging das studentische Erwachen der sechziger Jahre an Israel vorbei. Nicht einmal die Ereignisse von 1968 in Paris fand ich relevant. Als Chefredakteur der führenden Studentenzeitung Israels war das mein größtes Versäumnis. Ich verstand auch die Welt meiner Schwester kaum noch. Andererseits entdeckte ich damals die historische Vergangenheit als reichhaltige Fundgrube für Zeitungsgeschichten, und daher bat ich David Ben Gurion um ein Interview. Als er mir – in seiner schwer lesbaren Handschrift – mitteilte, wann ich ihn in seinem Kibbuz aufsuchen sollte, war ich beinah so aufgeregt wie bei meinem ersten Besuch in der Altstadt.

Ich hatte zwei Redaktionsmitglieder eingeladen, mitzukommen, und soweit ich mich erinnern kann, fuhren wir über die Westbank. Die Fahrt zum Kibbuz Sde Boker dauerte etwa drei Stunden. Mit einem neueren Wagen hätte man schneller hinkommen können, aber der Mini Minor, mein erstes Auto, war schon zehn Jahre alt, als ich ihn kaufte. Der kräftige Leibwächter, der uns vor der Baracke empfing, ließ uns unter der Bedingung rein, dass wir nur eine halbe Stunde blieben. »Er darf sich nicht zu sehr anstrengen, er braucht seine Ruhe«, erklärte er uns. Enttäuscht willigten wir ein. Ben Gurion erwartete uns an seinem Schreibtisch hinter wirren Stapeln von Papieren, Zeitungen und Broschüren. Die Bücher, die eine ganze Wand einnahmen, standen dagegen in mustergültiger Ordnung aufgereiht. Er kam uns vertraut vor, denn er sah genauso aus wie auf den Fotos: untersetzt, stämmig, mit weißer Löwenmähne. Sein berühmter Rollkragenpullover hing lässig an ihm, die Khakihose war ihm zu groß, aber er strahlte Macht aus. Wir waren dreiundzwanzig, er fast sechzig Jahre älter, ich meinte, der jüdischen Geschichte in Person gegenüberzusitzen. Mal war er hellwach, spritzig und energisch, wie man ihn immer schilderte, dann wieder nachdenklich, in die Vergangenheit versunken, traurig, enttäuscht und sehr einsam, ein alter Staatsmann, dessen Zeit abgelaufen war. Später einmal schlug ich in seinem Terminkalender nach, der in seinem Archiv verwahrt ist, und fand, dass für jenen Tag keine weiteren Besucher eingetragen waren.

Zuerst schrieb er unsere Namen auf, dann erkundigte er sich, was wir ihn fragen wollten, und notierte sich sorgfältig unsere Fragen, eine nach der anderen. Als wir sagten, wir würden gern seine Meinung über die Zukunft der besetzten Gebiete hören, hob er den Blick und wollte wissen, wie wir darüber dachten. Ich sah verstohlen auf die Uhr: Fast zehn Minuten waren um. In meinem Brief hatte ich geschrieben, bald seien zwanzig Jahre seit der Staatsgründung vergangen, und wir sollten im Interview vielleicht besonders auf die Frage eingehen, inwieweit der Staat Israel tatsächlich unabhängig sei. Er mochte die Frage, erklärte jedoch, es habe nicht vor zwanzig Jahren angefangen, sondern bereits mit der Gründung der landwirtschaftlichen Kolonie Petach Tikwa vor rund neunzig Jahren. Es sei sehr wichtig, dass die Jugend mehr über die Geschichte des Zionismus wisse, sagte er und stand auf. Inzwischen waren fünfzehn Minuten um, und ich hatte noch kein druckreifes Wort niedergeschrieben. Ben Gurion umrundete den Schreibtisch, kletterte auf eine Leiter vor der Bücherwand, zog einen dicken Band hervor und begann, noch auf der Leiter stehend, uns daraus über die Geschichte Petach Tikwas vorzulesen. Ich fand mich bereits damit ab, dass daraus keine Zeitungsgeschichte mehr werden würde, doch dann sagte Ben Gurion unvermittelt, quasi in Fortsetzung des Vorgelesenen: »Ich weiß, dass mein Junge euch gesagt hat, ihr solltet nach einer halben Stunde gehen. Achtet nicht drauf. Ihr könnt so lange bleiben, wie ihr wollt.«

Wir blieben dreieinviertel Stunden.

Die Juden waren schon tot

Es war nicht leicht, Ben Gurion zu interviewen: Er sagte nur, was und wie viel er wollte, und er hatte überhaupt keinen Humor. Allerdings konnte er gelegentlich sehr persönlich werden. Unvergesslich, wie er unvermittelt sagte: »Ich wollte noch ein Kind. Paula wollte nicht.« Seine Frau Paula war einige Monate zuvor gestorben. Es war furchtbar peinlich: Warum zerrte er uns in seine intimsten Lebensbereiche, fragten wir uns. Als er über die Geschichte des Zionismus sprach, erzählte er, er habe bereits mit drei Jahren gewusst, dass er nicht in Polen bleiben, sondern im Land Israel leben würde, denn schon damals, als dreijähriger Junge, sei er ein überzeugter Zionist gewesen. Ich konnte das kaum glauben und wagte daher zu fragen: Herr Ben Gurion, das wussten Sie schon als Dreijähriger? In der Tonaufzeichnung des Gesprächs hört man meinen großen Zweifel heraus und die Betonung auf »drei«. Er antwortete vehement, dass nicht nur er es gewusst habe: Alle Kinder seien Zionisten gewesen. Ich argwöhnte damals, sein Realitätsbezug habe vielleicht schon gelitten, aber als ich sehr viel später an seiner Biographie arbeitete, dachte ich, dass es vielleicht doch nicht so abwegig war, wie es uns damals erschien: Er mochte die zionistische Vision zwar noch nicht mit drei Jahren entdeckt haben, aber mit dreizehn hatte er in seiner Kleinstadt bereits einen Jugendverband zur Förderung der hebräischen Sprache gegründet. Seine Führung durch die Geschichte des Zionismus fiel nicht gerade kurz aus, aber schließlich kamen wir doch auf die Zukunft der unlängst besetzten arabischen Gebiete zu sprechen, und Ben Gurion sagte uns einen Satz, der mich verblüffte: »Wenn ich wählen müsste zwischen den Grenzen des kleinen Staates von vor dem Krieg mit Frieden oder dem großen Land Israel von heute ohne Frieden – würde ich das kleine Land Israel wählen, vor dem Sechstagekrieg.« Ha!, jubelte ich im Innern: eine Schlagzeile!

Tatsächlich hielt er einen Frieden für unerreichbar. Später fand ich heraus, dass er diesen Standpunkt seit 1919 vertrat. Ohne eine Friedenschance stand Israel gar nicht vor der Wahl, die er uns gegenüber angesprochen hatte. Das hätte ich natürlich wissen müssen, bevor wir ihn aufsuchten. Ich hatte so viel Zeit in die Vorbereitung des Interviews investiert und diesen höchst wichtigen Punkt dann doch verpatzt. Vor lauter Freude über die Schlagzeile, die er uns geliefert hatte, fragte ich auch nicht sofort nach Jerusalem: Würde er für Frieden auch auf die Altstadt verzichten? Das war eine überflüssige Frage: Gleich nach dem Krieg hatte Ben Gurion die Stadtmauer abreißen lassen wollen, um die »Vereinigung« zwischen den beiden Teilen der Stadt zu festigen, und in *Nitzotz* hatten wir geschrieben, das sei, als wolle Mao Zedong die Chinesische Mauer einreißen. Trotzdem hätte ich ihn fragen sollen: Ost-Jerusalem oder Frieden? Vielleicht hätte man die Altstadt lieber gar nicht erobern sollen? 1948 hatte er persönlich Order erteilt, es zu unterlassen. Ich habe mir diese Panne nie verziehen, aber etwas daraus gelernt: Man kann sich auf ein wichtiges Interview gar nicht genug vorbereiten. Ein Gespräch von dreieinviertel Stunden kann in unerwartete Richtungen laufen. Nach einer Weile redeten wir ihn nur noch mit Ben Gurion an, ohne Herr. »Ben Gurion, glauben Sie an Gott?«, fragten wir. Er sah uns neugierig an und erzählte uns von einem Besuch im schwedischen Uppsala, wo man ihm ein Gerät gezeigt hatte, das den Millionsten Teil einer Sekunde messen kann. Bis heute höre ich ihn sagen: »Den Millionsten Teil einer Sekunde?!« Er wertete das als Beweis für die Existenz irgendeiner höchsten Macht. Sonst könnte der Mensch eine Sekunde nicht in eine Million Teile zerlegen. »Vielleicht ist Gott der menschliche Verstand«, sagte er.

An jenem Tag brachte eine Zeitung ein Interview zum israelischen Holocaust-Gedenktag mit einem unserer Professoren, Saul Friedländer. Ich wusste seine Größe damals schon zu würdigen: Kein Dozent hatte mich stärker beeinflusst, und ich mochte ihn als Mensch. »Mir scheint, Ben Gurion hat das Wesen des Holocausts niemals verstanden«, befand Friedländer. »Er hat nach dem Krieg zwar die DP-Lager in Deutschland besucht, ist der Sache aber nicht auf den Grund gekommen. Er betrachtete die Insassen in erster Linie als Potenzial für die Gründung des Staates.« Ben Gurion wollte auf das Thema nicht näher eingehen. »Ich werde das später lesen«, sagte er. Den Namen Friedländer kannte er nicht, und er notierte sich, den Professor einzuladen, als handele es sich nur um ein Missverständnis, das sich durch ein klärendes Gespräch ausräumen ließe.

»Friedländer meint, Sie hätten die Bedeutung des Holocausts nicht verstanden«, beharrte ich. Ben Gurion verfiel in langes Schweigen. Als ich es später niederschrieb, erinnerte ich mich, dass man in jenen Minuten nur eine Wüstenfliege im Zimmer summen hörte. Er kletterte wieder auf die Leiter an der Bücherwand, zog einen anderen Band heraus und las uns einen Satz daraus vor, den er im Januar 1934, kaum ein Jahr nach der nationalsozialistischen Machtübernahme, gesagt hatte: »Hitlers Regime bringt das ganze jüdische Volk in Gefahr.« Er stieg wieder runter und fuhr fort: »Die Juden waren schon tot. Mit toten Juden kann man keinen Staat gründen.« Friedländer hatte also recht: Ben Gurion betrachtete den Holocaust nicht zuerst als ein Verbrechen an der Menschheit und auch nicht vornehmlich als ein Verbrechen am jüdischen Volk; in seinen Augen war er in erster Linie ein Verbrechen am Staat Israel.

Ben Gurion hatte schon an die drei Stunden geredet, hatte viele Persönlichkeiten erwähnt, von John F. Kennedy bis zum Moses der Bibel, von Albert Einstein bis zu Charles de Gaulle. Im Verlauf unseres Gesprächs war eine Aura historischen Glanzes aufgekommen. Und dann plötzlich hielt er inne, schloss beide Augen, barg den Kopf in den Händen und sagte völlig aus dem Zusammenhang gerissen, fast im Flüsterton: »Na, na, solch ein Unglück, dass in einer so großen Stunde solche Dummköpfe an der Spitze des Staates stehen, die nicht verstehen, was im Land vor sich geht, wie unsere Zukunft aussieht«, und verstummte.

Das war ein Schlüsselerlebnis für mich. Ich habe es in allen Einzelheiten in Erinnerung, es gibt Tonaufzeichnungen und ein gemeinsames Foto. Die Veröffentlichung fand große Beachtung. Eines habe ich nicht im Gedächtnis: Was mein Gabriel zu all dem gesagt hat. Das Interview hatte an einem Freitag stattgefunden. Gabriel kam am Samstagmorgen vermutlich wie immer zum Frühstück, und ich habe ihm sicher alles erzählt. Ich weiß nicht mehr, was er gesagt hat. Ich erinnere mich auch nicht, ob ich ihn vor dem Interview um Rat gefragt hatte und wie er dann das Ergebnis fand – kein Wort davon. Es war mein bis dahin wichtigstes Unternehmen, und die Reaktion meines geliebten Gabriel fehlt mir; ich begreife nicht, wie mir das entfallen konnte. Jedenfalls holte mich Gabriel bald darauf in seine Zeitung, als »unser Korrespondent in Jerusalem«. Die Geschichten, über die ich berichten sollte, waren aufregend und erschienen meist an prominenter Stelle. Seit der Staatsgründung hatte Jerusalem keine so wichtige Zeit mehr erlebt.

Al Hamishmar war eine kleine Zeitung; die meisten unserer Leser lebten in Kibbuzim. Das erschwerte den Wettbewerb mit anderen Blättern und war frustrierend. Doch ich lernte dort einige Grundlagen des Berufs und verzeichnete noch einen schmählichen Patzer: Genau ein Jahr nach Ausbruch des Sechstagekriegs ermordete ein Mann palästinensischer Abstammung namens Sirhan Sirhan in Amerika Robert Kennedy. Die Familie des Attentäters wohnte in einem Dorf bei Jerusalem. Natürlich eilte jeder Journalist, der an jenem Abend in der Stadt war, dorthin. Ich entschied, dass das Dorf nicht zu meinem Berichtsbereich gehöre, und ging schlafen. Eine Zeitlang wechselte ich mich mit Gabriel als politischer Korrespondent der Zeitung ab, und manchmal erhielt ich wichtige Informationen in vertraulichen Gesprächen. Doch ich strebte nach größerer Resonanz und beteiligte mich daher an einer Ausschreibung, die mir eine feste Stelle beim Rundfunk gesichert hätte. Sie nahmen mich nicht. Ich war tief verletzt. Seit der Schulzeit hatte man mir nicht mehr gesagt, dass ich für etwas, was ich gern wollte, nicht gut genug sei. Später wurde ich – ohne Ausschreibung – als Moderator der täglichen Nachrichtensendung *Dieser Tag* angenommen. Das war ein anspruchsvoller und fordernder Posten. *Dieser Tag* war das einzige Nachrichtenmagazin im Radio und sehr beliebt. »Alles muss brillant, wohltönend, intelligent sein«, schrieb ich meiner Schwester vor der ersten Sendung. »Ich habe ein bisschen Angst.« Aber die plötzliche Berühmtheit schmeichelte mir: Nun konnte Tom Segev endgültig über Thomas Schwerin siegen. Das wollte ich damals zumindest glauben. Darüber hinaus träumte ich von einigen Jahren in Amerika.

Nixon auf der Couch

Mein erster Weg in New York, kaum dass ich den Koffer abgestellt hatte, führte mich hoch hinaus aufs Empire State Building. Die Aussicht war atemberaubend, aber irgendwie hatte ich damals das Gefühl, die Stadt schon zu kennen. So empfand ich auch, als ich später zum ersten Mal auf der Golden Gate Bridge in San Francisco oder am Grand Canyon stand. Das lag an Tante Clara: Unter den Geschenken, die sie mir in meiner Kindheit aus New York schickte, war ein »View-Master«, eine Art Wunderding, das an ein Fernglas erinnerte und in das man runde Pappscheiben mit dreidimensional wirkenden Bildern stecken konnte: Tiere, Vögel, Fische, Städte in aller Welt. Die meisten Aufnahmen waren in den Vereinigten Staaten entstanden. Ich betrachtete sie immer wieder, bis sie beinahe Teil meiner vertrauten Landschaft wurden, und sehnte mich nach dem Tag, an dem ich sie in natura sehen könnte. Damit war ich keine Ausnahme. Amerika inspirierte viele meiner Altersgenossen und hatte auch einen gewissen Einfluss auf die Grundwerte der gesamten zionistischen Bewegung: Das Pionierwesen und die Eroberung der Wüste, die Verdrängung der Eingeborenen, die Idee des Schmelztiegels, der die Einwanderer aus aller Herren Länder zu einer neuen Gesellschaft zusammenschweißen sollte, einige Prinzipien des Liberalismus – all das kam aus Amerika und beeinflusste die entstehende Identität der Israelis. Amerikanische Unterstützung garantierte unsere Existenz; amerikanische Kultur und

Lebensweise standen uns als Ideal vor Augen. Junge Israelis, die in die Elite des Landes strebten, bemühten sich häufig um ein Studium an amerikanischen Universitäten; sogar die mittelmäßigeren Hochschulen galten als letzter Schrei in fast allen Fächern. Auch das Geschichtsstudium bot etwas aufregend Neues: »Psychohistory«. Die war damals viel diskutiert und groß in Mode, und sie führte mich an die Boston University. Aber das Studium war für mich zunächst mal ein Mittel zum Zweck: Vor allem wollte ich Amerika erleben. Damit begann ich sofort, als ich das erste Mal vom Empire State Building herunterkam.

Ich ging die Fifth Avenue hinauf: Die Geräusche, der Verkehr und die Farben, die mich umbrandeten, versetzten mir jenen berauschenden Kulturschock, den fast alle beschreiben, die zum ersten Mal in Manhattan landen, besonders wenn sie, wie ich, schon in der Kindheit dem amerikanischen Traum verfallen waren. Und dann stand ich unversehens vor dem berühmten Juweliergeschäft Tiffany, das ich aus dem Film mit Audrey Hepburn kannte. Ich hatte nicht erwartet, dass man dort Frühstück bekam, aber auch nicht gedacht, gerade dort erstmals im Leben einen Obdachlosen zu sehen. Über ihm funkelten in der Auslage goldene Armbänder und Brillantohrringe. Er lag reglos unter Lumpen und alten Zeitungen, mit dem Gesicht zur Wand. Man konnte nicht sagen, wie lange er schon so dalag, ob er schlief, vollgedröhnt oder vielleicht gar tot war. Jemand muss doch was tun, dachte ich, aber die Passanten ignorierten ihn, kein Mensch würdigte ihn eines Blickes. Das war haarsträubend. Und so verstand ich schon an meinem ersten Tag in New York, dass Amerika mehr war als ein israelischer Kindertraum.

Es war die Ära von Richard Nixon und Johnny Carson. In Amerika ging die Angst um. Das war mit das Erste, was ich wahrnahm: Die Amerikaner hatten Angst voreinander. Sowas hatte ich noch nie erlebt. Eine Frau, die ich auf der Straße nach dem Weg fragen wollte, ignorierte mich entsetzt und ging schneller, verfiel fast in Laufschritt. Autofahrer, die an der Ampel hielten, drückten automatisch den Knopf für die Innenverriegelung. Taxifahrer waren durch eine kugelsichere Scheibe von den Fahrgästen getrennt, und an den Tankstellen klebten Schilder: Der Tankwart hat kein Bargeld. In Aufzügen gab es Spiegel zum Schutz vor Räubern.

Boston war eine sympathische Mischung aus New York und London, schaffte es auch, gleichzeitig links und konservativ zu sein. Die USA verloren gerade den Vietnamkrieg. Die Proteste dagegen hielten noch an, aber einige Wertvorstellungen der Antikriegskultur und der Blumenkinder der sechziger Jahre waren schrittweise bereits in der neuen politischen Korrektheit aufgegangen. Auch das war völlig neu für mich. Im März 1972, rund ein Jahr nach meiner Ankunft in Boston, schrieb ich meiner Mutter über das Musical *Hair*, für das ich endlich Karten ergattert hatte. Die Besucher waren so feierlich gekleidet, als seien sie in der Oper: Herren mit Fliege, Damen in Abendkleidern und Pelzstolen. Ein athletischer junger Schwarzer im Tanga kletterte zu Beginn der Vorstellung die Ränge hinauf und teilte an die Anwesenden Blumen aus. Einige sagten, er sei so nett und klatschten Beifall. Das taten alle auch bei der berühmten Szene, in der ein Trupp junger Leute beiderlei Geschlechts splitternackt auf die Bühne kommt. Einer der Schauspieler, wohl auch nackt, hielt ein Schild mit »Nixon«, auf dem das X durch ein Hakenkreuz ersetzt war. Das Publikum klatschte Beifall. Irgendwann wurde eine amerikanische Flagge verbrannt, und die Leute klatschten so höflich wie zuvor. Das fand ich mehr als seltsam.

Eine Studentin erklärte mir am nächsten Tag, so schlage der Imperialismus die Revolution nieder – indem er sie umarme. Aber die meisten Studenten schienen ihre revolutionären Energien jetzt für weniger schicksalsschwere Debatten zu verwenden, zum Beispiel über die Frage, ob es erlaubt oder verboten sein sollte, Hunde in die Bibliothek mitzubringen. Ab und zu wurden noch Nacktrennen veranstaltet. Ein alter Professor der Universität, er stammte aus Deutschland, fragte mich bei unserer ersten Begegnung, ob ich ein Linker sei. Er frage das, weil es der Objektivität abträglich sein könnte, erklärte er. Ich weiß nicht mehr, wie ich die Antwort vermieden habe.

Ich studierte gern an der Boston University. Die Kurse und Seminare legten den Schwerpunkt auf das Geschichtsverständnis und den Geist der Epochen. Das war neu und anregend für mich: In Israel konzentrierte man sich überwiegend noch auf Namen und Daten und ignorierte meist die Relevanz der Geschichte für die Gegenwart. Die Psychohistory war Teil eines fächerübergreifenden Ansatzes. Einfach ausgedrückt ging man davon aus, dass Psychologie und besonders Psychoanalyse biographische und historische Phänomene erklären können, für die die reguläre Forschung keine Erläuterung gefunden hatte – zum Beispiel für die Naziverbrechen. Einer der Historiker, die mich während des Studiums betreuten, war Bruce Mazlish vom Massachusetts Institute of Technology MIT. In einem Seminar über Hitlers Psychologie erwies er sich als sympathischer, etwas exzentrischer Typ und interessanter Lehrer. Seine Bücher waren Medienereignisse: Unter anderem veröffentlichte er psychoanalytische Profile von Richard Nixon, Henry Kissinger und Karl Marx. Im Rahmen meines Studiums schickte man mich auch an das berühmte Psychoanalytische Institut in Boston, wo ich einer Forscher- und Doktorandengruppe aus verschiedenen Universitäten angehörte. Ich erinnere mich an beklemmenden Ernst in einem schummrigen Raum. Wir saßen auf dunklen Ledersesseln und diskutierten Freud. Ich bekam nicht viel mit. Als ich Hannah Arendt davon erzählte, freute sie sich, dass man mir dafür ein Stipendium gegeben hatte, erklärte jedoch, die Psychohistorie ziehe viele Scharlatane an. Ich könnte meine Zeit vergeuden, warnte sie.

Ein Abend bei Hannah Arendt

Ich hatte mich nicht gleich bei Hannah Arendt gemeldet. Sie galt als hart und rechthaberisch und war gewiss auch viel zu beschäftigt, um Zeit für mich aufzubringen. Ich rief sie vor allem auf Druck meiner Mutter an. Inzwischen hatten unsere Beziehungen eine unerwartete

Wende genommen: Meine Mutter wollte gern an meinen Amerika-Erlebnissen teilhaben und las sogar einige Psychobiographien, die mich beschäftigten, darunter die über Martin Luther und über Gandhi. Freuds *Der Mann Moses und die monotheistische Religion* hatte sie schon früher gelesen, »als alle noch dachten, es halte eine große Entdeckung parat«, wie sie schrieb. Sie sei schon damals nicht beeindruckt gewesen, vermerkte sie trocken. Und sie las nun regelmäßig die Wochenschrift *The New Yorker.* Titelseiten, Aufsätze, Karikaturen, sogar einige der Anzeigen ließen sie plötzlich eine Art Zugehörigkeit zu Amerika empfinden.

Es war ein anspruchsvolles, wohlhabendes, snobistisches Amerika. Meine Mutter wurde süchtig danach. Das war vielleicht dem Einfluss ihres sehr proamerikanischen Kollegen und Lebenspartners Bernheim geschuldet und wohl auch den Hunderten von Briefen, die ich ihr über die Jahre zweimal die Woche schrieb. Manchmal schien mir, der *New Yorker* sei zu ihrem Lebensinhalt geworden. Nach einiger Zeit bat sie mich, auch *Gourmet* für sie zu abonnieren, den »New Yorker des Kochens«, wie sie es formulierte. Wehe dem Postboten, der ihr diese Zeitschriften nicht am erwarteten Tag brachte, oder wehe mir, wenn sie mich verdächtigte, die Abonnements nicht pünktlich verlängert zu haben. So tauschten wir uns denn erstmals über Themen aus, die wir am Frühstückstisch noch nie diskutiert hatten. Dabei korrespondierten wir auch über das Buch, das Hannah Arendt nach dem Eichmann-Prozess geschrieben hatte. Ich las es erst in Amerika. »Es ist bestimmt ein sehr wichtiges Buch, obwohl nicht ohne Weiteres akzeptabel«, schrieb ich meiner Mutter. »Es enthält viele überflüssige Ärgernisse, die wohl im *New Yorker* aktuell waren, aber nicht unbedingt in Buchform aufbewahrt werden mussten. Heute wäre es wohl nicht mehr möglich, das concept von der Banality of Evil ohne psychologische Erklärung zu belassen. Wie anders soll man verstehen, wie es dazu kam? Sie macht sich keine Gedanken über das Wieso. Die Idee von der Banalität des Bösen wirkt daher nicht wenig banal!«

Später kam ich auf die Idee, dass das Arendts hochmütige Art war, Eichmann zu »bestrafen«, ihn als einen Mann ohne wirkliche Weltanschauung hinzustellen. Wahrscheinlich kannte sie keine größere Schmach als diese. Ihr Buch über den Eichmann-Prozess legte eines der Fundamente für den politischen Diskurs des 20. Jahrhunderts. Das jüdische Establishment in Israel und Amerika bezichtigte sie des »Selbsthasses« und sogar des Antisemitismus. Meine Mutter war immer noch wütend über die vehementen persönlichen Angriffe, die Arendt bei Erscheinen des Buchs, sieben Jahre zuvor, hatte einstecken müssen. »Sie ist eine äußerst einflussreiche Frau«, schrieb sie mir. »Wenn sie will, kann sie dir viel helfen.«

Arendt freute sich über meinen Anruf und lud mich sofort auf einen Abend zu sich ein. Sie wohnte in einem Hochhaus aus den 1920er Jahren am Riverside Drive, einer vornehmen Allee am Hudson River, die auch andere berühmte Geister angezogen hatte. Sie öffnete selbst. Ich erinnere mich an große Räume, hohe Decken und ein Wohnzimmer, dessen Polstermöbel mit dickem Stoff von undefinierbarer Farbe bezogen waren, wie bei vielen Jeckes im Jerusalemer Viertel Rechavia. Und überall waren viele Bücher, natürlich. Arendt wollte zuerst wissen, wieso ich plötzlich Segev hieße, gestand mir allerdings mildernde Umstände zu, weil ich daneben auch den Namen meiner Eltern beibehalten hatte. Wir sprachen Englisch. Sie war sehr freundlich, als würden wir uns schon lange kennen: Nicht hart, nicht rechthaberisch, manchmal sogar sanft blickend und vor allem nicht zu beschäftigt für mich. Natürlich erkundigte sie sich zuerst nach meiner Mutter und erwähnte die Beziehung meiner Eltern zu ihrem Mann, der anderthalb Jahre zuvor gestorben war. Sie interessierte sich auch für mich und meine journalistische Tätigkeit. Ich erzählte ihr von dem Interview mit Ben Gurion. Ihr Buch hatte er als Ausbund von Frechheit und Dummheit bezeichnet. »Interessant«, sagte sie und behauptete, er habe die Veröffentlichung in Israel verboten. Das stimmte nicht. *Eichmann in Jerusalem* erschien auf Hebräisch tatsächlich erst Jahre nach ihrem Tod, aber die Tageszeitung *Haaretz* hatte die wichtigsten Kapitel sofort nach Erscheinen ausführlich abgedruckt. Sie fragte auch nach der Lage in Israel, und zu meiner Überraschung hörte ich bei ihr mehr Verständnis heraus als erwartet, fast Empathie. Unter anderem erzählte sie mir von ihrem Besuch in den 1967 besetzten Palästinensergebieten. »Das ist ein Problem«, sagte sie, aber ich erinnere mich nicht an eine Forderung nach einer spezifischen Lösung dafür.

Als ich ihr von meiner Absicht, über die Naziverbrechen zu promovieren, erzählte, sagte sie: »Natürlich wollen Sie das. Das liegt auf der Hand.« Ich fragte wieso, und sie erwiderte, Historiker hätten immer eine persönliche Beziehung zu dem, was sie erforschten und schrieben, und da meine Eltern Flüchtlinge waren, sei kaum zu erwarten gewesen, dass ich ein anderes Thema wählen würde. Das war natürlich eine psychologische Feststellung, aber auch sehr zutreffend. In diesem Stadium fühlte ich mich schon vertraut genug, um sie zu fragen, ob sie *Eichmann in Jerusalem* noch einmal genauso schreiben würde. »Nicht unbedingt«, antwortete sie, »vieles in dem Buch könnte man heute weglassen. Ich war damals sehr ärgerlich auf Israel. Mittlerweile ist das abgeklungen. Aber das Buch hat ohnehin keinen Bestandswert, und die ganze Geschichte ist vorbei.« Ich meine, ihr gefiel meine Antwort, dass es immer noch ein sehr wichtiges Buch sei. »Vielleicht für Menschen wie Sie«, sagte sie, »als Ratgeber für Journalisten, die über einen historischen Gerichtsprozess berichten sollen.« Den Begriff »die Banalität des Bösen« habe nicht sie erfunden, behauptete sie, es seien Redakteure des *New Yorker* gewesen. Trotzdem schien sie diese Erfindung nicht abzulehnen, bedauerte jedoch, dass ihr Buch *Elemente und Ursprünge totaler Herrschaft* nicht viele Leser fand. Sie meinte ein schweres, umständliches, kaum lesbares Werk, aus dem Historiker meines Erachtens lernen können, wie man *nicht* schreiben sollte, aber das sagte ich ihr nicht.

Im Lauf des Abends gingen wir langsam zum Deutschen über. Arendt ließ Erinnerungen aufleben. Nachdem sie Deutschland verlassen hatte, half sie eine Zeitlang zionistischen Organisationen in

Paris, Flüchtlinge, vor allem Jugendliche, nach Palästina zu bringen. »Ich tat, was ich konnte. Es hatte nicht viel mit Ideologie zu tun«, sagte sie. »Ich war höchstens eine ›Hitlerzionistin‹, und jedenfalls hätte ich nicht in Israel leben können, denn es wäre mir unter keinen Umständen gelungen, Hebräisch zu lernen.« Sie hatte einen erfrischenden Humor, ab und zu lachten wir gemeinsam. Sie lud mich ein wiederzukommen, und wenn ich wollte, könnte ich auch bei ihr übernachten. Beim Abschied sagte sie, ich hätte schon vor Jahren kommen sollen: »Mein Mann hätte Sie gern kennengelernt.« Meine Mutter meinte, ich hätte von Arendt kein größeres Kompliment erhalten können. Nach ihrer Einschätzung würde Arendt auch nicht jeden einladen, bei ihr zu übernachten, und dann verfiel sie wieder in ihren Sarkasmus: »Bin nur froh, dass Du diese Antisemitin nun doch nett findest.«

Wasserbetten

Mein Stipendium verpflichtete mich, auch zu lehren. Das mochte ich nicht. Die Studierenden redeten mich mit Professor an und interessierten mich kaum – und meist interessierten sie sich auch nicht für mich. Es war ein gähnend langweiliger Grundkurs über die Geschichte der westlichen Kultur. Doch am Ende des Semesters erregte ich ihre Bewunderung, als ich ihnen vorschlug, anstelle der Prüfung mindestens fünf Seiten über eines von zwei Themen zu schreiben: Eine gemeinsame Kaffeestunde von Niccolò Machiavelli und George Washington oder eine Pressekonferenz mit Michelangelo nach einem Besuch des Museums für Moderne Kunst in New York.

Einige meiner Briefe aus Amerika glichen den Berichten eines Anthropologen, der einen exotischen Volksstamm entdeckt hat. Kurz vor meiner Ankunft hatten die Amerikaner Wasserbetten erfunden, unter deren Gewicht die Fußböden nachzugeben drohten. Der letzte

Schrei auf dem Geschenkesektor war eine Heizdecke für Katzen. In der örtlichen Studentenzeitung wurden fertige Seminararbeiten zu fast jedem Thema per Annonce zum Verkauf angeboten. »Alles in allem ist es herrlich hier in dem verrückten Amerika«, schrieb ich einem Freund. »Hätte ich bloß mehr Zeit und Geld, um all seine Vorzüge auszunutzen.« Ich liebte die Bostoner Symphony Hall, die Buchhandlung von Harvard, die rund um die Uhr geöffnet hatte, die Abendnachrichten von Walter Cronkite und auch den Inspektor Columbo. Morgens ging ich nicht aus dem Haus, ohne mindestens eine halbe Stunde der *New York Times* gewidmet zu haben. Und ich liebte die herbstlichen Laubfarben, die von Gold zu Tiefrot changierten, und den trockenen Pulverschnee: In Jerusalem war der Schnee meist matschig. Und ich liebte auch die Eichhörnchen, die auf dem Bürgersteig unter meinem Fenster herumsprangen. Auf der anderen Straßenseite stand John Kennedys Geburtshaus.

Das Zentrum von Brookline war ein überwiegend jüdisches Viertel mit Synagoge, Kindergarten, hebräischem College, koscherer Fleischerei, koscherer Bäckerei und einem Laden für religiöse Schriften. Ich hörte dort die Anekdote von einem verkleideten Santa Claus, der nach amerikanischem Brauch in der Vorweihnachtszeit vor einem großen Kaufhaus postiert wurde, um die Kauflust zum Fest anzuregen. Eine ältere Dame warnte ihre Enkelin vor ihm: »Vergiss nicht, dass wir Juden sind.« Der Santa Claus hörte sie und murmelte durch seinen künstlichen Bart: »Keine Sorge. Ich auch.« Eine Zeitlang wohnte ich zur Untermiete bei einem älteren Paar, das Jiddisch miteinander sprach. Mein Zimmerwirt arbeitete noch in einem Lager in einem Armenviertel der Stadt und hasste die Schwarzen. Nur Antisemiten hasste er noch mehr. Eines Tages rief man ihn vom jüdischen Friedhof an und empfahl ihm, ein Grab zu kaufen. Er solle sich lieber schnell entscheiden, denn zu George Washingtons Geburtstag werde es zum Sonderpreis angeboten. Der Wirt äußerte Interesse, fragte nach Größe, Ausrichtung, ob es eine weitere Vergünstigung für ein Doppelgrab gebe und wie weit es vom Parkplatz entfernt sei.

Er notierte sich alles auf einem kleinen Block und sagte schließlich nein danke. Hochzufrieden mit sich selbst legte er auf: »Hab Gewinn gemacht«, freute er sich, »hab schon beim letztjährigen George Washington Sale Grabstätten gekauft, für zehn Prozent weniger!«

Wir Israelis empfinden meist einige Geringschätzung für diese Juden, die noch immer in der muffigen, zerstörten Kultur Osteuropas feststecken und die Gefahren eines neuen Holocausts leugnen, statt nach Israel zu ziehen. Aber Brookline strahlte die freundliche, sympathische Wärme einer jüdischen Kleinstadt aus. Mein Zimmerwirt und seine Nachbarn fühlten sich solidarisch mit Israel. Für viele war das der Hauptbestandteil ihrer jüdischen Identität. Trotzdem lebten sie nicht auf gepackten Koffern. Sie waren jüdische Amerikaner, wie die Inhaber der Wäscherei an der Straßenecke chinesische Amerikaner waren. Auch all das war mir neu.

Mit der Zeit wurde mir außerdem klar, wie wenig ich über das riesige Mosaik von Identitäten wusste, das Amerika ausmacht. Hannah Arendt sagte mir, eigentlich könne man die USA nicht als Nationalstaat im europäischen Sinne betrachten. Daran dachte ich, als eine Mitstudentin mich über Weihnachten zu ihren Schwiegereltern einlud. Die Nafzigers wohnten im Bezirk Lancaster in Pennsylvania und waren Mennoniten, Mitglieder einer Ende des 16. Jahrhunderts in Holland und Deutschland entstandenen christlichen Gemeinschaft. Der Familienvater war Lastwagenfahrer von Beruf. Die meisten seiner Nachbarn lehnten Kraftfahrzeuge ab und fuhren lieber in schwarzen Pferdekutschen zu den weit verstreuten Farmen. Sie gehörten zur Gemeinschaft der Amish, die sich von den Mennoniten abgespaltet hatte. In beiden Gemeinden gab es Mitglieder unterschiedlicher Glaubensstrenge. Herr Nafziger duldete keinen Fernseher im Haus, weil er glaubte, das sei eine Erfindung des Satans, aber sie hatten Radio und Telefon. Als Teil ihres Glaubens – oder vielleicht ihrer Kultur – verabscheuten sie Politik. Über Israel hatten sie nur gehört, dass es in Erfüllung biblischer Prophezeiung entstanden war. Sie wussten natürlich bereits von meinem Kommen, verhielten sich anfangs jedoch höflich distanziert. Aber als Herr Nafziger begriff, dass ich aus Jerusalem stammte, erzählte er mir offenherziger vom Leben seiner Gemeinde. Sie seien einfache und gottesfürchtige Menschen, die ihr Leben gern ungestört verbrachten. Es kämen zu viele neugierige Fremde zum Glotzen, sagte er.

Beim Festessen saßen außer mir wohl fünfundzwanzig Personen am Tisch, alles Familienangehörige, darunter viele Kinder. Ein etwa Vierzehnjähriger, anscheinend frecher als die anderen, saß am einen Ende des langen Tischs, ich am anderen. Unvermittelt rief er mir eine Frage zu, die durch den ganzen Raum hallte: »Sir, glauben die Juden an Jesus?« Alle verstummten. Wohl fünfundzwanzig Personen legten das Besteck aus den Händen, und fünfundzwanzig Augenpaare richteten sich auf mich, als erwarteten sie eine Offenbarung. In diesem Moment hätte ich vermutlich lieber mit dem gebratenen Truthahn getauscht, der fertig zum Tranchieren in der Mitte des Tisches stand. Ich saß zwischen meiner Mitstudentin und ihrem Ehemann, aber die beiden kamen mir nicht zu Hilfe. Noch nie hatte ich mich so jüdisch gefühlt. Mir blieb keine Wahl: »Nein, das tun sie nicht«, antwortete ich. Fünfundzwanzig mennonitische Augenpaare hingen unverwandt an mir. Keiner sagte ein Wort, und der Bengel durfte mir eine weitere Frage stellen: »Warum nicht?« Erst jetzt erwachte der Mann meiner Bekannten und sagte seinem jüngeren Bruder, das sei ein schwieriges Thema, das wir erst nach dem Essen besprechen würden. Zum Glück widmeten wir uns dann alle einem traditionellen Würfelspiel. Am nächsten Tag luden sie mich zum Gottesdienst in ihre kleine Holzkirche ein, wo vielleicht sechzig Gläubige versammelt waren. Herr Nafziger war einer der Prediger. Man erklärte mir, bei den Mennoniten könne jeder für das Predigeramt kandidieren. Man wähle sie durch Ziehen von Namenszetteln aus einem Hut. Die Gebete und Predigten dauerten stundenlang. An einem Punkt kniete die Gemeinde nieder. Das hatte ich nicht gewusst. Ich erinnere mich an zwanzig Sekunden schicksalhaften Abwägens: Knien oder nicht? Ich kniete nieder.

Damals verfolgte ich intensiv die Watergate-Affäre, und dann gab es in Israel wieder Krieg.

Aus der Ameisenperspektive

Als die Anhörungen zur Watergate-Affäre vor dem US-Senat begannen, saß ich stundenlang vor dem Fernseher, viel länger als in der Unibibliothek. Tagtäglich. Die Affäre faszinierte mich. Ich wusste, wer die Beteiligten waren, wer welchen Vergehens verdächtigt wurde, alle Namen und Einzelheiten. Meinen Freunden in Israel schrieb ich, ich würde jede Minute genießen. Das traf es nicht ganz: Ich staunte eher. Seinerzeit kannte ich bereits das Unrecht und die Korruption, die Diskriminierungen und die Scheinheiligkeit, die ebenso zu Amerika gehörten wie seine Verpflichtung auf die Werte von Freiheit und Gerechtigkeit. Ich hatte auch einiges über die amerikanische Geschichte hinzugelernt: Thomas Jefferson, der die Gleichberechtigung der Menschen in die Unabhängigkeitserklärung der Vereinigten Staaten aufgenommen hatte, hielt Sklaven. Mir war klar, dass New York und San Francisco nur ein kleiner Teil des wahren Amerikas waren und ich Letzteres überhaupt nicht kannte, darunter die Hochburgen des Konservativismus und Rassismus in der Mitte und im Süden. Doch bei Watergate kämpfte die amerikanische Gesellschaft gegen diktatorische Intrigen und für demokratische Werte. Das war das Amerika, das ich von jeher bewundern wollte: Ein Gesellschaftssystem, das seinen Kurs zu korrigieren weiß, wenn es vom rechten Weg abgekommen ist. Das war eine hohe Schule für Politik und Journalismus: Auf beiden Gebieten wirkt Macht korrumpierend. Und es war ein höchst aufregendes Erlebnis, das ich um keinen Preis hätte missen mögen. Ich meinte, zu den Guten zu gehören, identifizierte mich mit ihnen und glaubte an ihren Sieg. Oft fragte ich mich, ob auch Israel sich aus einem ähnlichen Trauma hätte retten können. Da war ich nicht sicher. Denn meine Bewunderung für die amerikanische

Politik stand in krassem Gegensatz zu der Stimmung, die ich den Briefen meiner Freunde in Israel entnahm.

Sie ließen vor allem Überdruss, hier und da fast Resignation erkennen. »Wenn Du mir erzählst, bei Dir sei es wie bei uns, dann steckst Du tief in der Scheiße«, schrieb mir ein Freund. Israelis galten damals noch als eifrige Konsumenten von Nachrichten, betrachteten sie gern als Teil ihres Privatlebens. Ein typischer Brief aus Israel umfasste zwei etwa gleichlange Abschnitte: Der erste war persönlich, der zweite enthielt einen Bericht über die »Lage«: Inflation, Arbeitslosigkeit, Korruptionsaffären und – teils gewaltsame – soziale Proteste. All das vermittelte den Eindruck, dass Golda Meirs Regierung die Kontrolle verloren hatte. Hinzu kam der Terror – von Sprengstoffanschlägen bis zu Flugzeugentführungen. Der Gipfel war das Attentat auf die israelischen Sportler bei den Olympischen Spielen in München. Es gab Grenzzwischenfälle und eine Reihe missglückter Einsätze, zuoberst der irrige Abschuss einer libyschen Passagiermaschine.

Auch die Briefe meiner Mutter klangen tieftraurig, beinahe verzweifelt. Bernheim war alt und krank geworden und brauchte ständige Pflege, die sie kaum leisten konnte, und das schmerzte sie sehr. Schließlich musste sie ihn in einem neuen Altenpflegeheim in Schuafat im Nordosten der Stadt unterbringen, unweit des Palastes, den König Hussein von Jordanien wegen des Sechstagekriegs nicht mehr hatte fertigstellen können. Sie fuhr jeden Tag in einem arabischen Sammeltaxi zu ihm. Sie musste jetzt selbst für sich sorgen, fand oft keine Arbeit. Pläne und Hoffnungen hatte sie hingegen viele. Sie träumte davon, Bücher herauszubringen, wurde jedoch immer wieder enttäuscht. Ihr bleibe keine Wahl, sie müsse das Atelier schließen, schrieb sie mir. Das war deprimierend. Sie schätzte auch die Gesamtlage in Israel pessimistisch ein.

In Boston fragte man mich, ob es bald Krieg geben werde; mein Hauswirt wollte wissen, ob ich dann heimkehren würde. Ich sagte, das könne sein. Eines Tages ging ich in die Brandeis University, um Golda Meir sprechen zu hören. Sie behauptete wie immer, die Araber weigerten sich, mit uns zu verhandeln. Ich wusste damals nichts von Präsident Sadats Friedensbemühungen, aber möglicherweise verführte mich mein langer Aufenthalt in Amerika zu »ketzerischen Gedanken«, wie ich einem Freund nach Goldas Rede schrieb: »In Wahrheit ist es kein Problem mehr, zu Verhandlungen zu gelangen. Das Problem liegt darin, dass es keine Basis für ein Abkommen gibt.« Ein halbes Jahr später brach der Jom-Kippur-Krieg aus. Meine Mutter schrieb mir: »Es ist wieder einmal ein Zustand, wo ich denke, dass es gut sein kann, alles aufzuschreiben.« Und das tat sie. Ihre Kriegsbriefe an mich waren nummeriert. Auch ich schrieb Tagebuch.

Am Morgen des 6. Oktober 1973, Jom Kippur, dem höchsten jüdischen Feiertag, rief mich eine Dozentin von der Universität an und fragte, ob ihre Schwester am nächsten Tag wohl nach Tel Aviv fliegen könne. So erfuhr ich, dass etwas geschehen war. Später kam ein Anruf vom Militärsender Gale Zahal, meiner Reserveeinheit: Es sei Krieg. Ägypten und Syrien hätten einen Überraschungsangriff unternommen, die Lage sei ernst. Natürlich wollte ich zurückfliegen, aber es hieß, ich solle bleiben, um über die amerikanischen Reaktionen zu berichten. Ohnehin hätte ich kaum einen Flug gefunden: Die meisten Plätze waren für Kampfsoldaten reserviert. Der tägliche Kontakt mit dem Militärsender verband mich jetzt mit dem Geschehen in Israel, und der israelische Konsul in Boston hoffte, ich wüsste vielleicht mehr als er. Ich musste ihn zwar enttäuschen, aber er schlug dennoch ein Treffen vor. Er wolle eine Theorie an mir testen, sagte er und lud mich auf einen Drink in eine Bar ein.

Natürlich habe er mir nicht am Telefon sagen wollen, was er mir jetzt eröffne, begann er. Nach seiner Einschätzung sei der Krieg die Folge einer bewussten Provokation seitens Israel mit dem Ziel, Ägypten und Syrien zum Angreifen zu veranlassen. Grund sei die gedrückte Stimmung im Land, die einer Reihe von Misserfolgen geschuldet sei, darunter dem fehlgeschlagenen Versuch, den Palästinenserführer George Habasch zu entführen. Golda Meir brauche einen »Blitzsieg«, der das Volk um ihre Regierung schare, denn in drei Wochen seien ja Wahlen. Golda sei ein ägyptischer Angriff zudem gelegen gekommen, weil dadurch eine Verhandlungsinitiative des amerikanischen Außenministers Henry Kissinger abgeblockt werden konnte, die eine Teilung der Sinaihalbinsel vorgesehen hätte. Mir schien, der Konsul wollte wohl kaum »eine Theorie an mir testen«, sondern war einfach nur überrumpelt und verwirrt und versuchte sich das Geschehen zu erklären: »Wir wussten doch genau, wann Ägypten und Syrien angreifen würden, und haben trotzdem die Reserve nicht rechtzeitig einberufen. Was könnte der Grund dafür gewesen sein?«, argumentierte er. Ich fragte mich, woher er wissen sollte, was der Mossad vor dem Krieg wusste, und notierte mir das in meinem neuen Tagebuch. Einige Tage später rief der Konsul wieder an und bat: »Vergessen Sie unser Gespräch.« Ich notierte auch das und fügte später hinzu: »Sehr schlechtes Gefühl, jetzt hier zu sein, ohne helfen zu können.«

Das Schwerste für mich war, nicht zu wissen, was vor sich ging. Auch die Leute von Gale Zahal wussten es nicht oder durften mir nicht viel erzählen. Die Briefe meiner Mutter waren beinahe die einzige Quelle. Sie schrieb sehr ausführlich Kriegsberichte »aus der Ameisenperspektive«, wie sie es nannte, aber wenn sie endlich ankamen, hatten sie fast nur noch historischen Wert. »Komisch, wie bei vielen Leuten der Krieg zu einer Leidenschaft wird«, schrieb sie nach einigen Tagen. »Manche erinnern sich an frühere Kriege als an ihre beste Zeit. Die alten Herren, die in den Straßen rumlaufen, machen ganz verbissene, aber zufriedene Gesichter.« Die Nachbarin von unten komme »schon in der Dämmerung angelaufen, um zu sagen, dass man jetzt die Lichter ausmachen muss. Wunderbare Gelegenheit zu kommandieren«, schrieb meine Mutter. Auch sie erinnerte sich an 1948, klebte, wie 1967, Klebstreifen über die Fenster und kaufte hastig ein paar Grundnahrungsmittel, für den Fall, dass sie knapp werden würden.

Einmal nahm sie Gabriel Stern mit zu Bernheim, und als sie zurückfuhren, heulten plötzlich die Sirenen. Das Sammeltaxi hielt an, die Fahrgäste fanden Schutz in einem nahen Kloster. Außer Gabriel und meiner Mutter waren alle Araber. Er schrieb einen Zeitungsartikel darüber. Jom Kippur hatte er mit einem uralten Streit zwischen zwei Gelehrten verbracht, den er in einer längst vergessenen Zeitschrift aufgetan hatte. Er schrieb mir ausführlich darüber und fügte am Ende des Briefs hinzu: »Die Hauptsache habe ich vergessen: Hier ist Krieg ausgebrochen, aber ich nehme an, das ist auch in Boston bekannt.« Und es wäre nicht der gute Gabriel gewesen, wenn er seine Leser nicht an einem Gedanken beteiligt hätte, der ihm gekommen war, weil der arabische Angriff gerade an Jom Kippur losging: Israel hatte christliche Araber an Heiligabend und muslimische Araber an einem Freitag im Fastenmonat Ramadan aus ihren Dörfern vertrieben. Auf seine Weise konnte er auch sehr praktisch denken: Er riet meiner Mutter, Bernheim nicht wieder nach Hause zu holen, und sie hielt sich daran. Dessen zunehmende Hinfälligkeit im Zusammenwirken mit dem Krieg drohten, meine Mutter völlig zu überfordern. Sie schrieb mir nun Sätze, die ich noch nie von ihr gehört hatte: »War irgendwie ganz gelähmt, konnte nichts tun oder denken, und es ging vielen Leuten so.«

Sie hing nächtelang am Radio, zitierte in ihren Briefen häufig, was sie auf Hebräisch gehört hatte. Das überraschte mich. Einmal erzählte sie mir von einem Bericht, den mein Freund Rafi Unger aus der Gegend am Suezkanal gesendet hatte. Danach scheine die Lage dort »sehr scheußlich zu sein«, schrieb sie. Ein paar Tage später rief mich mein Kollege Nahum Barnea an: Es gebe eine Nachricht über Rafis Tod. Sein Leichnam sei noch nicht identifiziert; er könnte auch in Gefangenschaft geraten sein. In einem ihrer nächsten Briefe schrieb meine Mutter: »Heute steht im Haaretz, dass Rafi Unger gefallen ist. Man hörte ihn noch bis vorgestern im Radio!« Als ihr Brief ankam, wusste ich schon, dass er bei einem ägyptischen Angriff auf den Panzerwagen, in dem er saß, umgekommen war, zusammen mit einem der Feldherren und fünf Kampfsoldaten.

Das war ein schwerer Schlag. Einige meiner Schulkameraden waren im Sechstagekrieg gefallen, aber mit keinem von ihnen war ich enger befreundet gewesen. Ich bemühte mich, durch Schreiben über Rafis Tod hinwegzukommen. »Viele meiner schönsten Erinnerungen basieren auf gemeinsamen Erlebnissen mit Rafi«, schrieb ich seiner Schwester. »Ich schätzte ihn als begabten Journalisten noch ehe wir zusammenarbeiteten, und in den Jahren beim Radio war er natürlich vor allem ein guter Freund.« Rafi und ich unterhielten uns einmal darüber, dass manche Menschen in Israel schon in sehr jungen Jahren gehobene Stellungen erreichen, wie er zum Beispiel, worauf er in etwa sagte: »Man lässt uns echt nicht jung sein in diesem Land.« Ich erzählte das seiner Schwester und fügte hinzu: »Er hat das wohl nicht ganz ernst gemeint, aber ich musste gleich bei Ausbruch des Krieges an diese Bemerkung denken, und in seinem Verlauf denke ich, er hatte recht.« In meinem Tagebuch steht, dass ich lange hin und her überlegte, bevor ich zur Endfassung dieses Briefes gelangte, mit dem Zusatz: »Ich hoffe, es mal nicht zu bereuen.« An eine Seite des Tagebuchs heftete ich die Neujahrskarte, die ich ihm zu Rosch Haschana geschickt hatte; sie war mit dem Aufdruck *Unbekannt verzogen* auf dem Umschlag zurückgekommen.

Abschiede

Die beiden Sätze, die meine Mutter mir über Rafis Tod schrieb, rangierten nach ihrem Loblied auf Isaac Stern, den sie im Konzert gehört hatte, und vor Einzelheiten über ein neues Hemd, das sie mir schicken wollte. Distanzierter ging es kaum. Aber wenn ich jetzt ihre Kriegsbriefe durchgehe, erkenne ich eine Entwicklung, die mir damals nicht bewusst war – und vielleicht auch ihr nicht: Ihre Fremdheit verflog langsam. Es gab immer mehr Anzeichen dafür, dass sie sich mit ihrer israelischen Umgebung zu identifizieren begann. Als die offiziellen Gefallenenmeldungen nach und nach eintrafen, schrieb sie mir: »Ich muss dauernd an Rafi denken, trotzdem ich ihn gar nicht so gut kannte. Er war immer so nett zu mir. Manchmal traf ich ihn, dann sagte er immer, ich soll ihn anrufen, wenn ich glaubte, dass er mir was helfen konnte.« Eine Weile später erwähnte sie ihn erneut: »Ein Berichterstatter vom Spiegel ist hier, um Material zu sammeln zu seinem Artikel über ›die Legendenbildung in Israel‹ und den Einfluss des Krieges darauf. Very sophisticated – nur Rafi Unger ist keine Legende und die anderen auch nicht.«

Meine Mutter, die stets wusste, was »in der nächsten halben Stunde« nach einer Katastrophe zu tun war, schilderte mir jetzt ein Problem, das sie schwerlich allein lösen konnte: »Ich hab Angst, Leute anzurufen, wenn ich nicht genau weiß, dass alles bei ihnen in Ordnung ist.« Darunter waren Eltern meiner Freunde. Als der Gefangenenaustausch begann, dachte sie an diejenigen, die bisher gehofft hatten, ihre verschollenen Söhne könnten noch zurückkehren. »Die Leute, die man kennt, die nun nicht mehr zu warten haben, sind in diesen Tagen noch schlechter dran, wenn alles jubelt und sich freut«, schrieb sie mir. Als sie merkte, dass bei Bernheim im Heim Personal fehlte, sprang sie ehrenamtlich ein, brachte den Patienten das Essen, machte ihre Betten, putzte die Zimmer. Sie meldete sich zudem auf eine Anzeige, die Zivilisten aufrief, alleinstehenden englischsprachigen Soldaten zu helfen: Dusche, Essen, ein gutes Wort. Keiner kam, aber ihre Antwort auf die Anzeige zeugte von einem neuen Zugehörigkeitsgefühl.

Eigentlich hatte es schon vor dem Krieg angefangen. Sie schrieb mir von neuen Bekannten und einigen Freunden, wurde zu Veranstaltungen eingeladen und besuchte oft Konzerte. Einmal ging sie sogar ins Theater: *Der Kaufmann von Venedig*. Sie habe nicht gewusst, dass das Stück auf Hebräisch gegeben wurde, aber da sie es kannte, habe sie fast alles verstanden, berichtete sie. Sie fand auch neue Fotoaufträge: Eine Zeitschrift des Außenministeriums engagierte sie oft, ebenso die Jewish Agency und sogar eine große ultraorthodoxe Thoraschule in Jerusalem. Dazu musste sie gelegentlich auch Orte aufsuchen, die sie noch nicht kannte. Sie erzählte mir begeistert von diesen Fahrten, und ich fragte mich, ob sie womöglich sogar ihre

Liebe für das Land entdeckte. Im Februar flog sie mit ihrer Freundin zum Katharinenkloster in den Sinai, um dort zu fotografieren. Der zehnseitige Brief, den sie mir danach schrieb, lief auf die Feststellung hinaus: »Moses würde den Ort nicht wiedererkennen!« Ab und zu fiel mir auf, dass sie »wir« schrieb, wenn sie die Lage in Israel meinte.

Ich bin nicht sicher, woran das lag. Meine Schwester schrieb ihr gelegentlich über antisemitische Vorfälle in Deutschland. Meine Mutter bezeichnete diese als eine langwierige Krankheit. »Einige hundert Jahre jüdischer Staat können das ausrotten, sonst nichts.« Die allgemeine Resignation und vor allem die Trauer um die Gefallenen schufen eine Solidarität in der Gesellschaft, in der sie nun auch ihren Platz fand. Eine Freundin von mir wurde als Reservistin in einem neu eingerichteten Informationszentrum für die Familien im Krieg Verschollener eingesetzt. »Man stößt in Israel auf Angehörige aller Schichten, Herkunftsländer und Gruppen«, berichtete sie mir von ihrem Dienst. »Es gibt Jemeniten und Kurden und Marokkaner und Jeckes, und plötzlich haben alle etwas Gemeinsames.« Oft konnte sie den Eltern nichts über das Schicksal ihrer Söhne mitteilen; das war herzzerreißend. »Nach zwei Tagen dort meinte ich, es nicht durchstehen zu können«, schrieb sie. »Meine seelische Erschöpfung ist unermesslich ... Ich bin um Jahrzehnte gealtert, wie die anderen unserer Generation.« Sie rief meine Mutter an, die ihr sagte, was sie selbst empfand: Man muss weitermachen, trotz des Grauens. Ein Freund schrieb mir von einer langen Reservedienstzeit im Sinai. »Das Jahr 1974 hat traurig für uns angefangen. Die schöne Welt von gestern ist nicht mehr, und kein Mensch weiß, wie die Welt morgen und übermorgen aussehen wird. Ich kann mir kaum vorstellen, dass alles wieder so sein wird wie früher – Universität, ein Zuhause mit niedlichem Kind, Picknicks an Samstagen –, denn die gegenwärtige Lage wird noch lange anhalten.«

All das erreichte mich aus der Ferne. Ich erfasste, was sie durchmachten, konnte mich aber schwer hineinversetzen. So kam es, dass meine Mutter nach und nach in das israelische Gemeinschaftsgefühl hineinfand, ich mich jedoch dem Amerika der Watergate-Affäre näher fühlte. Als in Israel die kriegsbedingt verschobenen Wahlen stattfanden, wollte meine Mutter eine Stärkung der Likud-Partei unter Menachem Begin unbedingt verhindern, damit sie den Krieg nicht neu entfachte. In ihren Briefen hatte sie oft auf die Regierung geschimpft, vor allem, weil diese die Bürger belogen hatte. Aber jetzt habe sie ein Gläschen Kognak getrunken, sei zum Wahllokal runtergegangen, habe die Augen geschlossen, sich die Nase zugehalten und für Golda Meirs sozialdemokratisches Wahlbündnis gestimmt, schrieb sie. Damit hatte sie erstmals im Leben eine Regierungspartei gewählt.

Bernheim starb drei Monate später. Meine Mutter hatte seine Ärzte erfolglos gebeten, sein Leben nicht künstlich zu verlängern; die letzten Wochen waren sehr leidvoll für beide. Und wieder musste ich einen Brief verfassen, für den ich nur mühsam die richtigen Worte fand. Es fiel mir nicht schwer, ihr zu schreiben, dass ich traurig war, obwohl sein Tod für sie beide eine Erleichterung gewesen sei. Ich betonte, dass die gemeinsamen Jahre mit ihm ihr gutgetan hätten, ebenso wie ihre liebevolle Pflege in seinen letzten Lebenswochen. Doch nun kam der heikle Satz, der schließlich so dastand: »Ich war ja früher nie so sehr für diese Verbindung, aber später habe ich doch eingesehen, dass es nicht nur für ihn, sondern auch für Dich eine gute Beziehung war.« Ich riet ihr, sich in der Schweiz ein wenig zu erholen, und machte mich auch selbst ans Kofferpacken. Die amerikanische Ära meines Lebens ging zu Ende. Vieles, was ich gesehen hatte, war mir sinnlos und oberflächlich vorgekommen, vor allem die menschlichen Beziehungen. Sie freunden sich nicht so leicht an, die Amerikaner, schrieb ich nach Hause. Sie sagen, »schön, dich kennenzulernen«, »schön, mit dir zu reden«, und »hoffen, dich wiederzusehen«, und vergessen dich für ein Jahr. Aber beim nächsten Treffen wissen sie deinen Namen noch. Ich hatte schließlich ein paar wahre Freunde gefunden, aber da wurde es schon Zeit für die Rückfahrt.

Im Zuge meiner Abreisevorbereitungen rief ich auch Hannah Arendt an, die wieder sehr zuvorkommend war. Diesmal lud sie mich zum Nachmittagskaffee ein. Sie wusste schon von Bernheims Tod und fragte, wie sie meiner Mutter helfen könnte, ihre Trauer und ihre Schwierigkeiten zu überwinden. »Gut, dass sie ihn gehabt hat«, sagte sie. Ich half ihr, die vielen Bücherpakete zu öffnen, die sie von Freunden und Bewunderern erhalten hatte, und wieder sprachen wir über meine geplante Doktorarbeit. Jetzt hatte ich schon ein festes Thema. Ihre erste Reaktion war zurückhaltend: »Wozu wollen Sie fragen, warum die KZ-Kommandanten so gehandelt haben, wie sie es taten, und wie sie das hatten tun können. Wenn nicht sie, hätte jemand anders es getan.« Das heißt, sie führte praktisch wieder die These von der Banalität des Bösen an. Ich sagte, genau das wollte ich untersuchen. Wir gingen zu einem anderen Thema über, und dann sagte sie, auf den zweiten Blick sei das mit den KZ-Kommandanten doch eine ausgezeichnete Idee. Vielleicht sogar ein Buch, meinte sie und nannte mir Namen von Leuten, die mir nützlich sein könnten: »Sagen Sie ihnen, ich hätte Ihnen geraten, sie anzurufen.«

Mittlerweile war es Abend geworden. Eigentlich habe sie vorgehabt, mit einem Freund zum Dinner auszugehen und danach noch ins Kino. Vielleicht wollte ich zum Abendessen mitkommen? Hans würde sich freuen. Ich wollte. Sie rief ihn an, und er versprach, einen Tisch zu bestellen. Und so saß ich dann im Restaurant des Plaza Hotels in Gesellschaft von Hannah Arendt und Hans J. Morgenthau. »Das ist der einzige Ort in New York, der ein annehmbares Abendessen anbietet«, sagte er. Er erinnerte sich nicht daran, dass ich ihn einmal interviewt hatte. Wir sprachen Englisch; ich bin sicher, ohne mich hätten sie Deutsch gesprochen. Einen Moment stellte ich mir die beiden nebeneinander im Kino vor. Zuerst tauschten sie Neuigkeiten über gemeinsame Freunde aus – ebenfalls erfolgreiche Jeckes: Alfred (Knopf, der Verleger) und Henry (Kissinger, der Außenminister). »Ich habe ihm heute einen Brief geschickt«, sagte Morgenthau. Er war froh, dass Golda Meir trotz des Jom-Kippur-Kriegs die

Wahlen gewonnen hatte. »Ihr braucht sie«, sagte er. Den Großteil des Abends sprach er über Watergate. Er betrachtete die Affäre als fehlgeschlagenen Putschversuch seitens der Administration. Arendt meinte, man könne noch nicht sagen, ob der Putschversuch gescheitert sei, Nixon sitze ja noch im Weißen Haus.

Meine Jahre in Amerika bestätigten mich in der Annahme, dass der Zionismus niemals eine Mehrheit des Weltjudentums repräsentiert hatte. Die meisten Juden wollten die zionistische Vision nicht persönlich im Land Israel umsetzen. Millionen von ihnen waren in die USA ausgewandert und fühlten sich dort zu Hause. Millionen derer, die lieber in ihren Geburtsländern geblieben waren, wurden im Holocaust ermordet, aber ihr Schicksal war kein zwingender Grund für einen jüdischen Staat. Die Holocaust-Überlebenden, die nicht in ihre Herkunftsländer zurückkehren konnten oder wollten und sich auch nicht für Israel entschieden, fanden wie Millionen andere Flüchtlinge Aufnahme in Drittländern. Nur eine Minderheit kam nach Israel. Arendt und Morgenthau wirkten besorgt angesichts der politischen Lage in ihrem Amerika. Arendt sagte zwar, persönlich fühle sie sich völlig sicher, aber später am Abend wiederholte sie es noch einmal, wie mir auffiel. Das war im April 1974. Bevor Nixon im August abtrat, erhielt ich ein überraschendes Jobangebot, mit dem ich schon Jahre zuvor geliebäugelt hatte: Deutschland-Korrespondent der Tageszeitung *Maariv*.

Sechzig Millionen Juden

Die Einführung, die ich vom Auslandsredakteur des *Maariv* erhielt, war klar und deutlich. »Uns interessiert in erster Linie, was die in Deutschland lebenden Juden machen«, begann er. Ich sagte, es gebe nicht mehr so viele, aber der Redakteur, Schaul Ben-Chaim, widersprach: »Doch, doch, die gibt's. Zu viele«, und setzte hinzu: »Uns interessiert auch alles, was die Nazis machen.« Ich wandte ein, dass auch davon nicht so viele übrig seien, aber Ben-Chaim beharrte: »Doch, doch, die gibt's. Zu viele.« Die Zeitung sei natürlich auch an allem interessiert, was mit dem palästinensischen Terror zu tun habe: »Und wenn du eine Nachricht schickst, die Nazis und Palästinenser verbindet, hast du gute Chancen, einen Platz auf der Titelseite zu bekommen.« *Maariv* war damals noch die auflagenstärkste Zeitung Israels, »national-liberal« und sehr patriotisch. Deutschland betrachtete man mit feindseligem Misstrauen. Ben-Chaim, ein langjähriger und erfahrener Journalist, geboren in Riga mit deutscher Muttersprache, versuchte diese Linie zu mäßigen. Schließlich gab der Chefredakteur des *Maariv* Anweisung an alle Mitarbeiter: Nur einer dürfe mit dem deutschen Botschafter sprechen, und das sei Ben-Chaim.

In der zweiten Hälfte der 1970er Jahre lieferte Deutschland kaum Nachrichten, die außerhalb seiner Grenzen von Interesse waren. Die deutsche Hauptstadt Bonn war ein malerisches, freundliches Städtchen am Rhein. Machenschaften, Intrigen und allerlei Skandale erschütterten die Politik wie in allen Hauptstädten, aber das Schlüsselwort im öffentlichen Leben war »Konjunktur«, also die Wirtschaftslage. Das war wichtig, konnte meine Leser aber kaum interessieren. Die tiefgreifenden Auseinandersetzungen mit dem »Dritten Reich« und die Identitätskrisen, die die westdeutsche Gesellschaft in den ersten Nachkriegsjahren durchgemacht hatte, waren überwunden. Ich konnte noch über Ulrike Meinhofs Selbstmord und die deutschen Mittäter bei der Flugzeugentführung nach Entebbe berichten, aber selbst der politische Terror war nun kein großer Aufmacher mehr. Gabriel Stern schrieb mir, ich würde dem *Maariv* nur »magere Ausbeute« liefern. Betroffen fragte ich mich, was er an meiner Stelle denn berichten würde. Vermutlich würde er die Gegend erkunden, dachte ich und machte mich auf Tour durch Bonn. Überrascht entdeckte ich einen mächtigen Bauboom. Überall schossen hohe Amts- und Bürogebäude aus dem Boden, darunter ein Kanzleramt und Parteizentren. Unter der Adenauerallee baute man eine Untergrundbahn. Beethovens nette Geburtsstadt stand allerdings nicht in Begriff, Paris oder London zu werden. Sie brauchte keine Metro und keine Underground. Die neue U-Bahn war hübsch, aber meistens fast leer. Vermutlich wurde sie fürs nationale Prestige gebaut.

Die bundesdeutsche Regierung betonte stets, dass alles in Bonn nur provisorisch sei, bis das Land wiedervereinigt und Berlin erneut Hauptstadt sein würde. Gelegentlich fragte ich Politiker, ob sie noch an die Wiedervereinigung glaubten. Manche waren überrascht, fassten sich jedoch stets in Sekundenschnelle und antworteten todernst: »Wir alle glauben daran.« Ich hielt das bestenfalls für patriotische Illusion, war sicher, dass Deutschland nie mehr wiedervereinigt werden würde, und dachte angesichts der Bonner Bautätigkeit, dass man das mittlerweile wohl selbst einsah. *Maariv* druckte die Geschichte. Andererseits interessierten meine Redakteure sich nicht für die Debatte über Gartenzwerge. Diese drehte sich um die Frage, ob man sie aus Ostdeutschland einführen sollte. Die Linken sagten, die ostdeutschen Zwerge seien aus Ton, wie es der deutschen Tradition entspreche, während die westlichen Zwerge aus Plastik hergestellt würden. Die Rechten sagten, es bestehe kein Grund, die kommunistische Wirtschaft auf Kosten der westlichen Industrie zu unterstützen. Hier haben wir – dreißig Jahre nach Untergang des »Dritten Reiches« – eine Debatte über die Frage, wer der wahre deutsche Patriot ist, dachte ich, aber beim *Maariv* sah man das anders und warf den Bericht in den Papierkorb. Schade, finde ich bis heute.

Fast zehn Jahre nach Aufnahme der diplomatischen Beziehungen zwischen den beiden Staaten waren die Deutschen immer noch sehr – zuweilen fast obsessiv – um ihre öffentliche Wahrnehmung in Israel besorgt. Auch das erschwerte mir die Arbeit. Deutsche Politiker waren nicht unzugänglich, aber immer wieder merkte ich, dass sie mir nicht an erster Stelle als Journalist, sondern vor allem als Israeli und Jude begegneten. Einer der ersten deutschen Politiker, die ich bei einem Empfang kennenlernte, war der ehemalige CDU-Minister Gerhard Schröder (nicht zu verwechseln mit dem späteren SPD-Kanzler). »Ich hatte immer eine besondere Beziehung zu Ihrem

Volk«, sagte er mir feierlich beim Händedruck. Das stimmte, wie ich hinterher mühelos herausfand: Schröder hatte der NSDAP und der SA angehört. Rund die Hälfte der Bundestagsmitglieder hatte noch am Zweiten Weltkrieg teilgenommen. Das erschwerte die Anknüpfung normaler Beziehungen auch bei vielen anderen Deutschen. Denn wie ich für sie zuerst Israeli und Jude und dann erst Journalist war, waren sie in meinen Augen zuallererst Deutsche, die während der Nazizeit wer weiß was getan hatten. Ich fand, dass das auch viele Jahre nach Kriegsende immer noch die wesentliche Geschichte war: Das Leben der Deutschen mit ihrer Vergangenheit, und diese Geschichte war fesselnd. Die Vergangenheit stand im Mittelpunkt der öffentlichen Debatte bei ihnen, bildete den Kern ihrer Identität. Das Leben im Schatten dieser Vergangenheit führte sie vom Schock der Niederlage, der Zerstörung und der Trauer zu Schuld, Verdrängung, Reue und weckte auch ein ehrliches Gefühl der Verpflichtung gegenüber den Werten des demokratischen Rechtsstaats.

Die meisten Menschen, die ich in der Bundesrepublik traf, behaupteten, von der Ermordung der Juden nichts gewusst zu haben. Diejenigen, die damals Uniform getragen hatten, erklärten oft, sie hätten an der russischen Front gekämpft. Fast in jeder Stadt drückte mir jemand ein Büchlein über die örtliche Widerstandsbewegung in die Hand. Immer wieder begegnete ich Menschen, die mir erzählten, sie hätten bei sich zu Hause ein oder zwei Juden versteckt oder wüssten von jemandem, der das getan hatte, oder hätten von Juden gehört, die auf diese Weise gerettet worden seien. Unter uns israelischen Deutschland-Korrespondenten kursierte der Spruch, es müsse hier offenbar mal sechzig Millionen Juden gegeben haben, denn jeder Deutsche habe ja einen gerettet. Eines Abends war ich bei der israelischen Botschaftsrätin Hava Bitan und sah dort zu meiner Überraschung, dass sie auch Außenminister Hans-Dietrich Genscher eingeladen hatte. Es wurde ein netter Abend. Er war ein sympathischer Mensch. Als er mich fragte, welche Eindrücke ich bei Begegnungen mit Deutschen gewonnen hätte, verriet ich ihm meine Theorie über die sechzig Millionen Juden. Der Minister fand das nicht lustig, und die Gesandte warf mir einen drohenden Blick zu.

Ich nutzte die Gelegenheit, um eine Nachricht zu verifizieren, die ich an jenem Tag gehört hatte: Angeblich wollte der ägyptische Staatspräsident Sadat, der Deutschland bald einen Besuch abzustatten gedachte, ein paar Tage Urlaub in Berchtesgaden einlegen, Hitlers geliebtem Alpenort. Genscher verstand sofort, worauf ich mit meiner Frage hinauswollte, und antwortete ohne nachzudenken: »Das war sein Wunsch!« Ich fragte, ob Sadat auch Hitlers »Adlerhorst« besuchen würde, und Genscher, nun sehr vorsichtig geworden, sagte, er sei darüber nicht informiert. Aber er wolle mir etwas erzählen, das er mit Sicherheit wisse: »In einem Haus in Berchtesgaden war während der ganzen Kriegszeit eine jüdische Frau versteckt. Im Keller. Genau unter Hitlers Nase, kann man sagen, das ganze Dorf wusste davon! Und kein Mensch hat sie verraten, und so ist ihr Leben gerettet worden.« Dann sei sie also eine jener sechzig Millionen Juden, bemerkte ich, und die Gastgeberin warf mir wieder den bewussten Blick zu, diesmal eigentlich zu Recht. »Es wird Zeit, dieses wunderbare bayrische Städtchen von dem Stempel der Vergangenheit zu befreien, der ihm wegen Hitler aufgedrückt wurde«, sagte der Minister und erhob sich zum Gehen. Die Gesandte Bitan hat mir das nie verziehen.

Zu dieser Zeit konnte sich noch niemand vorstellen, dass Sadat anderthalb Jahre später plötzlich in Jerusalem auftauchen könnte. Noch galt er als Israels bestgehasster Feind, und der *Maariv* ließ sich die Gelegenheit nicht entgehen, ihn mit den Nazis in Verbindung zu bringen. Und so bekam ich den Titel »unser Korrespondent in Berchtesgaden«. Der Bürgermeister und der Chefredakteur der Lokalzeitung behandelten mich, als sei ich Korrespondent der *New York Times*. Sie erzählten mir stolz, für Sadats bevorstehenden Besuch in Hitlers Bunker habe man die Wände neu gestrichen, um die antisemitischen Sprüche, Hakenkreuze und anzüglichen Reime zu übertünchen, die frühere Besucher dort hinterlassen hatten. »Wir wollten, dass Sadat den Führerbunker sauber und ordentlich vorfindet«, sagte mir die Hüterin des Hauses. Sie war früher Hermann Görings Haushälterin gewesen.

Der Bürgermeister beauftragte jemanden, mir das für Sadat und seine Gemahlin vorgesehene Zimmer im Hotel Alpina zu zeigen. Das neue Doppelbett war eigens für den hohen Besuch gezimmert und das Bettzeug mit geblümter Wäsche bezogen worden. Auf die Kissen hatte man rote Stoffherzen genäht. Ein Kinderorchester in Lederhosen und bestickten Hemden empfing den Gast mit dörflicher Herzlichkeit, danach folgte ein Ausflug zu einem Bauernhof. Die meiste Zeit ruhte der hohe Gast in der Frühlingssonne auf dem Hotelbalkon, allein mit seiner Pfeife und den Alpengipfeln. Der Weg zu Hitlers »Adlerhorst« war noch zugeschneit, Sadat hat ihn nicht besichtigt, wurde jedoch mit einem Hubschreiber darüber geflogen. Der Redakteur der Lokalzeitung fragte ihn, ob es ihn wegen der Vergangenheit hierhergezogen habe, worauf Sadat, offenbar gut instruiert, antwortete, er sei gekommen, um die Bewohner Bayerns kennenzulernen. Es wurde eine farbige Geschichte. Ich habe sie gern geschrieben.

Weiterhin arbeitete ich in Berlin auch an meiner Doktorarbeit. Erwartungsgemäß gestaltete sich das schwierig. Gelegentlich war ich kurz davor, resigniert hinzuschmeißen. Mein Doktorvater, Professor Dietrich Orlow, ein gebürtiger Hamburger, zählte in Amerika zu den besten Experten für die Geschichte der NSDAP. Als großer Pedant machte er mir das Leben nicht leicht. An einem Punkt sagte er trocken: »Ja, Sie haben hier ein Buch.« Ich war nicht sicher, ob das als Lob für meinen Text gemeint war, aber es ermutigte mich weiterzumachen.

lein Opa, Emil Schwerin, war ein kämpferischer Mann. Meistens verlor er. Nach
em Ersten Weltkrieg zog er von seiner Geburtsstadt Kattowitz nach Berlin. Dort
ohnte er mit seiner Familie in einer eleganten Villa an der Rehwiese im Stadtteil
ikolassee (oben rechts) und fühlte sich zu Hause. Ähnlich wie viele deutsche Juden
ıchte er, die NS-Zeit überleben zu können, musste jedoch 1938 nach Jerusalem
ehen. Dort lebte er in seinen Erinnerungen und träumte von seinem verlorenen
/arenhaus in Kattowitz (unten).

Meine Eltern, Ricarda Meltzer und Heinz Schwerin, studierten am Bauhaus Dessau. Beide waren Kommunisten. 1935 flüchteten sie nach Jerusalem, wo sie Holzspielzeug herstellten. Nach dem Tod meines Vaters wurde meine Mutter eine bekannte Porträtfotografin.

Meine Mitschüler und ich (oberste Reihe, Vierter von links) bei einem Schulausflug in der siebten Klasse. Die Familien vieler meiner Mitschüler waren aus mindestens zehn Ländern eingewandert. Bei uns zu Hause wurde Deutsch gesprochen.

Das Taborhaus, in dem ich einige meiner ersten Lebensjahre verbrachte, steht bis heute wie ein zauberhaftes Schloss in der Jerusalemer Prophetenstraße. Dorthin führen meine ersten Erinnerungen und dort liegen die Wurzeln meines Interesses an der Geschichte Israels und Palästinas. Unten links bin ich mit David Ben Gurion zu sehen (1968). Das Bild unten rechts zeigt mich im Gespräch mit Jassir Arafat (2002).

Günter Grass gab sich bei der Vorstellung der hebräischen Ausgabe seiner Autobiographie *Beim Häuten der Zwiebel* große Mühe, sich beim israelischen Lesepublikum verständlich zu machen, »Ich war ein junger dummer Nazi«, sagte er mir (2011).

Der österreichische Bundeskanzler Bruno Kreisky (Bild Mitte, ganz links) verursachte 1975 einen heftigen Skandal, als er behauptete, die Juden seien kein Volk, sondern lediglich eine »Religionsgemeinschaft«.

Bundeskanzler Helmut Schmidt (Bild unten, ganz rechts mit seiner Frau Lok sprach fast eine halbe Nacht lang mit drei Auslandskorrespondenten, die ihn auf dem Wahlkampf 1977 begleiteten. Ich war besonders beeindruckt vom Luxus des SPD Sonderzuges.

leine Schwester, Jutta Oesterle-Schwerin, ist vier Jahre älter als ich und kam schon den 1960er Jahren als Innenarchitekturstudentin nach Deutschland. 1987 wurde sie ber die Landesliste der Grünen in den Deutschen Bundestag gewählt.

er in Attendorn geborene israelische Journalist und Friedenskämpfer Gabriel Stern nten links) begleitete mein Leben seit meiner frühen Kindheit und hatte großen influss auf meinen Werdegang als Journalist und Historiker. Hannah Arendt (unten chts) war mit meiner Mutter befreundet, die dieses berühmte Porträt von ihr machte. ls ich in Amerika studierte, war Arendt auch sehr freundlich zu mir.

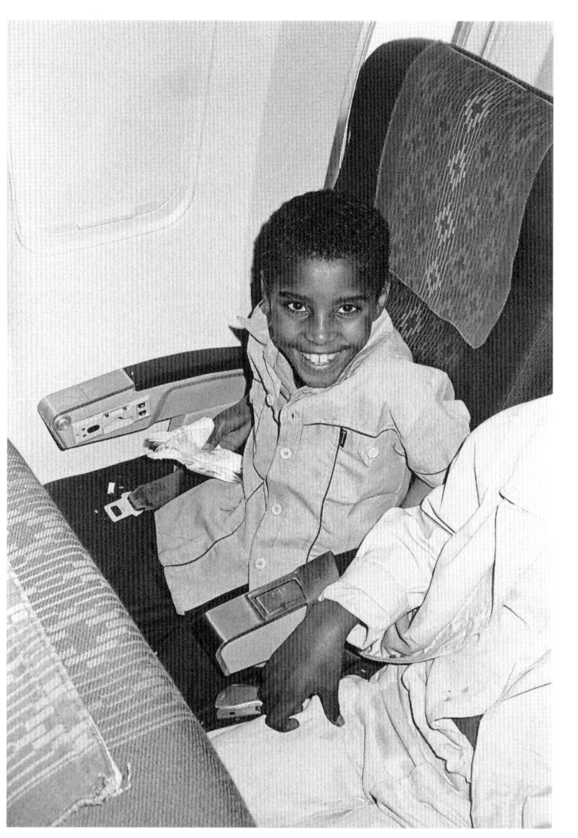

Itayu Abera habe ich auf dem Flug, der ihn 1991 von Äthiopien zu seinem neuen Leben in Israel brachte, zum ersten Mal fotografiert. Wir blieben in Kontakt und wurden mit der Zeit Vater und Sohn. Unten sieht man Itayu mit seiner Mutter beim Abschluss seines Studiums. Heute ist er Elektroingenieur bei dem weltweit renommierten Flugzeug- und Raktenhersteller Israel Aerospace Industries.

An meinem Schreibtisch habe ich für *Haaretz* viele Artikel über Itayus Erlebnisse verfasst. Meine Beiträge wurden zu einer jahrelangen und gern gelesenen Kolumne.

An den Krieg, bei dem mein Vater 1948 umgekommen ist, erinnere ich mich nicht. Sein Grab habe ich erst viele Jahre später zum ersten Mal besucht.

Im Sommer 2014 wurde Tel Aviv mit Raketen aus Gaza beschossen. Das Treppenhaus galt zunächst als sicherster Schutzort. Die Kinder können sich an den ersten Krieg ihres Lebens zum Glück nicht erinnern.

Das Bild links zeigt Itayu und seine Frau Shira bei ihrem ersten Besuch in Berlin.

Eine Stadt ohne Frohsinn

Berlin deprimierte mich. Ich wohnte in einem großen Haus, nicht weit von der Mauer und dem Brandenburger Tor dahinter. Durch mein Fenster hatte ich einen Blick auf die halbe Stadt, aber ich kannte fast niemanden, und die meisten Menschen, denen ich begegnete, waren unfreundlich. Sie legten eine Schnodderigkeit an den Tag, die angeblich als typisch berlinerisch galt und von den Berlinern stolz als Teil ihrer Identität gepflegt wurde. Solche Anmaßung konnte ich schon bei Israelis kaum ausstehen, und bei Berlinern störte sie mich noch mehr. Viele sahen unfroh aus. Der Mercedes-Stern auf dem »Europa Center«, der als Wahrzeichen des freien Berlin leuchten sollte, täuschte mich nicht. Für mich war er nichts als eine pathetische Illusion. Ich hatte auch noch nie so viele Kriegsversehrte an einem Ort gesehen: Männer mit Krücken oder schwarzer Augenbinde, Frauen mit Goldzähnen und traurig resoluter Miene, vermutlich Kriegerwitwen, viele mit Hündchen. Um den Bahnhof Zoo scharten sich ständig Hunderte junger Männer – in der Mehrheit Türken, aber auch viele Jugoslawen und einige Araber. Sie lebten ohne Familien in Berlin, konnten oft kaum Deutsch. Ich fragte mich, wie vielen Ortsansässigen jegliche Voraussetzung zum Glücklichsein fehlte. Mir sind vor allem Regentage im Gedächtnis. Aber ich habe mir auch nicht genug Zeit genommen, um zu genießen, was Berlin für seine Gäste an Heiterem bereithielt.

Allmorgendlich fuhr ich in den vornehmen Bezirk Zehlendorf und ging zu einem kleinen Haus an einer Nebenstraße, das dort im Schatten von Nussbäumen lag. Ein amerikanischer Soldat mit Schnellfeuerwaffe prüfte meine Personalien und holte zudem per Funkgerät die Erlaubnis ein, mich einzulassen. Das Gebäude war eingezäunt und mit Überwachungskameras gesichert, wie ich sie noch nie gesehen hatte. Im Krieg war hier eine Abhörstation des Reichsluftfahrtministeriums mit Bunkeranlage untergebracht gewesen. Jeden

Vormittag um 11:20 Uhr ging eine nicht mehr junge, aber sehr aufrechte Dame mit einem Pudel am Haus vorbei. Der amerikanische Soldat begrüßte den Hund schnalzend, und die Frau ging weiter. Sonst kamen kaum Leute vorüber, es sei denn, sie wollten – wie ich – dort drinnen etwas in den Millionen Akten suchen. Es war das Berlin Document Center, wo die amerikanische Armee persönliche Daten von Millionen Mitgliedern der NSDAP und einiger ihrer Untergruppen verwahrte, außerdem Personalakten von SS-Männern, darunter viel KZ-Personal.

Ich arbeitete einige Monate dort. Die amerikanischen Angestellten des Centers waren sehr zuvorkommend, halfen mir bereitwillig, mich unter den Tausenden von SS-Akten zurechtzufinden. Sie wiesen mir eine eigene Ecke im Bunker des Gebäudes zu, wo ich eine Akte nach der anderen durchging. Viele waren im Krieg beschädigt worden. Einige enthielten nur noch ein paar angekohlte Blätter, andere wiesen Wasserschäden auf oder waren in der Sonne so verblichen, dass sie kaum noch zu entziffern waren. Wieder andere drohten unter den Händen zu zerbröseln wie antike Papyrusseiten, oder es war nur noch ein gänzlich leerer Aktendeckel da, dessen gesamter Inhalt sich verflüchtigt hatte. Doch es gab auch dicke Akten mit einer Fülle an Daten: Die SS-Kommandantur wollte alles über ihre Untergebenen wissen, vom Namen des Urgroßvaters über die Schuhgröße bis hin zu der genauen Lage von Zahnplomben. Von Zeit zu Zeit mussten die SS-Leute ihre Lebensgeschichte niederschreiben, die dann in ihrer Akte verwahrt wurde, zusammen mit Aussagen über ihren Charakter und ihren Lebenswandel, die – meist ohne ihr Wissen – von Verwandten, Freunden und Nachbarn eingeholt wurden, dazu ausführliche Beurteilungen ihrer Vorgesetzten, medizinische und psychologische Atteste und weitere Dokumente. Manchmal sagte ich mir, bald wüsste ich über einige Lagerkommandanten mehr, als man gewöhnlich über seine besten Freunde weiß.

Das war fesselnd und beklemmend zugleich: Ich saß täglich viele Stunden in dem Bunker, sprach kaum mit einem Menschen. Wenn ich rauskam, dunkelte es schon. Manchmal tat ich etwas, was ich nicht hätte tun dürfen: Ich entfernte gegen Abend ein paar Dutzend Schriftstücke aus Akten, die ich tagsüber durchgearbeitet hatte, kopierte sie in der Universität und brachte sie am nächsten Tag zurück. Die Freie Universität hatte mir ein großzügiges Stipendium gewährt. Das Kopieren war dort billiger als im Center. Das war sehr dumm von mir: Ich brach das mir geschenkte Vertrauen und gefährdete das gesamte Projekt. Es war das einzige Mal in meinem Leben, dass ich sowas tat. Wenn ich abends wieder in meiner Wohnung war, fehlte mir die nötige Energie, um zu erproben, was diese Stadt einem jungen Mann wie mir zu bieten hatte.

Einige Monate nach Beginn der Arbeit klingelte an meiner Wohnungstür ein hochgewachsener Fremder, der etwas älter als ich sein mochte. Sein unerwartetes Erscheinen erschreckte mich im ersten Moment, er war ohne Ankündigung gekommen. »Hoppe«, sagte er, als ich öffnete. Ich erkannte ihn sofort: Er sah aus wie Paul Werner Hoppe, der SS-Offizier, dessen Personalakte ich eingesehen hatte; vor mir stand sein Sohn Jörg. Er war wegen eines Briefs gekommen, den ich zwei Tage zuvor an seinen Vater geschickt hatte. An der Boston University laufe ein Forschungsprojekt über die Biographie des SS-Generals Theodor Eicke und seine Leute, hatte ich darin geschrieben. Eicke hatte den Totenkopf-Verbänden der SS vorgestanden, die die Konzentrationslager befehligten, und Hoppe war sein Stellvertreter gewesen. Nach mehreren Verwundungen wurde er im Juli 1942 zum Kommandanten des KZ Stutthof bei Danzig, heute Gdansk in Polen, ernannt. Über hunderttausend Häftlinge waren im Lager eingesperrt, rund fünfundsechzigtausend wurden ermordet.

Ich hatte das Briefpapier der Boston University verwendet und nicht vermerkt, dass ich Israeli war. Jörg Hoppe erfasste das sofort: In meinem Zimmer hing ein großes Plakat von Jerusalem an der Wand. Er sei gekommen, um mir mitzuteilen, dass ich seinen Vater verpasst hätte, er sei vor sechs Monaten an Krebs gestorben. »Ich habe einen Schlussstrich unter diese Geschichte gezogen, jetzt will ich nicht mehr damit konfrontiert werden«, sagte er, erwartete jedoch, dass ich ihm einen Platz anbot. Er wolle die Geschichte seines Vaters verstehen. Das sei ihm zu dessen Lebzeiten nicht geglückt, und nun hoffe er, es vielleicht mit meiner Hilfe zu schaffen. Er schlug vor, irgendwo essen zu gehen.

Ein oder zwei Sekunden zögerte ich, doch Hoppe schien um Hilfe zu rufen, ohne jegliche Drohung. Er hatte ein Restaurant ausgesucht, wir waren die einzigen Gäste. »Hier sind wir ungestört«, sagte er. Er war damals vierunddreißig Jahre alt, Vater eines Sohns und einer Tochter. Er redete stürmisch erregt, fast pausenlos. Schließlich, als die Flasche Wein schon zur Neige ging, meinte er: »Vielleicht darf ich das so gar nicht sagen, und eigentlich habe ich es auch noch niemals jemandem gesagt, nicht mal meiner Frau, aber im Grunde war es mir eine große Erleichterung, als Vater endlich gestorben war. Da bin ich die Last losgeworden.« Das stimmte nicht: Die Bürde, die ihn von Kindesbeinen an belastet hatte, quälte ihn weiter.

Auf den Spuren des Vaters

Bei Kriegsende war Jörg Hoppe vier Jahre alt, sein Bruder zwei. Die Mutter sagte ihnen, der Vater sei nicht von der Front zurückgekehrt. Einige Monate lang kam, meist bei Nacht, ein Mann ins Haus, den die Mutter den Kindern als »Onkel Werner« vorstellte. »Ich konnte immer hören, wenn er kam, nachdem wir schon im Bett waren«, erzählte Hoppe. »Ich wusste, dass er da war, aber wenn wir morgens aufwachten, war er fort.« Gelegentlich schauten Soldaten der britischen Besatzungstruppen in der Wohnung vorbei und fragten nach Onkel Werner. »Ich kann mich noch ganz klar erinnern, wie sie einmal nach ihm suchen kamen, als wir gerade beim Abendessen saßen. Mutter sprang auf, und bevor wir überhaupt kapierten, was denn los war, schob sie Onkel Werner in einen Kleiderschrank. Alles geschah sehr schnell. Mutter öffnete die Tür. Draußen standen drei englische Soldaten. Mutter bat sie herein. Sie fragten nach Onkel Werner. Mutter versicherte, sie hätte keine Ahnung, wo er sei. Sie hätte ihn seit Ende des Krieges nicht mehr gesehen. Sie tat hysterisch. Die Soldaten sollten doch das Haus durchsuchen. ›Suchen Sie überall‹, schrie sie. ›Suchen Sie ihn unter dem Bett, suchen Sie ihn im Kleiderschrank, vielleicht können Sie ihn für mich auftreiben.‹ Aber die Soldaten murmelten nur irgendetwas vor sich hin und gingen wieder. Während dieser ganzen Zeit steckte Onkel Werner im Schrank.« Ein Jahr später wurde er verhaftet, und da enthüllte die Mutter ihren Söhnen, was diese wohl schon geahnt hatten: »Onkel Werner« war ihr Vater. Irgendwie konnte er der Haft entfliehen und in die Schweiz gelangen, wo er seinen Lebensunterhalt in dem erlernten Beruf als Gärtner verdiente. »Wir haben Vater immer vermisst«, erzählte der Sohn. »Auch Mutter vermisste ihn offenkundig sehr.«

Vier Jahre nach der Flucht kam Hoppe heim. Wahrscheinlich glaubte er, im neuen Deutschland werde man sich nicht mehr für seine Vergangenheit interessieren. Seine Söhne gingen schon in die Schule. Die Mutter schärfte ihnen ein, dort zu erzählen, der Vater sei aus russischer Gefangenschaft zurückgekehrt. Aber nach einigen Monaten wurde Hoppe erneut festgenommen, vor Gericht gestellt und zu neun Jahren Zuchthaus verurteilt. »Es war ein schwerer Schlag«, erinnerte sich der Sohn. »Erst die Jahre ohne ihn, dann ließen sie ihn frei, und jetzt hatten sie ihn uns wieder weggenommen. Niemand hatte mir gesagt, warum er im Gefängnis war.« Aber über den Prozess in Bochum wurde in der Presse berichtet. Einige Kinder beschimpften ihn. Immer meinte er, die anderen deuteten mit Fingern auf ihn, den Sohn des Mörders, als trage er Mitschuld an den Verbrechen seines Vaters. »Mutter sagte, das sollte ich einfach ignorieren«, erzählte er. Gelegentlich durfte seine Mutter ihn mitnehmen, wenn sie ihren Mann im Zuchthaus besuchte. Zum Geburtstag schickte der Vater ihm einen Brief aus der Haft. Aber die wahre Geschichte, die wurde »totgeschwiegen«, wie Jörg Hoppe sagte.

Am Gymnasium nahmen sie die Geschichte des »Dritten Reichs« durch. Die Lehrerin erwähnte etwas von Konzentrationslagern. Die Schüler tuschelten. Hoppe hatte das Gefühl, sie würden ihn wieder anschauen, war sich aber nicht sicher. Er wusste nichts über Konzentrationslager und auch nicht, wen er dazu befragen könnte. Er begann, Bücher über den Nationalsozialismus zu lesen. Einmal stieß er auf den Namen Hermann Baranowski. Der Mann war Lagerkommandant im KZ Sachsenhausen gewesen. Den Namen kannte er: Baranowski war sein Großvater. Er konnte die Verwandtschaftsbeziehung unschwer entschlüsseln: Als junger SS-Offizier hatte sein Vater die Tochter eines anderen SS-Offiziers namens Baranowski geheiratet. Großmutter Auguste lebte damals noch, aber er wagte nicht, sie nach Sachsenhausen zu fragen. Nur einmal traute er sich das bei seiner Mutter. Sie riet ihm, die ganze Angelegenheit zu vergessen. 1962 wurde sein Vater aus der Haft entlassen und fand eine Stelle bei einer Versicherung in Münster. Da war der Sohn einundzwanzig Jahre alt und studierte an der Technischen Hochschule in Berlin. Er erhoffte sich ein offenes Gespräch mit dem Vater.

Die großen Fragen hatten sich erst mit den Jahren herausgebildet; im Wesentlichen waren es dieselben Fragen, die mich nach Deutschland geführt hatten: Wie hatte das geschehen können, was hatte seinen Vater zur SS gebracht, wie hatte er über die Ermordung Tausender von Menschen befehlen können. »Ich glaubte, ich hätte zumindest das Recht auf eine Erklärung«, erzählte mir Hoppe. »Ich habe keine Rechenschaft von ihm verlangt und hatte nicht die Absicht, etwa eine Verurteilung vorzunehmen. Ich hatte nur gehofft, die ganze Sache mal richtig zu verstehen. Nur zu verstehen. Ich dachte dabei an ein offenes Gespräch, und wenn es auch noch so schmerzhaft sein würde, würde es mich wenigstens von der jahrelangen Bedrückung entlasten können.« Sein Vater erzählte ihm viel über den Krieg, hielt Verbindung zu seinen Waffenbrüdern; einmal im Jahr gab es ein Veteranentreffen. Nur über Stutthof sprach er nicht. Sein Sohn würde ihn sowieso nicht verstehen, meinte er. Ganz Deutschland verstehe nicht. Es sei einfach viel zu früh, über all das zu sprechen. Aber eines Tages, wenn er in Rente gehe, das versprach er, werde er ein Buch schreiben, wie Rudolf Höß, der Kommandant von Auschwitz. Dann würde die Welt erfahren, dass er, Paul Werner Hoppe, nur seine Pflicht getan hatte.

Den Sohn überzeugte das nicht. Das Thema quälte ihn pausenlos und immer stärker. Im Sommer fuhr er einmal während der Semesterferien nach Polen und besuchte den einstigen Lagerbereich des KZ Stutthof, der mittlerweile in eine Gedenkstätte mit dem polnischen Namen Sztutowo umgewandelt worden war. Trotz allem, was er bereits über die Gräueltaten der Nazis wusste, erschütterte ihn dieser Besuch zutiefst. Unter den Fotografien im Museum entdeckte er eine, die seinen Vater in Uniform zeigte, und er erkannte, wie ähnlich er ihm damals, als junger Mann im gleichen Alter, gesehen hatte. Während er noch davorstand, strömte eine polnische Schulklasse herein, Zehn- oder Elfjährige. Hoppe stürzte hinaus, bevor die Kinder zu dem Bild seines Vaters kamen. »Heute finde ich das selber ziemlich blöd«, erzählte er, »aber in dem Moment hatte ich richtig Angst vor diesen Kindern.«

Nach seiner Rückkehr versuchte er noch einmal, seinen Vater zu einem Gespräch zu bewegen. Er fuhr zu ihm, erzählte von seiner Fahrt nach Polen und zeigte ihm bebilderte Broschüren, die er im Museum von Sztutowo gekauft hatte. »Du bist also dort gewesen«, murmelte der Vater. »Du bist wirklich hingefahren.« Man sah ihm an, dass er verletzt war. Er warf einen flüchtigen Blick auf die polnischen Broschüren und erklärte: »Das sind alles Lügen. Kommunistische Propaganda.« Er behauptete, die Polen hätten Folter- und Mordapparate nach Stutthof geschafft, die es in Wirklichkeit nur in Auschwitz gegeben hätte. »Bei uns in Stutthof gab's sowas nicht«, bekräftigte er, weigerte sich aber nach wie vor, ins Detail zu gehen. In dem Buch, das er schreiben wolle, würde er alles erklären, sagte er. Sein Sohn spürte, dass der Vater ihn belog. Von diesem Tag an hatten sie einander nichts mehr zu sagen.

An einem Sommertag im Jahr 1974 teilte seine Mutter ihm telefonisch mit, der Vater sei sehr krank, und bat ihn, ins Krankenhaus zu kommen, um an seiner Seite zu sein. Der Vater, mittlerweile vierundsechzig, war bereits bewusstlos, wachte nur gelegentlich auf und stammelte einige Satzfetzen, wie im Delirium. Das dauerte jeweils zehn bis fünfzehn Minuten. Seinen Worten war zu entnehmen, dass er glaubte, Juden hätten sein Krankenzimmer verwanzt und die Ärzte und Schwestern um ihn herum seien kommunistische Geheimagenten, die ihn an Polen ausliefern wollten. Seinen Sohn hielt er für einen israelischen Mossad-Agenten. In einem letzten Irrsinnsanfall fuhr er im Bett hoch und schrie, sein Sohn plane, ihn nach Jerusalem zu entführen, wo man ihn aufhängen wolle wie Eichmann. Minuten später starb er.

Jörg Hoppe unternahm noch einen Versuch, seinen Vater zu verstehen. »Das war unmittelbar, nachdem er gestorben war«, berichtete er. »Ich stand noch immer unter dem Schock seines letzten Wutanfalls im Krankenhaus. Auf dem Weg zurück nach Berlin fiel mir das Buch ein, das Vater mir immer zu schreiben versprochen hatte, um mir seine Kriegstätigkeit zu erläutern. Ich kehrte auf der Stelle um und fuhr zur Wohnung meiner Eltern. Dort wühlte ich alles durch: Schubladen, Koffer und alte Kisten auf dem Dachboden. Vielleicht hat er doch irgendeine Erklärung hinterlassen, hoffte ich. Ich brauchte eine Erklärung von meinem Vater, dem Kriegsverbrecher. Aber ich konnte natürlich nichts finden. Eigentlich hätte ich es mir gleich denken können: Auch die Sache mit dem Buch war eine Lüge.«

Am selben Tag beschloss Hoppe, nie mehr an die Vergangenheit zu denken, wie seine Mutter ihm geraten hatte, als er noch ein Kind war. Er entwickelte eine tiefe Abneigung gegen alles, was mit Militär zu tun hatte, und interessierte sich nicht mehr für Politik. Aber zuweilen sagte er sich, dass sein Sohn bald zur Schule gehen und in wenigen Jahren von der Nazizeit hören würde. Vielleicht würde auch er auf den Namen seines Großvaters väterlicherseits stoßen. »Wenn er mich jemals danach fragt, werde ich einfach nicht wissen, was ich ihm sagen soll«, sagte er. Wir beendeten unsere Mahlzeit, gingen zurück in meine Wohnung und sahen gemeinsam die Personalakte seines Vaters durch. Es gab einen Moment, da hätten wir uns fast angefreundet. Ich konnte aus eigener Erfahrung nachempfinden, wie es ist, ohne Vater aufzuwachsen, mit einem beklemmenden Familiengeheimnis und mit den forschenden Blicken und dem Tuscheln hinter dem Rücken, ob nun tatsächlich oder eingebildet. Ich hörte nichts mehr von ihm. Und da beschloss ich, auch die anderen zu suchen, insgesamt an die fünfzig ehemalige SS-Offiziere, die zwanzig große Konzentrationslager befehligt hatten, darunter einige in Polen.

Schwere Zeiten

Die Suche erforderte lange Reisen kreuz und quer durch die Bundesrepublik und gelegentlich ein detektivisches Gespür. Ich suchte auch die Stellvertreter und Assistenten der Lagerkommandanten, die Witwen, Kinder und Bekannten derer, die bereits gestorben waren, und die Strafverteidiger jener, die man vor Gericht gestellt hatte. Hier und da erhielt ich Unterstützung von Staatsanwälten. Einige ließen mich Akten einsehen, die sie mir nicht hätten öffnen dürfen, nannten mir Namen, Adressen und Telefonnummern, die sie eigentlich nicht weitergeben durften. Manchmal suchte ich die in den SS-Personalakten der Lagerkommandanten angegebenen Adressen auf, um mich bei den Nachbarn umzuhören, ob sie nicht etwas wüssten. Ich ging in die Kneipe um die Ecke und unterhielt mich mit dem Wirt oder sprach im Pfarrhaus vor. Hier und da erinnerten sich die Leute: »Ja, Sie meinen doch sicherlich den, der dann ein großes Tier in der SS geworden ist. Ja, ja, das waren schwere Zeiten, sehr schwere Zeiten. Und alles ist doch schon so viele Jahre her. Vielleicht fragen Sie mal bei der Witwe des Stationsvorstehers nach. Die weiß sowas.« Auf diese Weise fand ich drei ehemalige Lagerkommandanten. Alle drei leugneten zunächst, dass sie es waren, aber zwei unterhielten sich ausführlich mit mir und gestatteten sogar Tonaufnahmen. Ich fand auch Verwandte und Bekannte, Kinder und Witwen. Rosina Kramer war hocherfreut, als ich sie besuchen wollte. Sie war die Witwe von Josef Kramer, dem letzten Kommandanten von Auschwitz-Birkenau und Bergen-Belsen, der von einem britischen Militärgericht zum Tode verurteilt und gehenkt worden war.

Sie hatte immer gewusst, dass mal jemand kommen würde, um sie nach ihrem Mann zu fragen. »Unser Papa hat ja immer gesagt, in zwanzig, höchstens dreißig Jahren, wird die Welt erkennen, dass auch uns Unrecht geschehen ist«, sagte sie. Meinen Brief hatte sie einige Monate vor dem dreißigsten Todestag ihres Mannes bekommen. Sie hatte umgehend geantwortet mit der Bitte, vorher anzurufen, damit sie mir den Weg erklären könne. Sie wusste von mir nur, dass ich mit einer Universität in Amerika verbunden war. Sie wohnte in Sülze, einer zur niedersächsischen Stadt Bergen gehörenden Ortschaft im Landkreis Celle. Lange klingeln, bat sie, denn leider sitze sie im Rollstuhl. Als ich kam, lud sie mich zum Abendessen ein. Auch ihr Sohn und ihre Tochter waren im Haus. Während Josef Kramer auf seine Hinrichtung wartete, durfte er seiner Frau schreiben, und sie las mir einige seiner Briefe ins Tonbandgerät. In einem schrieb er: »Wir haben einen langen Weg hinter uns von Dachau nach Bergen-Belsen.« Das traf zu.

Einige Wochen nach der nationalsozialistischen Machtübernahme las Kramer im Morgenblatt der Partei, dass am nächsten Tag ein neues Konzentrationslager, das erste seiner Art, am Stadtrand von Dachau eröffnet werden würde. Er war damals ein lediger, arbeitsloser Elektriker von siebenundzwanzig Jahren, der noch bei seinen Eltern wohnte. Anderthalb Jahre zuvor war er der Partei beigetreten, und vor einem halben Jahr hatte er sich freiwillig zur SS gemeldet. In dem Artikel las er, das neue Lager werde zur Bekämpfung kommunistischer Umsturzversuche eingerichtet. Kramer war froh: Er hasste Kommunisten. Zwei Jahre später gehörte er zum Lagerpersonal. In den Jahren davor habe er ziemliche Schwierigkeiten gehabt, erzählte seine Witwe. »Er hat einfach das Gefühl gehabt, dass nichts mehr los war mit ihm, und zu einem bestimmten Moment hat er dann eben alle Hoffnung verloren. Das waren also sozusagen verlorene Jahre. In all diesen Jahren hatte er sich überhaupt niemals auch nur in irgendeiner Weise für Politik interessiert. Es war viel einfacher. Zu einem bestimmten Zeitpunkt fand er sich umgeben von einer riesigen Menge von Menschen, die alle ebenfalls verbittert und verzweifelt dastanden, genau wie er selbst. Viele von diesen Menschen traten in die NSDAP ein. Da ging er eben mit.«

Das stimmte und auch wieder nicht: Kramer unterstützte Hitler und seine Partei tatsächlich aus denselben Gründen wie andere Deutsche auch, aber er war nicht nur ein passiver Mitläufer, wie seine Witwe behauptete. Seine Personalakte enthüllt ideologische und politische Zustimmung zur NS-Bewegung und eine tiefempfundene Verpflichtung gegenüber ihrem Kampf. Die Personalakten vieler anderer Lagerkommandanten zeigen, dass auch sie, wie Kramer, noch vor der Machtergreifung der Partei beitraten, und belegen ein ähnliches Verantwortungsgefühl wie er. Zwei von dreien hatten bereits vor, während oder nach dem Ersten Weltkrieg Wehrdienst geleistet. Zumindest einiges von dem, was sie in jungen Jahren zum Militär gezogen hatte, führte sie später zur SS. Kramer hatte nicht gedient, aber die SS lockte ihn ebenfalls mit Macht.

Denn die SS war eine unbesiegte Truppe. Ihre Mitglieder fanden dort Bestärkung und Unterstützung und häufig auch ein neues Selbstwertgefühl. In der SS waren sie keine bloßen Soldaten, sondern gehörten einer Elite und Aristokratie an, einem Orden und einem Geheimbund, einer Familie und einer Gangsterbande mit eigenem Normensystem, eigener Lebensweise und Mentalität, eigenem Ethos. Anders als die Wehrmacht verhieß die SS ihren Mitgliedern Offiziersränge ungeachtet von Stand und Bildung. Nicht alle erfassten die Ideologie dahinter in allen Feinheiten, aber das Selbstbild, das die Mitgliedschaft in der SS bot, war äußerst schmeichelhaft. »Wir waren die Besten und die Härtesten«, sagte mir Johannes Hassebroek, einer der Kommandanten von Groß-Rosen. »Wir waren uns gegenseitig voll gewidmet. Nicht einmal die Liebe zwischen Mann und Frau war tiefer als unsere Kameradschaft. Kameradschaft war alles für uns. Sie machte uns stark, und sie hielt uns zusammen in einem Blutbündnis. Eigentlich kann man das gar nicht beschreiben. Das kann nur einer beschreiben, der damals dabei war. Sie war das Leben wert, diese Kameradschaft. Sie war uns auch den Tod wert. Sie gab uns den Mut und die Kraft, Dinge zu tun, für die andere Leute zu schwach waren. Wir wussten uns gegenseitig zu bekräftigen, während wir unsere Aufgabe taten. Jeder von uns hat die Bekräftigung der Kameraden sehr benötigt. Alles, was wir taten, taten wir selbstverständlich für Deutschland, für den Führer, für die Zukunft. Aber jeder einzelne von uns tat dies auch für jeden der anderen.«

Das Lager Groß-Rosen, bei Breslau, dem heutigen Wrocław im Westen Polens, durchliefen hundertfünfundzwanzigtausend Häftlinge; vierzigtausend von ihnen wurden ermordet. Als ich Hassebroek in seiner Braunschweiger Wohnung besuchte, war er ein fünfundsechzigjähriger Geschäftsmann im Ruhestand, halbseitig gelähmt infolge eines Schlaganfalls und sehr verbittert. Er hatte mehrfach vor Gericht gestanden. Fünfundzwanzig Jahre nachdem ein britisches Militärgericht ihn zum Tode verurteilt hatte, sprach ein deutsches Gericht ihn frei. »Sie hätten sich wirklich die Zeugen mitanhören sollen«, sagte Hassebroek. »Einer schwor, er hätte gesehen, dass ich die Häftlinge nach links abgeführt hätte, der zweite sagte, es sei nach rechts gewesen. Einer gab an, ich hätte so eine Art von Schusswaffe benutzt, der zweite beschwor, es sei eine andre Waffe gewesen.« Am Morgen unseres Gesprächs war direkt vor seiner Haustür das Fahrrad seiner Enkelin gestohlen worden. »Die Polizei ist doch hilflos, und die Staatsanwaltschaft beschäftigt sich mit solchen Fällen wie meinem. Statt etwas gegen die anwachsende Kriminalität zu unternehmen, werden immer neue Verfahren eröffnet gegen Männer wie mich, die nichts anderes verbrochen haben, als ihre Pflicht zu erfüllen«, sagte er. »Deshalb werden Sie nicht erstaunt sein, wenn ich Ihnen sage, dass ich die guten alten Tage vermisse? Gehen Sie auf die Straße, fragen Sie die Menschen. Nicht die Halbstarken, die den ganzen Tag nichts tun als rumsitzen. Fragen Sie Menschen, die schon etwas geleistet haben für unser Land. Da werden Sie genau das Gleiche zu hören bekommen.«

Obwohl die Wehrmacht die Ränge der SS nicht anerkannte, genügten sie, »um Soldat zu spielen«, wie mir auch Hans Hüttig sagte. Er diente in einer Reihe von Konzentrationslagern und befehligte schließlich das kleine Lager Natzweiler-Struthof im Elsass. Wie die meisten Lagerkommandanten hatte auch er beim Militär keinen hohen Rang erreicht. Bei der SS war es, als hätte er seine Jugend zurückbekommen, sagte er, eine zweite Chance, sich als Offizier zu bewähren. Als ich ihn besuchte, war er einundachtzig Jahre alt. Wir saßen in der Sonne, an einem Brunnen in seinem Wohnort Wachenheim an der Deutschen Weinstraße. »Während meiner Zeit in Afrika sah ich eine Menge von Gräuelzuständen«, erzählte mir Hüttig. »Ich wurde verwundet, ich kam in Kriegsgefangenschaft. Buchenwald war noch immer ein Schock für mich. Andererseits bin ich auch nicht unvorbereitet dort angekommen. Schließlich hatte ich doch all die Jahre in der Wachmannschaft durchgemacht. Ich habe alles überstanden. Sachsenhausen, Flossenbürg und alles andere bereitete mir dann keinerlei Schwierigkeiten mehr. Das kam doch alles nach Buchenwald.« Hier brach er in Tränen aus, und ich weiß nicht, ob ihn Nostalgie oder Selbstmitleid überwältigte. Die Nachbarn jedenfalls taten so, als übersähen sie den alten Hüttig, der in das Mikrofon eines fremden Gastes schluchzte. Vermutlich wussten sie, worum es ging.

Soldaten des Bösen

Die Personalakten, die ich durchgearbeitet habe, zeigen tatsächlich einen fortschreitenden Verhärtungsprozess der SS-Männer. Das Lagersystem weitete sich mit den Jahren aus, wurde brutaler, aber die Lagerkommandanten gewöhnten sich nach und nach daran. Dabei stiegen sie in höhere Ränge auf und gewannen im Verlauf des Krieges auch an Verantwortung. Mit dieser Abhärtung fanden sie sich Schritt für Schritt in das Wertesystem ein, das nur in den Lagern galt. Gut und Böse, Erlaubt und Verboten, sogar Leben und Tod waren in Auschwitz anders als draußen, erklärte mir der Schwager des Lagerkommandanten Rudolf Höß. Höß' Witwe wollte nicht mit mir sprechen, verwies mich jedoch an ihren Bruder Fritz Hensel, der 1942 drei Wochen bei ihnen in Auschwitz zu Besuch gewesen war. Hensel war Maler und als solcher während des Krieges in eine Künstlereinheit gesteckt worden, mit der er von Front zu Front geschickt wurde, um die Heldentaten der deutschen Truppen auf die Leinwand zu bannen. Er war nicht der einzige Fremde, der als Gast des Lagerkommandanten ins Lager kam, aber soweit ersichtlich der Einzige, der sich dort so lange als Gast aufhielt. Er konnte sich überall im Lager und in dessen Umfeld frei bewegen, erzählte er. Höß begleitete ihn gelegentlich. Einmal standen sie plötzlich vor einem Lastwagen voller Leichen. Hensel fragte Höß, wie er das aushalten könne. Höß antwortete, er, Hensel, könne das nicht verstehen, weil er nun einmal einer anderen Welt angehöre. Dabei äußerte er, laut Hensel, Auschwitz sei »ein anderer Planet«. Eines Abends fragte Hensel seinen Gastgeber, was der Begriff »Untermensch« bedeute. »Sieh dir diese Menschen doch an«, antwortete Höß. »Sie sind nicht wie wir.« Das war das Ende des langen Weges über zwölf Jahre, den Josef Kramer erwähnt hatte, von Dachau nach Auschwitz-Birkenau und Bergen-Belsen.

Als Frau Kramer einmal beim Friseur wartete und in einer Illustrierten blätterte, fand sie dort ein Interview mit dem Henker ihres Mannes. Er sei »ein grausamer Mensch« gewesen, erzählte der Henker der Reporterin. »Papa war nicht grausam«, versicherte mir seine Witwe. »Wir waren glücklich verheiratet.« Er gärtnerte und fotografierte gern, ging mit den Kindern und dem Hund spazieren. Manchmal erzählte er ihr von seinem Arbeitsalltag. Ihr zufolge hatte er immer wieder darum ersucht, von der Arbeit in den Lagern freigestellt und für eine andere Aufgabe vorgesehen zu werden. Seine Personalakte bestätigt das nicht. In seinen letzten Briefen leugnete er nicht die Taten, die ihm zugeschrieben wurden, versuchte sich auch nicht dahinter zu verbergen, dass er Befehlen habe gehorchen müssen. Er verstand einfach nicht, warum ihm der Prozess gemacht wurde. »Ich bin ein guter Mensch. Sonst hätte mich unsere Rosi nie geheiratet«, schrieb er seinen Schwiegereltern. Er war der erste NS-Kriegsverbrecher, der hingerichtet wurde. Vor seinem Tod sprach er viel von Schicksal und Vorsehung. »Papa glaubte, dass alles so geschieht, wie es geschehen musste«, erzählte seine Witwe. Einmal habe er sogar gesagt, sie sollten alle dankbar sein, dass sie keine Juden seien, weil das unweigerlich ihren Tod bedeuten würde. Dreißig Jahre später wohnten die Kramers fünfundvierzig Kilometer von der Gedenkstätte entfernt, die zwischen Bergen und Belsen errichtet wurde. Da es spät geworden und der letzte Zug schon abgefahren war, lud die Witwe mich ein, im Haus zu übernachten; zum Glück war ich mit dem Auto da.

Es war die schwerste Aufgabe, die ich je auf mich genommen habe. Bei jedem dieser Gespräche dachte ich permanent, wozu das Ganze. Der Wert von Interviews mit Menschen, die Geschichte gemacht haben, ist umstritten. Skepsis besteht vor allem in Bezug auf die menschliche Ehrlichkeit und noch mehr gegenüber dem menschlichen Gedächtnis, wie es arbeitet und wie es sich manipulieren lässt. Aber über Menschen schreiben, die an solchen Gräueltaten beteiligt waren, und nicht mit denen reden, die zu reden bereit waren – das brachte ich einfach nicht fertig. Über die Jahre erlebte ich auch häufig, dass Leute, mit denen ich über ihren Anteil an der Geschichte sprach, plötzlich Dokumente hervorholten, die nur sie besaßen. Die Briefe ihres Mannes, die Rosina Kramer mir in mein Aufnahmegerät las, waren nicht nur ein historischer Scoop, sondern halfen mir auch bei meinen Bemühungen, den Mann zu verstehen; so dachte ich zumindest in dem Moment. Das Projekt war seelisch ungeheuer aufreibend. Es verlangte große Aufmerksamkeit und Konzentration, ständige Anspannung und vor allem eiserne Nerven. Häufig forderten meine Gesprächspartner nämlich mehr als aufmerksames Zuhören und begnügten sich auch nicht mit meiner Versicherung, ich sei gekommen, um zu verstehen, nicht um zu urteilen: Sie wollten Anzeichen dafür, dass ich ihnen wirklich Glauben schenkte. Vermutlich hätte ich meine Dissertation auch ohne diese Interviews abschließen können, aber dann wäre ich niemals das Gefühl losgeworden, vielleicht etwas verpasst zu haben. Gegen Ende des Projekts war ich völlig fertig. Etwa um diese Zeit wurde mein Freund in Jerusalem Vater eines kleinen Sohns, und ich schickte dem Neugeborenen einen Brief: »Ich würde Dir gern sagen, dass Du in eine schöne Welt hineingeboren worden bist. Auch mir hat man gesagt, die Welt sei schön, als ich klein war, und es hieß auch, es sei ›meine Welt‹ und man könne sie verändern. Bis vor einigen Jahren habe ich das noch geglaubt. Ich meine, Dein Papa glaubt es noch heute, wie viele gute Menschen. Ich wünsche Dir, dass Deine Welt wirklich schön sein wird.« Nichts wollte ich nun lieber, als schnellstmöglich aus Deutschland wegkommen.

In Jerusalem versuchte ich mir klarzumachen, was meine Forschungsarbeit, die ich ja noch zu einer Dissertation verdichten musste, mich eigentlich gelehrt hatte. Aus den Personalakten der Lagerkommandanten konnte ich kein psychohistorisches Profil herausarbeiten, aber sie lieferten mir die Grundlage für einige Hypothesen. Diese Männer zog es zu einer Organisation, die ihnen einerseits totale Unterordnung abverlangte, andererseits aber auch ungeheure, teils schier unbegrenzte Macht verlieh, über Leben und Tod zu entscheiden. Dass diese Anziehung einem sadomasochistischen Mechanismus entstammen könnte, versteht sich fast von selbst. Karl Fritzsch, der Kommandant des Lagers Flossenbürg, dessen Witwe mir sagte, er sei »der beste Mann auf Erden« gewesen, erwürgte Häftlinge eigenhändig, nachdem sie sich splitternackt hatten ausziehen müssen, Männer und Frauen. Aber soweit aus den Personalakten anderer Lagerkommandanten und weiterem Material ersichtlich, waren die meisten offenbar keine dermaßen krassen Sadisten. Die spezielle Kriegsbruderschaft und der Männlichkeitskult, die in der SS gepflegt wurden, hatten wohl etwas Homoerotisches. Auch das musste ich als Hypothese stehenlassen.

Einige Historiker behaupteten, die nationalsozialistischen Kriegsverbrecher hätten – aufgrund eines »automatischen Gehorsamsinstinkts« – wie Roboter funktioniert. Vor diesem Hintergrund akzeptierte man wohl auch Hannah Arendts Theorie. Aber Jahre nach ihrem Tod durfte in Israel ein autobiographisches Manuskript erscheinen, das Adolf Eichmann in seiner Haft verfasst hatte. Arendt kannte diesen Text nicht, andernfalls hätte sie vielleicht nicht gelacht, wie sie es nach eigenen Angaben bei der Lektüre einiger Aussagen Eichmanns vor der israelischen Polizei getan hatte, als sei der Mann nichts als ein banaler Idiot gewesen. Das Manuskript zeigt, dass Eichmann in vollem Bewusstsein und in tiefem Einverständnis mit den Zielen der nationalsozialistischen Ideologie agiert hatte. Letzten Endes war das auch der Schlüssel zu den Geschichten der Lagerkommandanten, wie ihre Personalakten beweisen: Ganz sicher hatten sie nichts »Banales«. Sie waren anders als die meisten Deutschen, die meisten Parteimitglieder und die meisten SS-Angehörigen: Die meisten Deutschen traten nicht in die Partei ein, die meisten Kommandanten taten es noch vor der Machtübernahme, die meisten Parteimitglieder meldeten sich nicht freiwillig zur SS, und die meisten SS-Mitglieder meldeten sich nicht zu den Totenkopfverbänden. Deren Mitglieder verfolgten die nazistischen Ziele noch fanatischer als die übrigen SS-Leute. Der psychohistorische Ansatz hat große Hoffnungen geweckt, mir jedoch kaum weitergeholfen.

VERGLEICHE

Vor den Kleiderschränken

Über die Jahre bin ich viel durch Deutschland gereist, habe herrliche Landschaften gesehen und höchst angenehme Städte entdeckt. Auch meine Mutter kam zu Besuch. Wie sie den *New Yorker* gelesen hatte, als ich in Amerika war, las sie jetzt eingehend die Wochenschrift *Die Zeit*. Sie besuchte meine Schwester, die mit ihrer Familie in Ulm wohnte. Es war keine nostalgische Reise; sie empfand nicht den Wunsch, die Orte ihrer Kindheit wiederzusehen oder nach Berlin zu fahren. Ich begegnete nicht wenigen sympathischen Deutschen, und mit einigen freundete ich mich an. Großenteils waren sie nach dem Krieg aufgewachsen, aber die belastende Vergangenheit stand auch für sie im Mittelpunkt der öffentlichen Debatte. Im Wahlkampf von 1976, über den ich berichtete, sagten einige Kandidaten ihren Gegnern nazistische Neigungen nach. »Das ärgert mich am meisten«, erklärte mir Helmut Kohl, der damalige Oppositionsführer. »Ich war kein Nazi, denn ich war erst drei, als sie an die Macht kamen.« Er legte eine Pause ein und fuhr dann fort: »Man sollte auch mal prüfen, wo Schmidt damals gewesen ist.«

Bundeskanzler Helmut Schmidt war Wehrmachtsoffizier gewesen. Ich begleitete beide in den Sonderzügen, die sie während des Wahlkampfs benutzten. Beide erwähnten fast in jeder Rede den Mord an den Juden. Kohl machte seine Gäste gern auf die Landschaften aufmerksam, die am Zugfenster vorbeizogen, und erklärte dabei die Vorzüge und Nachteile der heimischen Weinlagen. Er war ein umgänglicher Mensch; wir unterhielten uns nahezu zweieinhalb Stunden. In außenpolitischen Fragen war er noch nicht so firm. Auf den Nahen Osten angesprochen, dachte er erst, ich meinte Osteuropa. Als ich ihn korrigierte, sagte er, auch in Worms, das wir gerade passierten, hätten viele Juden gelebt, und er kümmere sich um die Erhaltung des alten jüdischen Friedhofs. Zum israelisch-palästinensischen Konflikt wusste er nichts zu sagen. Schmidt setzte sich nach Mitternacht mit vier ausländischen Korrespondenten, darunter auch ich, in den Speisewagen. Er blieb fast zwei Stunden bei uns, verbreitete den Hochmut und Glanz eines internationalen Superstars, sagte aber auch nichts, was meine Leser hätte interessieren können. Mich beeindruckte vor allem der Luxus des Zuges, das Schlafwagenabteil mit eigener Dusche und Toilette, das jedem Korrespondenten zur Verfügung gestellt wurde. Sogar ein späteres Interview mit Willy Brandt enttäuschte mich, denn er sagte nur das, was einem israelischen Journalisten gegenüber zu erwarten war. Ich erinnere mich lediglich, dass er während des Interviews ziemlich viel Alkohol trank.

Als ich den Düsseldorfer Majdanek-Prozess gegen Angehörige des Lagerpersonals verfolgte, fiel mir plötzlich der Kleiderschrank bei Jörg Hoppes Mutter ein. Solche Schränke standen gewiss in vielen deutschen Häusern. Der Prozessverlauf führte mir vor Augen, wie ungern solche Verfahren eröffnet wurden. Beinahe sechs Jahre zog sich dieses hin, ohne Aufmerksamkeit zu erregen bis auf eine Schlagzeile hier und einen kleinen Skandal dort. Die Besucherstühle blieben meist leer. Alle paar Wochen kam ich zum Zuhören vorbei. Wenn ich den Saal betrat, wandten sich alle wie zur Begrüßung mir zu, Angeklagte, Verteidiger, Staatsanwälte, Protokollführer: Der Journalist aus Israel ist wieder da.

Der Vorsitzende Richter am Landgericht, Günter Bogen, war ein weißhaariger Mann um die Fünfzig, der ruhige, zuweilen auch freundliche Autorität ausstrahlte. »Ja, ja, das waren schwere Zeiten«, sagte er mir in der Pause ein- oder zweimal im Vorbeigehen auf dem Korridor. Einmal fragte ich ihn, was für ihn besonders schwierig sei. »Ich bedaure vor allem, dass man den Angeklagten und den Opfern nicht gleichzeitig gerecht werden kann«, antwortete er. Einige der Angeklagten starben im Verlauf des Prozesses oder wurden aus dem einen oder anderen Grund freigelassen. Etwa die Hälfte kam ungestraft davon. Nur eine Angeklagte erhielt lebenslänglich. Sie war von den Vereinigten Staaten an Deutschland ausgeliefert worden, und die Weltpresse verfolgte ihren Fall. Die westdeutsche Justiz hat sich schwergetan im Umgang mit den nationalsozialistischen Verbrechen und sie nur sehr unvollkommen geahndet. Die meisten Verbrecher sind straflos davongekommen. Das war unter anderem auf mangelnde Unterstützung in der Bevölkerung zurückzuführen.

Meist hatte ich keine Mühe, Geschichten der Art zu finden, die meine *Maariv*-Leser aus Deutschland erwarteten. Ein Treffen von Neonazis in Hitlers Bierkeller in München; ein Theaterstück von Rainer Werner Fassbinder, das einige Kritiker für antisemitisch hielten; das Buch eines ehemaligen deutschen Diplomaten, der den Zionismus mit dem Nazismus und Israel mit dem »Dritten Reich« verglich. Diese Geschichten waren der Veröffentlichung wert, aber nicht immer wichtig. Außerdem tat ich das, was unzählige ausländische Korrespondenten vor mir getan hatten: Ich besuchte Albert Speer in Heidelberg. Mein erster Gedanke war: Da drücke ich eine Hand, die auch Hitler gedrückt hat – was tue ich nicht alles für meine Zeitung. Vom Haus aus blickte man auf die reizvolle Stadt mit dem berühmten Schloss, und mein zweiter Gedanke war: Das ist die Landschaft, die meine Mutter als Kind kannte.

Speer war auch nur eine Geschichte. Als ich ihn aufsuchte, war er schon international berühmt und verbrachte viel Zeit mit Interviews und Auftritten. Ich erzählte ihm, dass ich ihn zehn Jahre zuvor bei seiner Entlassung aus dem Gefängnis gesehen hatte. Er sagte mir, kurz davor habe er noch gedacht, dass er eigentlich gar nicht freigelassen werden wollte. »Ich merkte, dass eine nahezu erotische Verbindung zwischen mir und Spandau entstanden war«, sagte er. »Das Gefängnis war Teil meines Lebens geworden. Ich fühlte mich dort zu Hause.« Er habe sich gefürchtet vor der Begegnung mit Deutschland, das er seit dem Untergang des »Dritten Reiches« nicht mehr gesehen hatte, erklärte er. Tatsächlich hatte er schon in der Haft an dem Buch gearbeitet, das ihn nach seiner Entlassung in einem anderen, publikumswirksamen Licht erscheinen ließ.

Auf sein erstes Interview für eine israelische Zeitung hatte Speer sich gut vorbereitet, und gleich zu Anfang lieferte er mir einen Scoop: Die Hebräische Universität prüfe diskret die Möglichkeit, ihn zu einem Gastvortrag einzuladen. Er würde natürlich nur dann anreisen, wenn sein Besuch bestimmt niemandem wehtun würde, sagte er. Er wisse, dass es in Israel Menschen gibt, die seinen Fall verstehen würden. Kürzlich habe er einen Kibbuznik im Fernsehen sagen hören, unter allen Naziverbrechern habe nur einer seine Schuld eingestanden und bereut, und das sei Albert Speer. »Ich möchte diesem Mann für seine Worte danken«, erklärte er feierlich. Danach wiederholte er, was er seit seinem Prozess schon unzählige Male gesagt hatte: Er habe nichts gewusst von der Judenvernichtung, hätte es aber wissen müssen und nicht wissen wollen, und deshalb übernehme er die volle Verantwortung für alles. Viele Deutsche hörten das zufrieden oder gar dankbar, denn wenn selbst Speer nichts von den Naziverbrechen gewusst hatte, wie hätten sie dann davon wissen sollen? Dieses Gefühl war Geld wert, dachte ich. Seine Bücher wurden Bestseller. Seine Erinnerungen erschienen später auch in Israel.

Ich hatte die Kopie eines von ihm unterzeichneten Schriftstücks dabei, das mit seinen Besuchen in Konzentrationslagern zu tun hatte. Speer prüfte das Dokument, als sei es ihm völlig neu, und sagte, jedenfalls habe er die Lagerhäftlinge nicht gesehen, nur die Fabrikanlagen. Ich fragte nach Auschwitz. »Vielleicht habe ich auch Auschwitz besucht, ich kann mich nicht genau entsinnen. Jedenfalls war ich nie in Birkenau«, antwortete er. Dort hatte der Großteil der Vernichtung stattgefunden. Ich konnte kaum glauben, dass der Minister, ein enger Freund Hitlers, nichts davon gehört haben sollte, und er leierte eine schon oft gegebene Antwort herunter: »Wenn ich zugeben würde, etwas gewusst zu haben, könnte ich mich vielleicht leichter rechtfertigen und man würde mir glauben. Aber ich habe es nicht gewusst.« Man habe ihm die Vernichtung der Juden verheimlicht, wohlwissend, dass er dagegen gewesen wäre, denn als Rüstungsminister brauchte er sie als Zwangsarbeiter. Bevor wir uns verabschiedeten, versicherte mir

Speer, dass von den Neonazigruppen in Deutschland keinerlei Gefahr ausgehe, sagte ungefragt, dass er SPD wähle und erwäge, Verbindung zu jüdischen Organisationen in Amerika aufzunehmen, denen er auch Geld spende. *Maariv* druckte das Interview mit ihm erst nach längerem Zögern.

Häufig sagte ich mir, dass ich meinen Lesern nicht die ganze Geschichte über meine Erfahrungen in Deutschland vermittelte. Manchmal dachte ich, der Schlüssel zu dem, was in den beiden deutschen Staaten vor sich ging, liege im berühmten Gehorsam der Deutschen: Im Osten gehorchten sie der Sowjetunion, die eine kommunistische Diktatur befahl. Im Westen gehorchten sie den Vereinigten Staaten, die ihnen eine liberale Demokratie vorschrieben. Die sozialen und moralischen Grundwerte, die der Westteil nach dem Krieg übernahm, waren den Deutschen völlig neu, und die Demokratie obsiegte. Das war eine eindrucksvolle und beachtliche Entwicklung. Ihren wirtschaftlichen Erfolg konnte man ihrem legendären Fleiß zuschreiben.

Aber all das war nur ein Teil der Geschichte: Die berühmte deutsche Angst vermochte ich in Zeitungsberichten nicht plausibel zu machen. In Amerika hatten die Menschen vorwiegend Angst voreinander. Die Deutschen hatten Angst vor einem Atomkrieg und vor Impotenz, vor Waldsterben und Einsamkeit, und am meisten fürchteten sie, ihre Weltordnung könnte zusammenbrechen, sodass sie wieder vor einer Stunde null standen. Manchmal dachte ich, die Stärke dieser Urangst und ihr prominenter Anteil an der deutschen Identität könnte auch von dem Gefühl herrühren, dass sie ihre Wirtschaftsmacht und Stärke eigentlich nicht verdienten und man sie ihnen daher wieder wegnehmen könnte. Jedenfalls bezog sich diese Angst auf Vergangenheit und Zukunft – die Deutschen fürchteten beides.

Einmal rief ich die Auskunft an, um die Telefonnummer der KZ-Gedenkstätte Dachau zu erfragen. Anscheinend hatte ich mich missverständlich ausgedrückt, denn die junge Frau am anderen Ende der Leitung rief hell entsetzt: »In Deutschland gibt es doch keine Konzentrationslager mehr«, und legte auf. Der Bürgermeister von Dachau sagte mir, das sei das Hauptproblem seiner Stadt: In aller Welt identifiziere man ihren Namen mit dem Konzentrationslager. Das sei nicht sehr fair, klagte er. Existenzangst belastet bis heute auch die israelische Gesellschaft. Sie hat viele Israelis dazu veranlasst, sich um die Staatsbürgerschaft eines europäischen Landes – zusätzlich zur israelischen – zu bewerben. Hunderttausende haben deutsche Pässe erhalten. Die gängige Erklärung lautet: Wer weiß, was kommen kann. Während ich mich mit der Stellung des Nazismus in der deutschen Identität befasste, begann ich mich auch für die Stellung der Schoa in der israelischen Identität zu interessieren. Mitte Oktober 1990 begleitete ich hundertfünfzig israelische Schüler zu den Vernichtungslagern in Polen.

Die siebte Million

Die jungen Israelis waren um die siebzehn Jahre alt und verursachten in der Abfahrtshalle des Flughafens Ben Gurion das zu erwartende fröhliche Getümmel. Viele waren noch nie im Ausland gewesen. An jenem Tag verschärfte sich die Krise am Persischen Golf, und man hatte begonnen, an die Einwohner Israels Gasmasken auszugeben, verpackt in kleinen Pappkartons zusammen mit einem Gegenmittel gegen Nervengas. Deshalb war es fast unvermeidlich, dass einer der auf den Abflug nach Warschau Wartenden sagte, wir Passagiere könnten unbesorgt sein: Wenn Saddam Husseins Raketen Tel Aviv erreichten, würden wir schon in Auschwitz sein. Es war eine der ersten Reisen israelischer Oberschüler zu den Vernichtungslagern. Sie wurden hingeschickt, um zu empfinden, was das Leben in Israel allein ihnen offenbar nicht vermitteln konnte: eine tiefverwurzelte Identität. Die Reise war ein gefühlsgeladenes und symbolbefrachtetes Ritual mit einer teils bizarren Verbindung von Tod und Kitsch.

Ich hatte die Schüler bei den dreimonatigen Vorbereitungen auf die Reise begleitet. Sie lasen viel, sahen Filme, redeten. Unter anderem diskutierten sie, wie die Tour aussehen sollte. Eine Schülerin sagte, sie würde ungern an Gedenkakten teilnehmen, die ausschließlich auf die israelische und jüdische Identität der Teilnehmer abstellten: Man solle lieber ihre Identität als Menschen betonen. Ein Schüler meinte, wenn er schon zum Weinen nach Polen fahre, würde er lieber als Israeli und Jude weinen, nicht nur als Mensch. Ein anderer sagte, die Nazis hätten die Juden umgebracht, weil sie Juden waren, nicht weil sie Menschen waren. Die Diskussion dauerte bis tief in die Nacht und wurde stellenweise sehr emotional. Ein Reiseleiter bemühte sich, den jungen Leuten den Holocaust in historischen Begriffen nahezubringen. Ihm ging es darum, klarzustellen, dass Auschwitz kein »anderer Planet« gewesen war. Er sprach mit ihnen auch über die Armenier und die Zigeuner, über Biafra und Kambodscha. Ein Schüler sagte, er fahre nicht nach Polen, weil man Kambodschaner ermordet habe. Der Reiseleiter versuchte zu erklären, was an der Judenvernichtung anders war und was nicht. Das Erziehungsministerium hingegen wollte die Schüler zu einer national-religiösen Katharsis bringen, verbunden mit dem wiederholten Schwur, den Staat Israel und seine Streitkräfte stets zu verteidigen, da die Seelen der Toten dies befahlen. Nichts zeigte deutlicher die veränderte Einstellung der Israelis zum Holocaust und zu sich selbst als diese Reisen nach Polen: Der Traum vom »neuen Juden«, den der Zionismus im Land Israel einst schaffen wollte, war mit der Zeit verblasst; die Israelis entdeckten sich als Juden.

Das Ganze glich einer Wallfahrt. Kurz vor Auschwitz stiegen die Schüler aus den Bussen und gingen auf der Eisenbahntrasse, wie christliche Pilger die Via Dolorosa in Jerusalem abschreiten. Sie hatten ein eigens zusammengestelltes Lesebuch dabei, eine Art Kanon. Die meisten Texte waren in einem spezifischen feierlich-poetischen Stil gehalten; Schlüsselbegriffe erschienen auf Jiddisch, nicht auf Hebräisch. Das Jiddische ist für das Holocaust-Gedenken, was das

Aramäische für das jüdische Gebet und das Lateinische für das Christentum ist. Sie brachten auch Musik mit, auf Tonkassetten, darunter ein israelisches Lied, das ein beliebter Sänger über Treblinka geschrieben hatte und zur E-Gitarre sang. Die Melodie wiederholt sich ständig, die Schüler sangen sie andächtig mit wie eine Litanei. Die meisten trugen dabei Sweatshirts mit Davidstern, die eigens für diese Reise hergestellt worden waren. Häufig gingen sie in geordneten Reihen, oft unter Mitführung israelischer Flaggen. Der Wind wehte die Flaggen um ihre Körper wie Totenschleier. Ein Schüler erzählte mir, dass er sich dessen bewusst wurde und einige Minuten nicht sicher war, ob er sich daraus lösen wollte. Ein anderer Junge stellte eine brennende Seelenkerze in den Ofen des Krematoriums im Vernichtungslager Majdanek und kniete dann mit gefalteten Händen vor der Kerze nieder. Andere taten es ihm nach. Gemeinsam entzündeten sie den Ofen symbolisch neu.

Und sie hatten so etwas wie geistige Hirten dabei – Holocaust-Überlebende als Zeitzeugen. Ein solcher Mann, in seinen Sechzigern, berichtete ihnen von der Selektion der Ankömmlinge nach Verlassen des Zuges in Auschwitz, die einen zum sofortigen Tod, die anderen wie er zur Arbeit. Die SS-Männer hätten die Häftlinge im Laufschritt ins Lager getrieben. »Hier, so«, sagte er und rannte los. »Lauft, lauft«, rief er den Schülern zu, und sie rannten ihm nach, liefen und liefen. Manchmal wären sie schier erfroren, erzählte der Zeitzeuge, und dann hätten sich die Häftlinge zu einem Pulk zusammengedrängt, Leib an Leib an Leib. »Kommt her«, forderte er die Schüler auf. Die drängten sich an ihn und aneinander und wiegten sich langsam hin und her wie im Gebet.

Die Gedenkzeremonie am Denkmal für den Warschauer Ghettoaufstand fand gegen Abend statt. Eine Schülerin und ich machten uns im Schutz der Dämmerung davon, um das Haus Pawiastraße Nr. 7, ganz in der Nähe, zu suchen. Es war das Elternhaus ihres Großvaters, und dieser wünschte sich inständig, dass sie es sehen möge. Zwei Wochen vor der Abreise hatte ich ihn in der Nähe von Tel

Aviv aufgesucht: ein sympathischer Mann um die siebzig, Experte für die Aufzucht von Küken. Er war in Warschau geboren, doch als er von der zionistischen Ansiedlung im Land Israel erfuhr, meinte er, da gehöre er hin. Zuvor war er allerlei antisemitischen Angriffen ausgesetzt gewesen. Er werde niemals den Moment des Abschieds von seiner Mutter vergessen, sagte er mir. Es war auf offener Straße. »Junge, warum verlässt du mich?«, schluchzte sie. Er sah sie nie wieder. Soviel er wusste, war sie in Treblinka ermordet worden, ebenso sein Vater. Sein ganzes Leben lang fühlte er sich schuldig, weil er sie verlassen hatte. In der Pawiastraße gab es keine Nummer 7 mehr. Nur ein Leergrundstück. Wir schafften es zurück zur Zeremonie, als man zum Abschluss die israelische Nationalhymne *Hatikwa* (Die Hoffnung) sang.

Alle Schüler brachen irgendwann während der Tour zusammen, die meisten in Majdanek. Das Lager war fast unverändert geblieben: Hüte, Kleidung, Schuhe, Duschen, Krematorien. Das Grauen wuchs von Baracke zu Baracke, bis wir an einen durchsichtigen Kasten mit menschlichen Knochen kamen. Danach folgte ein riesiges Becken voll mit Asche der Ermordeten. Während des Rundgangs zitierten die Schüler oft Texte von K. Tzetnik. Ich gewann den Eindruck, dass sie all das nur unter der Bedingung ertragen konnten, dass sie sich auf »einem anderen Planeten« befanden. Die schlimmste Erinnerung für mich stammt aus Treblinka, wo nichts mehr erhalten ist: Alles bleibt der Vorstellungskraft überlassen. Mein Notizbuch schied gewissermaßen zwischen mir und der Wirklichkeit, zwischen mir und der Angst. Ich klappte erst zusammen, als ich die letzte Zeile meines Aufsatzes getippt hatte. Er brachte mir mehr Reaktionen denn je ein. Eine Lehrerin behauptete, ich hätte die Schülerreise in den Dienst vorgefertigter politischer Ansichten gestellt; besonders stieß sie sich an dem Wort »Kitsch«. Ein Schüler schrieb: »Jetzt, nachdem ich den Aufsatz gelesen habe, fällt mir auf, dass nur einer der Zeitzeugen, die uns begleitet haben, auch von Angehörigen anderer Völker, die von den Nazis ermordet wurden, gesprochen hat … Du hast mich gelehrt, kritischer darüber zu denken.« Mir machte die Reise deutlich, dass der Holocaust zu einem wichtigen Bestandteil der israelischen Identität geworden ist. Dabei kam mir zu Bewusstsein, dass wir trotz aller Unterschiede gemeinsam doch »die siebte Million« sind.

Im Lauf der Jahre habe ich viel über den Holocaust geschrieben; es verging kaum eine Woche, ohne dass ich ihn erwähnte. Ich wollte immer glauben, ich unterschiede mich darin nicht von Journalisten, die sich beispielsweise auf Politik, Wirtschaft oder Sport spezialisierten. Aber da bin ich mir nicht ganz sicher. Hannah Arendt hatte vielleicht recht mit ihrer Feststellung, als Sohn von Eltern, die aus Deutschland geflohen waren, liege mein Interesse für den Holocaust »auf der Hand«. Vielleicht hat es auch mit meiner komplizierten israelisch-deutschen Identität zu tun. Manchmal habe ich mich gefragt, ob – und wenn ja, wie stark – meine deutschen Wurzeln derselben politischen Kultur entstammen, die das »Dritte Reich« ermöglicht hat. Ich hatte niemanden, den ich hätte fragen können. Wie dem auch sei, mit der Zeit ist der Holocaust ein Kernthema im kulturellen und politischen Diskurs der westlichen Welt geworden und hat auf fast alle Bereiche des menschlichen Lebens übergegriffen.

Naturgemäß lieferte der Holocaust auch in Israel immer neue Themen, die berichtenswert waren. Gelegentlich gab es Exklusivnachrichten, wie Simon Wiesenthals langjähriger Dienst im Mossad und seine eigenartige Freundschaft mit Albert Speer. Einmal brachte ich den Satz von Günter Grass, die Sowjetunion habe im Zweiten Weltkrieg sechs Millionen deutsche Gefangene ermordet. Ich hätte ihn natürlich auf der Stelle korrigieren oder den Satz vor der Drucklegung streichen müssen. Seine Feinde stürzten sich begeistert darauf. Bis heute ist mir diese Panne peinlich. Demgegenüber bin ich froh, der Verlockung widerstanden und die Identität eines gewissen Bewohners von Jerusalem nicht preisgegeben zu haben. Es handelte sich um einen jüdischen Israeli, dessen Großmutter mit einem Verwandten Adolf Hitlers verheiratet gewesen war. Der Mann hatte natürlich das Recht, anonym zu bleiben, denn er hatte keinem etwas zuleide getan. Ich beteiligte meine Leser nur an den Wechselfällen des Lebens in der verrückten Stadt, in der ich geboren war: In den Supermarkt um die Ecke zu gehen und beim Anstehen an der Kasse einen Verwandten Hitlers anzutreffen. Seltsamer geht's nicht. Ähnlich wie die Schülertour in Polen lehrten mich auch andere Geschichten, die ich über den Holocaust schrieb, nebenbei etwas über Israel und über mich selbst. Dazu gehörte die Geschichte über die Affäre der »nachrichtenlosen Vermögenswerte«, die Opfer des Holocaust vor dem Krieg in der Schweiz deponiert hatten.

Die Not des Uhrmachers

Einige Schweizer Banken versuchten, den Erben der Holocaust-Opfer ihr Geld vorzuenthalten, und glaubten wohl, damit durchzukommen. Wie konnten sie bloß so dumm sein, fragte ich mich: Hätten sie so sorgfältig gearbeitet, wie der Schneider ihres Bankenvereinspräsidenten, wäre ihnen die Schmach erspart geblieben – und wohl auch ein Haufen Geld. Der Mann hatte einen hervorragenden Schneider, wie ich erkannte, als er im Frühjahr 1997 vor die Presse trat. Es was im Züricher Hotel Baur au Lac, vielleicht tausend Dollar pro Nacht, mit köstlichen Petits Fours und einer reichen Auswahl erlesener Weine. Eigentlich hatte der Mann gehofft, uns einen umfassenden Jahresüberblick, eine »Tour d'Horizon« über die Lage der Banken und die Wirtschaft im Allgemeinen zu geben, einen sehr optimistischen Bericht, wie er ankündigte. Aber er kenne ja die Medienleute, ha, ha, und er wisse, dass sie ihn dieses Jahr auch nach der Affäre mit jenen Konten aus der Kriegszeit würden fragen wollen, und daher habe er vorausschauend eine Mitteilung ausgearbeitet, sagte er. Sie umfasste vier Seiten und las sich, als stammte sie von Juristen, die sonst das Kleingedruckte in Versicherungsverträgen aufsetzten. Und die Quintessenz: Es laufe eine historische Untersuchung in der Sache, und die Banken warteten das Ergebnis ab.

Der elegante Bankenvereinsdirektor hoffte, wir würden uns damit begnügen und seiner Tour d'Horizon weiter lauschen. Aber in einer der letzten Reihen saß ein junger Mann im Pullover. »BBC«, stellte er sich vor. »Trifft es zu, dass die Bankdirektoren jetzt die Schließfächer der im Holocaust ermordeten Juden öffnen und den Inhalt stehlen?« Dem bedauernswerten Bankenvereinsdirektor fiel die Kinnlade runter, und kurz schien es, als würde er vor lauter Schreck gleich unter den Tisch fallen. Vielleicht wäre ihm das sogar lieber gewesen. Wenn die Schweizer sich überhaupt mal in den BBC-Nachrichten sahen, konnte das vielleicht bei einem Wettbewerb um die schönste Kuckucksuhr geschehen. Niemals hatten sie sich gegen derart schwerwiegende Anschuldigungen verteidigen müssen. Die internationalen Medien griffen hier gewissermaßen die Grundfesten ihrer Existenz an. Denn die Bankenaffäre war nur die Spitze des Eisbergs: Die ganze Schweiz begann sich neu zu betrachten. »Das ist eine Geschichte über ein kleines Land auf der Suche nach einer neuen Zeitgeschichte«, schrieb ich. »Alle Welt ist gegen sie, sie überprüft ihre Existenzgrundlagen.« Als sogenannter neuer Historiker konnte ich mich mit dieser Angelegenheit identifizieren; sie hatte auch etwas sehr Israelisches.

Ein Schweizer Diplomat, der die Abwehr gegen die Weltpresse koordinierte, erzählte mir, er und seine Generation hätten die Wahrheit zuvor nicht gehört. In der Schule habe man ihnen den Mythos vom kleinen Land inmitten von Feinden verkauft, das sauber und rein geblieben sei und treu an der Grundfeste seines Daseins festgehalten habe: der Neutralität. Nur deswegen und dank seines tapferen Heeres habe es überlebt, ohne seine humanistischen Prinzipien zu verraten. Mittlerweile hatte mein Gesprächspartner gelernt, dass das höchstens ein Teil der Wahrheit war: Die Schweiz habe viele Fehler gemacht. Dinge, die nicht hätten passieren dürfen. Viele Schweizer sprachen von »Postneutralität«, wie wir von »Postzionismus« redeten. Sie hatten neue Historiker, die sogar den Anteil der Schweiz an Naziverbrechen belegten. Dabei erfuhr ich, dass die Schweizer Regierung verlangt hatte, das bewusste J in die Pässe deutscher Juden zu stempeln, damit deren Einreise leichter verhindern werden konnte.

Hätten die Schweizer nicht an ihre lupenreine Vergangenheit geglaubt, hätten sie vielleicht nicht den verhängnisvollen Versuch unternommen, die Bankdepots der Holocaust-Opfer zu stehlen. Das war die schädliche Nebenwirkung eines nationalen Mythos. »Wir sind eine Nation von Uhrmachern«, versuchte mein Bekannter, der Diplomat, mir zu erklären. »Unser Land arbeitet nach einem äußerst präzisen System. Wer das Geld seines Vaters abheben will, muss einen Totenschein vorlegen. Auch wenn sein Vater in Majdanek ermordet wurde. Hat er keine Urkunde parat, bleibt das Geld auf der Bank. Genau das hat das Schweizer Bankwesen zu dem gemacht, was es ist: groß, stark, legalistisch und taub gegenüber dem Menschen.«

In weniger diplomatischem Stil erklärte man mir, das sei die Geschichte des Skorpions, der den Frosch bat, ihn über den Fluss zu tragen, und versprach, ihn dabei nicht zu stechen. Er hielt sein Versprechen nicht. Bevor sie beide zusammen untergingen, erklärte der Skorpion dem Frosch: Nichts zu machen, so bin ich nun mal. Doch der Held der Geschichte bewies, dass nicht alle Schweizer so waren. Er hieß Christoph Meili, war Wachmann in der Bank Union Swiss, Filiale Bahnhofstraße in Zürich. Er war damals achtundzwanzig Jahre alt und gläubiger Christ. »Ich las und hörte diese Geschichte über die Banken und das, was im Zweiten Weltkrieg war, wie man unsere Grenzen vor jüdischen Flüchtlingen abgeriegelt hat«, erzählte er mir. »Wir waren nicht in Ordnung. Diese ganze Sache mit der Neutralität. Gar nicht in Ordnung.« Eines Tages sah er, dass einige Bankmitarbeiter große Stapel von Aktenordnern zum Schreddern brachten; einige trugen Daten aus dem Zweiten Weltkrieg. »Ich dachte, da ist was, was die Geschichte vielleicht nochmal brauchen könnte«, erinnerte sich Meili. Er nahm einige Ordner mit nach Hause und entdeckte unter anderem Daten über den Besitz deutscher Juden, den die Nazis ihnen geraubt hatten.

Meili bedauerte, nicht das gesamte Material gerettet zu haben. Er rief die israelische Botschaft in Bern an. Bei der Botschaft fürchtete man, sich in Schwierigkeiten zu verwickeln, und verwies ihn an die jüdische Gemeinde. Dort fotokopierte man das Material, schickte Meili damit zur Polizei und hielt eine Pressekonferenz ab. Für viele war Meili ein Verräter, für andere und auch für mich hingegen ein Schweizer Held. Er erinnerte mich an Mordechai Vanunu, ehemals Techniker am Kernreaktor in Dimona, der Israels Atomgeheimnisse an die Londoner *Sunday Times* weitergab. Wie Vanunu gehorchte Meili der Stimme seines Gewissens, obwohl er damit gegen etwas verstieß, was als ein Grundstein seines Landes galt: Das Schweizer Bankwesen war das Dimona des Landes. Wie viele andere Aufdecker von Korruption zerstörten sich auch diese beiden ihr Leben.

Ein kluger Jude aus Berlin, Gerhart Riegner, der seit über sechzig Jahren in der Schweiz lebte, konnte die Geschichte aus einem weiten und historischen Blickwinkel ausgewogen betrachten. Der Zweite Weltkrieg habe die Schweizer in eine unmögliche Lage versetzt, erklärte er mir. Ihre ganze Existenz als eigenständige Nation habe auf ihrer Fähigkeit basiert, Neutralität zu wahren. Das sei eine schlechte, aber richtige Entscheidung gewesen. Auch er ging als eine Art Meili in die Geschichte ein: Im Sommer 1942 erfuhr Riegner von einem Deutschen, der es ihm nicht hätte erzählen dürfen, dass die Nazis einen Plan zur systematischen Vernichtung der Juden Europas erarbeiteten. Riegner, der dem Jüdischen Weltkongress angehörte, gab die Nachricht telegrafisch an jüdische Gemeindevorstände in Amerika, England und Jerusalem weiter. So erfuhr alle Welt von dem schrecklichen Geheimnis, in Jetztzeit.

Mit der Zeit erkannte ich, dass das geistige Erbe des Holocaust die israelische Gesellschaft keineswegs eint, wie einst angenommen, sondern sie, wie andere Themen auch, in rechts und links spaltet. Die einen betonen die Lehren, die für die Nation daraus zu ziehen seien, rechtfertigen damit die Gründung des israelischen Staates und seine Absicherung und benutzen den Holocaust häufig sogar zur Begründung der Regierungspolitik, wenn es um die Unterdrückung der Palästinenser und die Verteidigung der israelischen Siedlungen in den besetzten Gebieten geht. Die anderen heben seine humanitären Lehren hervor, speziell die Verpflichtung zur Demokratie, den Kampf gegen Rassismus, die moralische und juristische Pflicht des israelischen Soldaten, einen offensichtlich rechtswidrigen Befehl zu verweigern, das heißt hauptsächlich einen, der sich massiv gegen die Zivilbevölkerung richtet. Diese beiden Tendenzen müssen sich nicht unbedingt widersprechen, aber naturgemäß sind die nationalen Lehren eher bei den Rechten verbreitet, die humanitären eher bei den Linken. Alle instrumentalisieren den Holocaust für ihre Zwecke: Ben Gurion verglich Begin mit Hitler, Begin tat dasselbe mit Jassir Arafat.

Es ist nicht immer leicht, echte Holocaust-Ängste wie die, die teils dem israelischen Atomprogramm und dem Sechstagekrieg zugrunde lagen, von manipulativen Behauptungen dieser Art zu unterscheiden, beispielsweise der Aussage, die »Leugnung« des Holocausts gefährde die Existenz des israelischen Staates. Die Beleidigungsklage, die in London gegen die amerikanische Historikerin Deborah Lipstadt eröffnet wurde, bestärkte mich darin, dass die Leugnung des Holocaust hauptsächlich auf verstiegener Penetranz beruht und keine echte Gefahr darstellt.

Der Kläger, der englische Historiker David Irving, fühlte sich verunglimpft, weil Lipstadt ihn in ihrem Buch *Leugnen des Holocaust* erwähnte. Mir kam es so vor, als spielten alle – außer ihr – in einem jener Gerichtsdramen mit, die die BBC so glänzend produziert. Der Richter trug eine Rosshaarperücke. Irving, in Nadelstreifenanzug mit Weste, stemmte die linke Hand in die Hüfte und beugte sich auch nach links. Wie die meisten Anwesenden begann er fast jeden Satz mit bedeutungsschwerem Gestammel. Er befragte die Zeugen der Verteidigung in allen Einzelheiten: Wie viele Quadratmeter hatten die Gaskammern, welche Dicke die Mauern, wo waren die Treppen, wo der Aufzug, wie genau wurde das Gift eingeführt, wie holte man die Leichen zur Verbrennung heraus, auf Bahren oder Karren.

»Wie viele Leichen schaffen Sie pro Tag?«, fragte er einen Zeugen. In diesen Momenten konnte man glauben, er erwäge die Anschaffung solch einer Vernichtungsanlage für den Hausgebrauch. Er genoss sichtlich jede Minute.

Ich arbeitete damals schon beim *Haaretz* und war in der Überzeugung nach London gereist, dass es für mich und meine Zeitung unpassend wäre, ihn zu interviewen. Aber als ich in der Cafeteria plötzlich hinter ihm stand, stellte ich mich doch vor, ohne um ein Interview zu bitten. »Oh«, sagte Irving, »ich bin heute Nachmittag um vier Uhr frei.« Ich ging hin. In der Hauptsache wollte er mir beibringen, dass es technisch unmöglich gewesen sei, in den Vernichtungslagern so viele Juden umzubringen. Daher leugne er den Holocaust nicht, sondern korrigiere nur einen verbreiteten Irrtum: Man habe weniger als sechs Millionen getötet. Viel weniger. Irgendwann kam seine sechsjährige Tochter Jessica ins Zimmer. Ihr Vater deutete auf mich und sagte: »Dieser Mann ist Jude. Das kannst du an seiner Glatze sehen.« Jetzt war es an mir, »oh« zu sagen, und Irving erklärte: »Doch, doch, das ist bekannt. Juden haben ein Problem mit Haarausfall. Aber das spricht natürlich nicht gegen sie – sie sind ja zum Beispiel hervorragende Geiger.« Er schickte die Kleine einen Teelöffel holen, der angeblich noch von Hitlers Besteck übriggeblieben war, aber sie maulte: »Will nicht. Immer wenn du Leute dahast, schickst du mich diesen Teelöffel holen.« Ich fragte ihn, warum er einen Teelöffel von Hitler im Haus habe: Benutzte Jessica ihn beim Frühstück? Irving antwortete, er sammle allerlei historische Gegenstände. In diesem Augenblick läutete das Telefon. Es war Gerhard Frey, der Herausgeber der in Deutschland wöchentlich erscheinenden neonazistischen *Nationalzeitung*. Irving versprach zurückzurufen. »Im Moment rede ich mit dem Feind«, sagte er auf Deutsch. Als wir uns verabschiedet hatten, blieb er noch oben an der Treppe stehen, und auf einmal rief er: »Vielleicht schreiben Sie, dass ich Halbjude bin. Das könnte eure Story werden: David Irving beschnitten. Was für eine Geschichte!« Seine Klage gegen Lipstadt wurde abgewiesen.

Gegen Ende meiner Promotion litten meine Bemühungen, die deutsche Geschichte zu verstehen, langsam an zu vielen Wiederholungen. An einem meiner letzten Tage in Deutschland besuchte ich einen Empfang zu Ehren des Bürgermeisters von Jerusalem, Teddy Kollek. Ich fragte ihn, ob er sich für eine weitere Amtszeit zur Wahl stellen wolle. Da sei er sich nicht sicher: »Ich weiß nicht, es fällt mir schwer, man hilft mir nicht«, seufzte er. Ich sagte, als Jerusalemer würde ich mich freuen, wenn er weitermachte, und wenn ich zurück sei im Land, würde ich ihm gern helfen. Eigentlich wollte ich ihm nur etwas Nettes sagen und mir nicht etwa einen Job besorgen. Aber zwei Wochen später erhielt ich einen Brief von ihm: »Ich freue mich, dass Sie beschlossen haben, nach Ihrer Rückkehr die Probleme Jerusalems tatkräftig mit anzupacken.« Als er mich zu sich bat, entschuldigte ich mich für das Missverständnis, aber Kollek sagte: »Es ist furchtbar interessant, mit mir zu arbeiten. Sie werden ein Buch drüber schreiben.« Und so wurde ich denn Berater und Bürochef des Bürgermeisters. Ich betrachtete das erst einmal als journalistisches Abenteuer; manchmal schien mir, er sah das genauso. Im Verlauf der Arbeit lernte ich, dass auch der anständigste und liberalste Mann auf dem Posten des Jerusalemer Bürgermeisters die Grenzen der zionistischen Liberalität nicht zu übertreten vermag – und die sind ziemlich eng.

Alice im Wunderland

Teddy Kollek war ein Mann, den fast alle mögen wollten. Er konnte unerträglich sein, ärgerte oft seine Mitmenschen, aber kaum jemand konnte seinem persönlichen Charme widerstehen. Auch ich nicht. Meist nannte man ihn einfach Teddy. Auch ich. Vor seiner Wahl hatte er zu den engsten Mitarbeitern Ben Gurions gehört. Als unermüdlicher Tatmensch erfand er sich bei jedem Projekt neu, zum Beispiel bei der Gründung des Israel Museum. Zu Beginn seiner Amtszeit als Bürgermeister war er frustriert. Das geteilte und abgelegene Jerusalem war zu klein für ihn, langweilte ihn geradezu. Er dachte an Rücktritt. Aber dann brach der Sechstagekrieg aus, und Teddy wurde mit einem Schlag zum Ben Gurion von Jerusalem.

Als ich bei ihm anfing, war er schon über zehn Jahre im Amt und wurde häufig als der berühmteste Bürgermeister der Welt bezeichnet. Seine Amtsführung hatte eine fast mythische Einheit zwischen ihm und der Stadt Jerusalem geschaffen. Aber mein Arbeitsbeginn kam wenige Tage nach dem schlimmsten Schlag, den er und die Arbeitspartei je eingesteckt hatten: Menachem Begin, der Likud-Führer, war Ministerpräsident geworden. Teddy wertete das Wahlergebnis als furchtbare Katastrophe und auch als schmerzliche persönliche Niederlage. »Ich bin froh, dass Ben Gurion schon tot ist und das nicht mitansehen muss«, sagte er. Ich fürchtete, Begin würde Israel in einen Krieg zerren, und freute mich, dass mein neuer Boss in der Opposition war. Es war nicht leicht, mit ihm zusammenzuarbeiten, aber wie gleich zu Anfang versprochen, gab es keinen Augenblick Langeweile. Manchmal war es nervenaufreibend, manchmal zum Tränenlachen; fast jeden Tag lernte ich etwas dazu.

Die erste Aufgabe, die er mir auftrug, war »Briefe an die Minister«. Ich nahm an, es gehe um Glückwunschschreiben an die neuen Minister, aber Teddy erteilte mir eine Grundlehre in menschlichen Beziehungen und Politik: »Keiner von den neuen Ministern würde einen Glückwunsch von mir auch nur anschauen«, sagte er. »Die kriegen so viele Glückwünsche, dass sie nicht wissen, wohin damit. Aber die Minister, die aus ihren Ämtern geworfen wurden, werden jetzt verrückt allein zu Hause. Nicht mal das Telefon klingelt mehr. Einen Dankesbrief für das, was sie für Jerusalem getan haben, werden sie hingegen nie vergessen. Und vielleicht brauchen wir sie ja eines Tages wieder.« Notgedrungen knüpfte er Arbeitsbeziehungen auch zur neuen Regierung an, und so kamen wir zu Ministerpräsident Begin, um ihm die Bedürfnisse Jerusalems vorzutragen. Bevor wir hineingingen, fragte ich Teddy, wie er sich an der Tür des Raums fühle, in dem auch Ben Gurion gesessen hatte. »Wie unter Fremdherrschaft«, antwortete er. Ich sagte, so empfänden die Araber Jerusalems ihm gegenüber. »Ich noch mehr«, erwiderte er.

In erster Linie wollte er den neuen Ministerpräsidenten davon überzeugen, dass das Staatsbudget für Jerusalem erhöht werden müsse, aber Begin sagte nur: »Jerusalem – es gibt nichts Teureres«, und ging zu den Feiern anlässlich des dreißigsten Staatsjubiläums über. Zwanzig Jahre zuvor hatte Teddy die Feiern zum ersten Jahrzehnt organisiert. Begin wollte »etwas Großes, im Weltmaßstab!« Teddy sagte, in den acht Monaten bis zum nächsten Unabhängigkeitstag könne man nichts »Großes« auf die Beine stellen, und erwähnte eine archäologische Ausstellung, die das Israel Museum vorbereitete. Begin winkte ab: »Wir brauchen etwas, was die ganze Welt staunen lässt«, sagte er. Unterdessen war die Frau, die den Tee servierte, eingetreten. Teddy begrüßte sie herzlich: »Schalom Dina!« Die Frau staunte: »Sie erinnern sich an mich?!« Teddy: »Na was, ich hab Sie doch zu uns gebracht. Wann war das nochmal, 53?« Dina: »Nein, 56.« Teddy: »Stimmt, bevor wir den Sinai-Feldzug gemacht haben.« Begin ließ den Blick von der Bedienung zum Bürgermeister und vom Bürgermeister zur Bedienung wandern und wurde mit einem Schlag daran erinnert, wer hier vorher dagewesen war, fast schon der Hausherr, und wer hier neu war, fast ein Außerirdischer. Das war Teddy in Hochform.

»Wenn ihr etwas weltbewegend Großes haben wollt«, hatte Teddy zuvor schon einem Assistenten des Ministerpräsidenten gesagt, »dann sollte Herr Begin den Papst eventuell mit der Bitte angehen, die Moses-Statue dem Israel Museum als Leihgabe zu überlassen. Oder vielleicht lieber nicht«, schob er sofort nach, »denn der Moses von Michelangelo hat zwei Hörner an der Stirn.« Andererseits würde er davon abraten, die David-Statue vom Papst zu erbitten: »Er steht unbekleidet da und ist auch nicht beschnitten.« Begin ignorierte den Spott: »König David muss im Mittelpunkt der Veranstaltungen stehen, dann wird sein Geist über uns schweben«, erklärte er. Draußen lobte ich Teddy für seinen Dialog mit Dina, die den Tee brachte, und Teddy freute sich sehr: »Du hast verstanden, was das war, ja? Ich hoffe, er hat es auch verstanden. Wenn nicht – soll er mich am Arsch lecken.«

Zehn Tage später kam Präsident Sadat nach Jerusalem. Das war der dramatischste politische Erfolg Israels seit seiner Gründung. Er war unter Begins Führung unter anderem durch Geheimgespräche zwischen Außenminister Mosche Dajan und dem stellvertretenden Ministerpräsidenten Ägyptens, Dr. Hassan Tuhami, zustande gekommen. Weder Teddy noch sonst wer hätte ahnen können, dass ausgerechnet Begin einen solchen Prozess anstoßen würde. Sadat begann seinen Besuch in der El-Aksa-Moschee und machte dann einen Rundgang durch die Altstadt. Teddy begleitete ihn. Gegen neun Uhr kehrte er zurück und erzählte uns von seinen Erlebnissen. Plötzlich rief das Außenministerium an mit der Nachricht, Dr. Tuhami wünsche Teddy in einer äußerst dringenden Angelegenheit zu sprechen. Wir brachen sofort auf.

Tuhami, ein elegant gekleideter Herr mit gepflegtem Bärtchen, erwartete Teddy auf der großen Terrasse des King David. Wie wir erfuhren, beabsichtigte Sadat, die nötigen Renovierungsarbeiten an der El-Aksa-Moschee zu finanzieren und dazu eigens ägyptische Ingenieure zu entsenden. Der Präsident bitte den Bürgermeister, die Sache in einer offiziellen Verlautbarung an die Presse weiterzuleiten, dem Präsidenten für seine Großzügigkeit zu danken und seine Hilfe zuzusagen. Das war erstaunlich und großartig: Zweifellos war es eine Anerkennung für Teddy Kolleks Stellung als Bürgermeister der ganzen, vereinigten Stadt, aber auch eine Geste, die besagte: Ich, Sadat, bin der Schild des arabischen Jerusalem. Teddy entschuldigte sich kurz, um mit Dajan zu sprechen. Als er zurückkehrte, begannen wir die Verlautbarung auf Englisch aufzusetzen. Auch ein Mann vom Außenministerium war dabei. Wir legten jedes Wort auf die Waagschale, wohlwissend, dass es das erste Schriftstück war, das Sadats historische Visite erbracht haben würde. Schließlich hatten wir einen handschriftlichen Entwurf, den nur Teddy lesen konnte. Deshalb diktierte er ihn einer Typistin. Ich blieb unterdessen bei Tuhami.

Sanfte Herbstsonne beschien die Terrasse. Nirgendwo kann sie wohltuender sein als in Jerusalem, bezaubernd schier bis zur Besinnungslosigkeit. Hinter dem Hotelgarten erhob sich strahlend die Altstadtmauer. Tuhami fragte, was ich vom Besuch des Präsidenten hielte. Ich antwortete mit einer Gegenfrage: Können Sie mich davon überzeugen, dass dieser Besuch keinen Krieg nach sich zieht? »Ja, ich werde Sie davon überzeugen«, erwiderte Tuhami. »Israel braucht Frieden. Er ist lebensnotwendig für die Zukunft des Landes. Präsident Sadat ist sicher, dass Begin das einsieht und daher zu Zugeständnissen und Kompromissen bereit sein wird.« Ich staunte: Wie könnten sie Begin Glauben schenken. Selbst mit Golda Meir und Jitzchak Rabin hätten sie ja kein Abkommen erzielt. Warum mit Begin? »Gerade mit Begin«, sagte Tuhami. »Wir hatten weder Vertrauen in Golda noch in Rabin. Sie waren schwach. Schwachen Menschen trauen wir nicht.«

Tuhami wünschte natürlich den Abzug Israels aus allen im Sechstagekrieg besetzten Gebieten. Ich sagte, dazu würde es nicht kommen, und fragte nach Jerusalem: »Wir erheben keinerlei Anspruch auf den Westteil«, sagte Tuhami. »Wir denken an eine eigene Administration im Ostteil.« Ich fing erst gar nicht an darzulegen, wie kompliziert das wäre, denn Tuhami schien alles schon bedacht zu haben. Der Frieden, sagte er, werde in einigen Monaten eintreten, vielleicht in einem Jahr, spätestens in fünf. Er legte eine Pause ein und fragte dann: »Habe ich Sie überzeugt?« Nein, mich Kleingläubigen hatte er nicht überzeugt. Ich musste mich immer kneifen, um zu glauben, dass das Ganze tatsächlich geschah. Keine vierundzwanzig Stunden nach Sadats Ankunft konnte ich immer noch kaum glauben, dass er wirklich da war und ich hier mit seinem stellvertretenden Ministerpräsidenten sprach: Er vertraute Begin, ich nicht. Er glaubte an den Frieden, ich nicht. Ich kam mir vor wie Alice im Wunderland. Teddy kehrte mit der maschinengeschriebenen Verlautbarung zurück. Tuhami las sie sorgfältig. Wir verabschiedeten uns mit Handschlag. Auf dem Weg nach draußen stieß Teddy auf Walter Cronkite. »Das wird Sie vielleicht interessieren«, sagte er und drückte Cronkite das Blatt in die Hand. »Oh«, sagte der.

Teddy war von Grund auf anständig und großherzig, und im Gegensatz zu den meisten Gründervätern Israels genoss er seine Arbeit und hatte Humor. Einmal kam er wieder, wie so häufig, erst in den frühen Morgenstunden nach Hause. Seine Frau hatte ihm einen Zettel hingelegt: Eine Bürgerin habe um ein Uhr nachts angerufen und sich beschwert, dass vor ihrem Haus ein Loch im Bürgersteig klaffe. Schon einen ganzen Monat lang tue die Stadt nichts zur Beseitigung des Schadens. Eine von Teddys Privatnummern stand im Telefonbuch. Man durfte ihn zu Hause stören, und manche nutzten das schamlos aus. Es war halb vier Uhr morgens. Teddy rief die Frau an und sagte: »Ich wollte Ihnen nur mitteilen, dass ich mich morgen früh gleich als Erstes um die Sache kümmern werde.«

Der Impresario

Zumeist erschien Teddy gegen halb sieben in seinem Büro und erwartete, mich dort anzutreffen. Er hatte dann bereits einen Stadtrundgang gemacht, bei dem er sich allerlei Unregelmäßigkeiten notierte: In einem Viertel war der Müll nicht abgeholt worden, in einem anderen hatte ein Rosenstrauch nicht genug Wasser bekommen. Er kannte jede Ampel und jede Sitzbank. Kaum im Büro, klingelte er telefonisch die zuständigen Abteilungsleiter aus dem Bett und kanzelte sie lauthals ab. Er hasste Bürokratie, Papierkram, Ansprachen und auch Gesetzesschranken, die ihn nicht immer aufhielten. Im Konfliktfall erwartete er mit fast kindischer Ungeduld von den Justiziaren der Stadt, jeden Exzess abzusegnen. »Ich beschäftige keinen Anwalt, damit er mir nein sagt«, donnerte er dann. Häufig verlor er die Selbstkontrolle und wurde ausfällig. Schwer und kräftig wie er war, geriet er einmal in ein Handgemenge mit Demonstranten aus einem Armenviertel, die in sein Büro eindrangen, und ein andermal schlug er eine amerikanische Touristin, die eine Blume in einer städtischen Rabatte gepflückt hatte. Hinterher entschuldigte er sich charmant.

Er war ein säkularer Mensch, ebenso die meisten seiner Wähler. Aber die ultraorthodoxe Bevölkerung Jerusalems nahm beständig zu. Die Spannungen zwischen beiden Seiten lösten gelegentlich gewaltsame Zusammenstöße aus, unter anderem wegen eines geplanten Großstadions in der Nähe ultraorthodoxer Wohngebiete. Teddy beschloss, mit dem Rabbiner Simcha Bunim Alter, genannt der Gerrer Rebbe, zu sprechen. Für Tausende seiner Anhänger kam dieser Rebbe an Heiligkeit gleich hinter dem Allmächtigen im Himmel. Der damals Achtzigjährige war erst nach langwierigen Verhandlungen bereit, den Bürgermeister in seinem Haus zu empfangen. Ein Treffen in Teddys Büro wäre überhaupt nicht in Frage gekommen. Teddy hoffte, das Gespräch würde die Beziehungen zwischen Religiösen und Freidenkern auf eine neue Basis stellen. Er sah ein, dass die Säkulären stärker nachgeben konnten, weil ihre Lebensweise im Allgemeinen keine religionsfeindliche Ideologie einschloss. Der Glaube der Frommen ließ weniger Flexibilität zu. Mit der Zeit fand ich heraus, dass Teddy auch diese Erkenntnis von Ben Gurion gelernt hatte.

Der Rebbe empfing uns in seinem Esszimmer. Teddy, der eine winterliche Pelzmütze auf dem Kopf hatte, kam gleich zur Sache. »Verehrter Herr Rabbiner«, begann er in deklarativem Ton, »ich bin heute in einer grundlegenden Angelegenheit zu Ihnen gekommen. Ich finde, in den letzten Jahren wird diese Stadt immer frommer, mit mehr Sabbatheiligung und stärkerer Befolgung der Religionsgesetze.« Der Rebbe unterbrach ihn: »Sie kommen wegen des Stadions zu mir. Das sollte nicht gebaut werden. Aber noch wird nicht gebaut. Bis es gebaut wird, werden noch vier bis fünf Jahre vergehen.« Damit war alles gesagt, was er hatte sagen wollen. Für ihn war das Gespräch beendet. Teddy erfasste das nicht sofort, sondern begann, eine lange

Reihe von Einrichtungen aufzuzählen, die die Stadt für die religiöse Bevölkerung bereitgestellt hatte, darunter Schulen, Synagogen und Ritualbäder. Der Rebbe reagierte nicht. Er wählte sorgfältig ein paar frische Früchte aus dem Körbchen auf dem Tisch und stellte sie uns mit großer Geste vor. »Gutes Obst aus dem Land Israel«, erklärte er. »Orangen, die sind aus dem Land Israel. Bananen, die sind jetzt auch aus dem Land Israel. Früher hat es die hier nicht gegeben. Jetzt ja. Das ist eine Mango – nicht aus dem Land Israel. Datteln ja aus dem Land Israel. Und das ist was Neues, dieses Grüne, das hat noch keinen Namen.« Teddy setzte seinen Vortrag fort. Der Rebbe legte den Kopf zurück, schloss die Augen und begann, leise eine traditionelle Weise zu summen. Seine Finger trommelten auf dem Tisch den Takt dazu. Teddy hob die Stimme, zählte die Straßen auf, die am Schabbat für den Autoverkehr gesperrt wurden. Der Rebbe erhob sich und verließ wortlos den Raum. »Es hat einen Namen!«, verkündete er freudig, als er ein paar Minuten später wiederkam, und deutete auf die tropische Frucht, die er zuvor als etwas Neues bezeichnet hatte: »Es heißt Anona. Ich habe draußen die Jungs gefragt. Das ist was sehr Gutes. Nicht aus dem Land Israel. Deshalb dachte ich, es hätte keinen Namen.«

Das Gespräch war beendet. An der Tür zog der Rebbe aus den Falten seines Kaftans unvermittelt eine goldschimmernde Taschenuhr hervor und hielt sie dem Bürgermeister mit entschlossener Geste hin. »Die habe ich aus Amerika mitgebracht«, erklärte er, »das ist was Japanisches. Automatisch. Ein ganzes Jahr oder sogar zwei Jahre braucht man sie nicht aufzuziehen.« Teddy fragte verlegen: »Wieso habe ich das verdient?« »Weil Sie der Bürgermeister sind!«, lautete die Antwort. Das Geschenk abzulehnen, war unmöglich. »Er hat mich bestochen!«, sagte Teddy draußen und konnte selbst kaum glauben, was er da aussprach. »Mich! So haben es die osteuropäischen Juden gemacht, um sich vor Pogromen zu schützen!« Er schickte seinen Fahrer los, eine Kiste Anonen zu kaufen und sie zum Haus des Rabbiners zu bringen, »für die Jungs«, wie wir auf die beigelegte Grußkarte schrieben. Danach sagte er seufzend: »Sie sind so schwer zu verstehen. Sie leben in einer geschlossenen Welt. Egal, was du tust, es dringt nicht durch zu ihnen.« Ähnlich fern fühlte er sich den Juden aus arabischen Ländern, die in den Armenvierteln der Stadt lebten, und den Arabern. Das Fußballstadion wurde an anderer Stelle gebaut und nach ihm benannt.

Er dachte in amerikanischem Englisch und in Wiener Deutsch, der Sprache seiner Kindheit. Es gelang ihm niemals, seine hübschen Fehler im Hebräischen abzulegen, und selbst den hebräischen Namen der Stadt kriegte er nicht richtig hin. Lebenslustig und auf Qualität bedacht, wusste er gutes Essen mit erlesenem Wein, schöne Frauen und teure Zigarren zu schätzen. Das war damals nicht sehr israelisch. Einmal fragte ich ihn, wo er sich eigentlich zu Hause fühle. »Überall, wo ich Arbeit habe«, lautete die Antwort. »Wenn Präsident Roosevelt mir Tennessee Valley angeboten hätte, hätte ich mich dort zu Hause gefühlt.« Die Hälfte seiner Zeit verbrachte er mit Spendensammeln, wozu er sich viel außer Landes aufhielt. Dabei pflegte er den Spendern zu sagen, Jerusalem sei ihnen nicht zu Dank verpflichtet, sondern gerade umgekehrt: Sie schuldeten der Stadt Dank dafür, dass sie bereit sei, ihr Geld anzunehmen und ihren Namen auf Bibliotheken und Zahnkliniken, Parks und Gemeindezentren zu verewigen. Die von ihm gegründete Jerusalem Foundation brachte zu seinen Lebzeiten Hunderte Millionen Dollar zusammen.

Seine große Gabe auf diesem Gebiet ging mit unermüdlichem Verlangen nach internationaler Berühmtheit einher. Ein Gespräch mit einem wichtigen amerikanischen Journalisten bringe der Stadt mehr ein als eine Sitzung mit dem Leiter der Sozialabteilung, glaubte er. Ihm lag daran, berühmte Persönlichkeiten aus allen Ländern in die Stadt zu locken. Einmal war die Schauspielerin Marlene Dietrich zu Gast bei ihm zu Hause. Ein Pressefotograf lichtete die beiden ab, als er zu ihren Füßen auf dem Teppich saß. Sein Gesicht lässt ahnen, dass er vielleicht schon etwas über den Durst getrunken hatte. Vertreter der religiösen Opposition im Stadtrat machten einen Skandal daraus: Das Bild zeuge von zügellosem Verhalten, das eines Bürgermeisters von Jerusalem unwürdig sei. Teddy erwiderte, sein Gesichtsausdruck auf dem Foto zeige, dass er selbst vor den weltberühmtesten Beinen mit größter Sorge nur an die Probleme der Stadt gedacht habe. Die Liste seiner Gäste und Freunde glich einem internationalen Who's who. Spontan fallen mir ein: Marc Chagall und Alfred Hitchcock, Johnny Cash und Jean-Paul Sartre, Igor Strawinsky, John Steinbeck und Daniel Barenboim, Yul Brynner, Pablo Casals und Heinrich Böll. Nicht alle kamen während meiner Amtszeit. Aber eines Morgens betrat ich das Büro, und dort saß, nonchalant auf dem Tisch der Sekretärin, Kirk Douglas. Ich verhaspelte mich wie ein alberner Backfisch: »Sinatra«, rief ich begeistert. Er lächelte mit der Verbindlichkeit von Großen, dachte wohl, ich hatte originell sein wollen. Sinatra war vorher dagewesen.

Manchmal fühlte ich mich wie der Lehrling eines genialen Impresarios. Mir kam der Gedanke, der Aufmarsch von Berühmtheiten könnte Teddy vielleicht dafür entschädigen, dass seine Macht, die vielen persönlichen Probleme seiner Bürger zu lösen, begrenzt war. Der eine suchte Arbeit, der andere drohte unter seiner Schuldenlast in die Knie zu gehen, wieder ein anderer wusste nicht, was er mit seinen alten Eltern machen sollte, und eine litt unter einem gewalttätigen Ehemann. Teddy galt zwar als »Stadtvater«, konnte aber kaum mehr tun, als die Bittsteller an die zuständigen Abteilungen weiterzuleiten. Und dabei stellte sich des Öfteren heraus, dass die Bürokratie sogar mächtiger war als er. Das muss frustrierend gewesen sein. Einmal schlug ihm sein Fahrer vor, das städtische Familienauto von Peugeot gegen einen luxuriöseren Wagen einzutauschen. Teddy lehnte ab: »Bei manchen Menschen äußert sich ihr Snobismus und Egoismus in einer Luxuslimousine. Bei mir äußert er sich darin, dass Artur Rubinstein mein Freund ist.« Eigentlich waren sie nicht seine Freunde, aber die meisten Weltberühmtheiten, deren Bekanntschaft er suchte, nahmen ihm ab, dass die »Vereinigung Jerusalems« eine Erfolgsgeschichte war. Viele verwandelten sich in Botschafter der Besatzung.

Die Ingenieure, die Sadat nach Jerusalem zu schicken versprochen hatte, trafen niemals ein. Aber anderthalb Jahre nach seinem Besuch wurde in Washington der Friedensvertrag mit Ägypten unterzeichnet, und das Amt des Ministerpräsidenten ersuchte die Stadt Jerusalem, eine Dankveranstaltung auf dem Vorplatz der Klagemauer zu organisieren. Begin wollte wieder etwas Grandioses, das in alle Welt ausstrahlte. »Haben wir!«, sagte Teddy: Yehudi Menuhin war in der Stadt und hatte sich bereiterklärt, eine Bach-Partita für den Frieden zu spielen. Das Fernsehen erklärte, man werde die Veranstaltung nur dann übertragen, wenn sie kurz ausfällt: höchstens fünfzehn Minuten. Teddy und ich gingen ins King David, um die Zeit zu messen. Menuhin setzte einen hölzernen Dämpfer auf seine Geige, um die Lautstärke zu senken. Er spielte uns die Partita gefühlvoll, aber sehr leise. Er dürfe keinen Lärm machen, sagte er. Ein paar Stunden zuvor habe er etwas anderes gespielt, und da sei der für die Etage verantwortliche Bedienstete angekommen und habe um Ruhe gebeten, denn die Gäste im Nebenzimmer hätten sich beschwert: Sie zahlten nicht die Preise des King David, damit jemand ihnen jenseits der Wand die Ohren vollfiedelt, sagte er. Teddy hatte die Zeit gemessen – zu lang. Jetzt folge die Rede, verkündete Menuhin und las uns seinen Text vor: Die Geschichte Jerusalems von König David bis Teddy Kollek. Er sprach auch viel von Jesus Christus. Frau Menuhin meinte, auch diese Dinge müssten mal gesagt werden. Eine knappe halbe Stunde. Teddy war entsetzt, beherrschte sich aber. Nur Millionäre und Geigenvirtuosen konnten ihm ein derartiges Maß an Selbstbeherrschung abringen. Kurz vor der Veranstaltung kamen Sturm und Regen auf. Der arme Menuhin wurde mitsamt seiner Geige schier weggeblasen. Die Rede war nicht zu hören und wurde zum Glück auch nicht im Fernsehen übertragen.

Einige Jahre später nahm ich meine Mutter mit nach Kairo, zu einer *Aida*-Aufführung vor dem Hintergrund der Pyramiden. Während wir noch auf den Siegesmarsch warteten, ertappte ich mich bei einem guten Gedanken an Menachem Begin. Neben uns saß ein eleganter Herr mit festlichem Bärtchen. In Ägypten gab es also noch mehr Männer, die so aussahen.

Die Einheit der Stadt

Teddy verbreitete gern den Eindruck, das »vereinte Jerusalem« entwickle ein neues Modell israelisch-palästinensischer Koexistenz. Als pragmatischer und auf seine Weise auch liberaler Mensch wollte er daran glauben. Wie die Väter der zionistischen Bewegung versicherte er, die Besatzung bringe der ganzen Stadt Wohlstand und nütze daher auch den Arabern. Tatsächlich blieb die städtische Versorgung für die Araber Ost-Jerusalems weit hinter dem im Westteil Üblichen zurück. Die Diskrepanz wuchs auf allen Gebieten, auch in Gesundheitsversorgung und Erziehung. »Ich weiß, sie lieben mich nicht. Ich liebe sie auch nicht. Aber mit der Zeit werden wir lernen, miteinander auszukommen«, sagte Teddy oft. Das war eine schöne Illusion, der auch andere nachhingen, ich bereits nicht mehr. Es war ein Trugschluss. Teddys Einstellung zu den Arabern der Stadt hatte Ähnlichkeit mit Ben Gurions Einstellung zu den Arabern des Landes. »Ich wäre froh gewesen, wenn die Araber Jerusalems 1967 genauso aus der Stadt geflohen wären wie die Araber des Landes 1948«, sagte Teddy einmal zu mir. »Leider ist das nicht geschehen. Wenn ich könnte, würde ich sie wegjagen. In dieser Hinsicht hatte Ben Gurion mehr Glück und ich habe es schwerer.«

Drei Tage nach der Besetzung der Altstadt beteiligte sich Teddy an der Vertreibung Hunderter von Arabern, die nahe der Klagemauer wohnten, und der Zerstörung ihrer Häuser. Er predigte zwar Koexistenz, glaubte aber nicht an ein enges Zusammenleben von Menschen unterschiedlicher Völker und Kulturen. Zuweilen präsentierte er das fast als eine geschichtsphilosophische These: Jerusalem sei von jeher ein Mosaik aus homogenen, getrennten Wohngebieten gewesen. Das muslimische Viertel, das christliche Viertel, das armenische Viertel und das jüdische Viertel, säkulare und strenggläubige Stadtteile. Verwische man die klaren Grenzen zwischen den Mosaiksteinen, verliere man das ganze Bild, sagte er. Nicht alle Teile des Jerusalemer Mosaiks waren immer so klar voneinander abgegrenzt, aber Teddy vertraute auf Trennung. »Das sorgt für bessere Nachbarschaft«, erklärte er einmal. »Keiner mag die Essensgerüche des anderen und den Klang seiner Sprache, und die Araber mögen die Miniröcke der jüdischen Mädchen nicht ...« Der Oberste Gerichtshof zitierte diese Worte in einem Urteil, das einen arabischen Anstreicher namens Mohammed Bourkan verpflichtete, sein Haus im jüdischen Viertel der Altstadt zu räumen. Das wiederaufgebaute Viertel war allein für Juden bestimmt. Tausende Araber wurden daraus vertrieben. Einige erhielten Ersatzwohnungen oder Entschädigung. Die meisten hatten in den Häusern 1948 geflohener Juden gelebt.

Bourkan war in dem Haus, das er bewohnte, geboren und hatte dort seine vier Kinder gezeugt. Er erklärte, sein Glaube verbiete es ihm, seinen Besitz an einen Nichtmuslim zu verkaufen, und wandte sich an den Obersten Gerichtshof. Teddy fürchtete, die Richter könnten Bourkans Klage stattgeben. Der Fall löste ein großes Presseecho aus, auch im Ausland. Er galt als Probe für die Bereitschaft der Israelis, das umstrittene Land mit dessen arabischen Bewohnern zu teilen und friedlich Seite an Seite mit ihnen zu leben. Ich arbeitete natürlich mit daran, zu beweisen, dass es gar nicht um dieses oder jenes Haus gehe, sondern um einen weltweiten Versuch, den Zionismus zu verunglimpfen und das Existenzrecht Israelis zu negieren. Ich fragte mich zunächst nicht, ob wir recht hatten, sondern wie wir die *New York Times* davon überzeugen könnten.

Doch ich hatte ein Problem: Gabriel Stern agierte mit aller Kraft für Bourkan und gegen die Theorie der Trennung. Erst war es mir peinlich, dann setzte es mir zu, und schließlich schmerzte es mich, weil ich fand, dass der gute Gabriel recht hatte: Was hätte es denn dem Zionismus und der Einheit der Stadt geschadet, wenn man die Familie Bourkan und andere Araber im jüdischen Viertel belassen hätte? Gabriel kämpfte auch gegen die Vertreibung anderer arabischer Familien aus dem Viertel. Einmal musste ein Polizist ihn mit Gewalt aus einem zum Abriss bestimmten arabischen Haus schleifen, und Gabriel schrieb, in diesen Momenten habe er das Gefühl gehabt, »eine Schuld zu begleichen« gegenüber den sehr wenigen Deutschen, die es gewagt hatten, an den Boykottschildern vorbei in das Ladengeschäft seines Vaters in Attendorn zu gehen. »Ein haarsträubender Vergleich?«, schrieb er. »Ja, haarsträubend. Aber wenn wir jetzt nicht die wenige Zivilcourage aufbringen, die man in unserer überwiegend demokratischen Gesellschaft braucht, dann fürchte ich, dass wir, behüte, zu noch haarsträubenderen Phänomenen gelangen werden.«

Für mich wäre es leichter gewesen, wenn er diese Zeilen nicht geschrieben hätte. Aber einfach ignorieren konnte ich sie nicht. Ich schätzte Teddy und schuldete meinem Arbeitgeber Loyalität, aber Gabriel liebte ich. Eine Weile fühlte ich mich hin und her gerissen, doch dann brachte Teddy eine Idee zur Sprache, die mich zutiefst erschreckte: »Was haltet ihr davon, dass ich mich bei Landau einlade, der auch mein Nachbar ist, und ihm erkläre, welchen Schaden der Staat nehmen würde, wenn Bourkans Klage Erfolg hätte?« Mosche Landau, ein gebürtiger Danziger, war damals Vizepräsident des Obersten Gerichtshofs. Die Vorstellung, die beiden Jeckes könnten sich in Rechavia zum Nachmittagskaffee treffen und – vielleicht auf Deutsch – den Fall Bourkan besprechen, verschlug mir die Sprache. Zum Glück war noch einer von Teddys Leuten dabei, der ihn ermahnte, ganz schnell zu vergessen, was er gerade gesagt hatte. Später habe ich viel über diesen Moment nachgedacht. Er führte mir schlagartig vor Augen, dass ich unter solchen Patrioten nichts mehr verloren hatte.

Die Klage wurde erwartungsgemäß abgewiesen. Das war ein nationalistisches, rachsüchtiges und schädliches Urteil. Unter anderem erwähnte es die Vertreibung der Juden 1948: »Wir weinen in Protest gegen das, was die Jordanier uns in der Altstadt angetan haben, und man kann nicht von uns verlangen, dass wir ihnen nun weit die Türe öffnen, um sich ausgerechnet im jüdischen Viertel wieder niederzulassen«, schrieb der Richter Chaim Cohn. Als Bourkan bei seiner Weigerung blieb, wurden er und seine Familie in einer weithin beachteten Polizeiaktion zwangsevakuiert.

Jahre später – der Richter Cohn war bereits in Pension gegangen – besuchte Bourkan ihn in seinem Haus. Ich arbeitete damals schon beim *Haaretz*, und Bourkan erzählte mir davon. Er war nicht gekommen, um mit Cohn abzurechnen. Er war gekommen, um ihm zu berichten, dass er auch in seinem neuen Haus vor der Vertreibung stand, wegen eines Entwicklungsprogramms für ein neues jüdisches Viertel. Cohn erwiderte ihm, laut Bourkan, wenn er auch aus seinem neuen Zuhause vertrieben würde, wäre es geboten, ihn wieder in sein altes Haus im jüdischen Viertel einziehen zu lassen. Bourkan entnahm dieser Antwort, dass Cohn das damalige Urteil bereute. Ich rief Cohn an. Der betagte Richter, ein geborener Lübecker, bekleidete nun das Amt des Präsidenten der Vereinigung für Bürgerrechte. Er bestätigte, dass der arabische Kläger bei ihm gewesen war, konnte sich aber angeblich nicht erinnern, das ihm von Bourkan Zugeschriebene gesagt zu haben. Jedenfalls bereue er das damalige Urteil keineswegs. Es sei »die einzige Möglichkeit unter den gegebenen Umständen« gewesen. Er verzieh Bourkan nicht ein Vergehen, das er auch im Urteil erwähnt hatte: »Bourkan hat sich an die Medien gewandt, was Richter gar nicht mögen«, sagte er leise tadelnd. »Wenn Bourkan das nächste Mal ein Gericht anruft, sollte er das unterlassen.«

In Teddys alten Tagen, als er bereits nicht mehr im Amt war, unterhielt ich mich hin und wieder mit ihm, und er gab zu, sich geirrt zu haben: Ohne die Aufteilung der Macht in Jerusalem werde es keinen Frieden geben; da er das kaum für machbar hielt, war er pessimistischer als je zuvor in seinem Leben.

Die fünfzehn Tage der Shuruk Yassin

Eines Abends kam ich nach Hause und sah einen jungen Araber im Treppenhaus sitzen, der dort schlief. Im ersten Moment wollte ich ihn unbeachtet lassen, doch ich wusste, die Nachbarn würden die Polizei rufen. Es war der Sommer 1992 und nicht die richtige Zeit, einen jungen Araber im Treppenhaus zu ignorieren. Palästinensische Terroranschläge und besonders die ständige Angst davor, waren in Jerusalem damals alltäglich. Ich weckte ihn und fragte, ob ich ihm helfen könne. Er stammte aus den im Sechstagekrieg von Israel besetzten Palästinensergebieten, hatte keine Erlaubnis zum Übernachten in Israel und auch kein Geld, um heimzufahren. Ich fuhr ihn an die Grenzschranke. Er wollte ganz bis nach Hause – also weitere zehn Minuten für mich oder eine weitere Nacht ohne Dusche für ihn. Ich fuhr ihn. Am nächsten Tag war er wieder da, sagte, er sei Anstreicher, und erbot sich, meine Wohnung zu streichen.

In den nächsten Wochen rief er gelegentlich an, meist mit R-Gespräch; er hatte kein Telefon. Er sprach gut Hebräisch. Manchmal kam er auf einen Kaffee, erzählte mir, wie es ihm so erging, und ich notierte mir seine Berichte als eine Art Tagebuch. Er war damals zweiundzwanzig Jahre alt. Da er keine Einreisegenehmigung für Israel hatte, musste er Risiken eingehen: Unweit seines Hauses verlief eine Mauer; mit einem Satz darüber war er auch schon auf der israelischen Seite. In Jerusalem musste er ständig den Grenzschutzsoldaten ausweichen, und so entwickelte er mit der Zeit die Instinkte einer gehetzten Katze. Meist sah er die Grenzschützer lange bevor sie ihn sahen. Manchmal dachte ich sogar, er wittere sie von Weitem. Bald kannte er ihre Patrouillenstrecken und sogar ihren Zeitplan: Er hatte Gassen für morgens und Gassen für abends, manche Orte waren nur über Hinterhöfe zu erreichen, und es gab Stellen, da sprang er von Dach zu Dach. Das Leben im Untergrund erfordere eine besondere Körpersprache: aufrechte Haltung, erhobener Kopf, stets gleichgültige Miene – Hauptsache, so aussehen wie alle anderen, erklärte er mir.

Er wusste, dass er eine Geschichte lieferte, die ich dokumentierte, und lebte sie mit erfrischendem Humor. Als er einmal in die Nähe der Klagemauer kam, sprachen ihn fromme Männer an, ob er nicht Gebetsriemen legen wolle. Sie hielten ihn für einen Juden. Er sagte, er hieße Jossi, ließ sich willig die schwarzen Riemen um Arm und Kopf wickeln und murmelte die Sprüche, die sie ihm vorsagten. Eines Tages würde er vielleicht noch seinen Kindheitstraum erfüllen und ein berühmter Schauspieler werden, meinte er, als er mir davon erzählte. In meinen Artikeln nannte ich ihn Jussuf. Gelegentlich wurde er doch gefasst und für achtundvierzig Stunden festgehalten. Nach seiner Entlassung musste er in einem bestimmten Zeitraum vierhundertfünfzig Schekel Bußgeld zahlen. Das war viel: Er war froh, wenn er hundert Schekel am Tag verdiente. Die Bußgelder summierten sich, aber es gab Wege, sie loszuwerden, und Jussuf wusste bereits, wie das ging; ich noch nicht.

Als ich ihn im Treppenhaus weckte, wusste ich auch noch nichts von den Gesprächen zwischen Israel und den Palästinensern, die im September 1993 zur feierlichen Unterschrift unter das Oslo-Abkommen führten. Israel stand in Begriff, auf die Herrschaft in einem Teil der besetzten Gebiete zu verzichten. Ich war häufig dort gewesen. Seit fünfundzwanzig Jahren beschäftigte mich der Alltag der Besatzung, häufig schrieb ich auch darüber. Es war ein menschliches Drama von historischen Ausmaßen, das sich wenige Fahrminuten von meinem Zuhause abspielte – und das auch in meinem Namen. Ich betrachtete mich nicht als »Kämpfer für Gerechtigkeit«, glaubte auch nicht, dass Zeitungsberichte die Unterdrückung beenden könnten. Die meisten Israelis betrachteten die Besatzung als notwendige und gerechtfertigte Phase in Israels Existenzkampf gegen die arabische Feindschaft und den palästinensischen Terror. Ich wollte ihnen wenigstens erzählen, wie es vor Ort aussah.

Die meisten Geschichten, die ich aus der Westbank mitbrachte, ließen keinen Zweifel daran, wer die Bösen und wer die Opfer waren, aber manchmal waren die Dinge komplizierter. Das galt für die Geschichte über die fünfzehn Lebenstage der kleinen Shuruk Yassin. Shuruk heißt »Sonnenaufgang« auf Arabisch. Sie war die Tochter von Lehrer Abdel Latif und Buteina Yassin, Bewohner des malerisch zwischen Olivenhainen gelegenen Dorfs Bil'in. Im Januar 1991 war Buteina Yassin im neunten Monat schwanger und zur Untersuchung ins Krankenhaus des Roten Halbmonds in Jerusalem bestellt. Aber wenige Tage zuvor hatte der Golfkrieg, »Unternehmen Wüstensturm«, begonnen, und in den besetzten Gebieten galt eine Ausgangssperre. Die Untersuchung wurde nicht durchgeführt. In Bil'in gab es keinen Arzt und kein Telefon. Yassin hatte kein Auto, und sie hatten auch keine Erlaubnis, das Dorf zu verlassen. Er ging zum nahen Grenzposten und bat um freie Durchfahrt zum Krankenhaus. Die Soldaten jagten ihn weg. Als er zu debattieren versuchte, drohten sie, ihn festzunehmen. Die Hebamme des Dorfs half der Kleinen auf die Welt; es war eine Steißgeburt. Das Neugeborene war blau und gab keinen Ton von sich, atmete aber. Am nächsten Tag sollte ein Arzt ins Dorf kommen. Er kam nicht, vermutlich wegen der eingeschränkten Freizügigkeit.

Zwei Tage später weckte Buteina ihren Mann und sagte ihm, das kleine Mädchen sei sehr krank und werde sterben. Yassin sprang auf, wollte jemanden suchen, der bereit war, den Säugling ins Krankenhaus zu fahren. Er klopfte bei Nachbarn an, die ein Auto hatten. Mein Kind stirbt, schrie er. Einige machten gar nicht erst auf. Er lief von Haus zu Haus. Einer sagte, sein Auto sei kaputt, und auch die Versicherung sei abgelaufen. Ein anderer erklärte, wenn sie ihn ohne Ausgangsgenehmigung zur Sperrzeit erwischten, würden sie ihm ein Bußgeld aufbrummen, das er nicht zahlen könne. Yassin rannte zu einem Lehrerkollegen mit Auto. Er klopfte an die Haustür, nannte seinen Namen, schrie, sein Baby liege im Sterben, aber keiner öffnete. Vielleicht waren sie nicht da. Er ging zum Dorfältesten, der auch nicht aufmachte. Vielleicht war er nicht aufgewacht, vielleicht hatte er Angst. Die Nacht war bitterkalt. Als er rat- und hilflos in einer der dunklen Dorfgassen stand, kam ein junger Mann vorbei und fragte, was los sei. Yassin erwiderte, sein Baby liege im Sterben. Der Mann sagte, er kenne jemanden, der ein Auto und auch Mut habe: Nacht für Nacht steige er auf sein Dach, um auf die Scud-Raketen zu warten, die Saddam Hussein auf Tel Aviv regnen lassen würde. Yassin ging hin, sagte, sein Kind liege im Sterben, und bat um einen Autotransport. Der Mann erwiderte, er habe Angst, gegen die Ausgangssperre zu verstoßen, und kletterte auf sein Dach zurück. Inzwischen war es beinah zwei Uhr morgens. Der junge Mann, der Yassin geholfen hatte, besaß ein Auto, das aber nur im Abwärtsrollen ansprang und jetzt am unteren Ende der Straße parkte. Irgendwie gelang es den beiden Männern, den Wagen ein Stück nach oben zu schieben und den Motor zum Laufen zu bringen. Auf dem Weg zum Krankenhaus in Ramallah hielt kein Mensch sie an.

Als sie endlich an einen Arzt gerieten, war es schon neun Uhr. Der Arzt fragte, warum sie das Kind nicht eher gebracht hätten. Einige Tage später starb die kleine Shuruk. Der Vater schaufelte eigenhändig ihr Grab. Als ich zu ihm kam, war er von Zweifeln zerfressen, denn er wusste nicht zu sagen, wer an Shuruks Tod schuld war: der Golfkrieg oder die Besatzung mit der Ausgangssperre in den Gebieten; die Soldaten, die ihn nicht durchgelassen hatten; die Hebamme oder die Nachbarn, die – aus Angst oder Unwillen – ihre Hilfe verweigert hatten. Immer wieder machte er sich auch selbst Vorwürfe. Vielleicht hatte er nicht genug getan, um sein Kind zu retten. Eine israelische Menschenrechtsorganisation half ihm, Beschwerde gegen die Soldaten am Grenzposten einzulegen. Ein israelischer Untersuchungsoffizier im Rang eines Oberstleutnants nutzte die schmerzlichen Skrupel des Vaters aus: »Es ist zu vermerken, dass Herr Yassin in einer Art Selbstgeständnis persönlich aussagte, er habe Gewissensbisse, hätte vielleicht mehr zur Rettung seines Babys tun können, es aber unterlassen«, schrieb er. Das Verfahren wurde eingestellt. Mein Notizbuch funktionierte wie gewohnt als Blitzableiter und schirmte mich ab gegen Wut, Trauer und Schuldgefühl.

Eine Nacht mit Dr. Ruth

Nicht immer war alles so schrecklich. Soweit irgend möglich, besuchten die Leute die Altstadt weiterhin und fuhren sogar in die besetzten Gebiete. Eines Abends erhielt ich völlig überraschend einen Anruf von Dr. Ruth Westheimer, die ich einmal bei gemeinsamen Freunden in New York getroffen hatte. Sie sei in Jerusalem, und am heutigen Heiligabend würde sie gern die Mitternachtsmesse in der Geburtskirche in Bethlehem miterleben. Ob ich sie hinfahren könne? Ohne Eintrittskarten wird man uns nicht durchlassen, erklärte ich, aber Dr. Ruth sagte, das wäre nicht das schlimmste Hindernis, das sie in ihrem Leben überwunden habe, ich solle sie nur reden lassen. Sie redete ohnehin pausenlos. Und so erhielt ich eine Lektion in Sex und Sicherheit.

Die Straße von Jerusalem nach Bethlehem war in jener Nacht eine der bestgesicherten Straßen der Welt. Auf der zwanzigminütigen Fahrt zum Kirchenvorplatz mussten wir fünf Kontrollen über uns ergehen lassen, teils mit Metalldetektoren am Körper. Die Grundprämisse lautete, dass man ohne Eintrittskarte schon am ersten Kontrollpunkt nicht durchkommen würde, mit einem Auto schon gar nicht. Wir schafften es problemlos. An jedem Kontrollpunkt sprach uns ein Polizist, Soldat oder Grenzschützer an. Jedes Mal steckte Dr. Ruth den Kopf aus dem Wagenfenster, wedelte mit ihrem amerikanischen Pass und sagte in ihrem jeckischen Hebräisch: »Hallo, ich bin Dr. Ruth Westheimer, ich fahre nach Bethlehem, man hat mir gesagt, dort lägen Karten für mich bereit.«

Sie redete rasend schnell und in einem Tonfall wie etwa gegenüber besorgten Eltern, die sie fragten, was sie mit ihrem Sohn tun sollten, der mit zweiundzwanzig Jahren noch in seinen Teddybären verliebt sei. »Alles in Ordnung«, sagte Dr. Ruth, fast immer war alles in Ordnung. »Alles in Ordnung«, sagten die Polizisten und die Soldaten und die Leute vom Grenzschutz. Immer wieder. Alle erkannten sie. Ein blonder, blauäugiger Leutnant sagte, er müsse prüfen, ob er sie passieren lassen dürfe. »Dr. Ruth, ja, ja genau die, will ohne Karte durch«, sprach er in sein Funkgerät. »Positiv«, spuckte das Gerät aus. Dr. Ruth, eine winzige Frau im roten Mantel, freute sich wie ein Kind und gab dem Leutnant, wenn ich mich recht erinnere, einen Kuss auf die Wange.

Doch dann gerieten wir an einen muskulösen, breitschultrigen Grenzschutzoffizier mit tiefer Bassstimme. »Na, auch wenn Sie einen amerikanischen Pass haben – ich kenne Sie nicht«, sagte er. Dr. Ruth baute sich vor ihm auf und sagte: »Ich bin Dr. Ruth. Sie kennen mich nicht? Ich meine doch.« Ihr Kopf reichte bis an seinen Gürtel. Von unten nach oben schickte sie ihm einen Blick, der besagte: »Willst du darüber reden?« Der Typ errötete wie ein Halbwüchsiger, der mit der Hand in der Hose ertappt worden ist. »Gut, und wenn ich Sie schon kenne. Nicht bloß ich. Alle kennen Sie«, verteidigte er sich. »Natürlich«, sagte Dr. Ruth, »ich weiß.« Sie schenkte ihm einen mütterlichen Blick, aber den Kuss ersparte sie ihm. Und so passierten wir einen Kontrollposten nach dem anderen, der Sex siegte stets über die Sicherheit, bis wir einen Punkt erreichten, wo auch Jesus persönlich nicht mehr in die Kirche hineingekommen wäre, denn sie war rammelvoll. Wir standen neben dem Hotel Casanova. »Ah, Casanova«, sagte Dr. Ruth mit philosophischem Unterton, und Bethlehems Glocken läuteten zur Mitternachtsstunde.

Jussuf, der Anstreicher, amüsierte sich köstlich über diese Geschichte. Wir sprachen häufig über die Lage. Er träumte von einem einzigen Staat, in dem Araber und Juden friedlich zusammenleben und – vor allem – sich frei von Ort zu Ort bewegen konnten, ohne irgendwelche Genehmigungen. Wenn wir noch in den vierziger Jahren des vorigen Jahrhunderts leben würden, wäre auch ich dafür, sagte ich und erzählte ihm von Gabriel Stern. Aber all das habe sich schon damals als Illusion erwiesen. Die Zukunft gehörte einem Staat mit jüdischer Mehrheit unter Vertreibung eines Großteils der arabischen Bevölkerung. Jussuf stammte nicht aus einer Flüchtlingsfamilie, aber die Tragödie der Palästinenser war tief in seiner Identität verwurzelt. Und die Flüchtlinge pflegten den Mythos von der Rückkehr. Alle wussten, dass es die nicht geben würde, aber kaum ein anderer Gedanke ängstigte die Israelis mehr als dieser. Als die Palästinenser drohten, ein Schiff mit hundertdreißig arabischen Flüchtlingen an Bord an Israels Küste zu schicken, gingen die Sicherheitskräfte in Bereitschaft, als fürchte man die Invasion einer ganzen Armada.

Die Idee war glänzend: Das »Schiff der Rückkehr« (Al Auda) sollte die heroische Saga der Flüchtlingsschiffe voll Holocaust-Überlebenden nachstellen, die die zionistische Bewegung in den letzten Jahren des britischen Mandats heimlich an die Küsten Palästinas gelotst hatte. Man hätte sich keine gerechtere historische Symbolik ausdenken können als diese; unter den Israelis, die sich solidarisch mit dem Unternehmen zeigten, befanden sich einige ehemalige Passiere des legendären Schiffs Exodus. *Haaretz* schickte mich nach Athen, wo das Schiff in See stechen sollte. Dort strömten Massen von Sprechern und Medienleuten und Friedensbeseelten aus aller Welt zusammen, darunter ein Mitglied des britischen Oberhauses im abgewetzten Tweedjackett und ein alter amerikanischer Rabbiner, die beide in Erinnerungen an ihre Jugendzeit schwelgten, als sie die Gründung des israelischen Staates nach Kräften zu verhindern gesucht hatten. Anwesend waren auch einige Dutzend Palästinenser, die man aus den Flüchtlingslagern in Jordanien nach Athen geflogen hatte, ohne dass sie recht begriffen, welche Aufgabe ihnen hier zukam. Und auch ein alter Bekannter von Gabriel Stern war mit dabei, ein griechisch-katholischer Erzbischof namens Capuci, der in seiner Limousine einst Waffen und Sprengstoff für den arabischen Terror geschmuggelt hatte, bis er erwischt und ausgewiesen worden war. Eine der Pressesprecherinnen des Unternehmens war Suha at-Tawil; wir freundeten uns ein wenig an. Später heiratete sie Jassir Arafat.

Letzten Endes gelang es den Palästinensern in Athen lediglich, eine glanzvolle Cocktailparty im Hotel Holiday Inn zu veranstalten. Der Lord, der Rabbiner, der Erzbischof und Hunderte weitere Gäste vertrieben sich die Zeit bei einer Auswahl an Weinen, Süßigkeiten und Backwaren, die einen mit Salami und Käse, die anderen mit Schokolade und Ananas. Dabei tauschten sie sich über den schlimmen Hunger in den Flüchtlingslagern im Westjordanland und in Gaza aus. Alle paar Stunden erklärten PLO-Sprecher, dass das Schiff bald auslaufen werde. Ich überlegte, was Gabriel getan hätte, und nahm ein Taxi zum Hafen von Piräus. Nichts geht über den Augenschein vor Ort. Dort lag kein wartendes Schiff vor Anker. Daher berichtete ich, dass es sich um einen PR-Bluff handelte. Die PLO behauptete später, israelische Agenten hätten das Schiff vor seiner Ankunft in Athen gesprengt. Vielleicht stimmte das.

Eines Tages fuhr ich mit Uri Avnery und einer Gruppe Reporter nach Ramallah, um Jassir Arafat zu besuchen. Das Oslo-Abkommen hatte damals schon einer weiteren Welle palästinensischer Terroranschläge Platz gemacht. Arafat stand praktisch unter Hausarrest; israelische Soldaten hatten sein Hauptquartier abgeriegelt. Er lud uns zum Mittagessen ein. Er wollte einen unabhängigen Staat in den besetzten Gebieten und Souveränität über den Tempelberg in Jerusalem. Die israelischen Siedler in den Gebieten war er bereit, als Bürger seines Staates zu akzeptieren, aber die Flüchtlinge von 1948 sollten zwischen Rückkehr in ihre Häuser und Entschädigung wählen dürfen, wie es die UNO beschlossen hatte. Es bestehe keinerlei Aussicht, dass Israel dem jemals zustimmen werde, und daher sei die Zweistaatenlösung nun irrelevant, sagte ich und fragte ihn, ob er sich eigentlich noch ein Abkommen mit Israel vorstellen könne, wo er doch sein ganzes Leben dem Kampf gegen dieses Land gewidmet habe. Arafat stocherte ungehalten auf seinem Teller herum: »Warum meinen Sie, ich könne nicht tun, was Nelson Mandela getan hat?« Das war rund zwei Jahre vor seinem Tod. In seiner merkwürdigen Uniform verbreitete er trübselige Fantasterei und resignierte Ruhe, wirkte isoliert und irgendwie erloschen: Sucht und Aussichtslosigkeit. Das galt auch für die Geschichte von Jussuf, dem Anstreicher, und mir. Als ich ihm von dem Treffen mit Arafat erzählte, staunte er hauptsächlich darüber, dass ich neben dem Rais hatte sitzen und von dem Teller mit gerösteten Mandeln und Pinienkernen hatte naschen dürfen, der eigentlich nur ihm vorbehalten war.

Abenteuer eines cleveren Anstreichers

Jussuf war ein kluger und gutherziger Mann und ein traditioneller Muslim. Er zeigte ironisches, fast journalistisches Interesse für Nachrichten und strahlte am Anfang unserer Bekanntschaft vor jugendlichem Optimismus. Mit der Zeit gewöhnte ich mich an ihn, und als ich einige Tage ins Ausland fahren wollte, ließ ich ihn unterdessen die Wohnung streichen. Er machte mir einen besonders günstigen Preis, einschließlich Putz und Farbe, versprach, alles in zwei bis drei Tagen zu erledigen und hinterher sauberzumachen. Erstmals im Leben wollte er einen Arbeiter dazunehmen sowie eine junge dänische Touristin, die er kennengelernt hatte: Christina suchte in Israel sich selbst und übernahm unterdessen Putzarbeiten.

Den Abend vor Arbeitsbeginn saß Jussuf mit ein paar Freunden in einem Ost-Jerusalemer Kaffeehaus. Plötzlich tauchten Grenzschutzpolizisten auf und verhafteten ihn. Jussuf war besorgt: Es waren nur vier Tage bis zu meiner Rückkehr. Er beschimpfte einen der Polizisten. Der versetzte ihm eine Ohrfeige, drehte ihm den Arm auf den Rücken und führte ihn ab in die Haftanstalt der Polizei auf dem Russenplatz. Das düstere Steingebäude war Ende des 19. Jahrhunderts als Herberge für russische Pilger gebaut worden. Jussuf fand kaum Schlaf. Nach zwei Tagen steckte man ihn in einen Jeep, fuhr ihn an den Grenzposten und ließ ihn laufen. Jussuf stahl sich eilig zurück.

Er kam um neun Uhr abends an und machte sich mit seinem Arbeiter sofort ans Werk. Die Nachbarn auf demselben Stock wussten von seinem Kommen, die Nachbarin von unten hatte ich zu informieren vergessen. Sie wachte von verdächtigen Geräuschen auf. Es war schon nach Mitternacht. Sie spähte aus dem Fenster, sah über sich eine Hand mit einem Flammenwerfer – mit dem Feuer sollte die alte Farbe vom Balkongitter entfernt werden. Die Nachbarin war zutiefst erschrocken, hörte nun auch noch arabische Sprachfetzen und wäre beinahe in Ohnmacht gefallen. Ein Terrorangriff, dachte sie, alarmierte aber nicht die Polizei, sondern ging hinauf, um zu sehen, was los war. Jussuf beruhigte sie mit charmantem Lächeln. Die Nachbarin tadelte ihn. Jussuf versprach, bald Schluss zu machen. Die Nachbarin fragte, ob er sich mal ihren tropfenden Wasserhahn in der Küche anschauen könne. Jussuf ging mit ihr runter. Nach Betreten der Wohnung fragte er, wann sie zum letzten Mal gestrichen worden sei. Dann ging er wieder rauf, arbeitete bis drei Uhr morgens, legte sich zur Ruhe und fing um sieben Uhr morgens wieder an. Er wollte so gern Wort halten.

Es war nicht seine Woche. Ein Freund, der ihm die Leiter geliehen hatte, holte sie wieder ab. Mein Vorschuss reichte nicht. In einem Geschäft war man bereit, ihm einen Eimer Farbe auf Pump zu geben, verlangte jedoch als Pfand den Personalausweis, den die Militärverwaltung in den besetzten Gebieten den Bewohnern ausstellte. Ohne den Ausweis war jeder Ausgang auf die Straße riskant. Jussuf setzte die Arbeit fort, und dann ging eine Glastür zu Bruch. Er rief einen Freund mit Auto zu Hilfe, der die Tür zum Glaser fuhr. Der Glaser verlangte Geld. Jussuf ließ die Tür als Pfand bei ihm, bis ich zurück sei.

Die Arbeit kam nur schleppend voran. Die Wohnung war lange nicht mehr gestrichen worden. Man musste die Wände abschaben. Der Staub legte sich auf die Bücher, die nun Stück für Stück abgewischt werden mussten. Unterdessen ging die Farbe erneut aus; es blieb nichts anderes übrig, als meine Rückkehr abzuwarten. Ich kam in eine chaotische Wohnung und rastete aus. Ich hätte einen israelischen Anstreicher nehmen sollen, schrie ich, gab ihm aber weiteres Geld. Damit er nicht verhaftet wurde, fuhr ich ihn zu dem Geschäft in der Altstadt und holte ihn am nächsten Tag von zu Hause ab. Das war eine gute Methode, Leute aus der Westbank zu holen: Israelische

Autos wurden kaum je kontrolliert; in den meisten saßen Siedler. Aber an jenem Morgen waren die Kontrollen streng. Jussuf erkannte das von weitem. Er stieg um in einen arabischen Bus, der Israel ohne Zwischenhalt durchqueren sollte. Wenige Meter hinter dem Grenzposten konnte er den Fahrer überreden, trotzdem anzuhalten. Er sprang raus und kam im Laufschritt zurück zu meinem Wagen. Das erinnerte mich an die Szene mit dem ostdeutschen Bus in einem Hitchcock-Film. Jussuf sagte, der Busfahrer sei das schon gewohnt. Das Streichen dauerte noch zehn Tage und kostete doppelt so viel wie vereinbart. Der Arbeiter verlangte seinen Anteil, und Christina bekam auch etwas. Jussuf blieb weniger als der Betrag eines Bußgelds. Für mich kam wenigstens ein farbiger Bericht dabei heraus unter der Überschrift »Abenteuer eines cleveren Anstreichers«. Jussuf mochte meinen Text und verriet mir erstmals, dass er vor anderthalb Jahren schon einmal in der Zeitung gestanden habe.

Damals war er zwanzig und verliebt in eine Siebzehnjährige. Die beiden Familien kannten sich; vielleicht hätte sich eine Ehe arrangieren lassen. Doch Jussuf und seine Freundin fuhren zum Vergnügen nach Tel Aviv und verstießen damit gleich gegen mehrere arabische Moralgebote. Sie hatten es schön, übernachteten am Strand. Am nächsten Tag beschlossen sie zu heiraten. Eine Polizeistreife griff die beiden auf und brachte sie zurück an die Grenze. Sie fürchtete, zu Hause einer schrecklichen Strafe entgegenzugehen, hatte jedoch eine Idee: Wenn sie eine Flasche auf ein israelisches Auto warf und festgenommen wurde, würde sie im Dorf als Kämpferin gegen die Besatzung gelten. Jussuf war dagegen, aber sie tat es. Die Flasche traf den Fahrer nicht, und sie versuchte nicht zu fliehen. Man brachte die beiden zum Russenplatz. Sie wurde verhaftet, Jussuf sollte am nächsten Tag vor Gericht erscheinen. Als er dort ankam, sah er sie nicht. Er wartete auf sie, doch gegen Mittag sagte ihm jemand, er brauche nicht länger zu warten, seine Freundin sei ermordet worden. Sie war in einer Zelle mit anderen verhafteten Araberinnen gewesen. Eine hatte sie verdächtigt, mit der Polizei zu kooperieren, und sie bei Nacht mit einer Wolldecke erstickt. Jussuf war am Boden zerstört. Er nahm eine Flasche Chlorbleiche und trank daraus. Eine Lokalreporterin, die die Geschichte verfolgte, brachte ihn zur Magenspülung. »Ich habe sie sehr geliebt«, sagte Jussuf mir unter Tränen und erzählte noch mehr von sich.

Sein verstorbener Vater hatte ihn oft mit dem Gürtel verprügelt. In der sechsten Klasse war er von zu Hause abgehauen, hatte in verlassenen Häusern übernachtet und sich aus Mülltonnen ernährt. Später verschlug es ihn in den Gazastreifen, wo er sich einer Bande anderer ausgerissener Jungen anschloss, die für einen örtlichen Drogendealer arbeiteten. Damals war er vierzehn, und dort habe er seine ersten Joints geraucht, erzählte er mir. In der Schule wollte man ihn nicht wieder aufnehmen, und er begann bei einem Anstreicher zu arbeiten, der ihn das Handwerk lehrte. Sein Vater war inzwischen gestorben. Jussuf sehnte sich nach ihm. Manchmal gehe er auf den Friedhof, setze sich an das Grab und berichte ihm, was so alles geschehe, erzählte er mir. Und es passierte viel.

Einige Zeit nach der Ermordung seiner Freundin nötigte ihn seine Mutter, sie in ein anderes Dorf zu begleiten und dort die neue Braut kennenzulernen, die sie für ihn ausgesucht hatte. Die Auserkorene war klein und mollig. Jussuf wollte sie nicht. Seine Mutter ließ nicht locker, Jussuf drohte, erneut Chlorbleiche zu trinken, seine Mutter drohte, einen Herzanfall zu bekommen. Sie hegte den Verdacht, dass er etwas mit jener Christina hatte. Schließlich einigten sie sich auf eine andere Verbindung. Er lud mich zur Hochzeit ein, gemeinsam mit einem befreundeten Filmemacher aus Holland, der sich erboten hatte, ein Video aufzunehmen. Es war ein dunkler Abend im Dorf der Braut. Wenn uns was passiert, dachte ich, kann ich mir sagen, was ich immer sagte, wenn Israelis in den Gebieten ermordet wurden: Was treibt ihr euch dort auch herum. Aber alle waren freundlich zu uns.

Verbindungen

Einige Zeit nach der Hochzeit wurde ein Verwandter der Braut unter dem Verdacht festgenommen, mit der Hamas zusammenzuarbeiten. Jemand verbreitete das Gerücht, Jussuf habe ihn verleumdet, was dieser vehement bestritt. Er schlich sich weiterhin Tag für Tag nach Jerusalem, hatte aber Mühe, Arbeit zu finden. Damals warben immer mehr israelische Firmen mit dem Slogan: »Nur jüdische Arbeitskräfte«. Eines Tages sprachen ihn zwei Araber an und fragten, ob sie mit ihm reden könnten. Er ahnte, was sie wollten, sah aber von weitem einen Grenzschutzpolizisten und ging daher lieber mit. Vor der Hamas kann man ohnehin nicht weglaufen, sagte er sich. Sie nahmen ihn ein Stück im Auto mit – mit verbundenen Augen. Als sie ihm die Binde abnahmen, saß er in einer Höhle auf einem Stein, vor ihm drei vermummte Männer. Sie waren sehr korrekt, fast höflich, entschuldigten sich sogar: Sie täten nur ihre Pflicht. Zuerst forderten sie ihn auf, sich auszuziehen: Sie suchten ein Mikrofon an seinem Leib. Als sie nichts fanden, durfte er sich wieder ankleiden, und sie fragten ihn, ob er ein Kollaborateur sei. Er verneinte. Sie sagten, wenn doch, würden sie ihn nicht umbringen. Im Gegenteil – sie würden ihm helfen auszusteigen. Er verneinte erneut. Sie fragten nach Name, Geburtsdatum, Anschrift. Einer notierte alles in ein Heft, im Schein einer Taschenlampe. Sie fragten nach dem Verwandten seiner Frau. Er sagte, er kenne ihn nicht. Und da setzten die Ohrfeigen ein. Viele Ohrfeigen. Jussuf weinte, verfluchte Gott. Aber mehr taten sie ihm nicht an. Schließlich erklärten sie, sie würden ihn vorerst in Ruhe lassen, seien jedoch unzufrieden mit seinen Antworten. Man werde sich wiedertreffen. Danach fuhren sie ihn nach Jerusalem und ließen ihn laufen. Es war kurz vor drei Uhr morgens. Jussuf rief mich entsetzt per R-Gespräch an, wollte bei mir auf dem Sofa schlafen – zum ersten und letzten Mal, versprach er. Zum letzten Mal, sagte ich. Er wachte erst nachmittags wieder auf.

Diese Bekanntschaft wurde zusehends lästig, störte mich auch bei der Arbeit. Jussuf rief mehrmals am Tag an: Jeder umgekippte Farbeimer, jedes zerbrochene Fenster, jedes verlorene Portemonnaie, jede Rüge von seiner Frau, jede Bedrohung und oft auch mal Schläge, die er bei Streitigkeiten abbekam – alles wurde mir aufgehalst. Ich war Sozialarbeiter und Eheberater und oft auch menschlicher Bankautomat: Manchmal erbat und erhielt er Geld für den Bus, für Zigaretten. Ich wollte ihm helfen, fühlte mich aber auch ausgenutzt. Doch alle paar Monate kam er mit einer Geschichte an, der ich kaum widerstehen konnte, selbst wenn ich kein Journalist gewesen wäre.

Einmal rief er an, ich solle bitte sofort zum Russenplatz kommen und ein sauberes Hemd mitbringen. Er klang derart aufgewühlt, dass ich ein frisches Hemd nahm und losfuhr. Wie sich herausstellte, hatte Jussuf einige Stunden zuvor in der Nähe des Damaskustors einen jungen Mann gesehen, der sich über eine Frau beugte und ihr mit einem Messer den Hals aufschlitzte. Alles geschah in Sekundenschnelle. Der Mörder richtete sich auf, kam auf Jussuf zu, sprang in ein Taxi und fuhr davon. Jussuf hatte seine Gesichtszüge klar gesehen und sich auch die beiden letzten Ziffern der Nummer des Taxis gemerkt. Um die Frauenleiche bildete sich ein Menschenauflauf. Ihr Kleid war zerrissen, der Busen entblößt. Jussuf zog sein Hemd aus und breitete es über sie. Die Polizei traf Minuten später ein. Die Polizisten nahmen ihn mit. Im Verhörraum beruhigten sie ihn, lobten ihn auch dafür, dass er die Würde der Toten gewahrt hatte. Sie forderten ihn auf dazubleiben, boten ihm Kaffee und Zigaretten an. Keine drei Stunden später hatten sie das Taxi ausfindig gemacht, nach den Ziffern, die Jussuf ihnen angegeben hatte, und verhafteten auch den des Mordes Verdächtigen. Jussuf sollte am nächsten Tag wiederkommen, um ihn zu identifizieren. Er rief mich an.

Ich hatte ihn noch nie so verängstigt gesehen, lud ihn zu einem ordentlichen Stück Concord Cake auf der Terrasse des YMCA ein und versuchte ihn zu beruhigen. Wir saßen am Fuß des Turms, der einmal der höchste der Stadt gewesen war. Ich erzählte ihm, wie wir in meiner Kindheit dort hochgegangen waren, um auf die Altstadt zu blicken, die damals noch auf jordanischem Gebiet lag. Und in ein paar Tagen würde Frieden zwischen Israel und Jordanien sein, verriet ich ihm: Ministerpräsident Rabin werde König Hussein in Washington treffen. Jussuf lauschte mit starrem Blick, immer noch unter Schock. Was wäre, wenn er den Mörder identifizierte? Bis an sein Lebensende wäre er der Gefahr der Rache ausgesetzt, dabei drohte doch schon die Familie seiner ermordeten Freundin, ihn umzubringen, und da seien auch noch die Männer von der Hamas, die ihn verhört hatten. Ich riet ihm, seine Mitwirkung an der polizeilichen Gegenüberstellung davon abhängig zu machen, dass sein Gesicht verhüllt bleibe, und so geschah es. Gleich danach machte er sich auf zu mir – natürlich. Vor dem King David Hotel wurde er an einem Kontrollposten angehalten, der wegen des Besuchs des amerikanischen Außenministers Warren Christopher errichtet worden war. Jussuf zeigte den Passierschein, den er nach der Gegenüberstellung erhalten hatte, aber die Polizisten sagten, sie könnten die Handschrift nicht entziffern; sie waren Neueinwanderer aus Russland. Jussuf half ihnen. Wir lachten beide, und ich sagte, wenn er so weitermache, könnte er als Polizeispitzel in Vollzeit arbeiten. Jussuf sagte mir, das sei beinah schon eingetreten.

Wieso war ich nicht früher darauf gekommen: Er war ja schon seit den Joints in Gaza mit vierzehn Jahren bedroht. Seine ganze Existenz hing an seiner Fähigkeit, sich alleine durchzuschlagen, und dabei war er so ein Unglücksrabe. Eine Karriere als Spitzel bot sich als fast unvermeidlicher Ausweg an. Aber er war wohl nur ein kleines Licht. Mal sollte er einem Einbrecher gestohlene Fernsehgeräte abkaufen, mal einem Dealer Drogen. Solche Dinge. Auch die Gegenleistung, die er dafür erhielt, war nicht groß: Erlass der angehäuften Bußgelder, drei Monate freie Einreise nach Israel. So hatte er das also erreicht. Und eines Tages erzählte er mir, auch der Inlandsgeheimdienst interessiere sich für ihn. Ich erschrak: Als Schabak-Kollaborateur würde er sein Leben viel stärker gefährden. Aber die Aussicht, das Tagebuch eines Geheimdienstspitzels schreiben zu können, war natürlich verlockend. Er erzählte mir viel über seinen Verbindungsmann, seinen Namen und die Treffpunkte mit ihm. Der Mann war offenbar sehr herrisch und demütigte Jussuf oft – lachte ihn aus, drohte ihm und spottete über seine Schwächen und Misserfolge, auch in der Ehe, lästerte sogar offen über seine Bereitschaft, sein Volk zu verraten. Ich fragte, ob das denn zutreffe. Jussuf sagte, der wahre Verräter sei Arafat. »Mag sein, aber warum du?«, fragte ich. Er erwiderte, es gebe kein palästinensisches Haus ohne einen Verräter. »Mag sein«, sagte ich erneut, »aber warum du?« Er sei der Schwächste in der Familie, lautete die Antwort.

Ich weiß nicht, wie die Verbindung zustande gekommen war. Manchmal dachte ich, der Schabak hätte ihn vielleicht in einer Art Wettbewerb mit der Polizei angeworben. So oder anders hatte ich viele Zweifel. Ich merkte bereits, dass Jussuf Fantasiegeschichten erzählte. Häufig konnte ich nicht unterscheiden, was wahr und was erfunden war. Das geschieht oft: Jeder Journalist, Historiker oder auch Richter kennt das Problem, ein plausibles Narrativ aus den Nachrichtenfetzen und Informationsschnipseln herauszufiltern, die nur zum Teil der Wahrheit entsprechen können. Oft passen sie nicht zusammen, widersprechen sich oder schließen einander ganz aus. So war es auch in diesem Fall. Darauf ließe sich eine philosophische Diskussion über Wahrheit und Unwahrheit, objektive und subjektive Wahrheit, »Post-Wahrheit« und »Fake« aufbauen.

Mein Narrativ über Jussufs Verbindungen zum Schabak besagt, dass sie niemals über das Vorstadium hinausgingen. Dafür gab man ihm eine Aufenthaltsgenehmigung für Israel und brachte ihn und seine Frau in Jaffa unter. Das war ein großer Fehler. Die Wohnung, die man ihnen zur Verfügung stellte, lag in einer Straße, die vor der Vertreibung ihrer arabischen Anwohner 1948 annehmbare Bedingungen geboten hatte, jetzt jedoch erschreckend verarmt und heruntergekommen war. Jussuf und seine Frau wohnten nur wenige Schritte entfernt von einem Drogenzentrum, das Heroin, Kokain und anderes verkaufte. Ein Stärkerer wäre vielleicht als Partner in den Handel eingestiegen; Jussuf wurde fast umgehend zum süchtigen Kunden. Um seinen Drogenkonsum zu finanzieren, verschaffte er den Dealern neue Kunden. Nicht immer hatten die beiden genug zu essen. Ein- oder zweimal brachte ich ihnen etwas.

So ging es einige Monate. Der Schabak verlangte, dass Jussuf mit dem Drogenkonsum aufhörte. Jussuf schaffte es nicht. Der Schabak kappte die Verbindung. Die Frau kehrte ins Haus ihrer Mutter zurück, Jussuf fuhr wieder nach Jerusalem und lebte auf der Straße. Der Bericht einer städtischen Sozialstelle vermerkte, er hause in einem alten Auto. Im Sommer schlief er in öffentlichen Grünanlagen, im Winter in Treppenhäusern. Manchmal arbeitete er bei einem Gemüsehändler, der ihn auch in seinem Laden schlafen ließ. Ein Wohlfahrtsverband gab Obdachlosen eine Möglichkeit zum Duschen und Rasieren und versorgte sie mit sauberer Kleidung. Jussuf achtete sehr auf Sauberkeit und auf sein Äußeres. Ein Friseur, den er kannte, gewährte ihm Rabatt. Ich lernte von ihm einiges über das Obdachlosenleben: Besonders schwer sei es gegen Abend, wenn die Straßen sich leerten, erzählte er mir. Das sei die einsame Zeit. An den Wochenenden fuhr er zu seiner Frau. Manchmal ging ich mit ihm vorher in einen Supermarkt, um für seine Familie einzukaufen.

Regierung des Volkes

Eines Tages sah ich eine Warnung am Schwarzen Brett des Eigentümerbeirats in dem Haus, in dem meine Mutter wohnte: Jemand stehle die Gasflaschen im Hof. Damals hatten die meisten Jerusalemer Häuser noch keine zentrale Gasversorgung. Ich hätte es mir natürlich denken können, aber Jussuf erzählte es mir selbst: Er lebte davon, halbvolle Propangasflaschen in jüdischen Höfen im Westen der Stadt abzumontieren und sie an Araber im Ostteil zu verkaufen. Er transportierte sie auf einem Einkaufswagen, den er dazu in einem Supermarkt geklaut hatte. Er versicherte, nicht gewusst zu haben, dass er auch auf dem Hof meiner Mutter gewesen sei, und erbot sich, das Diebesgut zurückzugeben. Aber die Gasflaschen meiner Mutter waren nicht unter denen, die er abtransportiert hatte. Auch in dieser Branche brachte er es nicht weit: Gelegentlich wurde er festgenommen.

An der schweren Eisentür der Haftanstalt am Russenplatz gab es ein kleines vergittertes Fenster. Dort konnte man Zigaretten, Erfrischungsgetränke und Seife bestellen und bezahlen, die dann den Verhafteten ausgehändigt wurden. Vor diesem Schalter bildete sich zumeist eine lange Schlange, in der es nicht allein nach der Ankunftszeit der Kunden ging, sondern auch nach der Regel »ein Jude, ein Araber, ein Araber, ein Jude«. Die Zellen der Haftanstalt am Russenplatz waren eng und stanken penetrant nach Lysol; in einer von ihnen war Jussufs Freundin ermordet worden. Eines Morgens weckte ihn dort eine mächtige Explosion. Ein palästinensischer Terrorist hatte einen Autobus gesprengt. Neunzehn Menschen waren umgekommen. Als ich ihn am nächsten Tag besuchte, fand ich ihn äußerst aufgebracht vor. Wenn die Terroristen sich nicht mit umgebracht hätten, müsste man sie hängen, sagte er.

Von Zeit zu Zeit wurde Jussuf zu ein paar Monaten Gefängnis verurteilt; zusammengerechnet verbrachte er an die fünf Jahre in Haft. Er wurde stets wegen Diebstählen und Einbrüchen verurteilt, reinen Beschaffungsdelikten, niemals wegen Gewalt oder Drogenhandel. Die Verteidiger, die das Gericht ihm bezahlte, luden mich als Leumundszeugen. Einige Richter kannten meinen Namen. Die Verbindung zwischen dem bekifften arabischen Dieb, der da vor ihnen saß, und Dr. Segev vom *Haaretz* erregte ihre Neugier. Ich versicherte, Jussuf sei kein schlechter Mensch und kein krimineller Typ, sondern ein armer Kerl, der mit dem Leben nicht zurechtkomme. Würde er sich dem Verkauf von Totenhemden zuwenden, würden die Menschen aufhören zu sterben, sagte ich jedes Mal. Ich hatte diesen Spruch nicht erfunden, aber meist erbarmten sich die Richter und milderten das Strafmaß.

Ein Häftling kann im Gefängnis kaum ohne Zigaretten und die übrigen Dinge, die es in der Kantine zu kaufen gibt, auskommen; ich zahlte. Es ist sehr schwer, ohne Besuche zu leben; ich besuchte ihn. Am Gefängnistor schrieb man neben meinen Namen: »Freund«. Alle paar Wochen stand ihm auch Urlaub zu. Als Bewohner der besetzten Gebiete konnte er das Gefängnis nur dann verlassen, wenn ein Bürger Israels bereit war, eine hohe Kaution zu hinterlegen und zu garantieren, dass der Häftling den Urlaub in seinem Haus verbrachte. Ich unterschrieb und schickte ihn in irgendeine Herberge, zusammen mit seiner Frau. Jussuf kam immer pünktlich zurück. Neun Monate nach einem dieser Urlaube wurde endlich ein gesundes Mädchen geboren.

Im Gefängnis lebte er in ständiger Angst, nicht weil er Araber war, oder zumindest nicht allein deswegen, sondern vor allem, weil er schmächtig war, kein starker Mann, ein abhängiger Typ. Verschiedentlich nahm er an Drogenentzugsprogrammen teil, die Titel wie »Der Weg ins Glück« trugen, und blieb anschließend eine Weile clean, manchmal über ein Jahr lang. Dabei gewöhnte er sich Methoden der Innenschau und der seelischen Bewusstwerdung an. Immer wieder versuchte er erfolglos, den entscheidenden Wendepunkt zum Schlechten in seinem Leben auszumachen; am besten wäre er gar nicht erst geboren worden, sagte er manchmal. Überdies lernte er hebräisch schreiben und nahm an Englisch- und Gemeinschaftskundekursen teil. »Das Ziel des Staates – Durchsetzung von Recht und Gerechtigkeit«, schrieb er in sein Heft und auch: »Regierung des Volkes, durch das Volk und für das Volk«. Und er spielte in einer in Israel beliebten Fernsehserie mit, die zum Teil im Gefängnis aufgenommen wurde – sein Kindheitstraum. Eigentlich spielte er sich selbst.

Am liebsten aber mochte Jussuf den Kurs für kreatives Schreiben. Er führte eine Art Tagebuch. »Die Depression verlässt mich nicht«, schrieb er einmal. »Ich bin durcheinander und weiß nicht, was ich von mir selbst erwarte. Ich hasse mich. Ich verabscheue mich selbst.« Manchmal nahm er ein Sprichwort zu Hilfe, das er vermutlich in den

Entzugsprogrammen gelernt hatte: »Wer eine Seele rettet, hat gewissermaßen eine ganze Welt gerettet«, und auch: »Irren ist menschlich – vergeben ist göttlich«, und fast immer: »Lass der Zeit Zeit.« Wenn ich ins Ausland fuhr, fürchtete er, ich würde ihn verlassen. Am 10. September 2001 kam ich nach New York. Als ich zwei Tage später vor den Rauchsäulen aus den Trümmern der Zwillingstürme stand, gelähmt von der Macht des Grauens, rief Jussuf per R-Gespräch aus dem Gefängnis an: »Ich musste wissen, dass du nicht verbrannt bist«, sagte er.

In diesem Stadium verlangte ich von ihm, eine Absprache einzuhalten: Ich könne und wolle ihm nur helfen, wenn er keine Drogen nahm. Andernfalls würde er mich verlieren. Das funktionierte nur, solange er in Haft war. In Freiheit wurde er rückfällig. Wenn ich mich weigerte, ihm Geld zu geben, war ich ein Verräter und Scheißkerl, schlimmer als einer vom Schabak. Ich würde ihn als Spielzeug betrachten, behauptete er, würde ihn gewiss vor meinen Freunden verspotten. Das geschah nie. Im Gegenteil, sie warnten mich: Ein Narkomane wird alles tun für seine Droge; ein arabischer Narkomane könnte sich sogar verführen lassen, einen Sprengsatz in meiner Wohnung zu legen. Sie befürchteten gelegentlich, die ganze Geschichte könnte mich seelisch kaputtmachen.

Jussuf ließ mir Briefe da. Immer bettelte er um »eine letzte Chance«. Häufig versuchte er, mir Schuldgefühle einzureden: »Du glaubst mir nicht, und deshalb kann ich nicht offen mit Dir reden, sondern verberge Dir die wichtigsten Dinge, sei es über Drogen oder das Leben im Allgemeinen«, schrieb er. Und einmal: »Bald kannst Du Dir einen anderen Jussuf suchen und ihm die Almosen spenden, die Du mir gibst, und Deine Zeitung muss nicht mehr Tausende von Schekeln für R-Gespräche zahlen. Und wenn dann eine Gasflasche verschwindet, wird kein Nachbar Dich mehr nach dem Araber fragen, den Du kennst: Ist er im Knast oder draußen? Die Antwort wird lauten, dass er gestorben ist, an einer Spritze im Gefängnis. Dann kannst Du mich auf dem Friedhof besuchen.«

Manchmal kam er, klingelte an der Haustür, klopfte an die Wohnungstür, schrie, weinte. Einmal hinterließ er mir einen herzzerreißenden Zettel: »Tom, ich schlafe unten im Garten. Ich flehe Dich an, mir zu helfen. Ich sterbe vor Hunger. Wenn es geht. Danke.« In ein paar Stunden sollte es schneien; ich ließ ihn heraufkommen. Es gab schlimmere Situationen. Einmal erschien er ausgemergelt und mit glattrasiertem Schädel, bat um Geld für Tabletten, »um die Krise zu brechen«. Ich sagte, er solle verschwinden. Er warf sich zu Boden und küsste einen meiner Schuhe. Ich stellte ihn auf die Beine. Er ließ sich auf die Treppenstufen fallen, als sei er ohnmächtig geworden. Ich bestellte einen Krankenwagen. Jussuf weigerte sich mitzugehen. Unterdessen hatte er es geschafft, zwei Spritzen im Blumentopf einer Nachbarin zu verstecken. Als die Sanitäter gegangen waren, zog er sie wieder heraus. Er sagte, als sei es meine Schuld, dass er in zwei Tagen Geburtstag habe.

Am nächsten Abend kam er wieder, klopfte an die Tür, sagte, er schlafe draußen, und bat um eine Decke. Ich sagte, ich hätte keine. Er setzte sich auf die Fußmatte und brach in Tränen aus. Er hinderte mich daran, die Tür zu schließen. Ich rief die Polizei. In diesem Moment hörten wir Feuerwerkskörper krachen: Die Stadt Jerusalem feierte ihr dreitausendjähriges Bestehen. Zwei junge Polizisten trafen ein, blickten Jussuf mitleidig an. Ich hatte das Gefühl, sie waren auf seiner Seite. Sie sagten, wenn ich auf meinem Recht, Anzeige zu erstatten, bestehen würde, müsste ich mitkommen. Sie fuhren mich im Streifenwagen zum Russenplatz; auch Jussuf war dabei.

Auf der Wache empfingen uns zwei Offiziere; der eine, Micki, kannte Jussuf, war freundlich, fast väterlich zu ihm. Ich erzählte meine Geschichte, die Offiziere tadelten Jussuf. Er erzählte seine Geschichte. »Worum habe ich denn schon gebeten«, sagte er, »doch bloß um eine Decke.« Offizier Micki ging hinaus zu seinem Wagen und brachte Jussuf eine Polizeidecke. Er entschuldigte sich, dass sie nicht neu war, hoffte aber, sie würde ein wenig helfen. Mich würdigte er keines Blickes. Sie ließen Jussuf unterschreiben, dass er mich nicht mehr aufsuchen oder anrufen würde, und ich verzichtete auf eine Anzeige. Ich kam mir vor wie ein Scheißkerl: Worum hatte er denn schon gebeten? Jussuf legte sich die Polizeidecke um die Schultern, sagte gute Nacht und ging. Draußen feierten die Menschenmassen noch immer den Geburtstag ihrer Stadt. Am Morgen fand ich einen Brief an der Tür: »Du bist heute mit Deinem Buch beschäftigt, und ich wünsche Dir viel Erfolg, Tom«, schrieb er. »Verzeih, dass ich Dir zur Last falle. Ich betrachte Dich nicht als Bankautomaten. Ich verspreche, dass ich mich zusammenreißen werde. Ich bin nicht als Narkomane geboren worden.« Ein paar Stunden später war er da. Ich erlaubte ihm zu duschen und sich ein Omelett zu braten. Es war ja sein Geburtstag. Er war in Hochstimmung. »Lass der Zeit Zeit«, sagte er wie immer, und wir lachten beide. Seinetwegen verspätete ich mich zu einem wichtigen Symposion unter der Schirmherrschaft des *Haaretz* über die Bedeutung des Begriffs »Post-Zionismus«.

Schätze im Laubfrosch

An seinen guten Tagen überzeugte Jussuf mich davon, dass er nichts inniger anstrebe als eine Entziehungskur. Das war nicht einfach. Immer wieder erhob sich die Frage nach der Finanzierung, die ohne israelischen Personalausweis schier unmöglich schien. Eher unwillig nutzte ich meinen Vorteil als Verfasser einer Kolumne im *Haaretz* und wandte mich an die Knesset-Abgeordnete Jael Dajan. Ich erklärte, der Schabak sei schuld an Jussufs Lage, und nun brauche er einen Personalausweis. Dajan schrieb an den Schabak-Chef mit der Bitte um »menschliche Rücksichtnahme«. Der Geheimdienstchef Ami Ajalon schrieb ihr, Jussuf deale mit Drogen. Das traf nicht zu, aber eines Tages sagte man ihm zu unser beider Überraschung, er würde einen Ausweis bekommen. Ich vermute, der Schabak wollte diesen peinlichen Missgriff damit endgültig loswerden. Jussuf hatte ihnen keinen Nutzen, sondern nichts als Schaden eingebracht, und jetzt jagte er ihnen auch noch seinen Pressefritzen und Mosche Dajans Tochter auf den Hals. Das konnten sie wirklich nicht gebrauchen, sagten sie sich wahrscheinlich. Es gab allerdings ein bürokratisches Problem, das nicht mal der Schabak ohne mich zu lösen wusste. Als Obdachloser hatte Jussuf keine legale Adresse. Einer, der sich nur mit dem Vornamen vorstellte, fragte mich telefonisch, ob sie meine Adresse in Jussufs Ausweis schreiben dürften. Ich wohnte in einem Mehrfamilienhaus; einige Nachbarn kannte ich gar nicht. Ich stimmte zu. Es war ein zeitlich begrenzter Ausweis, der einmal im Jahr verlängert werden musste. Jussuf lebte in ständiger Angst, man könnte ihm das verweigern. Wenn eine Verlängerung anstand, kam er meist schwer zurecht, und gelegentlich gab es einen Rückfall.

Der Ausweis berechtigte Jussuf unter anderem zur Inanspruchnahme einer Krankenkasse und – noch wichtiger – zur Unterbringung in einer Entzugsanstalt. Wir erlebten vier: Jussuf ging jedes Mal mit großer Hoffnung hinein, hielt aber nie durch. Als ich eine fünfte Einrichtung ansprach, bemerkte der Direktor, vielleicht sollte ich mich Jussuf anschließen. Er kenne Typen wie mich: Ein zu großes, elitäres Ego – oder vielleicht umgekehrt, ein zu niedriges Selbstbild – oder beides zusammen verleite diese Menschen zu glauben, sie könnten Narkomanen helfen, und egal, wie oft sie scheiterten, versuchten sie es immer aufs Neue und würden irgendwann süchtig nach ihren Illusionen. Er sagte nicht, Jussuf habe keine Chance, meinte jedoch, auch das sei eine bekannte Erscheinung: Einer gehe unter anderem deswegen in den Entzug, um dem, der sich so um ihn bemühte, Freude zu machen – und alle beide würden sie »fallen«. Ich schloss nicht aus, vielleicht süchtig nach dieser Geschichte geworden zu sein, wollte dabei aber auch glauben, dass ich tat, was gute Menschen in Deutschland einst für meine Eltern getan hatten. Dank des Personalausweises konnte er sogar an den Jerusalemer Kommunalwahlen teilnehmen. Große Aufregung. Es war das erste Mal in seinem Leben. Beim Amt des Bürgermeisters entschied er sich für einen russischen Oligarchen, dessen kriminelle Vergangenheit noch weit vielfältiger als seine eigene war, und beim Stadtrat erhielt seine Stimme ein Vertreter einer Partei, die Haschisch legalisieren wollte. Beide wurden nicht gewählt, aber ich hatte eine Geschichte für die Zeitung.

In den nächsten Jahren wohnte Jussuf in einem städtischen Obdachlosenheim. Er musste das Zimmer mit einem anderen Obdachlosen teilen, hatte aber wenigstens ein Dach überm Kopf. Er bekam nun monatlich eine bescheidene Beihilfe von der Sozialversicherung und sammelte Leergut, dessen Pfand er in Supermärkten einkassierte. Außerdem erhielt er eine tägliche Ersatzdosis Methadon in einem Jerusalemer Ausgabezentrum. Das gab ihm Hoffnung. Seine Betreuerin im Zentrum schrieb: »Angesichts der Veränderungen in Jussufs Zustand nominiert das Zentrum ihn als Anwärter auf einen Sozialbetreuerkurs am Beit Berl, der im Sommer beginnt und ein akademisches Jahr dauert, und wird ihn danach vielleicht in sein Team aufnehmen.« Beit Berl ist eine renommierte Hochschule. Aber es klappte nicht. Einige Zeit arbeitete er bei einem Bauunternehmer und träumte davon, Traktorfahrer zu werden. Auch das klappte nicht. Und manchmal machte er wieder Dummheiten. Eine jüdisch-arabische Betrügerbande brachte ihn dazu, bei einem arabischen Rechtsanwalt eine Einwilligung zu unterschreiben, die ihn zum Direktor einer von der Bande gegründeten Briefkastenfirma machte, ordnungsgemäß eingetragen im Firmenregister des israelischen Justizministeriums, mit einem Postbankkonto auf seinen Namen. Einen Tag zeigte das Konto ein Guthaben von einer halben Million Schekel, am nächsten war es im Minus.

Jussuf hatte auch gute Tage. Regelmäßig besuchte er seine Frau, hielt Kontakt zu seiner Tochter. Alle drei waren bedauernswert. Jussuf erzählte mir oft, wie sehr es ihn schmerze, nicht mehr für sie tun zu können. Wenn ich ihm Geld gab, kaufte er Drogen. Wenn ich mit ihm Kleidung für seine Tochter oder sogar Lebensmittel einkaufte, brachte er die Waren hinterher in den Laden zurück und kaufte Drogen. Gelegentlich fragte ich mich, inwieweit das eine Folge der Besatzung war. Vielleicht nicht nur. Doch es war schwer, selbst dann, wenn er seine Sucht in den Griff bekam. Häufig fand ich, diese Geschichte bemächtige sich meines Lebens; ich fühlte mich hilflos, auch meine Arbeit litt darunter. Manchmal bat ich Jussuf, nicht mehr zu kommen. Er versprach es, erschien aber immer wieder und versicherte stets, es sei das letzte Mal. Und er wollte mir Freude bereiten. Manchmal kam er mitten in der Nacht und wusch mein Auto, und wenn ich Geburtstag hatte, ging er auf einen christlichen Friedhof in der Altstadt, klaute einen Blumenstrauß von einem Grab und brachte ihn mir mit herzlichen Glückwünschen. In solchen Augenblicken hatte ich ihn sogar gern. Manchmal lud ich ihn zum Abendessen in ein Restaurant ein.

Eines Morgens rief Jussuf mich um sechs Uhr früh ganz aufgeregt an: Ich solle sofort kommen. Ich drehte mich zur Wand und wollte das Gespräch unterbrechen, aber er sagte: »Du wirst nicht glauben, was ich im ›Laubfrosch‹ des Innenministeriums gefunden habe: Personalausweise! Haufenweise! Komm schnell! Ich weiß nicht, was ich damit machen soll!« Ich glaubte ihm natürlich nicht, aber als ich hinkam, fand ich ihn vor einem grünen Müllcontainer sitzen, den die Jerusalemer »Laubfrosch« nennen, vor sich einen Haufen Personalausweise – einige mit abgeschnittenen Ecken, also ungültig gemacht, andere jedoch unversehrt, mit Namen, Lichtbild und Stempel. Er hatte sie gefunden, als er auf der Suche nach Pfandflaschen tief in den Container griff. Er streichelte die Ausweise freudig wie ein Kind, das mit Bauklötzen spielt. »Hast du eine Ahnung, was so ein Ausweis in den Gebieten wert ist«, fragte er und zählte sie genau: hundertdreiundzwanzig Stück. Rechtsanwalt Gilead Barnea, ein kluger, humaner Mann, der Jussuf gratis half, wusste auch diesmal, was nötig war: ein Journalist und die Polizei.

Ehe ich Jussuf zur Polizeistation begleitete, fotografierte ich ihn mit seinem Schatz und rief einen Reporter vom *Haaretz* hinzu. In jener Woche führte die Zeitung eine Kampagne gegen die geplante Einführung eines biometrischen Personalausweises, unter anderem wegen der Gefahr eines Datenlecks. Jussufs großer Fund erschien auf der Titelseite. Die Sprecherin des Personenmeldeamts sagte höchst verlegen, es sei eine Untersuchung eingeleitet worden, um zu klären, wie die Ausweise im Müllcontainer gelandet waren, statt ordnungsgemäß vernichtet zu werden. Ich schlug vor, der Innenminister solle Jussuf einladen und ihm zum Dank einen ständigen Personalausweis verleihen. Der Minister, Gideon Saar, war nicht amüsiert.

Und das war beinah ein glanzvoller Abschluss seiner Lebensgeschichte, denn danach lebte Jussuf nicht mehr lange. Wie viele Narkomanen erkrankte er an der Leber. Er war niedergeschlagen und meinte, nicht mehr viel Hoffnung zu haben. Fast jeden Morgen kam er, auf dem Weg zum Methadon-Zentrum, zum Frühstück bei mir vorbei. Wir kannten uns nun schon über zwanzig Jahre. Er war blass und ausgemergelt, sein Zustand verschlechterte sich zusehends. Eines Morgens, als er schon aus der Tür war, versuchte ich ihn aufzumuntern und erinnerte ihn an den Spruch, den er mir einmal beigebracht hatte: Aufrechte Haltung, Kopf hoch und vor allem – lass der Zeit Zeit. Jussuf wandte sich zu mir um und lächelte. Es war das traurigste Lächeln, das ich je gesehen habe. Ein paar Stunden später brach er auf der Straße tot zusammen. Eine Freundin, die dabei war, kam, um es mir mitzuteilen.

Erst jetzt erfuhr ich, dass er das letzte Jahr in der Nähe meiner Wohnung übernachtet hatte, im Keller eines verlassenen Hauses zwischen der Residenz des Ministerpräsidenten und dem Mehrfamilienhaus, in dem der Vorsitzende des Zionistischen Weltverbands einst gewohnt hatte. Jussuf hinterließ mir einige Erinnerungen, die ich lieber vergessen würde, aber auch eine, die mir sehr teuer ist. Es war auf dem Zionplatz. Jussuf bettelte. Unweit saß eine verschrumpelte alte Frau in Lumpen. Auch sie bettelte. Jussuf trat zu ihr, fragte, wie es ihr gehe, und gab ihr einen Schekel.

GESCHICHTE UND GESCHICHTEN

In Würde sterben

Als ich beim *Haaretz* anfing, war das eine hochangesehene und einflussreiche Zeitung; ihr professionelles Niveau stellte sie in eine Reihe mit einigen der besten Zeitungen der Welt, und in Israel selbst nahm sie eine führende Rolle ein. Der Herausgeber und Chefredakteur, Gershom (Gustav) Schocken, war der Sohn von Salman Schocken, dem Inhaber einer Reihe von Kaufhäusern in Deutschland, der sich auch als Sammler und Mäzen betätigte. Es hieß, er habe die Zeitung seinem Sohn zur Hochzeit gekauft. Gershom Schocken erklärte, das sei tatsächlich eine hübsche Geschichte, nur stimme sie nicht. Wie dem auch sei: *Haaretz* gehörte ihm und war weitgehend die Zeitung eines einzigen Mannes: zionistisch, aber liberal und kritisch, gelegentlich überheblich, trotzig, meist entschlossen kämpferisch, häufig sehr couragiert. Als eine der Grundfesten der europäischen Kultur, die damals noch in den sozialen Eliten Israels vorherrschte, wahrte die Zeitung ihren Einfluss ein halbes Jahrhundert lang, doch er ließ nach, je mehr die amerikanische, russische und vor allem mediterrane Kultur an Raum gewann. Schocken war ein ehrfurchtgebietender Mann, totalitär, verschlossen und irgendwie abgehoben von der Gesellschaft, auf die er so großen Einfluss ausübte. In meinen ersten vier Jahren bei der Zeitung sprach ich höchstens drei- oder viermal mit ihm, aber einmal lud er mich zwei Abende nacheinander zu Privatgesprächen zu sich nach Hause ein und erwies sich dabei als freundlicher Mann, der sogar sehr persönlich werden konnte.

Als Mitarbeiter für die Wochenendbeilage verfasste ich besonders gern biographische Profile von Politikern. Ihre Lebensgeschichte, ihr Wesen und ihre Weltanschauung – so sie denn eine hatten – interessierten mich im Allgemeinen mehr als die aktuelle politische

Bühne. Von Anfang an und während meiner ganzen Journalistenkarriere hütete ich mich vor zu engen Privatbeziehungen zu Politikern; anders als einige meiner Kollegen wollte ich sie nicht in meinem Freundeskreis haben. Dabei sprangen nicht gerade viele Scoops für mich heraus. Es schmeichelte mir, dass einige Regierungschefs mir Stunden oder gar Tage ihrer Zeit widmeten, aber die beinahe existenzielle Bedeutung, die sie ihrem biographischen Profil beimaßen, versetzte mich auch unter Druck, verursachte mir so manche schlaflose Nacht. Das Streben, sowohl dem Interviewpartner als auch dem Leser gerecht zu werden, war aufreibend, aber manchmal auch beruflich bereichernd, und es war etwas, worüber an Wochenenden geredet wurde. Rund sechs Monate nach meinem Arbeitsantritt wurde ich losgeschickt, um über die Tragödie der Flüchtlinge aus Kambodscha zu berichten. Ich war total überrascht, denn ich hatte bis dahin kaum eine Ahnung von dem Geschehen dort.

Von den Kriegen in Südostasien hörte man in Israel vorwiegend im Zusammenhang mit der amerikanischen Politik und dem Kampf um die Beendigung des Vietnamkriegs. Einige Hundert vietnamesische Flüchtlinge erhielten Zuflucht in Israel. Das begann als PR-Maßnahme Menachem Begins, die er als Lehre aus dem Holocaust rechtfertigte. Ende 1979 marschierte Vietnam in Kambodscha ein und beendete damit die Schreckensherrschaft des kommunistischen Diktators Pol Pot, der Millionen Menschen umgebracht hatte, viele davon in Konzentrationslagern. Auch die vietnamesische Besatzung war grausam. Kambodschaner flohen massenweise nach Thailand, wo man über ihre Not relativ einfach berichten konnte. Gegen Ende 1979 war das eine große humanitäre Geschichte, die die Medien weltweit beschäftigte. *Haaretz* begann sich vor allem für diese Geschichte zu interessieren, als sie einen lokalen Aspekt bekam. Das geschah durch Abie Nathan, den Inhaber eines israelischen Piratensenders, der von Bord eines Schiffs arbeitete und John Lennons Song »Give Peace a Chance« als Erkennungsmelodie benutzte. Als bekannt wurde, dass er nach Thailand reisen wollte, um Kambodscha-Flüchtlingen zu helfen, entsandte mich *Haaretz*, ihn zu begleiten.

Ähnlich wie Teddy Kollek war Abie Nathan ein Mann, den Israelis gern lieben wollten – und das zu Recht, denn er war ein Mensch, der Gutes wollte. Alle nannten ihn nur Abie. Der ehemalige Flugkapitän eröffnete in Tel Aviv das angesagte Café California, das Journalisten, Schauspieler und Politiker frequentierten. Gutaussehend und charmant, pflegte Abie sein Image als romantischer, wohlhabender und großzügiger Playboy, der an eine bessere Welt glaubte und oft Geld für gute Zwecke spendete. Viele nahmen ihn nicht ganz ernst – und auch das zu Recht, denn er war ein naiver Mensch, der offenbar Mühe hatte, erwachsen zu werden. Etwa anderthalb Jahre vor dem Sechstagekrieg flog er seine einmotorige Stearman allein über die ägyptische Grenze, um Präsident Nasser zum Frieden mit Israel zu bewegen. Als Mann ohne Grenzen initiierte er Hilfsaktionen für Flüchtlinge vor Kriegen, Naturkatastrophen und Hungersnöten, soweit er seinesgleichen fand, nämlich idealistische Geldgeber, die seine Initiativen finanzierten, ohne zwischen Guten und Bösen zu unterscheiden oder nach Schuldigen zu suchen. Die Guten waren immer die Bedauernswerten, an erster Stelle die Kinder.

Die thailändische Kleinstadt Aranyaprathet liegt an der Grenze zu Kambodscha, rund dreihundertfünfzig Kilometer östlich von Bangkok. Als Abie und ich dort ankamen, drängten sich um die fünfundzwanzigtausend Flüchtlinge, zum Teil ehemalige Soldaten in Pol Pots Armee, im Ort. Manche hatten sich zehn Monate lang über Hunderte von Kilometern zu Fuß durch den Dschungel geschlagen. Viele erzählten, sie seien in Gruppen zu zwanzig Leuten aufgebrochen, aber nur zwei oder drei hätten das Ziel lebend erreicht. An die Zehntausend fanden Schutz in den blauen Kunststoffzelten, die die UNO bereitstellte. Ein französischer Arzt sagte uns, viele, vielleicht Tausende, die hier unterkamen, seien gar nicht mehr am Leben, manchmal vergingen zwei bis drei Tage, bis die Leichen aus den Zelten geborgen würden. Die meisten Flüchtlinge hausten unter freiem Himmel, fast ohne Wasser, ohne sanitäre Anlagen. Es waren viele Frauen dabei, die Haut hing ihnen wie Lumpen am Leib.

Abie wollte die Ankunft mehrerer Lastwagen mit Nahrungsmitteln und Medikamenten überwachen, die er mit Hilfe der israelischen Botschaft in Bangkok organisiert hatte. Gegen Abend sah er, dass die meisten Zelte keine Beleuchtung hatten. Er eilte in die Stadt, kaufte zig Petroleumlampen und ein paar Kanister Petroleum und schaffte es noch vor Einbruch der Dunkelheit zurück. Am nächsten Tag verteilte er Bonbons an die Kinder. Die meisten sahen aus wie wandelnde Leichen. Ich wurde Zeuge, wie thailändische Soldaten ein solches Kind schikanierten: Sie hielten ihm eine Banane hin und zogen sie wieder weg, immer wieder. Ein Offizier bereitete dem Spiel ein Ende. Der französische Arzt konnte mit Sicherheit sagen, welche Kinder bald sterben würden, vielleicht schon innerhalb von Stunden.

Viele Journalisten, Kameraleute und Fernsehreporter tummelten sich dort. Manche glaubten, den Flüchtlingen mit ihren Berichten helfen zu können. Andere hassten sich wegen ihrer Machtlosigkeit. Einige hatten schon in anderen Ländern Erfahrungen mit der Katastrophenberichterstattung gesammelt; wie beim Klassentreffen klopften sie einander auf die Schulter, tauschten Erinnerungen aus und wärmten auch Insiderwitze auf. Der in Deutschland geborene Henry Kamm von der *New York Times* warnte mich vor Vergleichen: Pol Pot sei nicht Hitler und Kambodscha nicht Deutschland. Aber ich traf auch einen Alten, der mit den ersten britischen Soldaten nach Bergen-Belsen gelangt war. Er sagte, tote Kinder seien tote Kinder, egal ob die betreffenden Regime vergleichbar seien oder nicht. Die Sache war bedenkenswert, aber dort vor Ort dachte ich nicht nach. Mein orangegelbes Notizbuch schützte mich erneut, schirmte mich von der erschütternden Wirklichkeit ab: Ich notierte und berichtete, was ich sah, ohne mir Gedanken über meine Gefühle zu machen. So konnte ich meiner Zeitung berichten, dass ich hier und da Kinderleichen auf freiem Feld hatte liegen sehen.

Noch in Thailand erfuhr ich, dass der Friedensnobelpreis einer mir bis dahin völlig unbekannten Frau verliehen werden würde: Mutter Teresa. Die Zeitung schlug vor, sie um ein Interview zu bitten. Sie stimmte sofort zu und bestellte mich nach meiner Ankunft in Kalkutta für den nächsten Morgen um fünf Uhr zu sich, damit wir gemeinsam beten könnten. Ich sagte, meine Beziehungen zu Gott seien nicht eng. Sie erwiderte, sowas gebe es nicht. Jeder könne Gottes Ohr erreichen, wenn er nur wolle, und egal welcher Religion er angehöre: Christ, Hindu, Muslim, Jude – selbst ein Analphabet oder ein Taubstummer finde Gehör. Es komme nur auf die Inbrunst an. Ich erzählte ihr eine berühmte jüdische Geschichte, in der ein junger Analphabet, der nicht zu beten wusste, derart vom Drang, Gott zu erreichen, erfüllt wurde, dass er in die Synagoge ging, die Finger in den Mund steckte und einen ungeheuren Pfiff hervorbrachte, der die Grundfesten erschütterte. Mutter Teresa mochte die Geschichte und notierte sie sich. Wir einigten uns auf ihr zweites Morgengebet, um sieben.

Ich blieb zwei Tage bei ihr. Wir sprachen stundenlang über Gerechtigkeit und Übel, Wahrheit und Lüge, Gott und Mensch. Sie sagte, Gott sei die Liebe, und die Liebe sei Gott. Ich erzählte ihr von meinen Erlebnissen bei den Kambodscha-Flüchtlingen und fragte, ob Gott auch die Armen liebe. In Kalkutta brauchte ich nicht zu erklären, warum ich das fragte: Mutter Teresa und ihre Ordensschwestern lasen seit Jahren Tausende Dahinsiechender von den Straßen auf und brachten sie in »Sterbehäuser«, wo sie »in Würde sterben« konnten. Sie beauftragte eine ihrer Ordensschwestern, mir ein solches Haus zu zeigen – so ziemlich das Letzte, was ich nach dem Grauen in Thailand hatte sehen wollen. Dort lagen in einem riesigen Saal Hunderte von Menschen in Stockbetten, entweder schon tot oder in Würde sterbend. Manche kamen dank der Pflege, die sie erhielten, wieder lebend heraus. Jeden Morgen drängten sich Zehntausende von Menschen vor dem Klostertor und erhielten eine Portion von dem Essen, das die Schwestern über Nacht gekocht hatten. Außerdem betrieben sie ein Waisen- und ein Krankenhaus. Mutter Teresa erzählte mir all das als Antwort auf meine Frage, warum Gott es zulasse, dass so viele Menschen schlichtweg verhungerten. »Gott lässt es nicht zu«, antwortete sie. »Nicht er hat Armut, Not und Krieg erfunden. Wenn er daran schuld wäre, wäre er ja nicht Gott. Als er auf die Welt, die er erschaffen hatte, blickte, sah er, dass es gut war, wie es in der Bibel steht. Aber wir Menschen haben die Schöpfung zerstört. Wir sind auch schuld an der Armut, und es liegt in unserer Hand, sie zu beseitigen.«

Mutter Teresas Ordensgemeinschaft Missionarinnen der Nächstenliebe ist eine weltumspannende Organisation mit Häusern in Dutzenden von Ländern. Sie selbst leitete das Ganze mittels eines offenbar gut geölten bürokratischen Apparats und besaß ein ausgeprägtes Talent für Finanzverwaltung, Öffentlichkeitsarbeit und Medienbeziehungen. Ich solle nicht zu erwähnen vergessen, dass sie der von Israel im Gazastreifen eingeführten Militärverwaltung höchst dankbar sei, denn die schütze auch ihre dort ansässigen Ordensschwestern, trug sie mir auf. Sie strahlte Lebensweisheit und Menschenliebe aus. Ich schrieb, nach ihrem Tod würde der Papst sie vermutlich heiligsprechen, und so geschah es.

Eine neue Ordnung

Ich kehrte erschütterter denn je nach Hause zurück. Die Flüchtlinge aus Kambodscha verfolgten mich nachts. Ich weiß natürlich, dass das ein Klischee ist, wusste es auch damals schon. Ebenso wusste ich, dass meine Albträume sich auf die Bilder, die ich fotografiert hatte, beschränkten und alles andere ausgelöscht war wie nie gewesen. Und ich wusste: Pol Pot war nicht Hitler und Kambodscha nicht Deutschland, aber der Völkermord dort war ein Holocaust. Das war eine erschütternde Erkenntnis. In der Welt, in der ich aufwuchs, waren nur wir Juden einem Völkermord zum Opfer gefallen. »Ein

Holocaust anderer« galt als Widerspruch in sich. Die Begegnung mit dem kambodschanischen Holocaust zeigte mir, dass das nicht stimmte. Ich war damals noch nicht reif genug, um die Komplexität des israelischen Holocaust-Bewusstseins zu verstehen, aber sobald ich mich wieder bei den Tausenden von Toten stehen sah, die unter jenen blauen Plastikzelten lagen, dachte ich, dass vielleicht noch weitere israelische Grundwahrheiten einer Überprüfung bedurften. Und dann brach der Erste Libanonkrieg aus. Das geschah am 6. Juni 1982, dem fünfzehnten Jahrestag der Besetzung des arabischen Jerusalem im Sechstagekrieg; die israelische Armee zog aus, um Beirut zu erobern.

Der Krieg galt anfangs offiziell als begrenzte Militäroperation mit dem einzigen Ziel, die palästinensischen Terrororganisationen, die vom Südlibanon aus israelische Ortschaften in Galiläa angriffen, abzuwehren. Die besonders stark betroffene Kleinstadt Kirjat Schmona war fast völlig menschenleer. Aber das war höchstens die halbe Wahrheit. Der Krieg sollte von Anfang an »eine neue Ordnung« im Libanon schaffen, unter Besatzung der südlichen Landesteile und der Vertreibung der dort lebenden Palästinenser. Die Folgen waren entsetzlich, vor allem die Luftangriffe auf Städte und Dörfer. Die israelische Armee »versank im libanesischen Morast«, wie es damals hieß. Israel verlor über 1200 Soldaten, die Araber um die zwanzigtausend. Die Terrororganisationen wurden nicht ausgeschaltet. Rückblickend sieht es vor allem deshalb so schlimm aus, weil man hätte wissen können, dass es so kommen würde.

Bei Kriegsausbruch wurde ich eingezogen mit dem Auftrag, eine tägliche Nachrichtensendung im Militärsender, meiner Reservisteneinheit, zu redigieren. Meine Kampferfahrung beschränkte sich damals darauf, dass die vom Militär herausgegebene Wochenzeitung *BaMachane* mich einmal in einen Bunker der am Suezkanal errichteten Verteidigungskette geschickt hatte. Ich begleitete damals einen berühmten Chefkoch, der beweisen wollte, dass sich auch aus den spärlichen Rationen der Soldaten ein königliches Mahl bereiten ließe.

Plötzlich erfolgte ein ägyptischer Artillerieangriff. Das war die einzige Feuerprobe meines Lebens. Automatisch begann ich jedes Wort aufzuschreiben, das ich ringsum hörte. Auch damals schützte mich mein Notizbuch vor der Angst – zum ersten Mal.

Nach einigen Tagen im Studio des Militärsenders bat ich um eine Tour in den Libanon, um zu wissen, wovon ich redete, und wurde mit einem Fahrer nach Beirut geschickt. Wenn wir auf Soldaten trafen, sendeten wir ihre Grüße an die Familie daheim. Auf der Fahrt nach Tyros begegneten wir einem Zug von Flüchtlingen; ein Fliegenschwarm flog ihm voraus. Die Gesichter der Flüchtenden waren grauenerfüllt, die Augen starr, auf dem Kopf trugen sie Bündel, in den Händen Plastikeimer. Einer schleppte einen Fernsehapparat mit. Ein magerer Hund bildete den Schluss. Frauen jammerten, Kinder wimmerten. Plötzlich entdeckte ich Henry Kamm von der *New York Times*, der mir geholfen hatte, mich zwischen den Hungerflüchtlingen in Thailand zurechtzufinden. Augenblicklich wurde Kambodscha für mich zur Vergleichsgröße, obwohl ich Kamms Warnung im Gedächtnis behielt, nicht zu vergleichen.

Die Lage in Tyros war nicht ganz so schlimm wie in Aranyaprathet: Intensiver Gestank hing in der Luft, aber ich sah keine Leichen. Doch es war eine urbane Katastrophe und daher viel greifbarer als die Grauen des kambodschanischen Dschungels. Die Straße im Zentrum von Tyros war übersät mit Glasscherben, Kochtöpfen, Sesselteilen, Fensterläden, angesengten Familienfotos, Büchern, Kinderspielsachen, einer zerdrückten Espressomaschine, einem Zahnbohrer aus einer Zahnarztpraxis. An ihren guten Tagen unterschied sich diese Straße vermutlich kaum von einer Einkaufsmeile in der Jerusalemer Innenstadt: ein Süßwaren- und Schokoladenladen mit einem verschnörkelten Ladenschild auf Französisch, Damenschuhe, Versicherungen, Reisebüros, Fiat, Air France, Kino. Aber alles war zerstört, die vorherrschenden Farben: rußschwarz und staubweiß. Von Zeit zu Zeit fuhr ein riesiger Panzer vorbei, zermalmte die Reste einer ausgerissenen Straßenlaterne oder eines abgefallenen Briefkastens.

Viele Häuser waren nicht eingestürzt, hatten jedoch bizarre Formen angenommen, wie Versehrte mit verrenkten oder verstümmelten Gliedern. Neben dem Hauptplatz, nun einem Schutthaufen, befand sich ein Lunapark. Ein kunterbuntes Riesenrad stand fast aufreizend hochmütig da: Es war unversehrt geblieben. So baute man in Hollywood die Kulissen für surrealistische Katastrophenfilme.

Ich sah auch eine Ansammlung Gefangener, die der Mitgliedschaft in palästinensischen Terrororganisationen verdächtig waren: Mehrere Hundert junge Männer hockten auf dem Boden, die Augen verbunden, die Hände mit Kabelbindern auf dem Rücken gefesselt. Die meisten sahen kampfesmüde und ergeben aus, saßen völlig reglos da, schicksalsergeben. Andere bemühten sich um einen kämpferischen Ausdruck. Einige Männer hatte man mit einem großen X auf dem Hemdrücken gekennzeichnet. Als ich das Geschehen in der Zeitung schilderte, fügte ich hinzu, dass manche sogar Nummern auf dem Arm trugen, aber die Militärzensur strich dieses Detail. Wasser aus einem roten Container, das normalerweise der Feuerwehr zum Löschen diente, bewahrte die Männer vor dem Verdursten. Er erinnerte mich an die Belagerung Jerusalems 1948. Zu dem Bild des Grauens gesellte sich ein bedrückendes Gefühl der Verantwortung und Mitschuld, das ich an der kambodschanischen Grenze nicht verspürt hatte: Tyros und ebenso Sidon und Beirut, wohin wir an jenem Tag weiterfuhren, waren von »meiner« Luftwaffe bombardiert worden.

Am Samstagmorgen, dem 18. September 1982, reichlich früh für meinen Geschmack, rief mich ein Freund an, um mir zu sagen, dass wegen des Geschehens im Libanon eine Demo vor Ministerpräsident Menachem Begins Residenz stattfinde. Ich wusste da noch gar nichts von dem Massaker in den palästinensischen Flüchtlingslagern Sabra und Schatila, aber es war Rosch Haschana und schönes Wetter, und bei solchen Demonstrationen traf man immer Freunde. Alle waren dort, die meisten telefonisch benachrichtigt wie ich. Viele hatten Kinder dabei. Eine sympathische Menge. Es hieß, in den beiden

Flüchtlingslagern im Libanon sei etwas Schreckliches passiert. Erst später erfuhr man, dass christlich-falangistische Milizionäre in Abstimmung mit der israelischen Armee in die beiden Lager eingefallen waren und dort Hunderte Bewohner ermordet hatten.

Wir standen etwa eine halbe Stunde vor Begins Wohnsitz. Begin wollte zu Fuß von der Synagoge in seine Residenz zurückkehren. Manche setzten sich auf die Straße und riefen »Begin – Mörder«, bis die Polizei anrückte und uns mit Tränengas vertrieb. Es brannte schrecklich in den Augen. Ich meine, es war eines der ersten Male, dass Tränengas gegen jüdische Demonstranten eingesetzt wurde. Wenn ich mich recht erinnere, instruierte uns jemand aus einem Rettungswagen des Roten Davidsterns über Lautsprecher, wie man sich gegen Tränengas schützt: Die Augen nicht reiben und nicht mit Wasser ausspülen, wenn möglich eine Zwiebel auflegen. Einige Leute rannten nach Hause oder schickten ihre Kinder nach Zwiebeln aus. Fast alle wohnten in der Gegend. In den Tagen darauf wurden weitere Einzelheiten bekannt, und Peace Now brachte Hunderttausende von Israelis zu einer Großdemonstration in Tel Aviv zusammen. In jener Nacht, als der Libanonkrieg noch lange nicht zu Ende war, erreichte die israelische Friedensbewegung den Gipfel ihrer organisatorischen Macht.

Neue Geschichte

Etwa zur Zeit des Ersten Libanonkrieges machte das Staatsarchiv Dokumente zugänglich, die bis dahin unter Verschluss gewesen waren, und andere öffentliche Archive taten es ihm nach. Bis dahin hatten wir eigentlich noch gar keine israelische Historiographie, sondern zumeist nur Ideologie, Mythologie und nicht wenig Demagogie. Die neue Öffnungspolitik signalisierte größeren Liberalismus. Ein Großteil des nun zugänglichen Materials, darunter Ben Gurions private Tagebücher, war fesselnd. Immer wieder kam es vor, dass ich eine bestellte Akte aufschlug, einen Bericht, einen Brief oder ein Tagebuchblatt herausnahm und das Dokument nach der Lektüre mit großem Staunen zurücklegte: So hatten wir es nicht in der Schule gelernt! Nicht alle Kriege waren Israel aufgezwungen worden; nicht immer hatte man alles Erdenkliche getan, um kriegerische Auseinandersetzungen zu vermeiden. Manche Opfer waren umsonst gestorben. Entgegen der Gehirnwäsche, der man uns unterzogen hatte, waren nicht alle arabischen Staaten immer und ausnahmslos gegen Verhandlungen mit Israel gewesen: In Syrien regierte 1949 ein Präsident namens Husni az-Za'im, der mit Israel sprechen wollte und sogar Bereitschaft signalisierte, an die fünfzig Prozent der palästinensischen Flüchtlinge in seinem Land aufzunehmen. Ben Gurion lehnte ein Treffen ab. Mindestens die Hälfte der Araber waren 1948 nicht vor dem Grauen des Krieges und auf Anweisung ihrer Anführer aus Israel geflohen, sondern von israelischen Truppen vertrieben worden; hier und da geschah das auch noch nach der Staatsgründung und dem Ende des Krieges. Genaue Berichte über Massenplünderungen belegten meine Kindheitserinnerungen aus Baka historisch.

Außerdem hatte man uns immer erzählt, wir hätten die Juden aus den arabischen Ländern mit offenen Armen empfangen. Tatsächlich war ihre Einwanderung von stürmischen Debatten begleitet gewesen. Einige Gegner äußerten rassistische Vorbehalte gegen die »Schwarzen«. Viele Einwanderer aus arabischen Staaten wurden diskriminiert. Ein besonders großes »Wow« entlockte mir das Protokoll einer Diskussion, bei der beschlossen worden war, aus Polen Kommende in eigens angemietete Hotels einzuweisen. Die meisten Einwanderer aus arabischen Ländern und viele Holocaust-Überlebende hausten da noch in Zeltlagern. Die Diskussionsteilnehmer stammten in der Mehrheit selbst aus Polen oder anderen osteuropäischen Ländern. »Wir sind doch vom selben Stamm«, begründete einer die bessere Behandlung polnischer Juden. Der zweite Teil der Diskussion galt der Frage, wie man den ersten Teil vor der Presse verheimlichen könne. Ben Gurion legte sein Veto gegen die Entscheidung ein, aber dieses

Protokoll stellte auch die Kinder aus Marokko, die in Baka wohnten, in einen historischen Zusammenhang, ebenso wie viele meiner Kameraden im Grundwehrdienst und vor allem die Bewohner der Armenviertel, die ich in Teddys Büro kennenlernte. Ihre Kultur galt als rückständig, minderwertig und dem Staat nicht förderlich.

Meine Aufsätze für die Wochenendbeilage des *Haaretz* drehten sich nun immer öfter um historische Entdeckungen, und daneben arbeitete ich an einem Buch. Ich konzentrierte mich auf das Jahr 1949. Einige Gründungsmythen des Staates Israel bekamen dabei Risse oder gingen gar vollends in die Brüche. Das Buch erregte erhebliches Medienecho. Viele Leser hielten damals noch an der Illusion fest, der Zionismus sei gerechter gewesen, als es eigentlich möglich war, und die historische Wahrheit schmerzte sie. Fast jedes Kapitel verwies auf zugängliches staatliches Archivmaterial. Der Journalist und Historiker Benny Morris, der damals schon das palästinensische Flüchtlingsproblem erforschte, bezeichnete mein Buch als »neue Geschichtsschreibung.«

Morris selbst und weitere Autoren wurden nicht nur als »neue Historiker«, sondern gelegentlich auch als »Post-« oder gar »Anti-Zionisten« bezeichnet. Ich bemühte mich, das angeblich Neue an der Historiographie abzuschwächen. Wir seien keine »neuen Historiker«, erklärte ich, sondern die ersten Historiker mit einer Geschichte, die sich bisher nicht ausreichend hatte belegen lassen. Ich würde keine Agenda verfolgen, sondern sei allein der eigentlichen Erzählung verpflichtet, versicherte ich immer wieder. Nur wenige glaubten mir. Der »israelische Historikerstreit« erregte auch in anderen Ländern Aufsehen. Ich freute mich natürlich über das Interesse an meinen Zeilen, schrieb als Journalist aber lieber über andere, als das zu lesen, was über mich geschrieben wurde. Beharrlich bestand ich auf der Einteilung: Ich bin der Erzähler, nicht die Geschichte.

Beim Übergang ins fünfte Lebensjahrzehnt war ich in zwei Denkweisen befangen: Skepsis und Zynismus. Erstere betrachtete ich als Lebenselixier für guten Journalismus, Letzteren als Gift. Irgendwann setzte ich Skepsis derart mit menschlicher Freiheit gleich, dass sie beinah zu Synonymen wurden. Der Zynismus hingegen hinderte mich immer wieder daran, eine Geschichte im richtigen Licht zu sehen und allseits gerecht darzustellen. Mein Bemühen, den Zynismus zu zügeln, war nicht immer von Erfolg gekrönt. Das tägliche Leben ermüdete mich langsam, und einmal beteiligte ich die Leser meiner wöchentlichen Kolumne an einer Klage über fremde Besucher, darunter Staats- und Ministerpräsidenten, die mir den Schlaf raubten.

Wann immer ein ausländischer Staatsgast sein Hotel verlasse, blockiert die Polizei den Verkehr, schrieb ich und verbesserte mich sofort: Tatsächlich sperren sie die Straße schon zwanzig Minuten, bevor der hohe Gast erscheint. Das verursacht lange, nervende und völlig unnötige Staus: Man muss nicht die halbe Stadt lahmlegen, damit irgendein Politiker in seinem Land ein paar Wählerstimmen mehr bekommt, kritisierte ich. Sie kamen immer an meinem Fenster in der Jabotinskystraße vorbei: Mal zum Abendessen beim Staatspräsidenten, der ein Stück weiter die Straße hinauf residierte, mal zum Besuch beim Außenminister, damals ein näherer Nachbar auf der anderen Straßenseite, und mal zu einer Besprechung beim Ministerpräsidenten um die Ecke. Und wenn sie danach in ihr Hotel zurückkehren, wird der Verkehr abermals für sie angehalten.

Ich stehe auf dem Balkon, zähle die Fahrzeuge der Kolonne und schlage mich mit der Frage herum: Wie soll ich mich verhalten? Als Erstes: Was zieht man an, wenn der Vizepräsident der Vereinigten Staaten unterm Balkon vorbeifährt? Auf keinen Fall im Unterhemd oder im Pyjama hinaustreten, so viel ist klar. Er könnte ja meinen, die Menschen in Israel trügen tagsüber noch Pyjamas. Aber Jeans? Vielleicht. Schuhe und Socken? Ich bitte dich! Was sollte der Vizepräsident sonst wohl denken. Ihm zuwinken? Problematisch. Hannah Bavli, die Hohepriesterin des Anstands und der guten Sitten in Israel, riet immer, man solle sich natürlich verhalten. Das heißt: nicht winken. Seit wann winke ich Präsidenten zu. Andererseits könnte er denken, dass ich ihm nicht freundlich gesinnt bin. Das könnte womöglich einen Zwischenfall auslösen. Ich kratze mich also am Ohr, spreize die Finger, sei es zum Winken oder auch nicht. Die Unsicherheit bringt mich um. Mal kam einer aus Bhutan in Südasien – was geht er mich an. Aber auch Margaret Thatcher fuhr einmal vorbei und warf ein neues Problem auf: Sie war eine Dame, und Hannah Bavli bestimmte immer, einer Dame müsse man besonders höflich begegnen. Doch es soll ja alles natürlich ablaufen. Höchstens eine Nelke im Knopfloch. Des Jacketts, na klar. Ich habe immer eines zur Hand für solche Fälle. Was sollte man sonst wohl denken. In dieser Stimmung war ich bereit für ein neues Projekt, und deshalb freute ich mich, als Nahum Barnea mir anbot, zu ihm in die Redaktion der Wochenschrift *Koteret Rashit* zu wechseln, die er ein Jahr zuvor gegründet hatte.

Neuer Journalismus

Nahum Barnea war mir als Redakteur der Studentenzeitung und als Jerusalemer Lokalreporter vorausgegangen, und wir waren befreundet. Während der Watergate-Affäre war er Washington-Korrespondent der Gewerkschaftszeitung *Davar* gewesen. Nach seiner Rückkehr brachte er eine wöchentliche Rubrik, die man damals dem sogenannten neuen Journalismus zurechnete. Sein »Tagebuch« enthielt eine Menge Informationen, meist politischer Art und oft exklusiv. Barnea schrieb mit persönlicher Note, erzählte immer eine Geschichte. Der Anspruch auf Objektivität wich dem Streben nach Fairness und Transparenz: Er hielt mit seiner Meinung über das jeweilige Thema nicht hinterm Berg. Geistreich und zumeist im Recht nahm er seine Leser gewissermaßen mit hinter die Kulissen, zur Geschichte hinter der Geschichte. Das verlieh seinen Artikeln eine dritte Dimension. Ich gehörte zu seinen begeisterten, teils fast neidischen Lesern. Manchmal meinte ich tatsächlich, er habe den Journalismus neu erfunden.

Doch wie die »neue Geschichte« war auch der »neue Journalismus« keineswegs so neu wie gedacht. Beide Phänomene waren in Amerika aufgekommen, bevor sie nach Israel gelangten. Der Umstand, dass Barnea und ich in einer besonders schicksalhaften Epoche der amerikanischen Geschichte dort gewesen waren, hat uns so nachhaltig geprägt wie israelische Maler in den 1950er Jahren von ihren Aufenthalten in Paris und Musiker, die das Glück hatten, die Beatles noch in London zu hören, von diesen Erlebnissen beeinflusst blieben. Als Barnea die Wochenschrift *Koteret Rashit* gründete, suchte auch er eine neue berufliche und persönliche Herausforderung im Geist der sozialdemokratischen Elite, die die zionistische Gesellschaft über vierzig Jahre lang geleitet hatte. Er war in sie hineingewachsen und teilte ihre Grundwerte. Die Likud-Regierung unter Menachem Begin galt damals immer noch als eine Art Unfall der Geschichte. Barnea zog praktisch ins Gefecht, um Israel vor sich selbst zu retten. Doch dafür war es zu spät: Der liberale Zionismus, der die Gründer des Staates hätte beseelen sollen, lag bereits in den letzten Zügen. Die neuen Eliten standen für religiösen Nationalismus. Doch als Barnea mir anbot, für seine Wochenschrift zu arbeiten, meinte auch ich, es lohne sich noch zu kämpfen. Wir beide glaubten weiterhin an die Zukunft der Printmedien.

Ich achtete und mochte Barnea sehr. Die Zusammenarbeit mit ihm lockte mich mehr als meine Arbeit beim *Haaretz*. Wir hatten ein talentiertes junges Team, das nach kreativer Pressearbeit dürstete, und gemeinsam strebten wir eine hochklassige, einfallsreiche, bissige, ironische Wochenschrift an, die sich ein weltlicheres, demokratischeres Israel auf die Fahnen geschrieben hatte. Die nächsten Jahre waren für mich wie eine Liebesgeschichte: aufregend, herausfordernd, erfolgreich – wenn auch mal weniger erfolgreich als gewollt –, mit Nervenkitzel und Nervenzusammenbrüchen, zuweilen fast suizidalen Seelenqualen, doch zumeist brachte sie große Erfüllung und gelegentlich fast unkontrollierbare Schöpferfreude – ein totales Erleben rund um die Uhr, sieben Tage die Woche.

Barnea war brillant in allem, was mit Politik zusammenhing, witterte und enthüllte Intrigen und Machenschaften, Siege und Niederlagen und vor allem Phänomene und Entwicklungsprozesse. Er recherchierte couragiert Israels weiteres heikles Engagement im Libanon und einige Geheimdienstaffären, die den Staat aufwühlten, darunter die gesetzeswidrige Tötung zweier palästinensischer Terroristen, die an der Entführung eines israelischen Linienbusses beteiligt gewesen waren. Die sogenannte Affäre Linie 300 und ihre Nachwirkungen enthüllten eine korrupte und kriminelle Ader im Inlandsgeheimdienst. Später glänzte Barnea bei der Berichterstattung über die lange, geheime Inhaftierung eines tscherkessisch-israelischen Armeeoffiziers, der unter Folter verhört und aufgrund falscher Daten verurteilt worden war. Er schickte David Grossman zu einer Tour in die Palästinensergebiete, von wo der Schriftsteller die Artikelserie »Der gelbe Wind« mitbrachte, die später auch im *New Yorker* und schließlich in Buchform erschien und in mehrere Sprachen übersetzt wurde, darunter ins Deutsche.

Ich saß viele Tage in dem Jerusalemer Prozess gegen John Demjanjuk, der beschuldigt wurde, die Gaskammern in Treblinka betrieben zu haben. Wir waren die Ersten und lange auch Einzigen, die diesen Prozess skeptisch verfolgten. Manchmal musste ich an Hannah Arendts Worte über die Schwierigkeiten bei der Beobachtung historischer Gerichtsprozesse denken. Letzten Endes wurde Demjanjuk wegen begründeter Zweifel freigesprochen. Damals plante ich eine wöchentliche Rubrik unter dem Titel »Ein fremder Korrespondent«. Als Redakteur gefiel Barnea der Name, aber als Freund warnte er mich: »Ein fremder Korrespondent« klinge abgehoben, ja schlimmer noch – hochmütig. Passt zu mir, dachte ich. Die Wirklichkeit, die ich beschreiben wollte, stellte ich mir wie ein kariertes Blatt Papier vor: Die waagrechten Linien sollten für die Linien der Politik stehen, die senkrechten für die Wege der Kultur und die Identitätsmerkmale der Gesellschaft. An den Kreuzungspunkten würde eine Art elektrischer Funke zünden und eine Geschichte beleuchten, die uns Grundlegenderes lehren konnte als die laufende Chronik von Politik und Kultur.

Das musste einen Auslandskorrespondenten in jedem Land interessieren. In Israel herrschte kein Mangel an solchen Geschichten, und so verbrachte ich einen Schabbat im Haus eines nationalreligiösen Rabbiners.

Er hieß Baruch Schimon Salomon. Woche für Woche versammelte er seine Schüler vor seinem Haus in Kfar Abraham und zog mit ihnen in die Innenstadt von Petach Tikwa, etwa fünfunddreißig Minuten zu Fuß, um gegen das Kino Hechal zu demonstrieren, das entgegen dem jüdischen Religionsgesetz auch an Schabbat-Abenden Filme vorführte. Wie viele andere Kapitel in dem langen, schmerzlichen Ringen zwischen Religion und Staat gefährdete der Streit um das Hechal-Kino die Stabilität der Regierungskoalition. Die Polizei behauptete, die Demonstration des Rabbiners, seiner Schüler und Unterstützer stelle einen »illegalen Menschenauflauf« dar. Salomon sagte, er werde weiterhin auf dem Vorplatz des Kinos erscheinen, und wenn man ihn vor Gericht stellen und ins Gefängnis stecken sollte, werde er eben nach seiner Freilassung wiederkommen. Vor der fünfzigsten Woche seiner Demonstration rief ich ihn zu Hause an und fragte, ob ich ihn begleiten dürfe.

Der Rabbiner ließ mir ausrichten, er gebe keine Interviews, lud mich dann aber doch ein, den ganzen Schabbat vom Anfang am Freitagabend bis zum Ende am Samstagabend bei ihm und seiner Familie zu verbringen. Zwischen Gottesdienst und Festmahl, Lehrstunde und Mittagsruhe würden wir zusammen Wache vor dem Kino halten. Da könnte ich fragen, was ich wolle, und er würde antworten, was er wolle, und ich würde verstehen, was ich eben verstehen könnte – alles unter der Bedingung, dass ich bis Schabbat-Ausgang nichts niederschriebe, denn das war am jüdischen Ruhetag ebenfalls untersagt. Mit Gottes Hilfe werde sich alles klären – für mich und für die Leser meiner werten Wochenschrift, die er wegen des Verdachts unzüchtiger Darstellungen nicht lese, von der er aber Gutes gehört habe. Ich nahm die Einladung eher lustlos an; der soziale Druck in der Redaktion gab den Ausschlag.

Jenseits von Afrika

Der mollige Mann strahlte Milde aus. Wenn er in der Synagoge vor der »heiligen Gemeinde«, wie er die Gläubigen nannte, predigte, sprach er laut und deutlich, in einfachen, kurzen Sätzen, mit jiddischem Anklang in Tonlage und Akzent. Mit dem leicht nach innen durchgedrückten Rücken und dem daher über dem Bauch leicht spannenden schwarzen Gehrock wirkte er honoriger als seine neunundvierzig Jahre. Er verschränkte die Hände gern in pastoraler Ruhe auf der Brust, als sei er – behüte – ein anglikanischer Geistlicher. So stand er gewöhnlich vor seiner Gemeinde: die Rechte auf der Linken, den Kopf zur Seite geneigt, in einer Haltung, die Unschuld und Gnade ausdrückte. Manchmal hob er die Hände in Ohrenhöhe, die Handflächen der Gemeinde zugewandt, sei es im Aufschrei, sei es zum Segen. Seine Augen funkelten tiefblau. Es hieß, als Kind sei er ein großer Lausbub gewesen.

Die Familie empfing mich freundlich. Die Frau des Rabbiners war noch mit den letzten Vorbereitungen für das Schabbat-Mahl beschäftigt, lobte die Umstellung auf Sommerzeit, die ihr noch eine Stunde gewährte, aber die Lampe im Kühlschrank war schon lose gedreht, damit sie beim Öffnen der Tür am Schabbat nicht anging, und in der Toilette war ein Stapel loser Blätter WC-Papier vorbereitet worden, weil auch das Abreißen von der Klorolle am Schabbat als verbotene Arbeit gilt. Sie waren nette Menschen mit vielen Kindern. Aufgrund eines weiteren religiösen Verbots darf man sie nicht zählen. Der Älteste war zweiundzwanzig und frischvermählt. Drei Söhne und eine kleine Tochter lebten im Haus. Drei weitere Söhne lernten in Jerusalem. Das Haus war bescheiden möbliert, fast ohne Schmückendes, abgesehen von Rabbinerporträts. In den Regalen längs der Wände standen viele heilige Bücher. Einen Fernsehapparat gab es nicht. Im zweiten Stock befand sich eine Gästewohnung, die schon für mich hergerichtet war. Die Hausfrau entzündete die Schabbat-Kerzen.

Ich ging mit dem Rabbiner zum Abendgottesdienst in die Synagoge, zum ersten Mal in meinem Leben. Auf dem Weg lernte ich von ihm, warum gerade Frauen die Schabbat-Kerzen entzünden: In seiner Version sühnten sie damit Evas Ursünde, die Adam all die Scherereien gebracht hatte, als Eva ihn dazu verführte, vom Baum der Erkenntnis zu essen. Wir kehrten heim zum Segen über Wein und Brot und zum Abendessen. Zwischen dem rituellen Händewaschen und dem Brotsegen darf man keinen Laut von sich geben. Als ich etwas sagte, hörte es sich an wie Donnerschlag; nie war ich so sehr ein fremderer Korrespondent gewesen. Ich musste an das Weihnachtsessen bei den Mennoniten in Pennsylvania denken. Und dann machten wir uns auf zum Kino. Unterwegs erklärte mir der Rabbiner, warum er das tun müsse: »Ganz Israel bürgt füreinander«, sagte er, das heißt, jeder Jude trägt Verantwortung für die Einhaltung der religiösen Gebote durch seinen Nächsten. Bevor wir ankamen, erzählte er mir auch noch eine fromme Geschichte über zwei, die in einem Boot segeln. Plötzlich fängt der eine an, ein Loch in den Boden zu bohren. »Nein, hör auf!«, schreit der andere, aber der Bohrende sagt, »Was schert's dich, ich bohr ja nur unter mir.« Natürlich schert es ihn, denn die beiden würden ja gemeinsam untergehen. Außerdem – der Weltliche muss nicht ausgerechnet am Schabbat-Abend ins Kino gehen, aber der Religiöse kann seinen Widerstand dagegen nicht unterlassen: Da bestehe keine Symmetrie, sagte der Rabbiner. Das kannte ich schon aus Teddys Zeiten.

Das Hechal-Kino war ein Meilenstein in der Geschichte Petach Tikwas und zunächst freitagabends geschlossen gewesen. Rabbiner Salomon und seine Schüler demonstrierten also gegen eine Abweichung vom historischen Status quo. Er redete, als ginge es um die Seele des Staates, aber eigentlich war Petach Tikwa zu klein für einen Konflikt dieser Größenordnung. An jenem Abend lief der Film *Jenseits von Afrika*. Die meisten Besucher waren junge Leute, die aussahen wie die in Tel Aviv. Die meisten ignorierten den Rabbiner und seine Schüler. Anders als bei vielen ultraorthodoxen Demonstrationen in Jerusalem kam es nicht zu Gewalt. Die Polizisten begegneten dem Rabbiner respektvoll, und er achtete sie seinerseits. Als wir zurückkamen, war es halb zwei. Der Rabbiner lud seine Schüler noch zu einem Tee ein. Als ich schließlich in meine Gästewohnung hinaufkam, hatte die Schabbat-Uhr schon automatisch das Licht ausgeschaltet. Ich musste mir alles im Dunkeln notieren.

Am Schabbat-Morgen gingen wir wieder in die Synagoge. Es stürzte mich in ziemliche Verlegenheit, dass man mich mit einem Aufruf zur Thora ehrte. Ich hatte keine Ahnung, was ich dabei zu tun hatte, aber Rabbiner Salomon half mir durch. Nach dem Mittagessen machten wir einen Spaziergang, den der Rabbiner ebenfalls mit der Tradition zu verbinden wusste. Maimonides, der im Mittelalter nicht nur ein großer Thora-Gelehrter, sondern auch Arzt gewesen war, hatte einen Spaziergang nach dem Essen als verdauungsfördernd befunden. Der Rabbiner sagte, wenn ich noch etwas fragen wolle, sei dies der richtige Zeitpunkt. Ich fragte, wie man nach der Schoa an Gott glauben könne. »Das ist alles Lohn und Strafe«, antwortete er. Wofür die Opfer der Schoa bestraft worden seien, wollte ich wissen. »Ah, es ist nicht an uns, nach dem Warum zu fragen«, erwiderte er. Auch er wollte etwas fragen, wartete damit jedoch bis zum Ausklang des Schabbats kurz vor unserem Abschied. Unter vier Augen, nur unter uns, fast im Flüsterton fragte er mich, ob ich das Fastengebot an Jom Kippur einhielte. Ich sagte ihm die Wahrheit, womit ich ihm wohl tiefen Schmerz bereitete. Wir räumten seiner Geschichte vier Seiten ein.

Wie seinerzeit bei der Studentenzeitung mochte ich die Geburtsstunde jeder neuen Ausgabe. Barnea und ich hatten uns darauf geeinigt, Leitung und Verantwortung gleichberechtigt zu teilen. Das war keine gute Idee: Eine Zeitung braucht einen Chefredakteur. In der Praxis war das Barnea. Er war der bessere Redakteur, entscheidungsfreudiger und sicherer in der Menschenführung. Ich gab das ungern zu, und es belastete uns beide. Aber am schlimmsten bedrückte mich, dass wir keine größere Leserschaft gewinnen konnten. Die meisten

Leser waren uns sehr treu, aber es waren nicht genug, um die Kosten zu decken. Das lag hauptsächlich daran, dass wir ihnen viel zu viel abverlangten. Immer mehr Israelis waren die politischen Debatten leid und hielten es lieber mit dem, was Voltaire den Lesern von *Candide* empfohlen hatte: den eigenen Garten zu bestellen. Das war ein weltweites Phänomen. Zeitungen, die sich den neuen apolitischen Wünschen der Leser nicht anpassten, überlebten nicht. Drei Jahre nach meinem Einstieg bei *Koteret Rashit* schied ich aus, und ein Jahr später wurde das Wochenmagazin ganz eingestellt. Alle bescheinigten ihm »ein glorioses Scheitern«. Barnea wechselte zur Tageszeitung *Yedioth Aharonoth*, schrieb dort eine der einflussreichsten Kolumnen des Landes und erhielt den Israel-Preis.

Am Sonntagmorgen, dem 25. Februar 1996, sprengte ein palästinensischer Selbstmordattentäter einen Jerusalemer Stadtbus der Linie 18. Sechsundzwanzig Menschen starben, darunter neun Soldaten. Einer von ihnen war Jonathan (Joni), der Sohn von Nahum und Tami Barnea. Ich hatte ihn sehr gern gehabt. Ich konnte den Terror als Teil des hundertjährigen Kampfes um das Land Israel betrachten, aber nichts hatte mich darauf vorbereitet, mit einer derart grauenhaften Tragödie bei meinen guten Freunden umzugehen. Mittlerweile war ich zum *Haaretz* zurückgekehrt und hatte den »fremden Korrespondenten« mitgebracht. Die Zeitung behandelte mich großzügig, und so konnte ich alle paar Jahre eine Urlaubspause einlegen, um an meinen Büchern zu arbeiten. Gelegentlich schickte sie mich auch in andere Länder.

Kunst und Terror

Der schier hoffnungslose historische Konflikt, in dem ich von Geburt an leben musste und dem ich nicht zu entkommen wusste, veranlasste mich gelegentlich zu prüfen, wie man das anderswo handhabte. So geriet ich nach Ayodhya, einer heiligen Stadt in Indien, irgendwo zwischen Delhi und Kalkutta. Indien war in zig nationale und religiöse Konflikte verstrickt, die mir auf den ersten Blick zum Teil bekannt vorkamen: Menschen, die sich als Herren des Landes betrachten, Teilung, Bevölkerungstransfer, Krieg, politischer Terror, fanatischer Rassismus. Es war ein Dschungel von Kulturkämpfen, die ich nicht durchschaute. In Erinnerung geblieben sind mir vor allem die Affen, die zu Tausenden die Straßen von Ayodhya bevölkerten. Doch ich hoffte, meinen Lesern wenigstens die blutigen Zusammenstöße dort erklären zu können, denn theoretisch wären sie auch im Land Israel möglich gewesen. Ich wollte die Geschichte mit dem Streit um den Tempelberg in Jerusalem vergleichen. Einige Monate zuvor hatte sich eine Viertelmillion Hindus zusammengerottet und in einem Anfall von Irrsinn eine ehemalige Moschee dem Erdboden gleichgemacht. Sie war im 16. Jahrhundert auf den Trümmern eines Tempels errichtet worden, der den Geburtsort des Gottes Rama bezeichnete. Nach dem Zerstörungswerk in Ayodhya griffen die antimuslimischen Krawalle auf andere Regionen über. Einige Hindus versuchten, ihre muslimischen Nachbarn zu schützen, worauf die hasserfüllten Fanatiker auch sie überfielen. Tausende von Menschen wurden getötet.

Warum tun Sie das, fragte ich Atal Bihari Vajpayee von der hinduistischen Oppositionspartei BJP. Er antwortete, die hinduistische Identität Indiens sei in Gefahr: Der Islam bedrohe sie. Es war ein feuchtheißer Abend in Neu-Delhi. Vajpayee, ein freundlicher Dichter von knapp siebzig Jahren, lud mich zu einem Spaziergang auf dem Rasengürtel um sein Haus ein. Hund Loli begleitete uns. Ein Diener servierte Limonade. Als er noch ein Baby war, hätten seine Eltern, wie das üblich war, einen Astrologen befragt, und der habe ihnen gesagt, ihr Sohn werde niemals heiraten, aber ein wichtiger Mann werden. Er war ledig geblieben und glaubte, eines Tages Regierungschef zu werden – was er auch insgesamt dreimal wurde. Seine Gegner behaupteten, er verbreite »Nazi-Hinduismus«. Vajpayee riet mir, mit dem Ideologen der Partei, Lal Krishna Advani, zu sprechen.

Auch der Parteiideologe empfing mich höflich. Wie alle wolle auch ich ihn sicher fragen, ob man seine Bewegung wirklich nationalsozialistisch nennen kann, sagte er, aber das sei sie nicht. Im Gegenteil: Zweimal habe er William Shirers *Aufstieg und Fall des Dritten Reiches* gelesen und beide Male die erschreckende Ähnlichkeit zwischen der Diktatur Indira Gandhis, die damals schon nicht mehr lebte, und der Hitlers wahrgenommen. Seine Partei war auch unter ihr in der Opposition gewesen. Als hinduistische Partei sei die BJP naturgemäß für Pluralismus und Toleranz, wolle Indien jedoch gegen die islamische Gefahr schützen, erklärte er. Als Israeli würde ich sicher verstehen, was er meinte, denn Palästina sei ja etwa zu der Zeit geteilt worden, als man Pakistan von Indien abtrennte, und auch wir seien dieses Problem bisher nicht losgeworden. Hier senkte er die Stimme, als wolle er mir ein Geheimnis verraten oder einen derben Witz erzählen, und sagte: »Vielleicht haben Sie schon gehört, dass die Muslime sich weigern, Verhütungsmittel zu benutzen. Sie setzen noch und noch Babys in die Welt, alles Muslime, und das in einem Staat, der große Anstrengungen unternimmt, um die Geburtenrate zu senken. Das führt dazu, dass nur Hindus sich zügeln.« Muslime dürften, vielleicht hätte ich auch davon gehört, vier Frauen heiraten. Er schüttelte den Kopf und streckte vier Finger in die Höhe: »Vier Frauen!« Ich traf in Indien viele Politiker aus Regierung und Opposition. Fast alle verglichen ihre Gegner mit den Nazis. Ich hatte nicht erwartet, Nazis gerade dort anzutreffen.

Ich war mit einem Air-India-Flug aus Neu-Delhi nach Lucknow geflogen und von dort nach Ayodhya gefahren. Beim Einchecken hatte ich drei Äpfel dabei. Die Sicherheitsbeamten forderten mich auf, alle drei anzubeißen, um zu beweisen, dass sie keinen Sprengstoff enthielten. Ich biss rein. Auf dem Rückflug wurde ich wieder einer sorgfältigen Durchsuchung unterzogen. Alle Achtung, dachte ich. Etwa eine Viertelstunde nach dem Start ertönte die Stimme eines jungen Mannes aus dem Lautsprecher. Mein Nebenmann übersetzte mir, was vor sich ging: Entführer hätten sich der Maschine bemächtigt und würden sich erst ergeben, wenn der Gouverneur des Teilstaats Uttar Pradesh auf den Flughafen komme und ihre Bedingungen anzunehmen verspreche. Ich erschrak zutiefst. Bald würden die Entführer entdecken, dass der einzige Passagier, der kein Inder war, einen israelischen Pass besaß, dachte ich. Instinktiv zückte ich mein Notizbuch und schrieb alles auf, Minute für Minute. Mein Nebenmann fragte, woher ich sei. Wieso fragt er das?, dachte ich, antwortete ihm aber. »Oh«, sagte der Mann, stellte sich als Rechtsanwalt aus Neu-Delhi vor und erklärte mir, worum es ging: Die Entführer seien Studenten, die sich über das niedrige Niveau ihres Colleges beschwerten und die Erhöhung des Bildungshaushalts verlangten. »Also nichts Politisches?«, fragte ich vorsichtig. »Wieso politisch«, erwiderte mein Nachbar, »sie besuchen eine Kunstakademie.« Die vier Typen in Jeans wirkten äußerlich nicht besonders furchterregend. Sie gingen den Gang entlang und erklärten den Passagieren, falls der Gouverneur nicht erscheine und ihre Forderungen nicht erfülle, müssten sie das Flugzeug leider sprengen. Sie hatten kleine Metallbehälter dabei, die wie Konservendosen aussahen. Sie wollten sich im Voraus für die Sprengung der Maschine entschuldigen, hätten aber keine andere Wahl.

Mein Nebenmann erzählte mir, dies sei die dritte Flugzeugentführung in den letzten Monaten in Indien. Die beiden vorherigen seien ohne Opfer beendet worden. Die meisten Passagiere wirkten fast gleichgültig, schicksalsergeben; andere dösten oder lasen Zeitungen. Einige sagten, die Studenten hätten recht: Das Bildungswesen sei wirklich nicht so, wie es sein sollte. Ein paar Passagiere versuchten, auf die Entführer einzuwirken: »Echt jetzt, wir sind alle müde und wollen nach Hause.« Der Flug hätte fünfzig Minuten dauern sollen, doch mittlerweile war schon eine Stunde vergangen. Unsere Boing 737 kreiste über dem Flugplatz Lucknow. Der Pilot richtete sich nur ein einziges Mal an die Passagiere, dankte ihnen für ihr »Verständnis der Lage« und versprach, sie über die weiteren Entwicklungen zu informieren.

Laut meinen Notizen beruhigte ich mich langsam, doch dann machte der Anwalt neben mir einen Vorschlag: »Sollen wir denen Entebbe machen, Sie und ich?«, fragte er in Anspielung auf die »Operation Entebbe«, bei der israelische Sicherheitskräfte 1976 auf dem Flughafen Entebbe in Uganda die Passagiere einer entführten Air-France-Maschine befreit hatten, und ballte die Hand zur Faust. Ich sagte rasch, ich hätte keine Übung im Überwinden von Flugzeugentführern, obwohl ich Israeli sei. Ich empfahl ihm, ihnen lieber seine Visitenkarte zu geben, denn wenn wir hier lebend rauskämen, würden sie vielleicht Rechtsbeistand brauchen. Ich wechselte auf einen freien Platz jenseits des Mittelgangs. Dabei begegneten meine Augen denen eines Entführers. Er trug eine große Brille und sah schüchtern, fast freundlich aus. Ich wagte ein halbes Lächeln, er lächelte zurück. Ich sagte, ich sei Journalist, und fragte, ob er und seine Gefährten mir vielleicht erlauben würden, sie zu fotografieren. Er sagte, er werde den Anführer fragen, und der Anführer stimmte zu. Wir gingen zum Heck des Flugzeugs, und ich fotografierte mit Blitzlicht. Einige Passagiere klatschten Beifall. Plötzlich war ich Teil des Geschehens.

Einige Minuten später flüsterte die Flugbegleiterin mir ins Ohr, die BBC berichte bereits über die Flugzeugentführung. Die jungen Männer entschuldigten sich erneut für die Unannehmlichkeiten. Ich erzählte ihnen, wie man mich gezwungen hatte, meine Äpfel anzubeißen; sie lachten, ich lachte mit. Sie hatten beim Sicherheitscheck behauptet, die Dosen in ihrem Handgepäck würden Farben enthalten. Man hatte den Kunststudenten geglaubt. Wieder lachten wir. Ich fragte, was denn wirklich drin sei in diesen Dosen, und die Entführer erwiderten, das würden wir bald erfahren, es sei denn, der Gouverneur erscheine auf den Flugplatz und nehme Verbindung zu ihnen auf. Zwei Stunden gingen dahin. Es war ungemütlich. Schließlich kam der Gouverneur, stellte die Entführer offenbar zufrieden, denn sie erlaubten die Landung. Sekunden nachdem die Räder der Maschine aufgesetzt hatten, erhob sich ein Mann, der in seinem Maßanzug aussah, als hätten die Briten beim Abzug aus Indien vergessen, ihn mitzunehmen, ging zu einem der Entführer und versetzte ihm eine Ohrfeige, wie man sie einem frechen Bengel gibt. »Entebbe«, murmelte der Anwalt von vorhin. Es klang wie eine Losung. Er sprang auf und stürzte sich auf die anderen drei Entführer; einige Passagiere eilten ihm zu Hilfe. Ich fotografierte. Polizisten mit langen Holzknüppeln, die sie normalerweise gegen Bettler und Demonstranten einsetzten, stürmten das Flugzeug. Die Flugbegleiterin wies uns an, die Maschine über die Notausgänge zu verlassen. Ich landete auf einer Tragfläche. Sprang runter. Schaffte es, der Zeitung die Geschichte mit Foto zu schicken.

Ich brachte aus Ayodhya keine Erkenntnis mit, die die Lösung des israelisch-palästinensischen Konflikts hätte fördern können. Alle Anzeichen von Nationalismus und religiösem Fanatismus, die in der heiligen Stadt Jerusalem bestehen, gab es auch in der heiligen Stadt Ayodhya – nur noch viel mehr davon. Als Nächstes sollte ich im Auftrag von *Haaretz* prüfen, ob wir vom Konflikt zwischen Weißen und Schwarzen in Südafrika etwas lernen könnten.

Ubuntu

Ich war nicht nach Südafrika gefahren, um hinterher zu behaupten, die Diskriminierung der Palästinenser kopiere die Apartheid; dieser Vergleich gefiel mir nicht. Vielmehr wollte ich sehen, ob »Ubuntu«, wie man den Versöhnungsprozess dort nannte, auch zur Lösung des Konflikts um Palästina beitragen könnte. Der vielgepriesene General und einstige Generalstabschef Constand Laubscher Viljoen lieferte mir Stoff zum Nachdenken.

In seinen Glanzzeiten zählte Viljoen zu den Grundpfeilern des Apartheidregimes und befehligte Militäroperationen, die Hunderte von Zivilisten das Leben kosteten, darunter Frauen und Kinder. Er stand an der Spitze einer rechtsextremen Partei, und an einem Punkt drohte er Südafrika in einen Bürgerkrieg zu zerren. Er träumte von einem eigenen Burenstaat, aber als er einsah, dass alles verloren war, zog er auf seine Farm »Bethel« im Norden Transvaals. Sein Rückzug ins Privatleben erhöhte noch seinen Ruhm. Zwei furchterregende Bulldoggen bewachten die Farm im Verein mit Überwachungskameras und weiteren elektronischen Sicherheitsanlagen. Frau Viljoen lud mich zum Frühstück ein; um sieben Uhr kämen sie immer von der ersten Runde durch die Farm zurück, sagte sie. Aber die Farm war viereinhalb Stunden Fahrt von Johannesburg entfernt, und deshalb einigten wir uns auf Brunch. Sie lud auch den schwarzen Fahrer, der mich gebracht hatte, zum Mithalten ein. Ihr selbstgebackenes Brot, das noch warm war, als sie es auf den Tisch stellte, schmeckte köstlich.

Viljoen war ein großer Verehrer der Israelis, besonders der Siedler in den palästinensischen Gebieten. Israel hatte dem Apartheidregime Waffen und andere Rüstungsgüter verkauft und wohl auch auf atomarem Gebiet mit ihm zusammengearbeitet. Der knapp Siebzigjährige war nicht groß, aber kräftig, trug Khakishorts, das Gesicht braungebrannt, die Augen stahlblau. Er besaß eine große Waffensammlung, und seine Frau erzählte, am Vortag habe er eine Schlange getötet.

Meinen Besuch hatte Viljoen mit militärisch anmutender Präzision durchgeplant. Eine halbe Stunde Essen, zwei Stunden Runde durch die Farm, eine Stunde Gespräch. Noch als Generalstabschef habe er eine vergleichende Untersuchung über nationale Untergrundarmeen im 20. Jahrhundert angestoßen, erzählte er mir. Ein Historikerteam habe Vietnam mit Irland, die Mau-Mau mit den Tupamaros, das Baskenland mit Quebec verglichen. Und das Ergebnis: Egal, ob Guerillakämpfer oder Terroristen, Marxisten oder Rechtsextremisten, alle hätten eines gemeinsam – das reguläre Militär komme nicht gegen sie an. Politiker würden oft der Illusion verfallen, dass die Armee das Problem schon lösen werde, sagte er. Das passiere sogar ehemaligen Militärs in der Politik. Auch in Israel. Tatsächlich gebe es jedoch keine militärische Lösung für solche Probleme. Das Militär könne den Politikern Zeit verschaffen, und je stärker es sei, desto besser könnten sie aus einer Position der Stärke verhandeln, aber letzten Endes komme man um einen Kompromiss nicht herum. Es habe auch keinen Sinn, die Verhandlungen von der Aufgabe des Terrors abhängig zu machen, fuhr Viljoen fort. Die historische Erfahrung lehre eines: Man müsse den Terror bekämpfen, als gäbe es keine Verhandlungen, und verhandeln, als gäbe es keinen Terror. Viele Staatsmänner sähen das nicht ein und verpassten unterdessen eine Gelegenheit, ein Abkommen unter besseren Bedingungen zu erzielen, als es am Ende abgeschlossen würde. Das sei auch in Südafrika passiert. Im Gegensatz zu dem klugen Nelson Mandela sei Frederik de Klerk, der letzte weiße Präsident, ein großer Dummkopf gewesen, meinte Viljoen. Er habe auf alles verzichtet und im Gegenzug eine umgekehrte Apartheid erhalten: Die Schwarzen regierten, die Weißen würden diskriminiert. So ähnlich könnte es auch in Israel laufen, sagte er.

Bei einem privaten Abendessen in Kapstadt war Nelson Mandela unter den Gästen. Ich erzählte ihm von meinem Treffen mit Jassir Arafat in Ramallah einige Wochen zuvor. Er meint, dasselbe tun zu können wie Sie, sagte ich. Mandela hörte schweigend zu und versank in Gedanken, sei es in Erstaunen über Arafats Dreistigkeit, sei es in Heiterkeit über dessen Anmaßung. Schließlich trat ein leises, kaum wahrnehmbares Lächeln auf seine Mundwinkel: »Das sagt er also, ha?«, meinte er und lachte. Danach äußerte er sich sehr besorgt über das Erstarken der Rechtsnationalen in Israel. Ich stimmte mit ihm überein, hatte aber letztlich mehr von General Viljoens Enttäuschung gelernt: »Jetzt ist alles verloren. Unabhängigkeit werden wir nicht mehr bekommen«, hatte der bedauernd gesagt.

Es lebt sich nicht leicht mit einem zerronnenen nationalen Traum. Doch die Farm schien Viljoen Trost zu spenden. Als wir weiter in die Felder hinauskamen, verlor er an Strenge und entspannte sich zusehends, wurde ruhig und umgänglich. Einmal meinte ich, er würde in die Gefilde himmlischen Glücks entschweben. Er kannte jede Furche und jeden Stängel, jeden Stamm und jeden Ast, und er zeigte mir jeden einzeln. Er kannte auch fast jedes seiner annähernd dreihundert Rinder. Alles musste ich lernen und sorgfältig notieren: Bewässerungssysteme und Düngungsmethoden, Pflügen und Saat und Ernte. Bald schon sah ich mich auf dem Boden knien und Unkraut auf dem Petersilienfeld jäten, das Frau Viljoen mit acht schwarzen Arbeiterinnen bestellte. Sie beschäftigten auch dreizehn schwarze Arbeiter, die mit ihren Familien außerhalb des Farmzauns wohnten. Sie hatten dort fließendes Wasser zum Waschen, aber ihre Notdurft mussten sie in Blechhütten über einer offenen Grube verrichten. Elektrischen Strom gab es nicht. »Sie brauchen keinen Strom«, bemerkte der General trocken. Die Kinder besuchten im Farmbereich das, was er als Schule bezeichnete. »So haben wir unser Land erbaut«, sagte er, und ich hörte einen Nachhall des zionistischen Ethos heraus. »Die Bestellung und Verbesserung des Bodens verleihen uns das Recht darauf«, fügte er hinzu. Er sprach über die Geschichte der Buren, ihre Kultur, ihre Identität. »An die dreihundertfünfzig Jahre sind wir hier«, erklärte er immer wieder. Das war fast zweihundert Jahre länger, als das zionistische Aufbauwerk im Land Israel andauert.

Zwischen Karne Hittin und Ben-Jehuda-Straße

Palästinensische Sprecher vergleichen das zionistische Projekt gern mit dem Königreich Jerusalem, das die Kreuzritter im 10. Jahrhundert errichteten. Sie hielten sich beinahe zweihundert Jahre, wurden aber schrittweise zurückgedrängt, angefangen mit der großen Niederlage, die ihnen Saladins muslimische Reitersoldaten bereiteten. Das war am 4. Juli 1187. Die Entscheidungsschlacht tobte auf einem erloschenen Vulkan in Untergaliläa, Karne Hittin. Am achthundertsten Jahrestag dieser Schlacht stieg ich dort hinauf und traf einen arabischen Geographen und Historiker, Professor an der palästinensischen Birzeit-Universität. Er war mit seinem Sohn unterwegs, einem siebzehnjährigen

Gymnasiasten. Nein, er sage seinem Sohn nicht, dass der zionistische Staat ebenso fallen werde wie der Staat der Kreuzritter, erklärte der Professor, aber er stelle fest, dass die Zionisten – ähnlich den Kreuzrittern – der Kultur des Landes oft fremd gegenüberstehen würden und nur einen schwachen Halt daran hätten.

Auf dem Gipfel des Arbel, den See Genezareth in seiner ganzen Schönheit vor Augen, überkam mich dann ein überwältigendes Zugehörigkeitsgefühl. Unten am Seeufer aß ich mit Freunden eine vorzügliche gebratene Forelle mit Mandelsoße, und am Abend lauschte ich in Jerusalem einem Konzert des Geigers Shlomo Mintz. Ich liebe Musik, aber meine Skepsis beeinträchtigte wieder mal den Genuss. Mintz war in der Sowjetunion geboren, hatte seine Jugend in Israel verbracht, war dann in die Vereinigten Staaten übersiedelt und gab uns nur Musik aus Europa zu Gehör: Bach, Mozart und Schubert. Das Konzert fand anlässlich des amerikanischen Unabhängigkeitstages statt und war eine fast kreuzritterliche Veranstaltung, dachte ich. Der israelische Kreuzfahrerexperte Meron Benvenisti erklärte mir später den Unterschied zum Zionismus. Der war zwar im 19. Jahrhundert in Europa entstanden, hatte europäisches Gedankengut aufgegriffen und wollte im Land Israel einen jüdischen Staat mit europäischem Anstrich gründen, aber viele Israelis wanderten aus arabischen Ländern ein, und ihre Kultur gewann über die Jahre an Einfluss. Sie kamen nicht als Gesandte einer fremden Macht und – anders als die Kreuzritter – auch nicht nur für begrenzte Zeit. Ihres Glaubens wegen waren sie ins Land ihrer Väter zurückgekehrt und hatten, im Gegensatz zu den Kreuzrittern, keinen Rückzugsort mehr. Auch die Unterdrückung und Diskriminierung der Araber lässt sich nicht mit der Apartheid vergleichen, denn es handelt sich um einen nationalen, nicht um einen rassistischen Konflikt.

Die Geschichte der Buren erhellte mir auch den Zeitfaktor bei der Diskussion über nationale Rechte: Die israelische Siedlungstätigkeit in den palästinensischen Gebieten von 1967 an betrachte ich als direkte Fortsetzung des zionistischen Siedlungswerks, das Ende des

19. Jahrhunderts einsetzte. Eines Tages werden auch die Israelis, einschließlich der neuen Siedler, auf die generationenlange Ansässigkeit von Vater, Großvater, Urgroßvater verweisen können und brauchen die Bibel nicht mehr, um ihre Anwesenheit zu rechtfertigen. Die Bewohner der Vereinigten Staaten müssen sich nicht mehr auf die Mayflower berufen. In Berkeley begegnete ich einmal einem indianischen Aktivisten, der das sogar anerkannte. Running Wolf saß unter einem Baum in dem Wäldchen, das die Universität zur Erweiterung ihres Sportbereichs abholzen wollte. Er behauptete, das Gehölz sei einst auf einem Massengrab von Angehörigen seines Volkes gepflanzt worden, und erklärte, nach indianischem Glauben habe ein Baum eine Seele. Deshalb dürfe man ihn nicht fällen. Amerika gehöre den Indianern, sagte er. Er fordere das Land nicht zurück von den Weißen, verlange aber, seine Natur im Geist der Ureinwohner zu ehren. Wie wenig er eigentlich als Gegenleistung für den Verzicht auf seine historischen Rechte verlangt, dachte ich mir. Nachdem wir uns verabschiedet hatten, hörte ich mir einen Vortrag des ehemaligen Präsidenten Jimmy Carter an, der auf dem Campus sein Buch über den israelisch-palästinensischen Konflikt vorstellte. Sein Grundtenor lautete (mehr oder weniger): Israelis und Araber müssen nett zueinander sein, dann wird es Frieden geben. Seit ich angefangen habe, mich mit dieser Geschichte zu befassen, ist die Diskriminierung der Araber noch gewachsen.

Ein arabischer Rechtsanwalt um die Vierzig lud mich einmal ein, ihn zu begleiten und mit eigenen Augen zu sehen, wie die Unterdrückung sich auf seinen Alltag auswirke. Er wohnte im arabischen Ost-Jerusalem und kam dreimal die Woche aus beruflichen Gründen in die Ben-Jehuda-Straße im Westteil. Er wollte seinen Namen nicht in der Zeitung lesen. »Schreiben Sie ›der Araber‹«, sagte er. Sein Hebräisch war gut. Ich begleitete ihn zweimal. Am ersten Tag wurde er nicht aufgehalten, am nächsten zweimal. Die Grenzschutzpolizisten bei der ersten Überprüfung waren korrekt. Sie baten um seinen Personalausweis, notierten die Personalien und ließen ihn weitergehen.

Das Ganze dauerte etwa fünf Minuten. Beim zweiten Mal war die Lage anders. »Komm, spring her«, befahl ihm einer der beiden Grenzer, und der Araber, der schon nahe vor ihm stand, trat noch näher. »Ich habe ›spring her‹ gesagt«, blaffte der Uniformierte. Der Araber sprang. Die beiden Grenzer lachten. »Wenn du nicht in Eile bist, filzen wir dich«, frotzelte der Erste. Der Araber reichte ihm den Ausweis. Der Grenzer ließ ihn fallen. Der Araber bückte sich und hob ihn auf. »Beim nächsten Mal pass besser auf«, sagte der Grenzschützer und fragte, wer ich sei. Ich begleite ihn, antwortete ich. Der Grenzer entpuppte sich als Quasselstrippe, sein Kamerad war schweigsam. »Was immer du denen sagst, sie tun's«, erklärte der Redselige und blickte auf den Araber. »Wenn ich dem sage, spring – dann springt er. Lauf – dann läuft er. Zieh dich aus – dann zieht er sich aus. Wenn ich ihm sage, küss die Mauer – dann küsst er die. Wenn ich ihm sage, er soll die Straße entlang robben – robbt er dann nicht? Alles tut er.« Der andere Grenzschützer nickte: »Alles«, bestätigte er. »Wenn du dem sagst, er soll seine Mutter verfluchen – dann flucht er sogar.« Der Erste fragte wieder, was er für mich sei, dieser Araber. Einfach ein Araber, antwortete ich. »Ja, was sind das überhaupt für Menschen«, sagte er und forderte den Araber auf, ihm in den Schatten einer Brücke zu folgen, die zu einer großen Bankfiliale führte. »Filzen wir ihn«, sagte er augenzwinkernd.

Der zweite Grenzschützer war nicht begeistert: »Lass, um diese Uhrzeit.« Aber sein Kamerad postierte sich vor dem Araber und tastete dessen Körper ab. Erst unter den Achselhöhlen, dann Klopfen auf Schulter und Rücken, danach in den Jacketttaschen und die Beine rauf, von unten nach oben. »Zieh die Schuhe aus«, befahl er. »Wozu?«, fragte der Araber. »Schsch«, machte der Grenzer, legte den Zeigefinger an seinen Mund und dem Araber an die Nase. »Schsch«, wiederholte er. »Zieh die Schuhe aus, ehe ich wütend werde.« Der Araber gehorchte. »Die Socken«, sagte der Grenzschützer. Der Araber gehorchte. »Die stecken ihre Messer überall hin«, erklärte mir der Grenzer. Dann befahl er dem Araber, sich auf den Boden zu setzen.

An die Wand. Der Araber fragte, warum. »Sitz, halt's Maul«, sagte der Grenzschützer. »Ich kann dir auch befehlen, dich auszuziehen.« Der Araber schwieg. »Kann ich«, wiederholte der Grenzer und fummelte an der Krawatte des Arabers. »Noch ein Wort, und du bist ohne Hose.« Der zweite Grenzschützer sagte erneut: »Lass!« Sein Kamerad wies den Araber an, die Hose herunterzulassen, und zog auch am Gummi der Unterhose. Der andere lachte: »Was sind das überhaupt für Menschen«, wiederholte er, »dass die sich nicht schämen.« Nun lachten beide. Sie notierten sich etwas aus dem Personalausweis des Arabers und gingen weg. Passanten waren vorübergegangen, ohne hinzuschauen, als sei der Araber Luft. »Da haben Sie eine Geschichte«, sagte er.

Meine Redakteure brachten nur einen Teil der Geschichte, ohne die Affäre mit der Hose. Der Grenzschutz reagierte mit der Behauptung, man könne die beteiligten Grenzschutzpolizisten nicht ausfindig machen, und bestellte mich zu einer polizeilichen Gegenüberstellung ein. Ich saß acht Grenzschützern gegenüber und erkannte die beiden nicht darunter. Der Polizeisprecher erzählte mir, der Polizeipräsident sei bei der Lektüre derart entsetzt gewesen, dass er sich an seine Jugend im Holocaust erinnert fühlte. David Kraus war mit dreizehn Jahren aus der Tschechoslowakei nach Auschwitz verschleppt worden, wo er viele Angehörige verlor. Doch so ungern ich die Untaten der Besatzung mit der Apartheid in Südafrika verglichen sehen mochte – der Vergleich mit den Verbrechen Nazi-Deutschlands gefiel mir noch weniger. Die schweren und systematischen Menschenrechtsverletzungen, die die Palästinenser erleiden, sind nicht deshalb so schlimm, weil sie dem ähneln, was die Nazis den Juden angetan haben, sondern obwohl sie damit nicht vergleichbar sind. Unterdessen verfolgte ich auch das Geschehen in Deutschland. Und so fuhr ich im Auftrag von *Haaretz* dorthin, um über den Zusammenbruch der DDR zu berichten.

Ein Militärgeheimnis

Das Presseamt der Deutschen Demokratischen Republik war in der Jerusalemer Straße untergebracht, nahe der Ostseite der Berliner Mauer. Man begrüßte mich dort überraschend freundlich; anscheinend hatten die Führungskräfte anlässlich des vierzigsten Jahrestages der DDR-Gründung beschlossen, auch Korrespondenten aus imperialistischen Staaten wie Israel zuzulassen. Auf meinen Wunsch vermittelten sie mir ein Interview mit Markus Wolf, dem »Mann ohne Gesicht«, dessen Tausende von Agenten in fast jeden Winkel Westdeutschlands eingedrungen waren und dem John le Carré seinen »Karla« nachempfunden haben soll. Wolf wollte gern mit einem israelischen Journalisten sprechen. Er hatte einen jüdischen Vater und vielleicht auch berufliche Beziehungen zu Israel, über die ich nur mutmaßen konnte. In den folgenden Jahren sprachen wir uns noch einige Male, aber jenes erste Gespräch verzögerte sich, weil sein Volvo unterwegs steckenblieb. Während ich wartete, ging ich Unter den Linden spazieren und deckte innerhalb einer Stunde ein Militärgeheimnis auf.

Das geschah vor der Neuen Wache, einem klassizistischen Bau in Form eines griechischen Tempels, ursprünglich als Denkmal für die Befreiungskriege errichtet. Nach dem Zweiten Weltkrieg gab es Abrisspläne, aber ein damals maßgebender Architekt verhinderte die Umsetzung. Das war Selman Selmanagić, der Jugendfreund meiner Eltern. Später entzündete man dort eine ewige Flamme für die Opfer des Faschismus. Zu beiden Seiten des Eingangs stand ein Soldat mit Stahlhelm, den Blick ins All gerichtet, die Pupillen starr. Die beiden trugen Galauniformen, Schaftstiefel und weiße Handschuhe und hielten ein aufgepflanztes Gewehr, das sie alle paar Minuten gleichzeitig mit mechanisch anmutenden Gesten von einer Hand in die andere wechselten. Alle halbe Stunde verließen sie ihren Wachposten im Stechschritt – Beine bis in Hüfthöhe ausgestreckt. Die Stiefel knallten weithin hörbar auf den Bürgersteig – beängstigend.

Es ist sehr schwer, den Stechschritt richtig auszuführen, erfuhr ich von drei jungen Jeansträgern, die neben mir auf dem Bürgersteig standen. Heiko, Dieter und Manfred, alle drei mit markigem Kinn und dicken Muskeln, hatten gerade einen entsprechenden Speziallehrgang absolviert und würden demnächst auch Ehrenwache für die Opfer des Faschismus halten. Der Lehrgang hatte ein halbes Jahr gedauert und war mit großen Schmerzen in Kniekehlen, Oberschenkeln und an den Hoden verbunden gewesen. Auch eine halbe Stunde unbeweglich dazustehen, sei nicht leicht, sagte Heiko. Manchmal wollten nette Mädchen ein Foto mit ihnen, und sie selbst würden ihnen auch gern hallo oder was sagen. Und gelegentlich machten sich Lausebengel über sie lustig, denen sie gern eine reinhauen würden. Man brauche viel Seelenstärke, um reglos stehenzubleiben wie ein Standbild. Auch das hätten sie gelernt, sagte Heiko.

Sie leisteten gerade ihren Wehrdienst. Ich fragte sie, wer ihr Feind sei. Heiko und Manfred beäugten mich misstrauisch, sahen dann einander an. Dieter kehrte uns den Rücken und ging. Manfred sagte, Heiko würde antworten, denn er sei Feldwebel und schon in der Partei. Heiko erklärte, der gefährlichste Feind sitze in Westdeutschland. Man müsse den Staat vor dem Kapitalismus im Allgemeinen schützen und nun das Regime auch gegen den Feind im Innern. Er meinte die Massendemonstrationen, die das Land in Aufruhr versetzten. Feldwebel Heiko sagte, sie hätten den Befehl, nicht auf Demonstranten zu schießen, und er persönlich halte das für richtig, obwohl man nicht wissen könne, was noch geschehen werde. Wenn man ihm befehlen würde, zu schießen, würde er es tun, denn Befehl ist Befehl. Jedenfalls bestehe kein Zweifel, dass die Republik sie brauche. Soldat Manfred sagte, Heiko habe recht.

Ich fragte, wie die Soldaten der Ehrenwache wüssten, wann sie das Gewehr von einer Hand zur anderen wechseln müssten, synchron abgestimmt, ohne einander anzublicken. Feldwebel Heiko war bereit, mir dieses Militärgeheimnis zu verraten. Im ersten Moment dachte ich, er würde mich verkohlen, aber Feldwebel Heiko sah nicht aus wie einer, der sich auf offener Straße mit Fremden einen Spaß macht. Also das sei folgendermaßen, erklärte er mir: An der Stiefelspitze eines jeden Wachpostens sei ein kleiner Stromschalterknopf ins Pflaster eingelassen, den man nur sieht, wenn man weiß, wo er ist. Ich sah ihn. Wenn das Gewehr nun einen der beiden Soldaten drücke, könne er den Knopf mit der Stiefelspitze betätigen, was niemand sehen könne, der nicht davon weiß. Ich sah es. Das löse einen Summton aus, den Uneingeweihte nicht hören. Dann würden die Gewehre in einer geübten Geste, die keinen Augenkontakt verlange, von einer Hand zur anderen gewechselt. Inzwischen war der Gefreite Dieter zurückgekommen. Mir fiel ein kleiner Ring in seinem linken Ohr auf. Feldwebel Heiko versicherte mir mit strenger Miene, dass er den vor dem Kasernentor wieder abnehmen würde. Mir schien, er hatte dem Gefreiten Dieter diesbezüglich noch etwas zu sagen.

Mit dem Sturz des kommunistischen Regimes in Ost-Deutschland begann ein fesselndes Stadium, weil viele Menschen im Osten gar nicht verlangten, die DDR aufzulösen und mit der Bundesrepublik zu vereinen. Sie wünschten sich vielmehr einen demokratischen Sozialismus in ihrem Staat. Ein Pfarrer der Leipziger Nikolaikirche nahm mich mit zu einer der berühmten Montagsdemonstrationen, an der mehrere Zehntausend Menschen teilnahmen. Es war eine schöne Demonstration, die mich an die besten Zeiten von Peace Now in Israel erinnerte. Viele waren sogar regimetreu, wie die betagte, quicklebendige Schriftstellerin Berta Waterstradt, deren Gesichtszüge Geschichte erzählten.

Waterstradt war in Kattowitz als Tochter eines wohlhabenden jüdischen Kaufmanns geboren, den es – ähnlich wie meinen Großvater – nach Berlin gezogen hatte. Sie war nicht sicher, ob sie meinen Großvater gekannt hatte. Sie erinnerte sich an die Kaiserzeit und den Ersten Weltkrieg, an die Niederlage und die Revolution und die Weimarer Republik. Und dann war die große Inflation hereingebrochen, und dann kamen die Nazis: Sie war festgenommen worden, dank ihres nichtjüdischen Ehemanns jedoch freigekommen und in Berlin geblieben. Es folgten der Zweite Weltkrieg und der Holocaust und die Niederlage und die Zerstörung und jener schreckliche Winter, und das kommunistische Deutschland erstand. Das war die schönste Stunde ihres Lebens: So viele Ideale, so viele Hoffnungen und so großes Glück, sagte Waterstradt und erzählte von dem Film *Die Buntkarierten*, der sie in der DDR berühmt gemacht und auch den Beifall der Partei gefunden hatte. Er handelt von einer Hausgehilfin der Kaiserzeit, deren Gnädigste ihr, wie damals üblich, karierte Bettwäsche gegeben hatte – weißes Bettzeug hatten nur die Herrschaften. Jahrzehnte später, während der kommunistischen Ära, wird ihre Enkelin zum Studium an der Universität zugelassen, und die Großmutter näht ihr zu diesem Anlass ein Kleid aus der karierten Bettwäsche. Waterstradt verfasste auch Hörspiele. Das sei eine herrliche Zeit gewesen, sagte sie. Ihre Eltern hätten damals überlegt, ob sie rübermachen sollten, seien jedoch schließlich im Osten geblieben, weil sie ein Wiederaufleben des Nationalsozialismus im Westen befürchteten. Das war etwa um die Zeit, als auch meine Eltern solche Überlegungen anstellten.

Sie sei immer für das System gewesen und sei es noch, versicherte sie mir. Ja, für Ulbricht und auch für Stalin. Für die Niederschlagung der Demonstrationen von 1953. Für den Mauerbau. Es habe ja keine andere Wahl gegeben: Millionen seien geflohen, und der Staat habe seine besten Menschen verloren. Im Lauf der Jahre habe sich die Lage verbessert. Es gebe viel Gutes. Keine Arbeitslosigkeit und keine Drogen und keine Trunksucht und keine Kriminalität. Jedenfalls nicht in dem Ausmaß wie jenseits der Mauer im Westen. Jeder erhalte eine Wohnung, Krankenhäuser und Universitäten – alles umsonst. Und die Menschen seien weniger habgierig, dafür aber menschlicher als im Westen, ein bisschen wie früher mal in Israel, meinte sie. Auch Parteisekretär Erich Honecker fand sie in Ordnung. Sie hatte ihm einmal in einer humanitären Angelegenheit geschrieben. Eine Freundin von ihr lag im Sterben, und ihr letzter Wunsch war, ihren Sohn noch einmal wiederzusehen. Er hatte sich wegen irgendeiner politischen Angelegenheit verstrickt und ins Ausland abgesetzt und durfte nicht wiederkommen. »Lassen Sie ihn seine Mutter ein letztes Mal sehen«, schrieb die Genossin Waterstradt an den Vorsitzenden Honecker. Innerhalb von vierundzwanzig Stunden erhielt der Mann die Einreiseerlaubnis. Nein, er sei nicht der Schlechteste gewesen, der Honecker.

Als ich Berta Waterstradt im Herbst 1989 besuchte, war sie schon zweiundachtzig. Wir saßen in der Küche ihrer Wohnung in Adlershof, einem recht farblosen, grauen und trübseligen Wohnviertel. Sie kochte Kaffee und tischte einen Kuchen auf, den sie eigens für mich gebacken hatte. Plötzlich zerriss Sirenengeheul die Stille. Da kommen die amerikanischen Luftwaffenmaschinen, um Berlin zu bombardieren, dachte ich echt erschrocken. Waterstradt sagte, die Amerikaner seien immer bei Tag gekommen. Nachts kamen die Briten. Jeden Mittwochabend überprüfe man die Sirenen, die seit Kriegsende dazu dienten, Rettungswagen bei Unfällen zu rufen, erklärte sie mir. Auf die Telefone sei nicht immer Verlass. Auch bei Bärbel Bohley war das Telefon abgestellt – nicht wegen eines Defekts, sondern weil sie es so wünschte.

Schwestern

Bohley war Malerin, damals vierundvierzig Jahre alt, mit Kurzhaarschnitt, bissigem Humor, einem Hund namens Oskar und zerrütteten Nerven, registrierte ich. Alles geschehe zu schnell, klagte sie. In jungen Jahren hatte sie sich im sozialistischen Konsens gut aufgehoben gefühlt, ihr Deutschland für das bessere der beiden gehalten. Bis zum Prager Frühling. 1968 war auch im Leben vieler Menschen im Westen ein wichtiges Jahr, aber im Osten gaben nicht Blumenkinder und demonstrierende Studenten den Ton an, sondern sowjetische Panzer, die in Prag einrückten. Etwas in ihr sei damals zerbrochen, erzählte sie. Sie habe erkannt, dass das kommunistische System mit seinen engstirnigen Bürokraten, die die menschliche Freiheit unterdrückten, einer demokratischen Reform bedürfe. Zehn Jahre lang war sie in Frauengruppen und Menschenrechtsverbänden aktiv gewesen, zweimal hatte sie im Gefängnis gesessen.

Bohley kämpfte nicht für den Mauerfall und nicht für die Wiedervereinigung Deutschlands. Aber als sie die Bürgerbewegung Neues Forum mitgründete, avancierte sie schlagartig zum nationalen Symbol, und ihr Name ging um die Welt. Das belastete sie sehr. Ihr schwebte ein Prozess der Einkehr, Bestandsaufnahme und geistigen Gesundung im Streben nach einer wahren Reform in Staat und Gesellschaft vor. »So ein Denk-Team, eine kritische Gruppe«, sagte sie. Sie freute sich natürlich, dass so viele zu den Demonstrationen des Neuen Forums kamen, aber in ihren schlimmsten Träumen hatte sie nicht die zweihunderttausend Unterschriften von Menschen vor Augen gesehen, die sich als ihre Mitstreiter verstanden. Immer mehr Namen, Tag für Tag, und das alles türmte sich bei ihr auf dem Küchentisch. Und alle wollten, dass sie ihnen sagte, was sie tun sollten, dass sie einen Aktionsplan vorlegte. Jeder sagte ihr auch, was sie sagen sollte. Das war geisttötend und nicht das, was sie wollte. Als sie das Telefon nicht mehr abnahm, klingelten die Leute an ihrer Wohnungstür.

Am schlimmsten seien die Opportunisten, sagte Bohley: »Menschen, die Honecker gestern noch, Pardon, am Arsch geleckt haben, kommen nun an und fragen, wie bitteschön ihre Aussicht auf einen realen Listenplatz in meiner Partei sei. Wieso denn Partei – Partei?! Ich dachte an eine kleine Gruppe von Menschen, die ein paar richtige Ideen aufwerfen würden, wie die *New York Times* zum Beispiel.« Mindestens ein Anwärter war ein hoher Beamter der Stasi; den ließ sie völlig abblitzen. Während wir noch sprachen, klingelte es an der Tür. Bohley ignorierte es, aber der draußen beharrte. Klingelte und klingelte. Bohley redete weiter, als sei keiner dort. Schließlich sagte sie: »Ich sehe, es macht Sie nervös«, und ging an die Tür, um nachzusehen. Es war ein Sonderkurier von der britischen Botschaft mit einer

Einladung zu einem Cocktailempfang. Der Botschafter Ihrer Majestät wäre hocherfreut. »Da frage ich Sie doch«, sagte Bohley und tippte sich mit dem Finger an die Stirn.

Ich fragte Berta Waterstradt, was sie von Bohley und ihrem Neuen Forum hielte. Sie meinte, der Protest werde eher vom Westen angefacht. Immer gebe es etwas zu korrigieren, sagte sie, aber der Kommunismus könne sich hervorragend selbst verbessern, das System sei in Ordnung. Jetzt jedenfalls müsse man hart arbeiten statt auf Demonstrationen zu laufen, damit der Sozialismus ganz Europa den rechten Weg weise, fasste sie zusammen. Das sei die Hauptsache, hart arbeiten. Ich dachte an Boxer, das alte Zugpferd in George Orwells Roman *Farm der Tiere*, aber vielleicht tat ich ihr und auch Boxer damit Unrecht. Als sehr junge Frau hatte sie noch die legendäre KPD-Führerin Clara Zetkin bei sich zu Gast gehabt, die damals schon sehr alt war. Und als Zetkin noch sehr jung war, hatte sie einmal Friedrich Engels in ihrer Wohnung empfangen, der damals ebenfalls schon alt war. Das ist die engste Verbindung, die ich in Ost-Berlin zu Karl Marx herstellen konnte. Berta Waterstradt hatte ich leicht erreichen können: Ihre Schwester, Pnina Esra Rosolio, war meine Kindergärtnerin in Jerusalem gewesen.

Mittlerweile hatte ich längst meine kindliche Befürchtung überwunden, Leute in Deutschland könnten mich bei meiner Mutter verpetzen. Dafür musste ich nun ein neues Problem bewältigen. Für viele war ich nicht in erster Linie ein Journalist aus Israel, sondern der Bruder meiner bekannten Schwester: Jutta Oesterle-Schwerin saß im Bundestag. Eigentlich war das keine Überraschung. Seit ihrer Mitgliedschaft im kommunistischen Jugendbund in Israel, ihrer Weigerung, dort Kriegsdienst zu leisten, und ihrer Teilnahme an den Studentenprotesten, die Deutschland in den 1960er Jahren aufmischten, verspürte meine Schwester die moralische Verpflichtung und den rebellischen Drang, sich für eine bessere Gesellschaft einzusetzen. In ihrem Buch *Ricardas Tochter* führte sie später einige ihrer Auffassungen und Aktivitäten auf die unserer Eltern zurück. Ihre Weltsicht war ebenso umfassend wie vielseitig und regte sie zu weitgefächerten Tätigkeiten an, von der Gründung eines Kinderladens bis zum Kampf gegen die Aufstellung amerikanischer Pershing-II-Raketen auf westdeutschem Boden. Da sie in Israel geboren war, erregte ihre Wahl in den deutschen Bundestag für die Partei der Grünen großes Aufsehen. Dabei wurde auch öffentlich, dass meine Schwester sich nach zehnjähriger Ehe, aus der ein leiblicher Sohn und eine Adoptivtochter hervorgegangen waren, von ihrem Mann getrennt hatte, um eine Paarbeziehung mit einer Frau einzugehen. Als die erste Bundestagsabgeordnete, die sich geoutet hatte, befasste sie sich viel mit Themen der gleichgeschlechtlichen Liebe. In Deutschland wie auch in Israel war das damals noch ein heikles Gebiet.

Meine Schwester brachte nicht nur entschiedene Auffassungen, sondern auch erhebliche politische und medienpolitische Begabung mit nach Bonn. Wie zu erwarten, erregte ihre Wahl auch in Israel Aufmerksamkeit. Meiner Mutter war das zunächst recht unangenehm, denn sie mied nach Möglichkeit jedes Aufsehen. Doch dann geschah etwas Überraschendes: Fast alle ihre Bekannten riefen an, um ihr zum Erfolg ihrer Tochter zu gratulieren. Unsere Mutter tat sich schwer mit den Lebensentscheidungen meiner Schwester: Juttas neue Partnerschaft wertete sie als Ruin der Familie. In der Ideologie der Grünen, einschließlich des Diskurses über Schwule und Lesben, sah sie eine pathetische Wiederauflage der Wertvorstellungen ihrer Jugendzeit. Alte Wunden brachen auf.

Ich vertraute der ideologischen Ehrlichkeit meiner Schwester und ihrem Einsatz für die Schwachen, aber viel von dem, was sie tat, unterschied sich für mich kaum von dem, was Berufspolitiker tun, um Aufsehen zu erregen. Aus meiner Sicht galt das auch für den Vorfall, der ihr zu internationalem Aufsehen verhalf. Ich meine ihren berühmten Zwischenruf bei der Rede des damaligen Bundestagspräsidenten Philipp Jenninger zum fünfzigsten Jahrestag der Reichspogromnacht. Es war eine missglückte Rede, die als Rechtfertigung des Nazismus interpretiert wurde und Jenninger zum Rücktritt zwang. Mit ihrem Zwischenruf wollte meine Schwester allerdings nicht nur gegen den Inhalt der Rede protestieren, sondern gegen den ganzen Anlass. Nach ihrer Ansicht sollte das Gedenken nur vertuschen, was sie für einen systematischen Menschenrechtsverstoß in Bezug auf Minderheiten und Verfolgte und speziell Flüchtlingskinder hielt. Für mich war das Ganze zuallererst eine Geschichte, und mir persönlich lag sehr daran, dass es allein ihre Geschichte blieb und nicht auch meine wurde. Das war nicht leicht, denn sie löste weitere Skandale aus. Als die Nachricht von der Öffnung der Berliner Mauer den Bundestag erreichte, stimmten die Anwesenden spontan die Nationalhymne der Bundesrepublik an. Nicht alle sangen mit. Meine Schwester zögerte kurz – und verließ dann das Plenum mit einigen anderen. Was hätten Heinz und Ricarda wohl gesagt, »wenn sie ihre Abgeordnete hätten singen hören an diesem Tag mit diesen Leuten«? Bei den nächsten Wahlen kamen die Grünen nicht über die Fünfprozenthürde.

Barbara Bohley hatte recht: Es geschah alles zu schnell. West-Deutschland ergriff die Herrschaft über den Osten, und der kommunistische Traum wurde in Form von Touristensouvenirs verscherbelt: Abzeichen, Wimpel, Transparente, Puzzles und Comics, Porzellantassen made in China, Bröckchen aus der Mauer als Schlüsselanhänger und junge Männer in Sowjetuniformen, mit denen man sich ablichten lassen konnte. Berlin erfand sich neu. Zuweilen fragte ich mich, wo Heiko, Dieter und Manfred, die drei Soldaten von Unter den Linden, wohl gelandet waren. Eine Weile später fragte ich mich auch, was wohl aus den Träumen von Juana, Julio und Yanelis, drei Schülern des Lenin-Gymnasiums in Havanna, werden würde. Sie und ihre Klassenkameraden waren unbeeindruckt vom Zusammenbruch des Kommunismus in Europa. Bei ihnen könnte das nicht passieren, sagten sie mir.

Wenn der Comandante lacht

Das renommierte Lenin-Gymnasium sollte nur hervorragende Schüler aufnehmen und die Elite der Revolution heranbilden. Wir saßen in der Runde auf dem Rasen. Ich sagte, ich würde mit ihrer Hilfe Kuba gern besser verstehen, und schlug ihnen eine Übung vor: Jeder solle an seine Großeltern, seine Eltern und an sich selbst und seine Träume denken und überlegen, in welcher Generation die Aussicht auf ein glückliches Leben am größten war oder ist. Das gefiel ihnen. Die Großeltern waren nicht glücklich, sagten sie. Yanelis' Großvater war als Filmvorführer oft arbeitslos gewesen, sein Vater jedoch in Castros Revolution hineingewachsen und Arzt geworden. Julios Großvater hatte Tabak angebaut und war sehr arm gewesen, aber sein Vater war Ingenieur. Auch Juanas Großvater war arm gewesen und hatte außerdem gelitten, weil er schwarz war. Sie hatten davon geträumt, Ärzte, Ingenieure oder Wissenschaftler zu werden. Juana träumte vom Journalistenberuf, Julio wollte Opernsänger werden. Die Sowjetunion sei auseinandergebrochen, weil ihre Anführer den Sozialismus verraten hatten, sagten sie. Sie selbst würden der Revolution treu bleiben und sie den aktuellen Anforderungen entsprechend korrigieren. Ich fragte, was nach Fidel Castro kommen würde, und sie antworteten, die Revolution sei nicht von einer bestimmten Person abhängig. Ich glaubte, sie machten sich Illusionen.

Ich bat natürlich um ein Interview mit Castro und erhielt erwartungsgemäß die Antwort, es würde Wochen, wenn nicht gar Monate dauern, bis er Zeit dafür erübrigen könne, wenn überhaupt. Ich war der erste israelische Journalist, der in Kuba offizielles Geleit bekam. Meine Begleiter waren sehr zuvorkommend und sorgten dafür, dass ich keinen Erfolg der Revolution übersah. Unter anderem waren sie stolz auf ihr Quarantänelager für AIDS-Kranke. Mein Begleiter bezeichnete es als »Sanatorium« und schlug mir einen Besuch dort vor. Ich lehnte ab. Einst hatte ich den Bericht über einen Besuch des

Konzentrationslagers Dachau gelesen, der 1933 in der *New York Times* gestanden hatte. Der Korrespondent vermerkte, das Lager sei sehr sauber und das Leben der Häftlinge geordnet gewesen. Daraus lernte ich, dass ein Journalist keine Haftanstalt in einem totalitären Staat aufsuchen sollte. Dagegen freute ich mich über meine Aufnahme in den Kreis der Korrespondenten, die Castro zur einer Hochzeitsfeier begleiten durften.

Es war in der Vorhalle des riesigen Denkmals auf dem Platz der Revolution. Der Bräutigam war schwarz, die Braut weiß, er sportlich-elegant gekleidet, sie im Brautkleid. Wieso Castro ihnen die Hochzeit ausrichtete, hatte ich nicht begriffen, aber ich meinte, einiges über die Beziehungen eines Machthabers zu seinen Untertanen gelernt zu haben: Man empfing ihn wie einen Generalstabschef, der ein Rekrutenzelt besucht – quasi wie einer der Genossen, aber immer der Comandante, das Jackett aus dickem, grünen Stoff über der Hose und von einem Gürtel gehalten, unbewaffnet, aber in Springerstiefeln. Wenn er sprach, schwiegen alle anderen, wenn er lachte, lachten alle. Er war bester Laune, hatte eben eine Rede von ausnahmsweise nur dreieinhalb Stunden auf einem kommunistischen Jugendkongress gehalten. Zuerst saß er unter einem Baldachin, der mit bunten Luftballons und Tropi-Cola-Reklame geschmückt war, und las dem jungen Paar aus einem großen Buch vor. Das dauerte sehr lange. Dann küsste er die Brautmutter, eine aufgeregte, rundliche Dame im geblümten Kleid, hob sein Glas, wischte mit der Spitze des kleinen Fingers ein wenig Creme von der riesigen Hochzeitstorte und verzog das Gesicht, als sei sie ihm zu süß. Das war im Spaß gemeint, alle lachten.

Es waren siebzig Gäste zugegen sowie ein großer Trupp kräftiger Leibwächter in weißen T-Shirts. Einen Moment kam er auch an mir vorbei. Ich sagte auf Englisch, guten Abend, Herr Präsident, und stellte mich vor. Überrascht blieb er stehen, drückte mir die Hand und sagte etwas sehr Seltsames, weil er sich offenbar vertan hatte, und ich erwiderte etwas Seltsames, weil auch ich durcheinander war. Er sagte: »Ich bin sehr froh, hier zu sein.« Ich sagte: »Da bin ich mir ganz sicher.« Ich hätte ihn natürlich nach dem Zusammenbruch der kommunistischen Welt fragen sollen, aber mir fiel nichts Klügeres ein, als ihn zu bitten, sich mit mir fotografieren zu lassen, und wir drückten uns erneut die Hände, er sagte: »Grüßen Sie mir Israel«, und ging. Auf dem Platz der Revolution hatten sich unterdessen an die fünfzigtausend Menschen versammelt. Die Feier dauerte bis zum Morgen.

Mein offizieller Begleiter arrangierte auch ein Treffen mit einigen Vertretern der winzigen jüdischen Gemeinde von Havanna. Alle lobten Castro. Fast jeder erzählte mir, der erste Jude auf der Insel sei einer der aus Spanien vertriebenen gewesen, die mit Christoph Kolumbus nach Kuba gelangten. Ein paar Tausend Juden hatten in Kuba Zuflucht vor den Nazis gefunden, das Land jedoch in den 1950er Jahren zumeist wieder verlassen. Ich hätte meine Gesprächspartner gern gefragt, was sie eigentlich noch dort hielt, spürte jedoch, dass sie das in Verlegenheit bringen könnte. Vielleicht hätten sie mir einfach gesagt, Kuba sei ihre Heimat und dort fühlten sie sich zu Hause. Ich fragte mich, ob man aus ihrer Geschichte etwas über das Schicksal des jüdischen Volkes lernen könnte. Dabei musste ich an ein Gespräch mit dem österreichischen Bundeskanzler Bruno Kreisky denken, der mich einmal davon überzeugen wollte, dass es gar kein jüdisches Volk gebe. Nur das Gespräch mit Ben Gurion, zehn Jahre zuvor, war genauso fesselnd gewesen.

Mozartkugeln im Palais Metternich

Kreisky stand damals im Mittelpunkt eines großen Skandals. Er hatte sich mit dem »Nazijäger« Simon Wiesenthal angelegt, der gegen Kreiskys Absicht opponierte, einen Politiker mit SS-Vergangenheit zum Außenminister zu ernennen. Kreisky konterte mit der Behauptung, Wiesenthal habe seinerzeit mit der Gestapo kollaboriert. Das traf nicht zu. Aber Wien war zu klein für zwei so ehrgeizige und egozentrische Juden. Ich fuhr hin, um sie gemeinsam mit dem israelischen Fernsehreporter Ron Ben-Yishai zu interviewen.

Ein alter Portier, der mit seinem Frühstückskaffee in der Eingangshalle des Palais Metternich saß, schickte uns die mit einem rotem Läufer belegte Marmortreppe hinauf in einen großen Saal, der von einem mächtigen Kronleuchter erhellt wurde. Kreisky trat kurz darauf durch die sehr schmalen und sehr hohen weißen Türen mit goldenen Rokokoverzierungen ein. Der korpulente Mann mit der angenehm tiefen Stimme setzte sich auf eine mit grünem Leder bezogene Bank, auf der der Habsburger Doppeladler in Gold prangte. Rund hundertsechzig Jahre zuvor hatten in einem Nachbarsaal Herzöge, Prinzen und Regenten aus ganz Europa gesessen, die zum Wiener Kongress angereist waren. Kreisky erzählte uns einige pikante Anekdoten von jenem Kongress, als hätte er persönlich daran teilgenommen, schwärmte sogar überschwänglich von den Krinolinenkleidern, die die Damen zum Abschlussball getragen hatten. Später sagte er vor laufender Kamera des israelischen Fernsehens noch allerlei schreckliche Dinge über Wiesenthal, was mehr als peinlich war, aber nur wenige Minuten dauerte.

Als wir uns zum Gehen anschickten, fragte der Kanzler, ob die werten Herren ihm noch ein wenig von ihrer teuren Zeit zu widmen bereit wären, denn er wolle auch ein paar Gedanken über das jüdische Volk mit uns erörtern. Sein Kanzleichef wirkte besorgt. Draußen wartete bereits irgendein Botschafter auf sein Antrittsgespräch, doch Kreisky ließ Seiner Exzellenz mit ungeduldiger Geste mitteilen, dass etwas Unvorhergesehenes, das keinen Aufschub dulde, den Kanzler daran hindere, ihn heute zu empfangen; der Botschafter möge es entschuldigen und seine zauberhafte Gattin herzlich grüßen. »So«, sagte er, als er seinen Kanzleichef abgewimmelt hatte, geleitete uns in sein Arbeitszimmer und legte mit seinem Vortrag los. Er redete sehr angeregt und fast ohne Pause. Seine Hauptthese besagte, dass die Israelis in einem großen Irrtum lebten: Sie dächten, sie gehörten dem jüdischen Volk an, doch tatsächlich gebe es sowas gar nicht.

Als Erstes, sagte Kreisky, wolle er etwas betonen, was er schon einmal Frau Golda Meir zu erklären versucht habe, soweit sie ihn denn den Mund habe auftun lassen: Er sei nicht gegen die Existenz des Staates Israel. Er betrachte ihn wie jeden anderen Staat. Er wolle auch keineswegs sagen, dass es im Staat Israel kein Volk gebe. Es lebe dort ein Volk, das israelische Volk. Er verglich die Israelis mit den Nachkommen der Auswanderer, die mit der Mayflower an der Küste Nordamerikas gelandet waren. All das mache sie aber nicht zu Angehörigen eines jüdischen Volkes. Denn das Judentum sei eine Religion. Über die Generationen seien an verschiedenen Orten der Welt jüdische Religionsgemeinden entstanden, die einen gemeinsamen religiösen Glauben und entsprechende Rituale teilten: »Mehr oder weniger denselben Glauben, mehr oder weniger dasselbe Ritual«, sagte Kreisky, nickte skeptisch und erzählte uns von sich: Als er knapp zwanzig war, hatte die SPÖ ihre Mitglieder zum Austritt aus der katholischen Kirche aufgerufen, schon weil ein antisemitischer Prälat seinerzeit österreichischer Bundeskanzler war. Kreisky trat aus der jüdischen Gemeinde aus und betrachtete sich seither als konfessionslosen Österreicher.

Über die Generationen hätten sich zwar auch jüdische Schicksalsgemeinschaften gebildet, fuhr der Bundeskanzler fort, aber das Schicksal der Juden sei nicht überall gleich gewesen. Mangels einer einheitlichen Schicksalsgemeinschaft könne man auch nicht von einem jüdischen Volk sprechen. Der Versuch, zu beweisen, dass es ein einheitliches jüdisches Schicksal gebe, beruhe auf historischen Lügen. Eine Theorie besage beispielsweise, die Juden müssten überall auf der Welt mit Verfolgung rechnen. Das sei unzutreffend. Manche Juden seien verfolgt worden, andere jedoch in den Genuss von Bürgerrechten gelangt. In manchen Ländern würden Juden nicht verfolgt, und andererseits seien gelegentlich auch bestimmte Nichtjuden verfolgt worden. Deshalb sei die Prämisse haltlos, dass nur der Staat Israel die Existenz des »jüdischen Volks« garantieren könne. In Wirklichkeit könne er ja kaum die Existenz des israelischen Volks sichern. Tatsächlich seien die Israelis größeren Gefahren ausgesetzt als die Juden in vielen anderen Staaten. Hier legte er eine kurze Pause ein, um einen Schluck Wasser zu trinken. »Interessant, dass Sie das so sehr beschäftigt«, sagte ich. Kreisky behauptete in einem ersten Wutausbruch, dass es ihn keineswegs beschäftige. Wie kämen wir denn darauf zu denken, dass ihn das beschäftige, donnerte er uns an, habe er denn sonst nichts Wichtigeres zu tun?!

Der Kanzleichef, ein unterwürfig dreinschauender Graukopf, trat ein mit der Nachricht, der Nationalbankpräsident sei eingetroffen und warte draußen. Kreisky sagte, er solle morgen wiederkommen, und wandte sich dem großen Bücherstapel auf seinem Schreibtisch zu. Einige Seiten waren mit Zettelchen markiert. Er rede mit uns nicht einfach aus dem Stegreif, sagte er. Er habe zur Vorbereitung unseres Gesprächs in den Schriften einiger Vordenker der sozialdemokratischen Bewegung geblättert, von denen manche jüdischer Abstammung gewesen seien. Jahrzehntelang habe er diese Bände nicht angerührt, aber letzte Nacht habe er keinen Schlaf gefunden und sie wieder aufgeschlagen. Nicht weil es ihn besonders beschäftigte, es beschäftige ihn überhaupt nicht, sondern um uns zu beweisen, dass er die Theorie der jüdischen Schicksale nicht selbst erfunden habe: Viele Historiker hätten vor ihm so gedacht. Einige Bücher waren offen aufeinandergestapelt. Als er eines davon in die Hand nahm, um uns eine angestrichene Passage vorzulesen, kam eine angebissene Mozartkugel darunter zum Vorschein, die er wohl im Eifer der Suche nach dem gewünschten Zitat nicht aufgegessen hatte. Kreisky verspeiste sie jetzt gierig.

Er redete noch eine knappe Stunde, bis ich allen Mut zusammennahm und zu fragen wagte, wann eigentlich ein »österreichisches Volk« auf die Bühne der deutschen Geschichte getreten sei. Kreisky explodierte erneut. »Ich bin Österreicher!«, brüllte er und hieb mit der Faust auf den Tisch. »Das wird mir keiner nehmen!« Der Kanzleichef schaute herein, ob alles in Ordnung sei, und Kreisky jagte ihn hinaus. Er stamme von zwei ehrbaren jüdischen Familien ab, sagte er, nachdem er sich etwas beruhigt hatte. Das habe er nie verleugnet. Sein Großvater väterlicherseits war ein deutschsprachiger Oberlehrer. Auch seine Großmutter war Lehrerin – eine der ersten Deutschlehrerinnen in Böhmen. Der Bruder seines Großvaters hatte bereits vor über hundert Jahren als deutschsprachiger Abgeordneter im österreichischen Reichstag gesessen. Seine Mutter entstammte einer Arztfamilie. Einer ihrer Vorfahren diente als Militärarzt zu Napoleons Zeiten. Sein Vater war erfolgreicher Geschäftsmann. Wie könne man daran zweifeln, dass er mit ganzer Seele seinem Vaterland und seinem Volk verbunden sei? Doch im zionistischen Israel wolle man das nicht anerkennen, schreibe ihm aus Bosheit und Dummheit »jüdische Identitätskomplexe« zu. Golda Meir habe ihn sogar als Verräter betrachtet.

Wir merkten an, dass das Land, dem er sich mit ganzer Seele verbunden fühlte, in der vorigen Generation ein Naziland gewesen sei. Kreisky erwiderte, er fühle sich den guten wie den schlechten Seiten seines Landes verbunden und teile auch die historische Verantwortung, die das österreichische Volk wegen seiner Vergangenheit zu tragen habe. Beim Anschluss Österreichs an das Deutsche Reich 1938 wurde Kreisky festgenommen, konnte nach seiner Freilassung jedoch nach Schweden fliehen, wo er bis Kriegsende blieb. Sein Bruder emigrierte nach Palästina. Als die Nazis ihre Rassenlehre zu verbreiten begannen, habe er diese Scheußlichkeiten gründlich gelesen und sei zu dem Schluss gelangt, dass es eine jüdische Rasse ebenso wenig gebe wie ein arische. Er leugne nicht, dass aus dem religiösen Glauben der Juden auch ein Nationalbewusstsein erwacht sei, aber das sei irrelevant, sagte er. »Was verbindet mich beispielsweise mit einem jüdischen Schuhmacher im Jemen? Weder Religion noch Rasse noch Schicksal.« Seine Kinder hätten nichtjüdische Ehepartner, und das sei die absehbare historische Entwicklung. »Letzten Endes werden die Juden sich assimilieren, und das befürworte ich«, sagte er.

Nach knapp zwei Jahren, in denen mich fast jeder Gesprächspartner in Deutschland zuerst als Israeli und Jude oder auch mal umgekehrt als

Jude und Israeli angesprochen hatte, betrachtete ich Kreiskys Ausführungen als große Herausforderung und Stoff zum Nachdenken. Das Ganze wäre vielleicht viel leichter, wenn alle Menschen seine Auffassung teilen würden, besonders die Antisemiten. Aber dieser Gedanke kam mir erst später. Im Palais Metternich konzentrierte ich mich auf mein Notizbuch. Er habe eigentlich einen Aufsatz zu dem Thema schreiben wollen, aber wegen des Trubels um seinen Streit mit Wiesenthal sei er davon abgekommen, erklärte Kreisky. Auch seinen folgenden Satz bat er von vornherein »unter uns« zu belassen: »Der Zionismus ist eigentlich doch eine ziemlich rassistische Angelegenheit.« Trotzdem hätten Menschen das Recht, nach Israel auszuwandern und sich dem israelischen Volk anzuschließen, genau wie es eine Immigration in die USA, nach Kanada oder nach Australien gebe. Er habe sogar Juden geholfen, die aus der Sowjetunion nach Israel emigrieren wollten. Das stimmte, aber ironischerweise wollten zu einer gewissen Zeit über die Hälfte dieser Juden lieber in andere Länder gelangen, darunter nach Deutschland.

Einmal fuhr ich in den italienischen Urlaubsort Ladispoli, etwa eine Autostunde von Rom entfernt. Dort saßen Tausende von Juden aus der Sowjetunion, die nach Israel hätten gehen können, sich stattdessen aber als heimatlose Flüchtlinge ausgaben und auf Immigrantenvisa in die Vereinigten Staaten warteten. Ich schätzte, dass sie bis zur Ankunft im »Land der unbegrenzten Möglichkeiten« mindestens sechs Regierungen getäuscht haben würden. Das war einer der schwersten Schläge für die zionistische Bewegung, die das weltweite Ringen um den Auszug der Juden aus der Sowjetunion jahrelang vorrangig behandelt hatte. Die meisten jüdischen Auswanderer von dort gelangten letzten Endes aber doch nach Israel. Sie zählten über eine Million und veränderten das Land von Grund auf. Aber diejenigen, die anderen Staaten den Vorzug gaben, kratzten erheblich am Selbstbild Israels und des Zionismus. Seinerzeit tagte in Ladispoli eine Delegation amerikanischer Juden, die für Israel zu spenden pflegten. Ein Supermarkt-Millionär aus Detroit fragte dort einen der wartenden Juden, warum er denn nicht in Israel leben wolle, worauf der Angesprochene wenig überraschend zurückfragte: »Warum dürfen Sie in Detroit sitzen und ich nicht?«

Ein jüdischer Milliardär aus der Gegend von Chicago erzählte Ben Gurion einmal von seiner herrlichen Villa: Er habe sie Palestine genannt. Ben Gurion sagte, ihm wäre lieber, der Mann hätte eine herrliche Villa in Tel Aviv mit Namen Chicago. Doch Ben Gurion war sich der ideologischen Unzulänglichkeiten und inneren Widersprüche des Zionismus stets bewusst. Praktisch war er der Anführer einer Nationalbewegung, die sich selbst nicht zu definieren wusste. Dabei erkannte keiner besser als er, dass der Staat Israel ohne die Unterstützung amerikanischer Juden wohl kaum entstanden wäre und vielleicht nicht hätte überleben können. Die Unterstützung einer starken und einflussreichen jüdischen Gemeinschaft in Amerika wurde niemals überflüssig. Diese Verbindung ist derart eng, dass manche Menschen Antizionismus mit Antisemitismus gleichsetzen.

Der antijüdische Rassismus rechtfertigte sich mühelos, schon lange bevor die zionistische Ideologie gefestigt war, aber islamische Terrororganisationen griffen aus fanatischem Antisemitismus sowohl Israel als jüdischen Staat als auch jüdische Einrichtungen in anderen Ländern an. Dieser Gedanke kam mir einmal in der Neve-Schalom-Synagoge in Istanbul, wo arabische Terroristen einige Tage zuvor über zwanzig Betende ermordet hatten. Zwischen Glassplittern, angesengten Gebetbüchern und Blutlachen fühlte ich mich als Zeuge einer zionistischen Ironie: Der Staat Israel war gegründet worden, um die Juden der Welt vor Verfolgung zu schützen, und nun fielen sie einem Krieg zum Opfer, der nicht ihrer war. »Sagen Sie das jetzt nicht«, bat der dortige Oberrabbiner, »nicht jetzt.«

Über die Jahre versuchte ich diesen Gegensätzen immer wieder beizukommen, aber sie schienen sich nur weiter zu verschärfen. Einerseits gibt es in den USA und anderen Staaten wie sogar in Israel viele – zumeist ultraorthodoxe – Juden, die die zionistische Ideologie strikt ablehnen. Andererseits leben in den Vereinigten Staaten große

Gemeinden fundamentalistischer Christen, die Israel in der antisemitischen Hoffnung unterstützen, die Juden würden eines Tages ihrem Glauben abschwören und Jesu Glanz erkennen. All das befeuert häufig auch die Debatte »für oder gegen« die nackte Existenz des Staates Israel. Als Israeli hatte ich immer meine Mühe damit; die Debatte interessierte mich höchstens als Teil der Vorgeschichte des Staates. Zu einer gewissen Zeit dachte und hoffte ich, mit der Gründung und Erstarkung Israels hätte der Zionismus seine Aufgabe erfüllt. Doch ich sollte mich irren: Der Zionismus ist Israels grundlegende Ideologie geblieben, er bestimmt weiterhin sein Wertesystem und leitet die Staatsführung.

Zuweilen fand ich den Staat Israel unausstehlich, aber rückblickend ist mir klar, dass ich hiergeblieben bin, weil das, was ich hier liebe, das übertrifft, was ich abscheulich finde. Neben dem Krieg, dem Terror und der Unterdrückung verabscheue ich den Fanatismus, den Rassismus, den Nationalismus und die Diskriminierung. Ich liebe viele Menschen und meine Arbeit, die hebräische Sprache, die Freiheit, Spontanität und Solidarität, die Demokratie, soweit sie intakt ist. Die meisten Menschen auf Erden leben nicht in demokratischen Staaten. Ich bin schier süchtig nach dem ständigen Ringen mit den hier fast täglich aufkommenden Herausforderungen der Geschichte und erlebe das bunte Gemisch an Identitäten. Ich kenne kein fesselnderes menschliches Mosaik; fast jeder Israeli hat seine Geschichte. Eigenartigerweise liebe ich sogar meine begrenzte Zugehörigkeit und die schwierige Definition, wer ich eigentlich bin. In Deutschland überlegte ich manchmal, wie mein Leben ausgesehen hätte, wenn meine Eltern nicht von dort geflohen oder aber nach dem Krieg zurückgekehrt wären. Ich bin glücklich, in Israel geblieben zu sein, denn sonst hätte ich wohl kaum meinen Sohn getroffen; niemanden liebe ich inniger als ihn. Und er ist der Held der schönsten Geschichte, die ich zu erzählen habe.

ZURÜCK ZUM FEIGENBAUM

»Operation Moses«

Irgendwo in den äthiopischen Bergen, hinter sieben Schleifen eines Flusses, lag einst das Dörfchen Abna. Rund dreißig malerische Strohhütten standen in einem Maisfeld verstreut. Die Tausendergipfel ringsum ragten in atemberaubender Majestät auf. Bis Ende des vorigen Jahrhunderts waren die meisten Einwohner des Dorfes Juden. Dann zogen sie weg, hinterließen nichts als einen kleinen Friedhof. Zusammen mit Zehntausenden Juden aus anderen Dörfern in der Gegend von Gonder wanderten sie südwärts in die Hauptstadt Addis Abeba. In einem der östlichen Armenviertel der Stadt lag ein großes Anwesen, umgeben von einer Mauer mit einem Palast in der Mitte, in dem einst eine Prinzessin lebte, eine Tochter Kaiser Haile Selassies. Oder war sie eine Enkelin? Eine Nichte? Sie war verheiratet mit einem General der Armee. Oder war er Verteidigungsminister? Wie so oft in solchen Staaten, wurde er aufgehängt oder erschossen oder enthauptet. Vielleicht enthob man ihn auch nur des Amtes und konfiszierte sein Haus, oder womöglich hatte er es noch rechtzeitig verkaufen können und war überhaupt friedlich in seinem Bett gestorben. Der geheimnisvolle Reiz der äthiopischen Hauptstadt liegt unter anderem darin, dass sich die einfachsten Fakten nur schwer verifizieren lassen, nicht einmal Datum und Uhrzeit. Der Tag verläuft nicht so wie in anderen Ländern der Welt, und sie haben dort auch ihren eigenen Kalender.

Wie dem auch sei, im Frühjahr 1991 residierte die israelische Botschaft in diesem Palast. An der Straße, die zu dem Anwesen führte, kampierten Tausende von Juden. Viele trugen lange, weiße Gewänder, die ihnen ein biblisches Aussehen verliehen. Die meisten stammten aus dem Norden des Landes. Sie wirkten wie Flüchtlinge, die

Erlösung suchten, und warteten darauf, dass der Staat Israel sie nach Jerusalem brachte. Es war ein vertrautes Bild in der Geschichte des Zionismus, erinnerte mich an Fotos aus den DP-Camps in Europa nach dem Holocaust und an die Übergangslager jemenitischer Juden, die von 1949 an mit der »Operation Fliegender Teppich« nach Israel kamen.

Kein Mensch weiß genau, wer die ersten Juden in Äthiopien waren – die »Beta Israel«, wie sie sich nennen. Eine schöne Legende führt ihre Wurzeln auf die Nacht zurück, in der die Königin von Saba von König Salomo geschwängert wurde, aber andere halten sie für Angehörige des Stammes Dan, einem der zehn verlorenen Stämme Israels. In den letzten tausend Jahren tauchten sie gelegentlich in Reiseberichten und gelehrten Abhandlungen auf, und von der zweiten Hälfte des 19. Jahrhunderts an holte man sogar einige nach Europa. Eine kleine Gruppe schickte man zum Studium an eine Talmud-Hochschule in Frankfurt; einer dieser Studenten wurde im Holocaust ermordet. Einige holte man auch ins Land Israel und entsandte sie später zurück nach Äthiopien, damit sie dort jüdische und zionistische Bildungsarbeit leisteten. Die führenden orthodoxen Rabbiner erkannten das Judentum der Beta Israel nicht an, denn sie hatten die Fortentwicklungen des Weltjudentums in Ritus und Religionsgesetz nicht mitgemacht – und sie waren schwarz. Ihre Hautfarbe war ein entscheidendes Kriterium für ihre Behandlung durch den israelischen Staat. »Man kann unmöglich sagen, dass eine schwarze Frau eine Jüdin ist«, sagte Ben Gurion bei einer Kabinettssitzung. Erst 1973 entschied Ovadja Josef, einer der beiden Oberrabbiner Israels, dass man sie als jüdische Volksgruppe anerkennen müsse, doch um Zweifel wegen jedes und jeder Einzelnen auszuräumen, müssten sie wie Konvertiten im Ritualbad untertauchen und die Männer auch eine symbolische zweite Beschneidung in Form eines blutigen Stichs über sich ergehen lassen.

Mitte der 1980er Jahre kamen einige Tausend jüdische Äthiopier nach Israel, nach wochen- oder gar monatelanger Wanderung, vorwiegend bei Nacht, und der heimlichen Überschreitung der äthiopischen Grenze zum Sudan. Das war ein riskantes und aufreibendes Unternehmen. Tausende starben unterwegs. Wohl kaum eine andere jüdische Volksgruppe hat einen so hohen Preis für ihre Übersiedlung nach Israel bezahlt. Viele wurden insgeheim durch Agenten des Mossad geleitet; auch die CIA war involviert. Das war die »Operation Moses«. Das Erscheinen mehrerer Tausend Äthiopier auf Israels Straßen blieb natürlich kein Geheimnis. Bei der *Koteret Rashit* betrachteten wir ihre Ankunft als historisches Drama und berichteten ausgiebig darüber. Ich sah in ihnen vornehmlich Flüchtlinge aus einem mit Kriegen und Hunger geschlagenen Land. Für mich lautete die vorrangige Frage nicht, ob es richtig gewesen war, sie herzubringen, sondern ob die israelische Gesellschaft aus ihren Fehlern bei der Integration der Juden aus arabischen Ländern gelernt hatte. Ich stand noch unter dem Eindruck der Protokolle, die die Ignoranz, die Überheblichkeit und oft auch den Rassismus amtlicher Stellen in den fünfziger Jahren belegten.

Ich nahm am ersten Journalistentreffen mit Ankömmlingen aus Äthiopien teil, eine Stunde nach ihrer Landung auf dem Flughafen. Beamte der Jewish Agency hatten uns vorgewarnt: »Es sind sehr primitive Menschen, sowas haben Sie noch nicht gesehen. Sie sind nicht mal fähig, ihre Notdurft auf einer Toilettenschüssel zu verrichten.« Rund dreißig Jahre zuvor hatte Ben Gurion in einer Kabinettssitzung erklärt, in die für Ankömmlinge aus arabischen Ländern zu errichtenden Wohnungen seien keine Toiletten einzubauen, denn diese Menschen wüssten sie nicht zu benutzen; deshalb genügten Toilettenhäuschen draußen. »Vielleicht können wir die nächste Generation dazu erziehen, aber nicht diese Generation«, erklärte er. Vierzig Jahre später empfing man die Einwanderer aus Äthiopien im selben Geist.

Wir trafen sie im großen Speisesaal eines Erholungsheims in Aschkelon, saßen ihnen gegenüber und betrachteten sie neugierig. Mit Hilfe von Dolmetschern fragten wir sie, ob sie wüssten, wo sie sich befanden. Das war natürlich eine idiotische Frage; die Angesprochenen ließen uns wissen, dass sie in Israel seien. In der Kleiderkammer durfte ich den rechten Fuß eines etwa fünfjährigen Jungen zum ersten Mal in seinem Leben in einen Adidas-Schuh stecken. Ich bin nicht sicher, wer sich mehr freute – er oder ich. Von dort ging ich zur Sanitätsstation. Auf einer Liege lag ein sehr kleines Baby; eine Schwester gab ihm das Fläschchen. Ich fragte, warum es dort sei. Ein Arzt in Armeeuniform antwortete, es sei gesund, aber man wisse nicht, zu wem es gehöre. Jemand habe den Kleinen vor einigen Tagen hergebracht und sei gegangen, ehe man habe feststellen können, wer er war. Bisher habe keiner den Jungen als seinen bezeichnet, sagte der Arzt. Ich fragte, was man mit ihm machen würde, wenn sich seine Identität nicht feststellen ließe. Der Arzt meinte, man würde ihn zur Adoption freigeben. Kurz malten wir ihm eine israelische Biographie aus: fürsorgliche Eltern, sagen wir in Tel Aviv, ein gutes Gymnasium, Offiziersrang, Studium, schöne Familie. »Ich hoffe, er wird es mal guthaben«, sagte der Arzt.

Mit der »Operation Moses« und danach kamen insgesamt weniger als zehntausend Einwanderer, und doch stellten sie die israelische Gesellschaft auf eine schwierige Probe. In Äthiopien waren sie in der Regel Bauern oder Handwerker gewesen. Die meisten konnten nicht lesen und schreiben und sprachen nur Amharisch. Bei ihrer Ankunft in Israel mussten sie Jahrtausende an Geschichte überspringen. Der Staat Israel und die jüdischen Organisationen in den USA und Kanada investierten in ihre Einwanderung und Integration mehr Geld als in die Juden aus jedem anderen Land der Welt. Aber viele Israelis wollten sie nicht haben. Zuerst nannte man die Neuankömmlinge noch »Falaschen« , vielleicht nur aus alter Gewohnheit, ohne zu wissen, dass es ein antisemitisches Schimpfwort war, das man ihnen in Äthiopien angehängt hatte: Es bedeutet »Fremde ohne Recht auf Bodenerwerb«. Viele sagten einfach Kuschim, die biblische Bezeichnung für Menschen aus dem damaligen afrikanischen Lande Kusch in Schwarzafrika – was nicht weit von dem rassistischen deutschen N-Wort entfernt ist. Häufig hielt man sie für Krankheitsüberträger.

Die Redaktion von *Koteret Rashit* fragte die Bürgermeister von dreizehn Städten, die gemeinsam die Mehrheit der Landesbewohner vertraten, ob sie den Zuzug in ihre Stadt befürworten würden. Natürlich bekannten sich alle zu den Werten des Zionismus, einige hatten in ihrer Jugend selbst unter der mangelhaften Aufnahme der Einwanderer aus arabischen Ländern gelitten. Alle außer zweien reagierten mit mehr oder weniger großem Unwillen in dem Stil: »Herzlich willkommen, aber bitte nicht bei mir.« Der Bürgermeister von Eilat sagte, er würde in seiner Stadt nur diejenigen aufnehmen, die Volkstänze aufführen und die Hotelgäste unterhalten – oder zumindest Körbe flechten – könnten.

Einmal schrieb ich diesen neuen Israelis eine Art Willkommensbrief in *Koteret Rashit.* »Nehmt uns, wie wir sind – um Himmels Willen, nehmt uns, wie wir sind«, bat ich und erklärte ihnen, sie seien bei einem Stamm mit fremden und befremdlichen Sitten gelandet. »Ihr müsst wissen, dass die Israelis sehr unterschiedlich sind«, schrieb ich. »Es gibt kein eines Israel, keine eine israelische Gesellschaft und keine eine israelische Kultur. Das verleitet uns dazu, allerlei Mythen über nationale Überlegenheit und israelischen Zusammenhalt zu pflegen und daneben auch viel Abneigung gegen jeden, der anders ist als wir.« Ich riet ihnen, sich damit zu trösten, dass sie unter so vielen verschiedenen Menschen auch nette Israelis fänden, die ihnen helfen und sie nehmen würden, wie sie sind. »Lasst euch von uns nicht verändern, es sei denn, ihr wollt es«, schrieb ich. Denn auch das mussten sie wissen: In dem komischen Stamm, in dem sie zu leben beschlossen hatten, konnte fast jeder das sein, was er wollte, und nach seinem Belieben leben. »Und verlasst euch nicht auf uns. Bei uns ist jeder auf sich gestellt, wenn es um Erfolg oder Misserfolg geht.« Ich versuchte, ihnen Mut zu machen: »Auch bei uns haben viele es am Anfang schwergehabt, doch nun fühlen wir uns zumeist hier zu Hause.«

In vieler Hinsicht war es eine Geschichte des Scheiterns. Die meisten Einwanderer aus Äthiopien lebten auch in Israel gesellschaftlich isoliert, in Armut und Rückständigkeit. Oft wurden sie erniedrigt, diskriminiert und von der Polizei schikaniert. Aber die Situation vieler der in Äthiopien Zurückgebliebenen war noch bedrückender; auch sie wollten nach Jerusalem. Unterdessen wurden die diplomatischen Beziehungen zwischen Israel und Äthiopien wieder aufgenommen. Und so strömten denn zehn Jahre nach der »Operation Moses« wieder Zehntausende Juden aus dem Landesnorden nach Addis Abeba und scharten sich um die israelische Botschaft. *Haaretz* schickte mich hin, um ihrer Geschichte nachzugehen.

Die Tamtam-Methode

Das Anwesen mit dem Palast der Prinzessin, der die israelische Botschaft beherbergte, war groß und hatte sich mittlerweile derart mit »Tukuls«, typisch äthiopischen Strohhütten, gefüllt, dass das Ganze wie ein Dorf aussah. Tukuls für die Registrierung, Tukuls für die medizinischen Untersuchungen und Tukuls für die Mahlzeiten. Viele dienten als Schulräume für den Unterricht im Lesen und Schreiben auf Amharisch und Hebräisch, in Rechnen und etwas israelischer Landeskunde. In der Nähe des Botschaftsgeländes befand sich auch ein Camp für medizinische Behandlung und Hilfe, das das American Joint Distribution Committee, kurz »der Joint«, eingerichtet hatte.

Eines Abends philosophierte ich mit dem israelischen Konsul Micha Feldmann über die Frage, ob der Staat Israel das Recht besaß, mit einem Handstreich ein jüdisches Lebensgefüge auszulöschen, das generationenlang durchgehend existiert hatte. »Was tun wir diesen Menschen Gutes, wenn wir sie in Israelis verwandeln«?, fragte ich ihn. Die Frage stellte sich auch angesichts der schlechten Lage der meisten Juden aus Äthiopien, die bereits in Israel lebten. Feldmann war als israelischer Konsul seit der »Operation Moses« mit dem Auszug der Juden aus Äthiopien befasst. Er wusste vernünftig und sensibel mit ihnen umzugehen. Viele Dutzende kannte er persönlich. Über die Jahre hatte er ihre Sprache gelernt. Die Frage sei irrelevant, sagte er, die äthiopischen Juden löschten ihre altüberkommene Lebensweise selbst aus. Wenn sie wollten, könnten sie dableiben, und anders als die meisten Juden, die vor ihnen nach Israel gekommen waren, verwirklichten die aus Äthiopien damit einen alten Traum ihrer Gemeinde. Ich hatte meine Probleme mit diesem banalen Zionismus, aber soweit ich es beurteilen konnte, stimmte es. Nur wenige entschieden sich zurückzubleiben. Nur wenige emigrierten in andere Länder.

Feldmanns Eltern waren als Flüchtlinge aus Nazi-Deutschland nach Palästina gekommen, notgedrungen – wie die meisten Jeckes. In Leipzig war sein Vater Kürschner gewesen, in Rischon LeZion musste er sich als Schlosser durchschlagen. 1957 kehrte er mit seiner Familie nach Deutschland zurück. Sohn Micha war damals dreizehn Jahre alt, ein schwieriges Alter für die Aufgabe, sich von einem geborenen Israeli in einen jüdischen Jungen in Deutschland zu verwandeln. Mit zwanzig Jahren ging er wieder nach Israel. Als Sohn von Eltern, die aus ihrem Geburtsland vertrieben worden und später dorthin zurückgekehrt waren, wisse er die Brutalität der Migrationserfahrung einzuschätzen, sagte er, aber die Einwanderer aus Äthiopien, die vor ihrem fünfundzwanzigsten Geburtstag in Israel eingetroffen waren, hätten gute Chancen für eine gelungene Integration. Sie seien Träger einer jüdischen Kultur, die in Äthiopien womöglich in der christlichen Kultur aufgehen, in Israel jedoch bewahrt werden könne. Sie würden zum pluralistischen Charakter Israels beitragen, meinte Feldmann. Die Älteren würden immer Immigranten bleiben, zumeist jedoch eine höhere Lebensqualität erreichen, als sie sie in Äthiopien zu erwarten gehabt hätten.

Die bürokratischen Erfordernisse beider Staaten für die Ausreise nach Israel konnten Monate in Anspruch nehmen. Unterdessen erhielten die Wartenden eine monatliche Zuwendung, die notdürftig ihren Unterhalt deckte. Viele mieteten eine Schlafstätte, meist unter höchst bescheidenen Bedingungen. Am Schabbat verlas man in der Synagoge die Namen derer, die unter der Woche ausreisen sollten. Waren sie abwesend, bat man ihre Angehörigen oder Bekannten, ihnen auszurichten, wann sie sich wo einfinden sollten. Israelische Beamte nannten das die »Tamtam-Methode«. Wenn die mal nicht funktionierte, machten sich Botschaftsangehörige auf die Suche nach den Betreffenden. Eines Abends kam ich mit. »Zwei Familien und eine einsame Seele«, sagte ein Teammitglied. Das hatte etwas Poetisches, war für die Botschaftsangehörigen aber nur ein gängiger Auftrag. In einem robusten Jeep mit breiten Reifen machten wir uns zum Viertel Lambert auf. Wir wussten nur ungefähr, wo wir suchen sollten, fuhren von Gasse zu Gasse, ohne klare Richtung. Strömender Regen verwandelte die Wege in tiefen Morast. Bald würde es dunkel werden. Ab und zu hielten die Leute von der Botschaft an, steckten den Kopf in den Regen hinaus und fragten auf Amharisch: *Yik'erita* – Verzeihung – vielleicht wohnen hier Leute aus Gonder? Gibt es hier Juden in der Gegend?

Kurz hing ich der Fantasie nach, hier nicht einen Mann der israelischen Botschaft zu begleiten, sondern Jacques Faitlovitch, den jüdischen Gelehrten aus Frankreich, der sich 1904 auf die Suche nach den äthiopischen Juden begeben hatte. »Die Falaschen meinen, außer ihnen gebe es keine Juden mehr auf der Welt«, berichtete Faitlovitch nach seiner Rückkehr. Ich erinnerte mich auch an Dani Morr, den Helden des Buchs, das meine Schwester mir als Kind vorgelesen hatte, über die seltsamen Erlebnisse des Tel Aviver Jungen, der die äthiopischen Juden entdeckte. In einem der jüdischen Dörfer tritt Dani vor die Gemeindeältesten und erzählt ihnen stolz von der Rückführung der Zerstreuten und dem zionistischen Siedlungswerk im Land Israel. Seine Gastgeber wiegen ungläubig die Köpfe. Erstens sei es unvorstellbar, dass der Messias sie bei der Heimführung der Juden aus der Diaspora in ihr Land vergessen haben sollte, sagten sie, und wer würde, zweitens, außer ihnen hier bestimmen, dass auch weiße Falaschen echte Falaschen waren? Dani schlug ihnen vor, einen ihrer Söhne mit ihm hinzuschicken. Sie lehnten ab, aber ein Junge in Danis Alter war Feuer und Flamme. Er floh aus dem Haus und gelangte mit Dani nach Tel Aviv.

Das Buch, *Die seltsamen Erlebnisse des Dani Morr*, besitze ich noch heute. Dieser Junge, der Dani begleitete, kam mir immer vor wie Itayu Abera, der elfjährige Sohn einer der beiden gesuchten Familien, die wir schließlich tief in einer Bananenplantage fanden. Sie bewohnten den hinteren Teil einer Wellblechhütte, die nur aus einem einzigen fensterlosen Raum bestand. Ein Vorhang aus Säcken trennte den Teil der Besitzer von dem, den Itayu Aberas Familie für siebzig Birr, fast ein Drittel der Beihilfe von der Botschaft, gemietet hatte. Der Besitzer ernährte sich als Weber, und der Webstuhl ließ nicht viel Raum übrig. Außerdem hielten sie eine Ziege.

In der hinteren Ecke der Hütte sah ich anfangs nur ein weißes Dreieck. Als meine Augen sich an die Dunkelheit gewöhnt hatten, erkannte ich eine kleine Greisin um die Neunzig, Großmutter Tarik Assresa. Sie ergriff die Hand des Botschaftsangehörigen und ließ sie nicht wieder los, wusste sehr wohl, dass er gekommen war, um sie nach Jerusalem mitzunehmen. Unterdessen war auch ihre Tochter mit zweien ihrer Kinder eingetreten: Itayu und seinem jüngeren Bruder Tegen. Der Vater war verstorben. Itayu war ein netter Junge, der einen klugen und verträumten Eindruck machte. Er konnte schon auf Hebräisch sagen: »Ich lerne Hebräisch in der israelischen Botschaft« und auch: »Ich bin klein, du bist groß, er ist mittelgroß.« Über Israel wusste er, dass es ein sauberes Land ohne Diebe war und dass es dort eine große Stadt gab, die Kirjat Ata hieß (eigentlich eine Kleinstadt bei Haifa), wo seine Verwandten wohnten, darunter drei Brüder und vier Schwestern, alle älter als er. Ein weiterer Bruder, auch er älter als Itayu, war noch bei ihnen in Addis Abeba. Er spiele gern Fußball, erzählte Itayu mir mit Hilfe eines Dolmetschers, und wenn er groß sei, wolle er Lehrer werden. Die Botschaftsangehörigen machten ihre Notizen, ich interviewte Itayu, der Filmemacher Micha Shagrir filmte ihn. Es tue ihm ein bisschen leid, seine Freunde, die Kinder aus den anderen Blechhütten, zu verlassen, sagte Itayu zu mir, aber er war sehr gespannt auf den Flug. Wir verabschiedeten uns mit Händedruck, wie Große. Ich kam gar nicht auf die Idee, dass wir uns wiedersehen würden.

Das war einem Konkurrenzkampf unter Journalisten zuzuschreiben. Eine Korrespondentin der Zeitung *Maariv* fühlte sich bedrängt durch die Anwesenheit eines Kollegen vom *Haaretz* und behauptete, ich hätte mich beim äthiopischen Presseamt nicht ordnungsgemäß registrieren lassen. Ein Beamter kontaktierte den israelischen Botschafter. Der Botschafter erschrak: Der äthiopische Bürgerkrieg ging seinem Höhepunkt entgegen, im Hintergrund zeichnete sich bereits die Möglichkeit ab, dass Israel die dramatische Rettungsaktion für äthiopische Juden anstoßen würde, die später als »Operation Salomon« bekannt werden sollte. Der Botschafter hastete in mein Hotel und bat mich inständig, sofort abzureisen. Man dürfe jetzt niemanden ärgern, sagte er. Ich war wütend: »Sie bekommen Ihr Gehalt dafür, dass Sie mich vertreten, nicht die äthiopische Regierung.« Doch der Botschafter stand offenbar unter großem Druck. Ich hatte ein Flugticket für die folgende Woche, aber der Botschafter meinte, das sei unwichtig. Er werde dafür sorgen, dass ich auch ohne Ticket nach Israel gelange. Jemand fuhr mich zum Flughafen, geleitete mich zu einem Seiteneingang und brachte mich ins Flugzeug, ohne dass ich die Passkontrolle durchlaufen hatte. Das war lächerlich, zumal die äthiopische Regierung zu verschleiern suchte, dass es sich um eine Luftbrücke für Emigranten handelte: Alles lief so, als sei dies ein normaler Linienflug der äthiopischen Luftfahrtgesellschaft nach Rom. Der Flugkapitän wünschte uns auf Amharisch und Englisch einen angenehmen Flug, und der Kabinenchef erklärte, dass den werten Passagieren nach dem Abflug eine Mahlzeit gereicht werden würde. Die Passagiere weigerten sich natürlich, die Plastikboxen anzurühren, die die Flugbegleiterinnen ihnen anboten. Viele öffneten Körbe mit mitgebrachtem koscheren Essen.

Ich saß in der ersten Reihe. Plötzlich kam ein Junge an und reichte mir die Hand, als seien wir alte Bekannte. Ich erkannte ihn nicht sofort, aber er sagte: »Du warst doch bei uns. Ich bin Itayu!« Einer der Begleiter übersetzte. Das war ein Zufall, den ich mir nicht entgehen lassen durfte. Das hier ist der Anfang einer Fortsetzungsserie, dachte ich: Die seltsamen Erlebnisse des Itayu Abera, eines Jungen aus Äthiopien, der sich in einen Israeli verwandelt. Ich werde ihn in meiner Kolumne begleiten, bis er erwachsen ist, beschloss ich und fotografierte ihn rasch. Auf dem Flugzeugsitz, in dem festlichen, ein wenig zu großen Safarianzug, den man ihm für den Flug gekauft hatte, sah er sehr klein und sehr glücklich aus. Wir schauten uns gemeinsam einen amerikanischen Western ohne Übersetzung an – der erste Film in Itayus Leben. Er begeisterte sich vor allem für die Revolverszene. Auf dem Anschlussflug von Rom nach Tel Aviv zeigte El Al einen Zeichentrickfilm: *Pink Panther.* Itayu gefiel er sehr. Er erzählte mir stolz von seinen Künsten im Jonglieren mit Bällen. Wenn ich richtig verstand, hatte er das in einem Artistenkurs gelernt, den ein jüdischer Verband aus Amerika in Addis Abeba angeboten hatte. Damit wollte man den Kindern wenigstens einen kleinen Vorsprung vor ihren israelischen Altersgenossen verschaffen. Von all den Ideen, die ich in Addis hörte, gefiel mir diese am besten. Ein paar Wochen später ging ich nach ihm sehen.

Reuven

Ich fand Itayu im Beit Goldmints, einem Einwandererheim in Netanja, benannt nach einem wohlhabenden Diamantenhändler in Antwerpen. Erste Überraschung: Itayu hieß nicht mehr Itayu. Sein Name in Israel lautete Reuven. Da ist er wieder, der zionistische Traum von der Erschaffung eines neuen Menschen im Lande Israel, dachte ich verwundert. Ich hatte gar nicht gewusst, dass man sowas heute noch machte, und ging der Sache nach. Die Bildungsbeauftragte des Heims sagte mir, das sei üblich. Aus Itayus jüngerem Bruder Tegen war Tomer geworden. Sie fand auch, dass man prüfen sollte, wer das wann entschieden hatte und wieso gerade Reuven. Sie schlug vor, ihn selbst zu fragen – ein brillanter Junge, sagte sie. Itayu konnte das Rätsel nicht lösen. Auf meine Frage antwortete er, er wolle Reuven sein, und fortan nannte ich ihn so. Sein Nachname war, wie in Äthiopien üblich, der Vorname seines Vaters, Abera. Man hatte ihn nicht aufgefordert, einen hebräischen Nachnamen anzunehmen. »Ich freue mich sehr, dass Sie sich entschieden haben, unseren Reuven zu adoptieren«, sagte die Bildungsbeauftragte. Ich erschrak ein wenig und riet ihr, sich nicht hinreißen zu lassen. Ich wolle nur sehen, wie es ihm geht, sagte ich. Ein Zeitungsartikel. Aber die gute Frau meinte, das kenne sie schon. So fange es an.

Das nächste Mal fand ich ihn in einem Internat. Ich erkundigte mich erstaunt nach dem Wieso, schließlich konnte diese Entscheidung seinen ganzen weiteren Lebensweg beeinflussen. Man sagte mir, das sei üblich bei Kindern aus Äthiopien ab einem gewissen Alter, wenn die Eltern nicht widersprachen. Reuvens Erfolgschancen seien größer, wenn er nicht bei der Familie lebe. Zweite Überraschung: Unser Reuven hatte jetzt eine weißseidene Kippa auf dem Kopf. Das Internat Jad Benjamin war nach dem ultraorthodoxen Politiker Benjamin Mintz benannt, der unter Ben Gurion eine Zeitlang Postminister gewesen war. Die Einweisung von Kindern aus Äthiopien in das religiöse Schulsystem geschah nicht allein auf Wunsch der Eltern, sondern auch aufgrund politischer Abmachungen nach der »Operation Moses«, eine Art Beuteverteilung unter den Parteien.

Ich fragte nach Reuvens Kippa. Sei er bei seiner Ankunft nicht religiös genug gewesen? In Äthiopien trugen nur die Kessim, die Geistlichen, stets eine Kopfbedeckung. Der Direktor sagte, anders als bei den Einwandererkindern der 1950er Jahre nehme man den Kindern aus Äthiopien nicht ihre Tradition, sondern gebe ihnen im Gegenteil einen Schatz hinzu: zweitausend Jahre Tradition. Das hörte sich schön an, aber tatsächlich vertrat der Direktor nur eine jüdische Gemeinschaft, die ihre Tradition einer anderen jüdischen Gemeinschaft aufzwingen wollte. Darüber kann Reuven später einmal nachdenken, wenn er seine Wurzeln sucht, dachte ich. Vorerst schien er in Jad Benjamin zufrieden zu sein, soweit ich das übersehen konnte. Reuven sei ein begabter Schüler, könne sich aber nur schwer konzentrieren, befand der Direktor. Der Junge freute sich, mich wiederzusehen. Wir unterhielten uns über den Flug. Seit seiner Ankunft hatte er seine Jonglierkünste mit Bällen noch ausgefeilt und hoffte, den israelischen Kindern damit zu imponieren. Allerdings hatte er noch nicht viele davon kennengelernt. Alle seine Klassenkameraden stammten aus Äthiopien. Die Kinder sollten möglichst kein Jahr verlieren und daher erst später gemeinsam mit den zweihundertsechzig anderen Schülern unterrichtet werden, alles Jungen. Zum Unterricht gehörte eine Berufsausbildung zum Elektriker und Elektroniker.

Wir gingen uns sein Zimmer anschauen. Er schlief mit drei weiteren Jungen in einem Raum. Die Wände waren nackt. Wecken um sechs Uhr früh. Halb sieben Morgengebet und danach Frühstück. Der Unterricht begann um zwanzig nach acht und dauerte bis halb eins. Der Schwerpunkt lag auf dem Sprachunterricht. Die Schüler sprachen untereinander Amharisch und Hebräisch durcheinander. Nach dem Mittagessen ging der Unterricht bis halb sechs Uhr weiter. Danach konnten sie Hausaufgaben machen und spielen. Um sieben Uhr wurde wieder gebetet. Nach dem Abendessen gab es ein Gespräch mit dem Klassenlehrer. Manchmal zeigte man den Schülern einen Film auf Video, aber Fernsehen gab es nicht. Lichtausmachen um zehn Uhr. Alle zwei Wochen fuhr Itayu über Schabbat zu Großmutter, Mutter und Bruder, die vorerst im Einwandererheim blieben. Sein Vater fehle ihm, sagte er. Sein Hebräisch wurde immer besser, einige Tage vor meinem Besuch hatte er bei einem Computerspiel mitgemacht. Jetzt wollte er nicht mehr Lehrer werden, sondern Direktor.

In der siebten Klasse richtete man ihm und seinen Klassenkameraden eine traditionelle Bar-Mizwa-Feier aus. Seine Mutter kam auf Besuch. Es war schön. Seine Klasse besiegte die Parallelklasse im Fußball. Er machte bei einem Purim-Spiel mit, in der Rolle eines Schülers, der den Lehrer ärgert. Ich konnte es mir nicht verkneifen, schon wieder zu fragen, was er mal werden wolle, wenn er groß war. Reuven reagierte zu Recht wie ein Kind, dessen nervender Onkel ihm eine dumme Frage stellt. Ich versicherte ihm, wirklich neugierig zu sein, was für ein Israeli er mal werden würde. Reuven antwortete, wenn ich es wirklich wissen wollte: nicht mehr Lehrer und auch nicht Direktor, sondern Pilot. Ich sagte behutsam ermunternd, es gebe nichts, was er nicht werden kann, wenn er nur will. Doch Reuven – realistischer oder vielleicht einfach ehrlicher als ich – sagte, das stimme nicht: Er hätte sich bereits erkundigt, und der Lehrer habe ihnen gesagt, Pilotenanwärter müssten einen strengen Auswahlprozess durchlaufen. Ein kluger Junge, eher skeptisch und zurückhaltend, der nachdachte, bevor er etwas sagte. Er hatte einen guten Sinn für Humor, man konnte ihn nur schwer reinlegen.

Ich versuchte ihm zu erklären, warum ich über ihn schrieb und warum ich meinte, meine Leser würden sich für ihn interessieren, bin jedoch nicht sicher, ob es mir gelungen ist. Für mich vertrat er eine jüdische Gemeinschaft, die über viele Generationen hinweg durchgehend existiert hatte und nun schlagartig ihr Ende erreichte. Sein Leben in Israel stelle die zionistische Ideologie, die ihn hergebracht habe, auf die Probe, schrieb ich. Die wichtigste Frage laute, ob er hier glücklich werde. Ich erklärte ihm, es sei leichter, sich für einen bestimmten Jungen zu interessieren und seine Geschichte zu verstehen, als sich mit der Geschichte vieler Menschen auseinanderzusetzen. Reuven sagte, das könne er begreifen. Er fragte mich nach meinen Eltern. Ich erzählte ihm, dass Hebräisch auch nicht meine erste Sprache gewesen sei. Reuven sagte, sie hätten den Holocaust schon durchgenommen. Sechstausend Juden seien ermordet worden. Er mochte Geschichte. Ich korrigierte ihn nicht, denn wir hatten ja gerade festgestellt, dass hohe Menschenzahlen wenig aussagen.

Die vier Oberschulklassen wollte Reuven lieber im religiösen Jugenddorf in Kfar Hassidim verbringen, nicht weit von Kirjat Ata, wo seine Familie eine Wohnung bekommen sollte. Im Jugenddorf lernten damals rund tausend Schüler und Schülerinnen, die Hälfte davon wohnte im Internat, darunter circa dreihundertfünfzig aus Äthiopien. Die weißseidene Kippa, die Reuven in Jad Benjamin getragen hatte, wurde durch eine gehäkelte in Blau-Weiß ersetzt, denn das Dorf wurde im Geist des religiösen Zionismus geführt. Auf einem Schild am Eingang las ich: »Unser Kampf ist der Kampf der Söhne des Lichts gegen die Söhne der Finsternis, der Kampf gegen Amalek über die Generationen hinweg.« Auf einem anderen Schild stand der Bibelvers: »Das ganze Land nämlich, das du siehst, will ich dir und deinen Nachkommen für immer geben.«

Schalom, Reuven, sagte ich, als ich ihn dort das erste Mal besuchte. Er sah mich von der Seite an, schien mir irgendwie böse zu sein. Wieder verbrachten wir einige Zeit zusammen, aber ich spürte eine Kühle. »Was ist, Reuven? Habe ich was getan, was ich nicht hätte tun sollen? Habe ich was Falsches gesagt?«, fragte ich. »Ich heiße nicht Reuven«, wies er mich zurecht. Wow, ein weiterer Umschwung. »Wie heißt du denn jetzt?«, fragte ich. »Ich heiße Itayu«, antwortete er. »Halleluja«, rief ich und wollte wissen, wie das passiert war. Eigentlich habe er nie Reuven sein wollen, erwiderte er, aber alle hätten ihm gesagt, in Israel sollte man lieber keinen amharischen Namen benutzen. Er habe jetzt beschlossen, Itayu zu sein, denn so hätten seine Eltern ihn in Äthiopien genannt, und er wolle nicht vergessen, dass er aus Äthiopien stammt. Itayu bedeutet auf Amharisch sowas wie: »Dank dir, guter Gott, dass du uns diesen gesunden und netten Jungen geschenkt hast.« Ich freute mich für ihn. Die Mitschüler achteten seinen Wunsch, der Erzieher nannte ihn Itai. So taten es jahrelang auch viele seiner Bekannten. Der biblische Itai war einer von König Davids tapferen Helden.

Ein Fisch auf dem Trockenen

Einmal kam ich zur Zeugnisverlesung fürs letzte Trimester. Aufgrund meiner eigenen Jugenderinnerungen erwartete ich ein nahezu traumatisches Erlebnis: Meine Zeugnisse ließ ich gewöhnlich schnell in der Versenkung verschwinden. Doch Itayu erlaubte mir, dabei zu sein, zusammen mit dem Fotografen des *Haaretz*. In roten Jeans und mit einem Basecap der New York Giants saß er vorne im Klassenzimmer neben seiner Mutter und einem Onkel, der für sie übersetzte. Lehrer Zion Ben-Or saß vor uns, blätterte schweigend in seinen Papieren. Eine Stimmung wie beim Jüngsten Gericht hing im Raum. Itayu war sehr nervös. Auch seine Mutter, auch ich. Offenbar auch der Fotograf. Das Schweigen dauerte eine Ewigkeit. Schließlich räusperte sich der Lehrer und begann die Noten vorzulesen: Religion – mittelmäßig. Mathematik – sehr gut. Geschichte – sehr gut. Englisch – gut. Technisches Zeichen – gut. Elektrizität und Naturwissenschaft – beinah gut. Betragen und Gehorsam – keine Probleme. Er muss sich im Religionsunterricht mehr anstrengen. Itayu sagte, er wolle die Klasse wechseln. Lehrer Zion sagte, dafür bestehe kein Grund. Itayu sagte, er wolle mehr lernen. Lehrer Zion sagte, das sei nicht ratsam. Gespräch beendet. Itayu nahm mich mit, um mir sein Zimmer zu zeigen. Er sprach inzwischen gut Hebräisch, allerdings mit amharischem Akzent. Er sah gesund aus, doch ich war mir nicht sicher, ob er glücklich war. Vielleicht irrte ich mich, ich kannte ihn ja noch nicht so gut, aber er kam mir irgendwie bedrückt vor, anders als sonst. Vielleicht war es das Alter. Über sein Bett hatte er eine eigenhändige Bleistiftzeichnung gehängt: ein Porträt des Oberrabbiners Ovadja Josef. Wie immer fragte ich ihn, was er werden wolle, und diesmal antwortete er, er sei kein Prophet und kein Prophetensohn, wer könne wissen, was kommt. Im Alter von fünfzehn Jahren verengte sich die Bandbreite der Möglichkeiten bereits. Er interessierte sich für Computer, wollte in einen besseren Schulzweig überwechseln und Abitur machen. Es bedrückte ihn, dass Lehrer Zion nicht zugestimmt hatte. Ohne ihn zu fragen suchte ich den Direktor, Yossi Cohen, auf.

Cohen sagte, Itayu besuche eine Klasse, die nicht zum Abitur führe. Ich fragte, warum. »Diese Kinder machen kein Abitur«, antwortete er. Ich fragte, wen er meine. Cohen sagte: »Tun Sie doch nicht so«, und ergänzte, dass das Jugenddorf keine Ratschläge brauche. In den siebenundfünfzig Jahren seines Bestehens habe man hier Kinder aus dem Holocaust und Kinder aus dem Jemen und anderen arabischen Ländern und auch Kinder aus der Sowjetunion unterrichtet. »Wir können schon erkennen, was das Beste für sie ist«, sagte er und bemerkte aufgebracht, dass er schon siebenunddreißig Jahre in der Einrichtung arbeite. »Das heißt, Itayu soll Kfz-Mechaniker werden?«, fragte ich. »Wir bieten ihm eine ausgezeichnete Berufsausbildung, und der Staat Israel braucht auch in seinen Autowerkstätten gute Leute«, antwortete er. Damit hatte er natürlich recht, aber ich vertrat in diesem Punkt Itayu, nicht den Staat und auch nicht meine Zeitung. Ich verlangte die Versetzung des Jungen in den Schulzweig, den er sich wünschte. Wenn er das Abitur hat, kann er selbst entscheiden, ob er Kfz-Mechaniker werden will oder Arzt zum Beispiel, sagte ich. Cohen erklärte, ich ließe ihm keine andere Wahl: »Sie sind Reporter vom *Haaretz,* tauchen hier mit einem Fotografen auf, ich kann mir lebhaft vorstellen, welche Schlagzeile morgen erscheinen wird, wenn ich nicht nachgebe, von wegen, was wir angeblich den Äthiopiern antun. Aber Sie müssen wissen, dass Sie ihm damit keinen Gefallen tun.« Ich fragte, warum nicht. »Weil er nicht genug Englisch kann«, antwortete der Direktor. Er ist schon zwei Jahre bei euch, sagte ich, warum habt ihr ihm dann nicht genug Englisch beigebracht? Der Direktor erwiderte, so laufe das nicht.

Ich schlug vor, Itayu in die gewünschte Begabtenklasse zu versetzen, ihn aufs Abitur vorzubereiten und ihm nebenbei Nachhilfeunterricht in Englisch zu erteilen. Das sei eine ausgezeichnete Idee, bestätigte der Direktor, aber er habe kein Budget für Nachhilfelehrer. Wir einigten uns auf einen Kompromiss: Er würde einen Lehrer suchen und ich ihn bezahlen. In diesem Moment griff ich in Itayus Leben ein und war mir dessen auch bewusst. Mir war nicht wohl dabei, nicht nur, weil ich ihn vorher nicht gefragt hatte, sondern mehr noch, weil ich meinte, von meinem Auftrag abzuweichen und Teil der Geschichte zu werden, die ich nur hatte erzählen, nicht mitgestalten wollen. Itayu war froh. Ich gab ihm meine Telefonnummer und sagte, er solle mich jederzeit anrufen, wenn nötig.

Jedes Mal, wenn ich ihn besuchen ging, verlor ich unterwegs meine Selbstsicherheit und geriet in seiner Gegenwart unter Druck. Ich bemühte mich, nett zu sein, ohne mich anzubiedern. Stets sagte ich mir: Ich bin der Journalist, er ist die Geschichte. Ich bin der Interviewer, er ist der Interviewpartner. Immer wieder warnte ich mich selbst: Ich darf ihm nicht das Gefühl vermitteln, er habe in Israel einen großen Bruder gefunden, der ihn adoptiert. Denn so läuft das nicht. Was weiß ich denn überhaupt, wie man mit einem Jungen aus Äthiopien redet, sagte ich mir und bemühte mich, ihn wie einen erwachsenen Israeli anzusprechen. In der Zeitung erschien das Ganze als mehrjährige Artikelserie. Meine Redakteurin war angetan, auch meine Leser mochten Itayu, aber nach gut drei Jahren berichtete ich ihnen auch über die Probleme dieser Serie. Es gibt nur wenige journalistische Aufgaben, die schwieriger sind als die, ein Kind zu interviewen. Die Dynamik zwischen Fragesteller und Befragtem beruht gewöhnlich auf einem Geben und Nehmen: Beide benutzen einander, jeder auf seine Weise und nach mehr oder weniger abgesprochenen Spielregeln. Ein Interview mit einem Kind folgt anderen Regeln: Meist wird nur eine Seite benutzt, und zwar das Kind von dem Interviewer, und oft kommt dieser ihm dazu noch überheblich.

Schon in Jad Benjamin habe sich auch die Frage erhoben, was man dem Kind mitbringt, erzählte ich meinen Lesern. Es durfte nichts Übergroßes sein, um keine Spannung zwischen Itayu und den anderen Kindern auszulösen, aber auch nichts Banales. Was weiß ich, was einem Jungen aus Äthiopien Freude macht, der mit drei anderen Jungs ein Internatszimmer teilt. Einmal erzählte er mir, er habe noch einen Fußball, den ich ihm einmal geschenkt hatte. Das verschaffte mir Pluspunkte bei ihm. Aber den Ball hatte er von Micha Shagrir, dem Filmemacher, der damals noch an der Geschichte mitwirkte. Einen kurzen Augenblick lang war ich versucht, Shagrirs Pluspunkte selbst einzustecken, warnte mich jedoch noch rechtzeitig: Wehe mir, wenn Itayu mich je bei einer Lüge ertappt. Einer seiner Erzieher verriet mir, ein Transistorradio würde Kinder immer freuen. Aber ein Freund, der Vater von Kindern dieses Alters war, meinte, ein Radio sei keine so gute Idee, denn was würde er wohl hören, der Itayu: Nachrichten? Kinder interessierten sich nicht für Nachrichten. Besser wäre ein Walkman. Zum Glück fand ich ein Radio mit Walkman. Aber ein Walkman ohne Kassetten reicht auch nicht. Ich wollte natürlich was Edles. Nicht gerade eine Partita von Bach, aber doch was Klassisches. Ich setzte auf *Sergeant Pepper*. Damit er mit moderner Klassik vertraut wird, dachte ich. Der Radio-Walkman freute ihn. Auch bei seiner Mutter daheim hätten sie eine Kassette der Beatles, erzählte er mir, eine Videokassette. Ich fühlte mich zurechtgewiesen: Wie hatte ich denken können, sie hätten keine Videokassette der Beatles im Haus.

Er hatte es nicht leicht im Internat. Ich vermutete allerlei Pubertätsprobleme. An einem heißen Sommertag hatte er den Schuldirektor gefragt, warum sie eigentlich den auch als Schaufäden bekannten Kleinen Mantel, den Tallit Katan, tragen müssten. Er wollte nicht aufbegehren, war gefestigt im Glauben, wollte bloß den Grund erfahren. Der Direktor sagte, er solle den Tallit Katan trotz der Hitze vorerst weiterhin unter dem Hemd tragen, und wenn er nach dreißig Tagen damit aufhören wolle, solle er halt aufhören. Itayu gab keine Widerrede, doch nun bewegte ihn eine zweite Frage: Warum hatte der Direktor ihm nicht den Grund erklärt? Er könne sich vorstellen, als Erwachsener noch frommer zu werden, sagte er mir, aber er wolle nicht blind gehorchen nach der biblischen Wendung »alles wollen wir tun und hören«. Er wolle erst hören und verstehen und dann tun. Manchmal komme er sich vor wie ein Fisch auf dem Trockenen, schloss er.

Die Kuh, die sich als Ente erwies

Es gab eine Zeit, da hatte Itayu große Mühe, Schlaf zu finden. Nächtelang wälzte er sich hin und her, beneidete seine schnarchenden drei Zimmergenossen, blätterte in Büchern, schlug sich mit Gedanken herum und schlief erst gegen Morgen ein. Der Arzt des Dorfes empfahl eine Reihe von Untersuchungen, teils im Schlaflabor eines Krankenhauses. Manchmal fuhr ich ihn hin. Die Frau am Empfang wie auch Schwestern und Ärzte fragten unweigerlich: »Kann er Hebräisch?« Fast nie fragten sie ihn selbst, fast immer war es »er«, an mich gerichtet. Immer wieder fragten sie auch nach unserer Beziehung, und ich antwortete, ich sei ein Freund der Familie. Eines Tages erzählte mir Itayu, seine Angehörigen warnten ihn vor der Verbindung zu mir. Wer wisse denn, was ich von ihm wolle. Daher frage er mich jetzt. Ich schlug vor, gemeinsam essen zu gehen und darüber nachzudenken. Erstens bist du eine Geschichte für mich, begann ich. Zweitens bist du ein netter Junge, und ich mag dich. Drittens bringen meine geringen Investitionen in diese Verbindung lohnende Rendite. Ein Bekannter vom Joint hatte Itayu seinen ersten Computer zukommen lassen.

Er wollte die Schule unbedingt schaffen, vergaß nie, was einer der Erzieher ihm im Streit mal an den Kopf geworfen hatte: »Aus dir wird sowieso nichts werden.« Offenbar wollte er nicht nur sich selbst, sondern auch mir beweisen, dass er vorankommen konnte. »Ich bin zwar nur am Rand des Lebensweges, aber ich weiß, dass ich Erfolg haben werde, und alles nur dank Dir«, schrieb er mir einmal. »Du kannst anfeuern und beruhigen und weißt Lösungen für alle Probleme.« Er unterzeichnete mit »Dein kleiner Bruder«.

Leider konnte ich nicht alle Probleme lösen, denen er als Israeli aus Äthiopien begegnete. Einmal saß er mit einem Freund, ebenfalls von dort, im Café. An einem entfernten Tisch saß ein Trupp anderer Jungs aus Äthiopien. Itayu und sein Freund kannten sie nicht. Die fremden Jungs tranken, lärmten, stritten sich und gingen schließlich, ohne zu zahlen. Der Kellner brachte Itayu deren Rechnung und verlangte Begleichung, als handele es sich um eine Stammesschuld. Ich war belustigt, Itayu ganz und gar nicht. Ich versuchte ihn zu überzeugen, dass es wenigstens interessant sei: Der Kellner sei von einer ausgefallenen Mutation von Rassismus befallen. Darin liege keinerlei ideologische Bosheit, nur Ignoranz, sagte ich. Itayu war genervt. Er berichtete mir von einem Nebenmann im Bus, mit dem er ins Gespräch gekommen war. Itayu hatte ihm von der Schule und von seinen Zukunftsplänen erzählt, worauf der Mann begeistert sagte: »Genau das liebe ich an unserem Land. Ihr seid doch gerade erst von den Bäumen runtergeklettert!« Oft nannten sie ihn »Kuschi«. Der Scoop, den er mir über die rote Kuh lieferte, belustigte jedoch auch ihn.

Sechs Monate lang war diese Nachricht streng geheim gehalten worden. Nur wenige Eingeweihte flüsterten sie einander ehrfürchtig zu. Als sie schließlich veröffentlicht wurde, machte sie Schlagzeilen, und auch ausländische Fernsehanstalten griffen sie auf: Im Kuhstall des religiösen Jugenddorfs war eine rote Kuh geboren worden – und damit die Möglichkeit, den Tempel wieder zu errichten. Die einen sahen die Erlösung nahen, andere warnten vor Krieg. Der Rabbiner des Dorfs erklärte mir, worum es ging: Nach einer bei religiösen Juden weithin anerkannten Auslegung der der Halacha, des jüdischen Religionsgesetzes, dürften Juden den Tempelberg nicht betreten und daher natürlich auch den Tempel nicht erbauen, da sie alle als »durch Tote verunreinigt« galten, das heißt, sie waren direkt oder indirekt mit einem Toten in Berührung gekommen. Der Aufstieg auf den Tempelberg setze eine rituelle Reinigung voraus, für die wiederum die Asche einer roten Kuh vonnöten sei. Die rituelle Reinigung eines Priesters erfordere die Asche zweier roter Kühe. Die jüdische Überlieferung kenne nur neun rote Kühe, die für ihren Zweck als geeignet befunden worden waren: Die erste war zu Moses Zeiten auf die Welt gekommen, die übrigen bis zur Zerstörung des zweiten Tempels. Die

Geburt einer roten Kuh in Kfar Hassidim konnte also die Ankunft des Messias ankündigen.

Zlil, so hieß die Kuh, verursachte große Aufregung unter Rabbinern und großen Schrecken unter politischen Beobachtern. Der Tempel würde selbstverständlich anstelle der jetzt dort befindlichen Moscheen errichtet werden, und daher drohte Gefahr: »Das hier ist keine Komödie, sondern möglicherweise der Beginn einer Tragödie von wahrhaft apokalyptischen Ausmaßen«, schrieb ein Redakteur des *Haaretz*. »Der potenzielle Schaden jener Kuh übersteigt bei weitem die tödliche Kraft jedes gewöhnlichen Terrorakts. In seiner Macht, die ganze Region in Brand zu setzen, gleicht er dem Einsatz nichtkonventioneller Waffen seitens der iranischen Ajatollahs. Der Ministerpräsident und der Schabak müssen diesen Schaden um jeden Preis verhindern.« Der Rabbiner des Jugenddorfs bemühte sich, die Aufregung einzudämmen. Es sei zu befürchten, dass Zlil gar nicht mindestens drei Jahre rot bleiben würde, wie es die Halacha verlange, und selbst wenn, hieße das noch nicht, dass man den Tempel erbauen werde, erklärte er. Die Reporter sagten, er solle ihnen nicht ihre Geschichte verderben.

Angesichts des steigenden Medienrummels fürchtete man, jemand könnte Zlil entführen wollen, und beorderte einige Schüler, den Wachdienst rund um die Uhr zu verstärken. Itayu war einer von ihnen. Soweit ich mich erinnere, erhielt er im Gegenzug Fahrstunden auf dem Traktor des Dorfes, aber vielleicht ist auch das eine Erfindung meines Gedächtnisses. Jedenfalls tat der Rabbiner des Dorfes alles, um die Kuh zu bewachen, damit sie nicht verletzt und nicht gedeckt wurde und keinerlei Makel bekam, alles im Einklang mit der religiösen Vorschrift. Ab und zu fragte ich Itayu nach Zlils Befinden. Dann lachten wir, bis wir es überhatten. Eines Tages fiel sie mir wieder ein, und Itayu erzählte gleichgültig, sie werde gar nicht mehr bewacht, da sie nicht mehr rot sei. Drei neue weiße Haare am Schwanz hatten sie für den heiligen Dienst unbrauchbar gemacht und wie ihre Stallgenossinnen zur Schlachtung bestimmt. Für mich war das ein Scoop. *Haaretz* brachte die Nachricht groß heraus unter der Schlagzeile: »Die Kuh, die sich als Ente erwies«. Der Rabbiner des Dorfes sagte mir, vielleicht nicht ganz im Ernst, Zlils Schwanzhaare seien weiß geworden, weil die Medienwelt sie zu sehr belästigt habe. Mag sein.

Itayu war jetzt sechzehn Jahre alt. Ich fragte ihn nicht mehr, was er einmal werden wolle, wenn er groß ist, sondern ob er einen Traum habe. Er sagte, er träume davon, nach Äthiopien zu reisen, um das Grab seines Vaters zu besuchen. Bei dessen Tod war Itayu fünf gewesen. Ich fragte ihn, wie er sich das genau vorstelle. Er schlug vor, gemeinsam auf Kosten des *Haaretz* hinzufahren: Er würde das Grab aufsuchen, ich mit einer Reportage zurückkehren. Schließlich berichte ich ja schon mehr als fünf Jahre über ihn. Der Redakteur der Wochenendbeilage, Dov Alfon, war in Tunesien geboren und wie Itayu im Alter von elf Jahren mit seinen Eltern nach Israel eingewandert, später lebte er jedoch eine Weile in Frankreich. Er fand, es sei eine großartige Idee für die Ausgabe zum jüdischen Neujahrsfest. Ich warnte ihn, dass wir, soweit ich bisher eruiert hatte, für den Weg zu Itayus Dorf Maulesel mieten müssten und dafür keinen Beleg erhalten würden. Der Redakteur sagte, das gehe in Ordnung.

Wer kennt, wer weiß

Einige Wochen vor unserer Abreise schlug ich Itayu vor, seine Mutter zu interviewen. Sie war ihrem Mann im Alter von zehn Jahren versprochen worden und hatte schon als junges Mädchen angefangen zu gebären. Ihr verstorbener Mann war der Sohn eines örtlichen Gouverneurs gewesen. Sie hatten großen Besitz, sagte die Mutter: Ziegen und Rinder und auch Äcker. Alles war dortgeblieben. Itayu erinnerte sich außerdem an zwei Knechte, Nichtjuden, die wie Familienangehörige im Haus gelebt hatten. Wir fragten nach der Lebensweise. Alles habe sich damals echter angefühlt, sagte die Mutter: Die Religion sei Teil des Familienlebens gewesen. An einer Wand ihrer Wohnung hingen einige gerahmte Fotos, darunter eines von ihrem verstorbenen Mann. In einer Ecke des Rahmens steckte das Passfoto eines gewissen Aslaka Asafe. Er war der Held der Familiensaga: ein christlicher Äthiopier, der ihnen geholfen hatte, von ihrem Dorf nach Addis Abeba zu gelangen. Die Mutter sprach von ihm, wie Holocaust-Überlebende von ihren nichtjüdischen Rettern sprechen. Itayu steckte das Foto ein. Seine Mutter gab ihm hundert Dollar mit zum Dank für den Mann, der sie alle gerettet hatte. Das war nicht wenig in Kirjat Ata und ein Vermögen in Äthiopien. Die Mutter kannte Aslakas Adresse nicht. Itayu war fest entschlossen, nicht heimzukehren, ohne ihn gefunden zu haben. Ich sagte ihm, die Aussichten, den Mann zu finden, seien gleich null, und verlangte eine ausdrückliche Bestätigung, dass er das verstanden hatte. Aber Itayu sah mich nur von der Seite an. Er hat so einen Blick drauf, dem ich schwer widerstehen kann. Ich dachte auch an meine Geschichte: Kein Zweifel, wir mussten Aslaka finden.

Wir flogen nach Gonder, einer ehemaligen kaiserlichen Hauptstadt am Ufer des Tana-Sees im Norden Äthiopiens. Ein einheimischer Angestellter des Joint mit Auto sollte uns begleiten. Sileishe war mal Geschichtslehrer gewesen und kannte in Gonder nicht wenige Menschen. Unter anderem brachte er uns zu einer alten Frau, die angeblich alles wusste und sogar Telefon im Haus hatte. Vergebens. Kein Mensch kannte Aslaka. Gonder hatte siebzigtausend Einwohner. Wir waren nahe daran aufzugeben. Das heißt, ich. Aber Itayu warf mir immer wieder diesen Blick zu, von der Seite. Und so stand ich denn auf dem Hauptplatz der Stadt und hielt Passanten an: *Yik'erita* – Verzeihung – kennen Sie vielleicht den Mann auf diesem Foto? Aslaka Asafe? Sileishe übersetzte. Das Foto ging von Hand zu Hand. Wir standen vielleicht eine Stunde da. Menschen bildeten Kreise um uns. Alle merkten irgendwie, dass ich nicht von hier war, und wollten helfen. Als ich schon meinte, das Foto sei weg und verschwunden, hörten wir jemanden aus einem ferneren Kreis sagen, das Bild erinnere ihn an einen Aslaka, aber ob er es sei – das Foto sei sehr alt. Das war ein Anhaltspunkt. Fahrt ins Städtchen Amba Giorgis, riet man uns, geht dort ins Wirtshaus. Fragt die Schankwirtin. Sie wird es wissen.

Amba Giorgis war damals eine entlegene und sehr schäbige Kleinstadt. Nur eine ungepflasterte Straße führte dorthin, voller Staub und Gestank, Rinderhirten und Hühnern, Kleinhändlern und Samenverkäufern und Horden von zerlumpten Kindern, die uns alle anfassen wollten, die lieben Kleinen. Irgendwie fanden wir das Wirtshaus, und – kaum zu glauben – die Schankwirtin kannte Aslaka. Aber er sei nicht da, sei nach Abna runtergegangen, sagte sie uns. Große Enttäuschung.

Ich konnte diese Gaststätte nicht recht einschätzen: ein halbdunkler Gang mit einer Art Tresen am Ende und dahinter ein paar Flaschen mit heimischen Getränken. Man konnte dort auch übernachten. Die Barfrau schickte jemanden aus, um grüne Zweiglein vom Markt zu holen, und streute sie zu unseren Ehren auf den Boden der Kammer. Danach ließ sie eine Bedienstete sehr aufwendig Kaffee für uns zubereiten: Sie wusch die Bohnen, röstete sie in einer Pfanne über einem Holzkohlefeuer, zerstieß sie mit einem Metallstößel zu Mehl und kochte dieses schließlich mit Wasser in einer Stielkanne. Das Ergebnis war ein schwarzer, aromatischer Kaffee. Auf Amharisch sagt man Buna. Ich habe niemals besseren Kaffee getrunken.

Aber Aslaka war weg. Er wird zurückkehren, tröstete uns die Schankwirtin. Bleibt ein, zwei Wochen bei uns, Aslaka kommt wieder. Sie brachte ein graues, säuerliches, schwammartiges Gebilde – das berühmte Injera, äthiopisches Fladenbrot. Mein erstes Mal. »Für Menschen, die Folklore zu schätzen wissen«, schrieb ich nach meiner Rückkehr. Unterdessen war Muhamad eingetroffen, ein leichtfüßiger Junge von vierzehn Jahren, der Aslaka kannte. Wir vertrauten ihm einen Brief an und schickten ihn runter ins Tal, um Aslaka aus dem Dorf zurückzuholen. Er würde den Weg innerhalb von vier Stunden zurücklegen, sagte er, bis zum Einbruch der Dunkelheit sei er dort.

Die Nacht würde er unten verbringen, und gleich bei Tagesanbruch würden Aslaka und er den Rückweg antreten. Als wir am nächsten Tag ins Wirtshaus kamen, erwartete er uns schon. Er war ein stattlicher, kräftiger Mann von Anfang dreißig, voller Tatendrang und Führungsstärke, über der Schulter eine Kalaschnikow: ein Bauer und Landbesitzer, der etwas zu sagen hatte am Ort und sich auch als politischer Funktionär betätigte. Die Leute nannten ihn »Gashe« – Boss. Unter anderem besaß er eine Windmühle. Itayu erkannte er mühelos wieder, und die Aufregung war groß. Die Geschichte von der Rettung der Familie hörte sich bei ihm an wie ein Thriller.

Zuerst hätten Juden und Christen in Frieden miteinander gelebt, erzählte er uns. Er war in Itayus Familie ein und aus gegangen. Als Itayus Vater einer Krankheit erlag, half Aslaka das Grab schaufeln. Ja, es sei eine wohlhabende Familie gewesen, Itayus Mutter habe nicht übertrieben, sagte Aslaka. Irgendwann änderte sich alles. Ein Bürgerkrieg brach aus. Räuber und Verbrecher begannen ihr Unwesen zu treiben, setzten auch Juden zu, besonders den Schwachen wie Itayus Mutter, der Witwe. Soweit Aslaka sich erinnerte, hatte ein Familienangehöriger – oder ein Nachbar, oder vielleicht er selbst – versucht, sie vor den Räubern zu schützen. Schüsse fielen, ein Räuber wurde getötet. Nun war die Familie der Rache ausgesetzt. In Abna konnte sie nicht bleiben, auch nicht in Amba Giorgis unterschlüpfen. Unterdessen waren die Emissäre aus Israel eingetroffen, die die Juden zur Emigration aufriefen. Einer von ihnen bot Aslaka an, eine ganze Kolonne an die sudanesische Grenze zu führen, dreihundertfünfzig Menschen insgesamt. Aslaka stimmte zu. Aber an der Grenze hieß es dann, der Übergang sei gesperrt, zumindest vorläufig. Das kam, weil die angeblich vom Mossad organisierte Operation schon in der Weltpresse publik geworden war. Notgedrungen machten sie kehrt. Aslaka führte die Leute nach Gonder. Einen Teil des Weges legten sie in Bussen zurück, die Aslaka gemietet hatte. Unter den Passagieren waren auch Itayu und seine Mutter, seine Großmutter und sein Bruder. Itayu erinnerte sich nur teilweise an das damalige Geschehen.

In der Nähe der Quelle des Blauen Nils steht eine malerische steinerne Brücke an der Grenze zweier Bezirke. Dort wartete die Polizei. Die Busse durften nicht weiterfahren, und Aslaka riet den Flüchtlingen, die Dunkelheit abzuwarten. Bei Nacht überquerten sie die Grenze heimlich einer nach dem anderen. Ein israelischer Emissär aus Addis Abeba hatte Geld mitgebracht. Einige Zeit später fand sich in Gonder noch eine Jüdin, Itayus Großtante Muschit. Einige Jahre zuvor war Tante Muschit mit ihren Kindern Richtung Sudan aufgebrochen, zwei waren unterwegs gestorben. Sie wurde gefasst und verhaftet. Jetzt hatte man sie freigelassen. Aslaka ging sie holen. Ich fragte ihn, warum er Juden geholfen hatte. Er antwortete, er habe ihre Freuden geteilt und nun auch ihre Leiden. Es schmerze ihn, dass Räuber sie überfielen. Er wollte sie schützen. Als Christ verstehe er auch ihren Traum, nach Jerusalem zu gelangen, sagte er. Zuerst hatte er ihnen nur geholfen, ihren Besitz zu annehmbaren Preisen zu verkaufen. Als sie auszuwandern begannen, seien die Preise fast ins Bodenlose gesunken. Mein Dolmetscher weigerte sich, Aslaka zu fragen, ob er an der Sache mitverdient hatte. Vielleicht ja. Die Fischer, die die Juden Kopenhagens im Zweiten Weltkrieg nach Schweden in Sicherheit brachten, waren auch entlohnt worden.

Aslaka freute sich sehr, dass Itayu ihn besuchte. Das zum Dank mitgebrachte Geld war nicht die Hauptsache. Oftmals habe er sich gefragt, was aus all den Juden, die er gerettet hatte, wohl geworden sein mochte. Keiner hatte sich je die Mühe gemacht, ihm zu danken. Itayu war fasziniert. Ein guter Mensch, dieser Aslaka, und was für ein Mann! Wir näherten uns der Stunde der Wahrheit. Itayu wollte ins Dorf hinunter. Er wollte das Grab seines Vaters besuchen und das Haus der Familie sehen. Aslaka war nicht begeistert. Erst gestern war er ja ins Dorf hinuntergegangen und erst heute früh beim ersten Tageslicht wieder heraufgekommen. Wie sollte er nun schon wieder runtergehen, vier Stunden zu Fuß. Es war auch Regen angesagt. »Warum habt ihr es so eilig«, fragte er, »bleibt zwei, drei Wochen hier, seid unsere Gäste. Dann habt ihr noch Zeit, ins Dorf runterzugehen.« Itayu sah mich von der Seite an. Der gute Sileishe, der uns von Addis Abeba hergeleitet hatte und immer alles regeln konnte, erklärte Aslaka die Tatsachen des Lebens, das heißt die Flugdaten nach Israel. Aslaka seufzte. Wie sollte er heute noch vier Stunden zu Fuß gehen. Danach suchte er den Stellvertretenden Bezirksgouverneur auf, um eine Erlaubnis zu erhalten. Die Erlaubnis wurde erteilt. Sie trug einen großen Stempel und die Namen von Aslaka und Itayu. »Die Träger dieses Erlaubnisscheins gehen ins Dorf hinunter, um dessen Bewohner zu besuchen. Sie kommen in einer Friedensmission. Einer von ihnen ist weiß«, hatte der Beamte geschrieben.

Auf Friedensmission

Der Weg war sehr schwierig. Hätte ich gewusst, was uns bevorstand, wäre ich nicht gegangen, obwohl ich natürlich nicht weiß, ob ich Itayus Blick hätte standhalten können. Vor unserem Aufbruch fragte ich Sileishe nach seiner Meinung. Er sagte, er rate uns weder zu noch ab, aber er selbst komme nicht mit. Ich versuchte ihn zu überreden: »Ich habe hier keinen anderen Ratgeber außer dir.« – »Ich geh nicht«, wiederholte er. »Und wir können es?« – »Ich nicht«, sagte er erneut. Ich bat ihn, Aslaka zu fragen, warum er mit der Kalaschnikow herumlief. Sileishe weigerte sich. Das war ein guter Grund zum Dableiben. In Wahrheit ließ Itayu mir natürlich keine Wahl. Er war nicht Tausende Kilometer geflogen, um im letzten Moment aufzugeben, wo wir Aslaka doch schon gefunden hatten. Ich fragte nach den Maultieren. Aslaka erwiderte, um diese Jahreszeit sei der Weg ins Tal für Maultiere zu glitschig. Er nahm nicht nur seine Kalaschnikow mit, sondern auch Kess Adana, einen christlichen Geistlichen mit Schirm gegen Sonne oder Regen. Das schien mir eine gute Kombination zu sein, Waffe und Schirm. Die Autorität, die Aslaka ausstrahlte, und der Glaube, den der Kess mitbrachte, verliehen mir Sicherheit. Der Gottesmann sagte, er kenne auch allerlei Beschwörungen, könne Kranke heilen, und bei Bedarf wasche er die Toten. Wir waren also für alles gerüstet. Der Junge Muhamad kam ebenfalls mit; vielleicht brauchten wir ja mal einen Boten. Bald sollte ich merken, dass wir lieber auch eine Flasche Wasser hätten mitnehmen sollen, aber als ich ans Trinken dachte, waren wir schon unterwegs, und Aslaka hatte ja gesagt, es seien nur vier Stunden.

Wir brachen am Mittag auf, wollten um vier Uhr nachmittags ankommen. Ich dachte, wir würden das Dorf besichtigen, das Grab besuchen, bei Aslaka übernachten, um fünf Uhr morgens den Rückweg antreten und um neun Uhr zurücksein. Das müsste zu schaffen sein. Sileishe würde uns erwarten. Wir würden nach Addis zurückfliegen, ein Bad nehmen. Auf dem ersten Kilometer begleiteten uns noch die Heerscharen von Kindern aus Amba Giorgis. Nach und nach blieben sie zurück. Wir waren im Gebirge. Der Weg führte uns zuerst zu einem Aussichtspunkt, dessen Name sich in etwa mit »macht das Auge schwindeln« übersetzen lässt. Das stimmte: Der Blick in die Talsohle ließ einen denken, sämtliche Berge ringsum würden tanzen. Sie gehörten zur Bergkette der Simien Mountains, deren höchster Berg, gen Norden von unserem Standpunkt, 4500 Meter erreicht.

Die majestätische Gipfelwelt erleichterte mir wohl das Gehen. Aber als die ersten sechs Stunden vorbei waren, ohne dass das Dorf in Sicht gekommen war, bat ich Itayu, Aslaka zu fragen, warum er vier Stunden gesagt hatte. Aslaka antwortete, er habe seine vier Stunden gemeint, nicht meine. Er wäre schon längst da, sagte er, als sei er Haile Gebrselassie persönlich. Ich fragte ihn nach diesem berühmten Langstreckenläufer, der seinerzeit der Stolz der Äthiopier war. Aslaka hatte nur seinen Namen gehört. Auch der junge Muhamad beschwerte sich: Gestern habe er den Weg in vier Stunden zurückgelegt. Warum trödelten wir denn so! Der Pfad war schmal und feucht. Die anderen waren hier zu Hause. Itayu und ich mussten jeden Schritt sorgfältig setzen: Rechts ragte die Felswand in den Himmel, links klaffte der Abgrund höllentief. Bald konnte man auf dem schmalen Pfad keine zwei Schuhe nebeneinanderstellen, immer nur einen Fuß vor den anderen setzen. Hin und wieder mussten wir auf alle viere gehen, unter Felsüberhängen hindurchkriechen oder uns am Fels entlanghangeln, das Gesicht zur Wand, den Rücken zum Abgrund.

Unten war ein Fluss zu überqueren. Kess Adana trug mich auf dem Rücken. Er ging barfuß. Mein Gewicht wird ihn brechen, dachte ich, aber der magere Kess war mit eisernen Knochen gesegnet. Hin und wieder kreuzten Esel unseren Weg, beladen mit Säcken voll Teff, dem Getreide in dieser Gegend, auch Zwerghirse genannt. Außerdem begegneten wir einem Trupp Arbeiter. Sie bauten eine Straße zum Dorf. In einem Jahr wird sie fertig sein, sagte Aslaka. Ich weiß nicht, ob er sein oder unser Jahr meinte. Die Arbeiter spielten uns ein paar Klänge auf einer heimischen Geige vor und bliesen eine Blechtrompete; der Kess segnete sie. Der Durst brachte uns schier um den Verstand, aber das Flusswasser wagten wir nicht zu trinken. Man lud uns zu einem sehr starken, sehr süßen, sehr schmackhaften Tee ein. Der hielt uns am Leben. Unterwegs pflückten wir Zitronen. Einige Männer schlossen sich uns an, die meisten mit Kalaschnikows bewaffnet. Eine Dame war mit dabei, in einem grünen Kleid und passenden Ballerinas. Auch sie trug eine Kalaschnikow. Alle meine Anstrengungen, herauszufinden, was sie hier machte, scheiterten. Es hieß, sie arbeite mit Aslaka zusammen, und fertig. Einmal versuchte Aslaka, eine Erdwachtel zu erlegen, aber vergeblich.

Schließlich wurde es dunkel, und dann fing es an zu regnen. Das war schlimm. Aslaka ging weiter, als sei das nichts, Itayu hielt sich noch wacker, ich war dem Zusammenbruch nahe. Wir tappten in fast völliger Dunkelheit voran. Aslaka gab uns eine Taschenlampe. Ich erinnere mich, wie sich ein Maisfeld anfühlte, an Morast und Wasser in den sieben Flussschleifen, die wir im Schein der einzigen Lampe überquerten. Der Regen peitschte unaufhörlich, in der Ferne grollte Donner. Ab und zu hörten wir Tiere schreien. Das Dorf Abna kam nicht in Sicht. Ich sagte zu Itayu, das Ganze sei total überflüssig: Uns würde ohnehin niemand glauben, wenn wir davon erzählten. Aslaka sagte, so sei es gewesen, als er mit den Juden in den Sudan ging. Zehn

Minuten vor neun hielt er an und forderte uns alle auf zu pinkeln. Das sei ein Zeichen, dass wir näherkämen, denn im Bereich des Dorfes solle man das möglichst unterlassen, sagte Itayu. Wenige Minuten später waren wir da, genau neun Stunden nach unserem Aufbruch, die drei letzten im Dunkeln. Ich musste an den Rückweg denken.

Aslakas Tukul war nicht groß. Drinnen sahen wir die tragende Konstruktion unter dem Strohdach, das der Hütte ihre bekannte Form verleiht. Die Basis ist aus Lehm, vermischt mit Dung, das Dachgestühl aus Holzbalken. Eine offene Flamme spendete Licht. Der Kaffee wurde auch hier mit großem Aufwand zubereitet. Der Kess sprach einen Segen. Aslaka bat mich um einen jüdischen Segen. In einer verkürzten Abwandlung des Brotsegens murmelte ich: »Gelobt sei der, der Kaffee aus der Erde hervorbringt.« Außerdem tranken wir wieder ungeheure Mengen an süßem Tee. Ungern befreiten sie mich von der Pflicht, das bewusste Injera hinunterzuwürgen, und rösteten mir stattdessen ein paar Maiskolben. Aslaka rief eine Tochter seines Bruders und diktierte ihr einen Brief an Itayus Familie. Er habe sich immer gefragt, ob sie letzten Endes ins Land ihrer Väter gelangt seien, ließ er sie schreiben, und wie froh er nun gewesen sei, Itayu zu sehen, einen richtigen Mann. Die Dankbarkeit der Familie gehe ihm zu Herzen, und er wünsche ihnen alles Gute.

Eine Entscheidung war zu treffen. Um den Flug noch zu erreichen, hätten wir um ein Uhr morgens den Rückweg antreten müssen. Doch da gab es nichts zu erwägen: Nach neun Stunden zu Fuß konnten wir ohne Schlaf nicht weitermachen, und wir wollten auch nicht aufbrechen, ohne das Grab besucht zu haben. Wir würden den Heimflug sausen lassen. Nichts zu machen, nehmen wir halt einen anderen. Wir einigten uns auf Tagesanbruch. Aslaka sagte, das sei etwa um ein Uhr. Itayu erklärte mir, es gehe um sein, nicht unser ein Uhr. Wenn man in Äthiopien ein Uhr sagt, meint man sieben Uhr, denn die Tageseinteilung beginnt dort im Morgengrauen. Das ist natürlich viel sinnvoller als unsere Zählung. Wieso den Tag um Mitternacht beginnen?

Aslaka und seine Leute unterhielten sich noch eine Weile. Heute sei es schwerer gewesen als gestern, sagten die Straßenbauer. Danach lästerten sie ein bisschen über einen Abwesenden. Er sei ein Betrüger, erklärten sie einmütig und kamen auf die gestiegenen Kaffeepreise zu sprechen. Itayu fragte, wo wir schlafen sollten. Aslaka sagte »hier« und meinte das wörtlich: Sie breiteten zwei unbehandelte Rinderhäute auf dem Boden aus, legten sich darauf und kuschelten sich zusammen. Die Dame in Grün lag an der Seite, Itayu und ich bekamen gemeinsam eine schmale Pritsche, eine Art Bett. Sie löschten die Flamme und erzählten sich vor dem Einschlafen Witze. Die Männer lachten leise, die Dame in Grün tat so, als protestiere sie, und die Männer erzählten noch mehr und lachten erneut.

»Das klingt ein bisschen so, wie ich mir diese Augenblicke bei dir im Internat vorstelle«, sagte ich zu Itayu und bat um Übersetzung, aber er war verlegen. Etwas konnte ich ihm jedoch entlocken: Es ging um einen Bauern, der auf einen Baum geklettert war, aber nur sein Gewand anhatte. Unten ging eine Frau vorbei und sah alles bis in den Schritt. Der Bauer schämte sich so, dass er vom Baum fiel. Alle kicherten endlos, bis sie schließlich einschliefen. Auch ein Esel war dabei. Immer, wenn ich meinte, nun fielen mir die Augen zu, stieß er einen Schrei aus – traurig, versonnen, sehr menschlich. Jemand kippte mit Getöse den Gewehrständer um. Itayu behauptete, ich sei es gewesen. Mag sein. Der Regen ließ nicht nach, aber kein einziger Tropfen drang in die schützende Strohhütte. Geniale Architektur. Endlich ging die Sonne auf. Nun spürten wir den Muskelkater. Wir nahmen ein paar Schmerztabletten, und dann bekamen wir Maultiere.

Das Küken, das zum Adler wurde

Mein Maultier hieß Samuna, was Seife bedeutet, und das von Itayus hieß Gratscha – Stachelschwein. Nach zwanzigminütigem Ritt befanden wir uns auf dem Friedhof. Er war nicht eingezäunt, und die meisten Gräber waren nicht bezeichnet, sondern nur an Steinhaufen erkennbar und fast durchweg von Pflanzen überwuchert. Aber Aslaka deutete völlig sicher auf die Stelle, wo er Itayus Vater, Abera Tesema seligen Angedenkens, begraben hatte. Itayu erinnerte sich daran, dass er zur Beerdigung nicht hatte mitkommen dürfen, weil er noch zu klein gewesen war. Jetzt sah er das Grab zum ersten Mal. Es war traurig. Ein Junge am Grab seines Vaters. Für ein paar Minuten ließen wir ihn allein. Weder er noch ich wussten das Totengebet auswendig. Doch wir konnten das Grab nicht einfach so verlassen, ohne jede symbolische Handlung. Ich regte an, wir drei sollten je einen kleinen Stein aufs Grab legen, wie es jüdischer Brauch ist, und das machten wir. Danach blieben wir noch ein wenig schweigend stehen. Ich hatte das Grab meines Vaters nie aufgesucht; während der Reise mit Itayu habe ich mehr an ihn gedacht als jemals zuvor.

Danach ritten wir ins Dorfzentrum, wo uns eine Enttäuschung erwartete: Der Tukul, in dem Itayu aufgewachsen war, war einem Maisfeld gewichen. Mir fiel die Enttäuschung jener Schülerin ein, die ich bei ihrer Suche nach dem großväterlichen Haus in Warschau begleitet hatte, wo wir jedoch nur eine leere Stelle vorfanden. Auch die frühere Synagoge in Abna war weg. Aslaka befasste sich unterdessen mit Politik. Wahlen standen an: Eine Generalversammlung aller Einwohner, Männer und Frauen ab achtzehn Jahren, sollte in offener Abstimmung sechs junge Leute fürs Medizinstudium aussuchen. Es gab zehn Kandidaten. Itayu schlenderte zwischen den Strohhütten umher. Einige Nachbarn scharten sich um ihn, manche erkannten ihn. Großes Staunen. Aus dem Küken ist ein Adler geworden, sagten sie immer wieder. Itayu erinnerte sich nicht wirklich an sie, aber plötzlich blieb er wie vom Donner gerührt stehen: »Das ist mein Baum«, sagte er. Ein Feigenbaum. Darunter hatte er mit seinen Freunden gespielt. Allmählich mussten wir sehen, dass wir weiterkamen, schließlich hatten wir noch neun Stunden Fußweg vor uns. Wieder überquerten wir die sieben Flussschleifen, kletterten die Bergpfade hinauf, klammerten uns an die Felsen hart am Abgrund. Itayu gehört nicht zu den Menschen, die innere Empfindungen schnell in Worte fassen. Es dauerte Stunden, bis er mir sagte, beim Anblick jenes Feigenbaums, im Dorf, sei ihm das Herz übergegangen, und plötzlich sei er wieder daheim gewesen. Was sind achtzehn Stunden Fußweg gegenüber so einem Satz.

Er durchlief eine interessante Entwicklung. Zuerst handelte er fast so wie ich bei meinem ersten Aufenthalt in Deutschland: Er behauptete, Schwierigkeiten mit der heimischen Sprache zu haben. Er redet Amharisch mit seiner Mutter, aber so, wie ich mit dem Passbeamten am Frankfurter Flughafen nicht Deutsch sprechen wollte, so weigerte sich Itayu, die Intimität der Muttersprache vor Ort zu entweihen. Im Hotel in Addis Abeba hielt man ihn für einen Afroamerikaner und sprach nur Englisch mit ihm. Er ließ es geschehen. Wie ich fürchtete er vielleicht, die Sprache seiner Kindheit nicht perfekt zu sprechen, sodass sie in Äthiopien holperig klingen und Gelächter auslösen könnte. Nach und nach öffnete er sich. Zurück in Amba Giorgis ging er allein auf die Straße, und die Kinder umringten ihn. Sie sahen sehr ärmlich aus. Itayu wollte ihnen helfen, verteilte Bonbons an sie. Einem Jungen kaufte er Kleidung. Und die Sprachbarriere war verschwunden, Itayu benahm sich wie einer von ihnen.

In Addis Abeba machte er sich auf die Suche nach dem kleinen Zimmer, wo er vor der Auswanderung der Familie nach Israel gewohnt hatte, und fand die Gasse mühelos. Der Hauswirt, Bekele hieß er, erkannte ihn sofort und traute seinen Augen kaum. Der Junge sieht unserem Itayu ähnlich, murmelte er, und dann brach er vor Glück in Tränen aus. »Dank sei dem guten Gott, dass er mich vor meinem Tod reich beschenkt und mich noch einmal meinen Itayu sehen lässt«, sagte er und bemerkte ebenfalls: »Aus dem Küken ist ein Adler geworden.« Wir saßen im vorderen Teil der Hütte. Hier war ich Itayu zum ersten Mal begegnet. Wir waren neugierig, wer jetzt wohl das hintere Zimmer bewohnte: jüdische Mieter, die auf die Ausreise nach Israel hofften, erfuhren wir. »Ich bin als äthiopischer Israeli hergekommen und kehre als israelischer Äthiopier zurück«, sagte Itayu.

Am letzten Abend gingen wir in ein gutes italienisches Restaurant. Ich erzählte ihm von einer Idee, die wenige Tage nach der Eroberung Addis Abebas durch italienische Streitkräfte, im Mai 1936, aufgekommen war. Ein Emissär der Zionistischen Organisation in Wien hatte vorgeschlagen, mehrere Zehntausend jüdische Flüchtlinge, vorwiegend aus Nazi-Deutschland, in Äthiopien anzusiedeln. Mussolini interessierte sich damals für die zionistische Bewegung und wollte die Idee prüfen. Im Dezember 1938 erhielt er eine Note von Präsident Roosevelt mit der Bitte, deutsche Juden in Äthiopien wohnen zu lassen. Der amerikanische Botschafter in Rom erwähnte in seinen Erinnerungen ein entsprechendes Gespräch mit dem Duce. Mussolini habe eine Landkarte von Äthiopien auf dem Tisch ausgebreitet und erklärt, den Vorschlag schon überdacht zu haben. Er habe verschiedene Regionen im Blick, von denen jedoch keine in Frage komme, denn die Bevölkerung würde den weißhäutigen Juden feindlich begegnen. Einige Tage später antwortete er Roosevelt, die einzige Lösung für die »Judenfrage« bestehe darin, ihnen »irgendwo auf der Welt« einen jüdischen Staat zu verschaffen. Er schlug andeutungsweise vor, dies in den Vereinigten Staaten zu tun.

»Das ist eine fantastische Geschichte: eine jeckische Gemeinde in Äthiopien«, sagte ich zu Itayu, »wenn man den Plan umgesetzt hätte und meine Eltern in Äthiopien statt in Palästina gelandet wären, würden wir jetzt vielleicht gemeinsame Wurzeln suchen.« Dann beging ich jedoch einen Fehler mit der Frage, für wen er wäre, falls die israelische Fußballnationalmannschaft gegen die äthiopische Auswahl antreten würde. Itayu strafte mich zu Recht mit dem bewussten Blick und sagte trocken, er wäre für die bessere Mannschaft.

Wir kehrten ins Hilton zurück. Ich ging zum Schlafen hinauf, Itayu wollte noch ein wenig an der Bar bleiben. Am nächsten Morgen rief ich in seinem Zimmer an, um ihn zu wecken. Es kam keine Antwort. Einige Minuten später versuchte ich es erneut. Wieder keine Antwort. Ich klopfte an seine Zimmertür. Nichts. Ich fuhr runter in die Lobby, hoffte, er sei vielleicht am Pool. Itayu war nicht da. Ich rief noch einmal an, klopfte erneut, ging schließlich zur Rezeption und bat, das Zimmer zu öffnen. Man schickte jemanden mit einem Schlüssel, der mich nach oben begleitete. Die Tür war von innen abgeschlossen. Ich erfasste sofort, was geschehen war. Noch nie war ich so erschüttert gewesen. Ähnlich wie meine Mutter dachte ich nur an das, was in der nächsten halben Stunde zu tun war. Ich funktionierte wie auf Autopilot, wie aus mir selbst herausgetreten. Ich sah in mein Notizbuch: Ja, ich hatte die Privatnummer des Botschafters. Sehr gut. Er würde mir bei der Überführung des Leichnams helfen.

Unterdessen trafen ein paar Sicherheitsleute in Uniform ein. Einer sagte, man könne von außen über eine Leiter ins Zimmer gelangen. Schade, das Schloss kaputtzumachen. Einige Minuten später öffnete er uns von innen. Itayu lag reglos im Bett, die Decke übers Gesicht gezogen. Die Sicherheitsleute wagten nicht näherzutreten. Ich berührte seine Schulter. Er wachte auf, rieb sich die Augen und fragte, was denn jetzt los sei. Ich sank auf einen Sessel am Bett und brach in Tränen aus, schlug die Hände vors Gesicht und schluchzte minutenlang. Seit meiner Kindheit hatte ich nicht mehr geweint. Die Sicherheitsleute lächelten verlegen. Itayu war einigermaßen erschrocken. Der Empfangschef bot mir ein Glas Wasser an und fragte, wer er für mich sei, dieser junge Mann? Wieder daheim wussten wir, dass wir Vater und Sohn waren.

Nebenwirkungen

Es war ganz natürlich; alles zwischen uns blieb, wie es war, und lief weiter wie gehabt. Wir führten keine intimen Gespräche, dachten nicht, dass wir irgendwelchen Rat einholen müssten, und ich kam auch nicht auf die Idee, diese Verbindung durch eine formelle Adoption zu untermauern. Aber ich war mir bewusst, dass mein Leben eine Wende genommen hatte. Ich war nicht verheiratet und hatte keine eigenen Kinder – die hatten mir bisher auch nicht gefehlt. Der fünfzigste Geburtstag lag schon hinter mir, und nun fand ich mich plötzlich als Vater eines gut Sechzehnjährigen. Ich sagte mir warnend, vielleicht geschehe das alles nur, weil die gemeinsame Reise nach Äthiopien so dramatisch und emotional verlaufen war, für ihn wie für mich. Aber die Briefe, die Itayu mir aus dem Jugenddorf schickte, ließen eine Entwicklung erkennen, die ich auch dank meiner Erfahrung als Historiker zu deuten wusste: Kurz nachdem er sich als mein jüngerer Bruder bezeichnet hatte, stellte er meinem Namen jetzt die Worte »Papa und Wegbegleiter« voraus. Bald danach begann er seine Briefe mit »lieber Papa«. In direkter Rede nannte er mich Tommy, so wie ich auch meine Mutter mit dem Vornamen anredete. Ich wurde mir der Lage nicht sofort bewusst. Mein Berufsethos setzte mir zu: Mein Interviewpartner hätte sich keineswegs in meinen Sohn verwandeln sollen. Ich hatte damals kaum Erfahrung mit einer derart tiefgreifenden emotionalen Verpflichtung und wagte auch noch nicht zu glauben, dass ich eine Quelle unendlichen Glücks geschenkt bekommen hatte. Vorerst brauchten Itayu und ich einander auch, weil wir damals schweren Jahren entgegengingen: Er musste das Versprechen, das er sich selbst gegeben hatte, einlösen und das Abitur schaffen. Ich musste mit dem immer schlechteren Zustand meiner Mutter zurechtkommen.

Einige Zeit nachdem sie ihr Fotostudio hatte aufgeben müssen, fing sie sich und fand eine neue Erwerbsgrundlage: Sie besuchte einen staatlichen Fremdenführerkurs in Jerusalem. Die meisten ihrer Gruppen kamen aus Deutschland. Als Touristenführer brauchte man eine amtliche Lizenz. Das Tourismusministerium betrachtete die Guides als Vertreter der israelischen Informationspolitik. Meine Mutter war oft die einzige Israelin, die ihre Touristen näher kennenlernten, was sie zu einer Art Repräsentantin des Staates machte. Sie wusste den Touristen ihre Liebe zu Jerusalem zu vermitteln, und zu meiner Überraschung vertrat sie Israel auch gern, ohne Bitterkeit. Außerdem genoss sie es, mehr als andere zu wissen. Solange sie noch geistig klar war, erntete sie viel Lob, auch dank ihrer teils humorvollen Erklärungen. In der Grabeskirche sagte sie, sie könne nicht beweisen, dass Jesus in den Himmel aufgestiegen war, aber es sei auch nicht völlig auszuschließen, denn das Grab, in das man ihn gelegt hatte, sei jetzt leer. Es waren glückliche Jahre für sie. Erste Anzeichen von Alzheimer zeigten sich leider schon, bevor sie körperlich abbaute und ihren Beruf aufgeben wollte. Nun hörte ich Beschwerden. Zuerst erklärte man mir, sie irre sich zuweilen, am Ende hieß es, sie rede Unsinn daher. Nichts hatte mich darauf vorbereitet, mit einer solchen Situation umzugehen. Ich fühlte mich verpflichtet, mein einst gegebenes Versprechen einzulösen und sie nicht ins Altersheim zu bringen.

Jemand riet mir, ihr einen Hund zu besorgen. Tariko war sehr nett zu ihr und sie zu ihm. Aber ein- oder zweimal verlief sie sich. Leute teilten mir telefonisch mit, sie streune in abgelegenen Gegenden der Stadt umher. Ihr Fleischer rief mich verlegen an und sagte, sie kaufe zwei- bis dreimal am Tag große Mengen Fleisch. Wenn er sie darauf hinweise, dass sie am selben Tag bereits dagewesen sei, reagiere sie beleidigt. Sie habe doch Gäste aus dem Kibbuz, gab sie einmal zur Antwort. Ich sagte ihm, er solle ihr alles verkaufen, was sie haben wolle. Hauptsache, sie nicht kränken. Der Direktor ihrer Bank bat mich zu sich. Eigentlich dürfe er das nicht tun, sagte er, aber da meine Mutter schon vierzig Jahre Kundin der Filiale sei, wolle er mich wissen lassen, dass alle paar Tage ein junger Araber auftauche und einen Scheck von ihr einlöse. Auf Nachfrage habe der Mann geantwortet, sie bezahle ihn für Arbeiten, die er für sie erledige. Einmal passte ich ihn in ihrer Wohnung ab. Er arbeitete im Supermarkt und brachte ihr jede Menge Waren, die sie gekauft und natürlich bereits bezahlt hatte. Während er diese auspackte, »erinnerte« er sie ans Zahlen, und sie stellte einen Scheck aus.

Der junge Mann war überrascht, mich zu sehen. Ich fragte ihn, warum er das tue, und er antwortete, er unterstütze seine Mutter. Ich sagte ihm, es gebe zwei Möglichkeiten: Entweder ich würde ihn der Polizei übergeben, dann würde er Schläge kriegen, und ich hätte nichts davon, oder er gebe mir das ergaunerte Geld wieder. Er sagte, er habe keins. Wir einigten uns auf eine wöchentliche Ratenzahlung. Er gab fast alles zurück. Als ich einsah, dass meine Mutter nicht mehr allein leben konnte, schlug ich ihr vor, ein Zimmer ihrer Wohnung zu vermieten, wie sie es früher mal getan hatte. Ich weiß nicht, ob sie begriff, dass es um den Einzug einer Pflegerin ging. Ich suchte junge Frauen aus Deutschland. Meist fand ich sie auch, aber ich musste ständig organisieren: Die eine kann heute nicht, die andere erst übermorgen. Das war nervenaufreibend und auch deprimierend. Einen Moment schien meine Mutter völlig klar zu sein, dann versank sie wieder in abwesendes Gemurmel.

Einmal las ich ein Interview mit einem bekannten Professor der Geriatrie. Er sprach von einem neuen, experimentellen Medikament gegen Alzheimer. Ich bestellte ihn zu meiner Mutter, und er bat sie, ihm aus ihrem Leben zu erzählen. Unter anderem berichtete sie, ihre Tochter sei Mitglied des deutschen Bundestags gewesen. Der Professor sah sie milde an: »Ja, ja, gewiss«, und nochmal in sanftem Ton: »Gewiss, gewiss.« Anschließend fragte ich ihn nach seinem Eindruck. Er wollte gern meine Erlaubnis, das neue Medikament an meiner Mutter auszuprobieren. Es löse unangenehme, vielleicht gefährliche Nebenwirkungen aus, aber es lohne den Versuch, sagte er. Wie sollte ich so eine Entscheidung treffen, fragte ich mich, nutzte jedoch meine journalistische Erfahrung, Fragen über Themen zu stellen, die ich nicht verstanden hatte. Ich fragte, ob das experimentelle Medikament in den USA zugelassen sei. Der Professor antwortete, vorläufig sei es nur in Italien zugelassen. Ich sagte, wir sollten uns vorerst in Freundschaft trennen. Bevor er ging, sagte ich: »Übrigens, was sie über meine Schwester erzählt hat, stimmt. Sie ist tatsächlich Mitglied des deutschen Parlaments gewesen.« Der Professor musterte mich neugierig, als sei ich ein neuer Patient, und verfiel wieder in sanften Ton: »Gewiss, gewiss«, sagte er, »Mutter hat es mir erzählt.«

Mit der Zeit baute sie auch körperlich ab. Am Ende ihres Lebens saß sie fast reglos in ihrem Sessel, völlig abhängig von den deutschen Pflegerinnen, an Schläuche und medizinische Geräte angeschlossen, die gelegentlich gewechselt werden mussten. Das war auch für mich eine sehr schwere Zeit. Aus Unvermögen, mit der Situation fertigzuwerden, wurde ich manchmal laut, was ihr Tränen in die Augen trieb und mir bis heute leidtut. Ich besuchte sie mindestens einmal am Tag, auch um mit dem guten Tariko Gassi zu gehen. Manchmal dachte ich, er leide mit ihr. Als das Ende nahte, wollte ich auf einmal, dass sie Itayu kennenlernte. Er hatte damals langes Haar, teils zu strammen Zöpfen geflochten, die ihm wie Antennen vom Kopf abstanden. Meine Mutter begriff nicht, wer er war, blickte ihn aber freundlich an und sagte auf Deutsch: »Dich würde ich gern fotografieren!« Das waren ihre letzten Worte, an die ich mich erinnere. Sie starb in einer der letzten Wochen des Jahrhunderts, das ihr Leben bestimmt hat, im Alter von siebenundachtzig Jahren. Ihren Leichnam hatte sie der Wissenschaft vermacht. Ich freute mich für sie, als es überstanden war. Tariko sagte ich, er könne ein oder zwei Tage bei mir bleiben, bis er eine andere Lösung für sich gefunden hätte. Er blieb Jahre, bis auch er starb. Wir hatten einander sehr gern.

Zerbrechlich

Itayu blieb nicht lange der »israelische Äthiopier«, als der er sich nach eigener Angabe nach dem Besuch am väterlichen Grab gefühlt hatte, sondern wurde wieder ein »äthiopischer Israeli«. Jeden Tag lernte er viele Stunden lang. Gelegentlich schrieb er mir über seine Gedanken und Gefühle, fast schon Tagebuchblätter, die mir teils sehr nahegingen. Fast immer fand ich in seinen Briefen die Wendungen »zum Guten oder zum Schlechten« oder »schöner oder weniger schön«. Sein Alltag im Internat schien, soweit ich das beurteilen konnte, nicht immer zum Guten und Schönen zu gehören. Auch die Situation der Juden aus Äthiopien, die bald nach ihm eingewandert waren, trübte seine Stimmung. An die fünfzehntausend von ihnen wurden innerhalb von sechsunddreißig Stunden mit Luftwaffenmaschinen nach Israel geflogen. Das war die »Operation Salomon«, ein großes menschliches und zionistisches Drama, das als historische Rettungsaktion dargestellt wurde. Doch gleich nach ihrer Landung erlebten auch diese Ankömmlinge wie ihre Landsleute, die zehn Jahre zuvor mit der »Operation Moses« gekommen waren, diverse Demütigungen. Die Gesundheitsdienste vernichteten die Blutspenden, die sie von Menschen aus Äthiopien erhalten hatten, mit der Begründung, sie könnten mit HIV infiziert sein. Das war eine rassistische und vor allem verletzende Praxis.

Eines Tages berichtete mir Itayu, er habe eine wichtige Entscheidung getroffen: Er werde auf den Personalausweis verzichten. Ich verstand ihn nicht gleich: Ohne Personalausweis bekommst du keinen Führerschein und kannst nicht wählen gehen, sagte ich. »Dann eben nicht«, erwiderte er. »Du erhältst keine medizinische Versorgung von der Krankenkasse, kannst kein Bankkonto eröffnen, und vermutlich wirst du auch nicht zum Wehrdienst einberufen.« – »Dann eben nicht«, wiederholte Itayu. Ich betrachtete das als jugendliche Laune, aber er erklärte mir, auch der Personalausweis, den das Innenministerium Einwanderern aus Äthiopien aushändige, sei rassistisch und beleidigend. In seinem Dorf gab es damals keine Geburtsurkunden. Ohne amtliche Bestätigung des Geburtsdatums weigerte sich das israelische Innenministerium, das von der Mutter angegebene Datum zu akzeptieren. Stattdessen schrieb man 00 für den Tag und nochmal 00 für den Monat seiner Geburt. Das Geburtsjahr hatte irgendein Beamter notiert, der mit seiner Einreise nach Israel befasst gewesen war: 1979. Tatsächlich war Itayu 1980 geboren. Mit so einem Ausweis werde er nicht rumlaufen, sagte er. Seine Mutter wisse sehr wohl, wann er geboren sei. Sie wisse es nicht nur gut, weil eine Frau weiß, wann sie ein Kind geboren hat, sondern auch, weil in derselben Woche Räuber ins Haus eingebrochen waren. Der Staat müsse ihr glauben.

Er ging zum Innenministerium und verlangte, seine Personalien zu ändern. Man schickte ihn von einem zum anderen und lehnte sein Gesuch schließlich ab. Ich sagte ihm, er habe keine Chance, diesen Kampf zu gewinnen. Schade um die Mühe, um die unweigerliche Enttäuschung, und was mache es überhaupt aus: Es gibt in Israel doch Zehntausende von Menschen aus verschiedenen Ländern, deren Geburtsdatum unbekannt ist und deren Personalausweis daher Nullen enthält. Itayu sagte, jetzt würde es eben einen weniger geben. Er sei keine Null, und wer immer seinen Ausweis verlange, hebe die Augenbrauen: Aha, einer von denen, die nicht genau wissen, wer und was sie sind. Aber am wichtigsten sei ihm, sagte er immer wieder, dass der Staat seiner Mutter glauben müsse, wenn sie sage, wann er geboren war. Er zog in den Kampf.

Das war nicht ganz leicht. Auf seine erste einschlägige Anfrage beim Friedensgericht in Tel Aviv erhielt er als Antwort einen klugen Rat: »Sowas schafft ihr nicht allein. Das ist eine komplizierte Angelegenheit. Nehmt euch einen Anwalt.« Itayu hatte keinen Rechtsanwalt, und seine Mutter hatte kein Geld, ihm einen zu engagieren. Deshalb hatten sie Anrecht auf Rechtshilfe. So gelangten wir zu Rechtsanwalt Amnon Givoni vom Amt für Zivilrechtshilfe der

Universität Haifa. Unter allen, die mit Itayu über die Sache sprachen, war Givoni wohl der Einzige, der ihm nicht zum Aufgeben riet. Der freundliche junge Mann investierte viel Zeit, Überlegung und Geduld in diesen Fall. Immer wieder bat er Itayu und seine Mutter zu sich, stellte immer wieder die Fragen, die ihm vermutlich auch der Vertreter des Staates und vielleicht auch der Richter selbst stellen würden: »Wie wissen Sie mit Sicherheit, wann genau er geboren wurde? War es Winter oder Sommer? Wissen Sie auch, wann Ihre anderen Kinder geboren wurden?« Sie wusste es sehr gut. »Wissen Sie, welches Datum wir heute haben?« Sie wusste es genau. Er fragte auf Hebräisch, sie antwortete auf Amharisch, Itayu übersetzte. Hin und wieder riet ich ihm, seine Mutter daran zu erinnern, dass Givoni auf unserer Seite war. Das war unnötig. Sie verstand es gut.

Givoni befand den Fall schließlich für lohnend. »Wir ziehen das durch«, erklärte er und schickte Itayu in ein Röntgeninstitut, wo er eine seiner Hände zur Altersbestimmung ablichten lassen sollte. Das Verfahren selbst war nicht erniedrigend, verdeutlichte jedoch die Arbeitsthese des Innenministeriums: Eine äthiopische Frau weiß nicht, was sie redet, und deshalb ist auf ihre Aussage kein Verlass. Die Untersuchung ergab, dass seine Mutter genau Bescheid wusste: Itayu wurde bald achtzehn, wie sie gesagt hatte, nicht neunzehn, wie das Innenministerium versicherte. Jetzt wurde der frühere Konsul Micha Feldmann hinzugezogen. Er steuerte die Formel für die Umrechnung von Daten aus dem äthiopischen in den gregorianischen Kalender bei: Man addiert zum gregorianischen Datum sieben Jahre, acht Monate und sechs Tage.

Die Akte M. 2100.98 A. 021008 wurde ordnungsgemäß als Widerspruch beim Generalstaatsanwalt registriert. Itayu war sehr nervös. Er erwartete eine harte Befragung und fürchtete vor allem, man könnte seine Mutter demütigen. Alle sagten ihm, es sei keine Katastrophe, wenn er den Prozess verlieren würde, deswegen gehe die Welt nicht unter, aber Itayu empfand es als Schicksalsstunde. In der Nacht zuvor weckte er mich und fragte, was ich meinte: Würde der Generalstaatsanwalt persönlich zur Verhandlung kommen? Er tat mir leid. »Womit hat er das verdient«, fragte ich mich. Ich antwortete ihm, der Generalstaatsanwalt würde wohl kaum selbst erscheinen, und riet ihm, möglichst noch ein bisschen zu schlafen. Der Friedensrichter in Haifa hörte die beiden Seiten in einem kleinen Raum. An einer Wand hingen zwei Karikaturen aus dem Rechtsleben von Honoré Daumier und ein Poster mit nur einem englischen Wort darauf: *fragile* – zerbrechlich. Vielleicht meinte der Richter nur das Gesetz, vielleicht auch die Gerechtigkeit. Jedenfalls machte er den Eindruck eines Mannes, der nicht oft lächelt.

Wir drängten uns aneinander. Ich saß zwischen Itayu und seiner Mutter und erinnere mich sehr gut an jede Einzelheit: Der Richter rückt seinen schwarzen Talar auf den Schultern zurecht, wendet sich an die Staatsanwältin und fragt, was sie zu sagen habe. Sie, ebenfalls im schwarzen Talar, erhebt sich und beginnt in feierlichem Ton: »Herr Vorsitzender, in einem modernen Rechtsstaat ist ein sorgfältig geführtes und vor allem genaues Personenregister von höchster Bedeutung. Die von den Staatsbürgern erhobenen Daten – « der Richter unterbricht sie: »Danke. Haben Sie Kinder?« Die überraschte Staatsanwältin bejaht. Der Richter fragt, wie viele. Drei, lautet die Antwort. Der Richter fragt: »Wissen Sie, wann sie geboren wurden?« Die Staatsanwältin bejaht erneut. Der Richter streckt den Arm aus, deutet auf Itayus Mutter und befindet mit Donnerstimme: »Auch diese Frau weiß es!« Dann beginnt er, das Urteil zu diktieren: »Nach gründlicher Prüfung des Antrags nebst Anhängen und des ärztlichen Attests – « Itayu wirft mir einen fragenden Blick zu: Wann genau hatte der Richter es geschafft, irgendwas gründlich zu prüfen? Doch ehe wir darüber nachdenken können, kommt der Richter schon zu seiner Entscheidung: Der Antrag ist angenommen.

Tausendmal habe ich diese Geschichte wiederholt, ein Grundstein in dem Drama mit Itayu und mir in den tragenden Rollen. So hätte es vielleicht auch in etwa sein können. Aber eines Tages fiel mir der Bericht in die Hand, den ich damals über das Verfahren veröffentlicht hatte, und darin kommt diese Szene nicht vor. Auch sie hat sich in meinen Gehirnganglien selbst erfunden, vielleicht inspiriert durch einen anderen Gerichtsprozess, der vor oder nach unserem stattgefunden hat. Bei unserer Verhandlung wurde der Staat nicht durch eine Anwältin vertreten, sondern durch einen Anwalt. Er trug keinen schwarzen Talar, weil das im israelischen Friedensgericht unüblich ist. Auch der Richter nicht. Die Verhandlung fand im Sitzen statt. Der Vertreter des Staates widersprach dem Antrag gar nicht. Er wollte nur, dass das Gericht dem Innenministerium auftrug, dem Antrag stattzugeben. Das hatte wohl juristische Gründe. Jedenfalls verzichtete der Staat auf die Verhandlung; der Richter diktierte das Urteil, ohne Fragen gestellt zu haben. Ich würde diese graue Version des bürokratischen Vorgangs, der an jenem Tag ablief, gern wieder vergessen. Sie entspricht weder der enormen Anspannung, die Itayu und ich dazu mitbrachten, noch dem Triumphgefühl auf dem Heimweg. Aber die Daumier-Karikaturen hatten dort an der Wand gehangen, ebenso wie das Poster mit dem Wort »zerbrechlich«; ich habe sie in meinem Bericht erwähnt. Beim Verlassen des Gerichts versuchte ich Itayu einen väterlichen Rat fürs Leben zu erteilen: »Siehst du, auch wenn der Staat dir etwas aufzwingen will, muss man nicht kampflos aufgeben.« Er sah mich von der Seite an und brummelte trocken: »Wenn ich mich nicht irre, warst du ja zuerst dagegen.«

Trip mit dem Ministerpräsidenten

Itayu bestand die Abiturprüfungen. In jenem Jahr schaffte das nur einer von zehn Schülern aus Äthiopien. Meine späte und erst kurz zuvor gereifte Vaterschaft erhielt eine neue und besonders erfreuliche Dimension: väterlichen Stolz. Fünf Einheiten Mathematik, die höchstmögliche Zahl – super! Ich für meinen Teil hatte das Reifezeugnis nur erhalten, weil mein Jahrgang am Gymnasium neben der Universität an einem Versuchsprogramm teilnahm, bei dem wir uns in Einführung in die Wirtschaftslehre statt in Mathematik prüfen lassen konnten. An diesem Punkt wusste Itayu, was er werden wollte, wenn er mal groß war: Er begann Elektrotechnik zu studieren. Seine Einberufung zum Wehrdienst wurde deshalb aufgeschoben. Während des Studiums nahm er an einem Studentenaustausch mit Deutschland teil, war bei einer netten Familie in Mülheim an der Ruhr zu Gast und kam mit einer festen Meinung zurück: »Die Deutschen sind ein wunderbares Volk!«

Einmal noch benutzte ich ihn für einen Zeitungsartikel. Das war vor den Wahlen von 1999. Itayu sollte zum ersten Mal wählen gehen. In der Reaktion des *Haaretz* meinte jemand, nach achtjähriger Bekanntschaft mit dem »äthiopischen Jungen« wäre interessant zu erfahren, was er von Ministerpräsident Benjamin Netanjahu und seinem Herausforderer Ehud Barak hielt. Wir beschlossen, Itayu eine Reportage über »einen Tag mit« zu organisieren. Das war nicht schwer: Beide Wahlkampfstäbe erfassten sofort das Werbepotenzial eines solchen Aufsatzes. Der Wahlkampf hatte kein zentrales Thema gefunden und kaum Leidenschaften entfacht. Die Unterschiede zwischen Netanjahu und Barak waren nicht besonders krass. Beide versprachen, den Friedensprozess fortzusetzen, ohne den Palästinensern bedeutende Zugeständnisse zu machen. Beide waren ausgesprochen nett zu Itayu. Beide nahmen ihn in ihren Limousinen mit. Barak lud ihn in ein Einkaufszentrum zum Kaffee ein, warf mit ihm ein paar Bälle in den Korb und stattete dann der Großmutter seines Fahrers einen Privatbesuch ab: sehr entspannt, auf Augenhöhe. Er erklärte, wie er sein Versprechen einlösen wolle, die israelische Armee aus dem Südlibanon abzuziehen, wo sie fünfzehn Jahre lang stationiert gewesen war, und erzählte, in seiner Freizeit spiele er gern Klavierstücke von Schubert. Ministerpräsident Netanjahu ließ Itayu in seinem Hubschrauber mitfliegen.

Itayu interessierte sich damals schon sehr für Politik, verfolgte die Nachrichten, verschlang Zeitungen. Vor allem fragte er sich, wem er Glauben schenken sollte. Von beiden Kandidaten wollte er daher wissen, ob Politiker überhaupt ehrliche Menschen sein könnten. Barak sagte, ein Politiker könne ein ehrlicher Mensch sein, aber er habe es damit schwerer als, sagen wir, ein Lehrer oder Manager. Netanjahu sagte: »Er kann nicht nur, er muss es!« Beide beantworteten seine Fragen ernsthaft und geduldig. Itayu stellte ihnen noch zwei gleichlautende Fragen. Auf die Frage, ob sie an Gott glaubten, antworteten beide, wie Ben Gurion, sie glaubten an die Existenz irgendeiner »höheren Macht«. Zweitens fragte er jeden der beiden, ob er versprechen könne, dass alle Einwanderer aus Äthiopien innerhalb eines Jahres feste Wohnungen erhalten würden. Seine vorige Nachprüfung hatte ergeben, dass rund fünftausend damals noch in Wohncontainern hausten. Barak war überrascht, fing sich aber schnell und erwähnte seine Beteiligung als Generalstabschef an der »Operation Salomon«. Zum Wohnungsproblem der äthiopischen Einwanderer sagte er: »Ich weiß es nicht. Ich habe mich damit noch nicht gründlich beschäftigt.« Itayu bewunderte seine Ehrlichkeit. Netanjahu sagte ohne jedes Zögern: »Mir scheint, wir werden diesen Terminplan einhalten und vielleicht sogar etwas unterbieten.« Ein dünnes, fast unsichtbares Lächeln, das sich nur auf Itayus Mundwinkel schlich, schärfte die Sinne des Ministerpräsidenten blitzartig: Er erbat »ein, zwei Tage zur Prüfung«.

Dies war seine zweite Begegnung mit Itayu, und mittlerweile wusste er schon, dass man ihm nicht so leicht etwas vormachen konnte. Einige Tage zuvor hatte Itayu im Fond seines Wagens gesessen. Netanjahu wandte sich vom Beifahrersitz um und sagte: »Ja, junger Mann, was wollten Sie mich fragen?« Itayu: »Legen Sie mir überzeugend dar, worin Sie besser für den Staat sind als Barak.« Netanjahu: »Ho, ho, ich bin in allem besser!« Itayu: »Was heißt ›in allem‹? Das ist keine Antwort. Sie müssen mich überzeugen.« An diesem Punkt erreichten sie Netanjahus Black Hawk Hubschrauber, der ihn nach einer Runde in einer Westbank-Siedlung nach Jerusalem zurückbringen sollte. Er lud Itayu ein mitzufliegen. Unterwegs wies er den Piloten an, etwas von der Route abzuweichen, um Itayu die schmale

Taille des Landes zu zeigen. Itayu war fasziniert. Es war sein erster Hubschrauberflug. Für mich gab es keinen Platz mehr.

Das zweite Treffen fand an einem Freitagmittag statt. Die Mitarbeiter des Ministerpräsidentenamts waren zumeist schon nach Hause gegangen. Netanjahu gab sich heiter-jovial. Er wollte wissen, ob Itayu im Rahmen des Projekts »Computer für jedes Kind« auch einen erhalten hatte (hatte er), und fragte weiter, welches Modell es genau gewesen sei und welche Grafik er produzieren könne. »Schauen Sie her«, sagte er zu Itayu und hielt ihm Ausdrucke mit prächtigen Diagrammen hin. »Schöne Grafik, nicht wahr? Und schauen Sie hier: Das ist die Zahl der Klassenräume, die es bei meinem Amtsantritt gegeben hat, und sehen Sie, wie viele es jetzt sind. Weiter: Das ist die Zahl der Krankenhausbetten, die es bei meinem Amtsantritt gab, und schauen Sie sich diese Rubrik an, wie hoch sie heute ist. Weiter: die Inflation – sehen Sie diese Tabelle? Toll, die Grafik, die dieser Computer auswirft, nicht wahr?« Itayu stimmte zu und fragte, warum die Menschen ihm nicht glaubten. Nicht mal die Minister würden ihm Glauben schenken. »Itai«, sagte Netanjahu, »Sie müssen wissen: Nehmen wir an, ich lasse jetzt ständig durchsickern, dass Sie nicht so gut mit Computern umgehen können. Ich sage was über Sie, und das kehrt nun wieder, Tag für Tag auf zehn verschiedene Weisen, in zwanzig Zeitungsartikeln und unzähligen Interviews und Verunglimpfungen und Verleumdungen – dann dringt das bei einem Teil der Bevölkerung ins Bewusstsein. Denn dieses Tröpfeln wiederholt sich. Jeden Tag! Menschen, die Sie kennen, werden sagen: Stimmt nicht, Itai kann prima mit dem Computer umgehen. Aber wer Sie persönlich gar nicht kennt …« Er klang ehrlich aufgeregt: »All das, was Sie hier auf den Computerausdrucken sehen – diese ungeheuren Erfolge – findet keinerlei Echo in den Medien!« Itayu wunderte sich: »Sie kommen doch mindestens zweimal pro Tag in den Medien?« Netanjahu: »Stimmt, aber die Interviewer lassen mich nicht sagen, was ich sagen will. Dauernd fallen sie über mich her und machen mich klein. Und ich bin damit beschäftigt, die Angriffe abzuwehren, statt Auskunft zu geben.«

Er nahm sich fast eine Stunde Zeit für dieses Interview. »Kommen Sie, ich zeige Ihnen was«, sagte er plötzlich und führte Itayu und mich in den Kabinettssaal. »Hier treffen wir unsere wichtigsten Entscheidungen«, erklärte er. An der Wand hing ein Ölbild, das Porträt eines bärtigen Mannes mit Zigarette in der Hand. »Schauen Sie her«, sagte Netanjahu zu Itayu, »sie haben ihn mit einer Zigarette erwischt. Das ist Herzl. Haben Sie von Herzl gehört?« Ja, Itayu hatte von Theodor Herzl gehört. Wie es so geht – seine Gespräche mit den beiden Kandidaten änderten seine Ansichten nicht, sondern bestärkten sie. Itayu und ich stimmten nicht für denselben Mann. Netanjahu verlor die Wahl. Kurz vor Itayus Einberufung meinten wir, dies sei der richtige Zeitpunkt, die jahrelange Artikelserie über seine seltsamen Erlebnisse in Israel zu beenden. Er diente als Elektrotechniker in der Luftwaffe; den Kurs bestand er mit Auszeichnung.

Eine Nacht in Ground Zero

Für den 11. September 2001 fand ich in meinem Notizbuch den Eintrag: »Bettzeug für Itayu kaufen.« Diese Zeile war durchgestrichen, und darunter stand: »Itayu – eine Woche aufschieben.« An jenem Morgen wachte ich in einem Hotel in New Jersey auf. Am Vortag war ich als Gastprofessor an der Rutgers University angekommen. Die Universität hatte mir eine nette Wohnung in Highland Park eingeräumt, einem überwiegend jüdischen Wohnbezirk mit vielen Ultraorthodoxen. Itayu wollte mich für einige Tage besuchen. Doch als ich morgens den Fernseher anschaltete, sah ich ein Flugzeug in einen der beiden Twin Towers fliegen und dann ein zweites in den anderen. Die Bilder kehrten immer wieder, in Endlosschleife. Ungern erinnere ich mich jetzt daran, dass die Bilder in den ersten Sekunden eher eine fast ästhetische Bewunderung als Angst bei mir auslösten: Das Ganze wirkte inszeniert wie eine Feuer- und Luftakrobatik-Show. Mir fiel ein Film ein, den ich am Vorabend meiner

Abreise aus Israel gesehen hatte: *Air Force One* mit Harrison Ford, über die Entführung des amerikanischen Präsidentenflugzeugs. Ich brauchte einige Minuten, um zu begreifen, dass das jetzt echt war. Danach erhob sich die Frage: Wie konnte das überhaupt sein, dass diese Gebäude mit solcher Leichtigkeit einstürzen?

Es dauerte fast vierundzwanzig Stunden, bis ich von New Jersey nach Manhattan durchkam. Schon im Zug sah man erste Anzeichen einer tiefgreifenden Veränderung in den USA, denn die Fahrt war gratis. Der Fahrkartenautomat funktionierte offenbar nicht mehr. Ich erinnere mich, dass ein trauriger Schaffner mit der Ansage: »Heute ohne Fahrscheine! Heute ohne Fahrscheine!« durchging. Die Fahrgäste trauten ihren Ohren nicht. Man kann sich kaum eine größere Beleidigung für das amerikanische Credo vorstellen als Gratisfahrten in der Eisenbahn. »Das Leben wird nicht mehr so sein, wie es war«, notierte ich mir. Das war ein passendes Klischee.

Überall südlich der 14. Straße glich Manhattan einer Geisterstadt. Der Staub, der den südlichen Stadtbereich bedeckte, erschwerte das Atmen. Ein Passant erzählte mir, am Vortag habe er Menschen von oben aus einem der Türme springen sehen, in der Hoffnung, sich dadurch zu retten. »Ein Regen von Menschen«, sagte er und schilderte, wie ihre Körper zwischen Leben und Tod geschwebt hatten. Ich erinnere mich an Grauen und Entsetzen, an großes Ringen um die richtigen Worte und ein dumpfes Gefühl tiefer Kränkung, weil meine großartige, wunderbare und geliebte Stadt New York solch eine Katastrophe verkraften musste.

Itayu kam eine Woche später. Die Aussichtsplattform des Empire State Building war geöffnet. Am nächsten Tag begleiteten wir Rolando Matalon, den Rabbiner der Synagoge B'nai Jeshurun, der mit einigen Gemeindemitgliedern losfuhr, um den Feuerwehrmannschaften Sandwiches und Kaffee zu bringen. Wir hielten zuerst bei der St. Paul's Chapel, dem ältesten öffentlichen Gebäude in Manhattan, wo George Washington am Tag seiner Vereidigung zum Präsidenten gebetet hatte. Die kleine Kirche ist von einem malerischen

Friedhof umgeben. Jetzt lagen dort haufenweise zerdrückte Computer – archäologische Hinterlassenschaften einer ungeheuren Macht. Ein Stück weiter parkten Tausende Autos: Ihre Besitzer lagen unter den Trümmern begraben. Die Wagen standen da wie Gedenksteine für sie. Einige Stunden lang packten wir belegte Brote in Kartons. Gegen Mitternacht brachte man uns in kleinen Gruppen hinunter ins Tal des Todes. Die Flammen züngelten noch, die meisten Leichenteile waren noch nicht geborgen. Wir traten auf ein grau-gelbes Gemisch von Stahlpartikeln, Glasscherben und vermutlich auch menschlichen Überresten. Ich versuchte zu raten, wo wir uns eigentlich befanden: in einer prächtigen Lobby oder im Ausstellungsraum eines großen Rennwagenhändlers oder in einer Anwaltskanzlei, in der Milliardengeschäfte abgeschlossen worden waren. Doch wir tappten nur zwischen versengten Stahlträgern und angehäuften Betonklumpen umher. Dichter Qualm stieg von der Ruine auf, und grauenhafter Gestank hing in der Luft. »Höllenhauch«, steht in meinem Notizbuch. In einer Stadt mit zwei Millionen Juden, viele davon Holocaust-Überlebende, war es nur natürlich, dass manche die Unglücksstelle als Schmelzofen bezeichneten und untereinander sagten, seit Auschwitz seien nicht mehr so viele Menschen auf einmal verbrannt worden.

Innerhalb weniger Stunden ertrank New York schier in einem Meer von Fahnen. Sie flatterten auf Hausdächern, hingen aus Fenstern, steckten an Lampenmasten. Leute banden sie an die Antennen ihrer Autos, befestigten sie am Hosenbund oder sogar am Halsband ihres Hundes. Menschen, die ich danach fragte, konnten sich kaum entsinnen, wann zuletzt so viele das tiefe Bedürfnis empfunden hatten zu zeigen, wie stolz sie waren, Amerikaner zu sein. Es mutete sehr israelisch an, wie der Terror die Amerikaner in so großer Zahl zu geschlossenem Stammesverhalten antrieb und sie drängte, ihr Wertesystem zu verbarrikadieren. Nach der vorherrschenden Meinung hatten die Terroristen sie angegriffen, weil sie Amerikaner waren. Fazit: Sie mussten noch amerikanischer werden. Etwas Ähnliches hatten viele von ihnen auch während des Kalten Krieges empfunden. In jenem September konnte man ihnen leicht sagen: »Wir sind alle Amerikaner.«

Einige Tage nach dem Anschlag ging ich zum Union Square und kam mit einigen Leuten ins Gespräch. Wir saßen unter der Abraham-Lincoln-Statue. Noch wenige Tage zuvor hätten sie sich verständlicherweise sicher gefühlt: Ihr Land war eine Supermacht, erstreckte sich zwischen zwei Ozeanen, sagten sie. Einer erzählte, mehr noch als der Einsturz der Gebäude habe ihn der Zusammenbruch der Verkehrs- und Kommunikationsnetze entsetzt: Plötzlich sei ihm klar geworden, dass Manhattan eine Insel ist, und als er zu telefonieren versuchte, habe er nur die Stimme eines defekten Automaten gehört: »Danke, danke, danke« auf Spanisch: Das sei dermaßen makaber gewesen, sagte der Mann.

Doch schon wenige Tage später musste ich meine Behauptung, das Leben nach der Katastrophe werde nicht mehr so sein wie früher, neu überdenken. Itayu und ich gingen in den Central Park, und siehe da: Die weißen Pferdekutschen fuhren schon wieder; die schwarzen Jungs vollführten atemberaubenden Breakdance; der Chinese, der Namen auf Reiskörner schreiben konnte, war zurück; und zurück waren auch die Kerle aus Nigeria, die unechte Golduhren verkauften, sowie ihre Kollegen, die mit gebrannten Erdnüssen handelten. Die Rasenflächen waren voll mit Liebespaaren, und eine betörende Herbstsonne spendete Wärme. Itayu sagte, er könnte dort Stunden verbringen, ohne etwas zu tun – nur die Menschen beobachten. Bereits an jenem Wochenende schrieb ich in meinem Artikel: »In einem Land, dessen historisches Gedächtnis dermaßen oberflächlich ist, könnte auch der Angriff auf die Twin Towers ohne weitreichenden Einfluss bleiben.«

Am ersten Jahrestag des Anschlags kehrte ich nach Ground Zero zurück. Ich konnte mitfühlen mit der Tragödie Tausender Familien, die ihre Angehörigen verloren hatten, und auch mit den schmerzenden Traumata der Überlebenden, hatte jedoch Mühe, einen tiefen historischen Wandel infolge des Anschlags festzustellen. »Der nackte

Cowboy«, ein Gitarrenspieler in Unterhosen, den man auf dem Times Square für ein gemeinsames Foto engagieren konnte, stand wie immer an seinem Platz. Die Überschrift, die ich von dort mitbrachte, lautete: »Als wäre nichts geschehen«.

Als ich zum zehnten Jahrestag zurückkehrte, war doch so einiges geschehen. Langsam entstand der Eindruck, dass Amerika sich seit dem Anschlag auf die Twin Towers selbst zerlegte. Da waren die Rachefeldzüge in Afghanistan und im Irak und eine Reihe dramatischer Katastrophen: Der Absturz der Raumfähre Columbia 2003, die fehlerhafte Rettungsaktion, als der Hurrikan Katrina die Stadt New Orleans erheblich traf. Immer mehr Amerikaner stellten über die Jahre fest, dass sie – entgegen ihren Erwartungen – nicht dafür sorgen konnten, dass ihre Kinder es einmal besser haben würden als sie selbst. Millionen junge Menschen entdeckten, dass sie ihre Lebenswünsche nicht würden erfüllen können. So erwies sich jener schreckliche September denn als eine Art Fanfarenstoß wie zu Beginn einer wagnerianischen Aufführung der *Götterdämmerung*. Aber am zwanzigsten Jahrestag hatte ich den Eindruck, dass die aufkommende Kultur des Internets und der sozialen Medien die Katastrophe der Twin Towers doch in einer anderen Welt zurückgelassen hatte.

An einem der dümmsten Orte für ein ernsthaftes Gespräch fragte ich Itayu einmal, ob er vielleicht erwäge, in Amerika zu leben. Wir befanden uns in einem Casino in Las Vegas. Itayu war guter Laune: Das Rouletterad hatte ihm gerade einen Gewinn von fünf Dollar beschert. Einige Monate hatte er am Hunter College in New York studiert, um sein Englisch zu verbessern. Er wolle nicht in Amerika leben, sagte er. Ich versuchte nachzuhaken: »Du glaubst doch nicht, dass jemals echter Frieden zwischen Israel und den Palästinensern einziehen wird, und bald bist du Elektroingenieur, ein Beruf, der überall gebraucht wird, wirst auch eine Familie gründen und Kinder haben. Vielleicht solltest du dein Leben in einem sichereren Land aufbauen. Kanada? Australien?« Itayu sagte, er wolle nie mehr ein Immigrant sein. »Deine Eltern waren Immigranten. Das hat dein ganzes Leben beeinflusst und ist dir noch heute anzumerken. Auch meine Kinder werden noch Immigrantenkinder sein, obwohl ich als Kind nach Israel gekommen bin. Es wird Zeit, dass das mal endet.« Nach der Wehrentlassung schloss er sein Studium ab. Eines der ersten Projekte, an denen er als Ingenieur mitwirkte, sollte einem kleinen Dorf in Äthiopien einen Internetanschluss verschaffen. Er wohnte damals mit seiner Freundin Shira im Zentrum von Tel Aviv. Auch sie war in Äthiopien geboren. Itayu war fast dreißig Jahre alt, als Shira und er beschlossen zu heiraten.

Freude am Holocaust-Gedenktag

Itayu und Shira sahen aus wie ein Märchenpaar, beide in Schneeweiß. Als sie sich unter die Gäste mischten, trugen sie auch goldbestickte Seidengewänder. Itayus Mutter und ich folgten ihnen zum Hochzeitsbaldachin, ihre Hand auf meinem Arm. Ich teilte ihre Aufregung und ihr Glück und sie meine. Hinter uns prasselte Feuerwerk. Fast siebenhundert Gäste jubelten uns zu. Kein Mensch fragte mich, wer ich sei. Und zwei Jahre später kam Liya zur Welt, am Donnerstag, den 19. April 2012.

Ich hatte natürlich einige Monate Zeit, um mich an den Gedanken zu gewöhnen, dass ich bald Großvater werden würde, aber als es dann soweit war, musste ich wieder mal mein Notizbuch zur Hand nehmen, um mit dem Erleben fertigzuwerden. Ich notierte alles, Minute für Minute, ab 06:00 Uhr, Anruf von Itayu: Sie waren im Ichilov, dem nur wenige Minuten von ihrer Wohnung entfernten Krankenhaus. In der Nacht hatte Shira Wehen bekommen, sie waren ins Krankenhaus gefahren, aber weggeschickt worden. Jetzt waren sie zurück. Wehen. Ich fahre sofort nach Tel Aviv. Große Freude im Herzen. Itayu beim Anruf auf dem Weg zum Auto: »Gut, schauen wir erstmal.« So ist er immer: Reagiert nur auf das, was gewiss ist. Junge oder Mädchen? Sie wollten es nicht vorher wissen. Bald werden wir es sehen.

08:20 Flur im Ichilov. Cappuccino und Schokoladencroissant. Mit Itayu und Shira im Kreißsaal Nr. 3. Ich fotografiere Shira im Bett. Wehen. Das Fruchtwasser ist abgegangen.

08:45 Shiras Mutter und Schwester sind gekommen. Letztere ist auch schwanger. Itayus Mutter ist unterwegs zu uns. Auf dem Flur ein Gespräch über das Leben: Ist seine Mutter heute in Kirjat Ata glücklicher, als sie es beim Verbleib in ihrem äthiopischen Dorf gewesen wäre? Itayu meint schon. Denn dort hatten sie den Traum, wegzuziehen. Das heißt, sie meinte nicht, dort hinzugehören. Sie träumte von Jerusalem. Ich: Vielleicht ist ein abstrakter Traum besser als die harte Realität? Ben Gurion hat über dieses Gefühl geschrieben. Itayu: Ich meine, sie fühlt sich hier wohl, und wenn sie sich erneut entscheiden müsste, würde sie es sogar zehnmal wieder tun. Ich: Junge oder Mädchen? Itayu: Was halt kommt.

10:00 Sirene zur Schweigeminute am Holocaust-Gedenktag. Der Ton dröhnt aus der Alarmanlage des Krankenhauses, viel lauter und eindringlicher als sonst draußen. Alle stehen auf und erstarren für zwei Minuten auf dem Fleck. Gedanke: Symbolischer – kitschiger – kann man es sich nicht ausdenken: neues jüdisches Leben beim Schrillen der Holocaust-Gedenksirene. Itayu war bei Shira. Ich draußen am Automaten für Schokolade und Cola.

10:02 Verebben des Sirenentons. Itayu kommt heraus. Seien sie im Kreißsaal aufgestanden, als die Sirene einsetzte? Itayu: Ja, nur Shira nicht. Ihm ist es leicht unangenehm, dass es gerade am Holocaust-Gedenktag passieren muss. Wir sprachen über einen Artikel von Gideon Levy im *Haaretz*. Sein jeckischer Vater war sein Leben lang ein Flüchtling geblieben. Das kenne ich.

11:30 Shira schläft schon seit einer halben Stunde. Itayu: Alles im Leben verläuft schwer für sie. Ausgerechnet jetzt hat sie endlich ein Jobangebot in dem Beruf erhalten, den sie im Sommer erlernt hat: Qualitätssicherung. Der Krankenhausflur erinnert an ein amerikanisches Motel: Tür an Tür. Besucher sitzen vor den Türen. Man hört jedes Stöhnen von drinnen. Junge oder Mädchen? Gespräche mit fremden Menschen. Eine sonderbare Erfahrung, ohne jede Intimität. Alle reden mit allen über Öffnung und Fingerbreite und Periduralanästhesie.

12:00 Öffnung sechs Finger breit

12:30 Öffnung acht Finger breit

13:00 Ich stehe vor dem Zimmer, mit Karottenchips in der Hand. Drücke das Ohr an die Tür. Itayu ist drinnen. Ich höre »push, push, push« von Schwester Marina. Das klingt mehr wie pasch, pasch, pasch – mit russischem Akzent. Prima, prima, weiter, weiter, weiter.

13:25 Babygeschrei. Shiras Mutter öffnet die Tür einen Spaltbreit – ein Mädchen! Und schließt sie wieder. Mir kommen kurz die Tränen. Umstehende lachen. Ich komme mir ein bisschen vor wie ein Idiot.

Itayus Mutter traf ein, nannte mich Opa Tom. Wenn meine Mutter noch am Leben wäre, hätte sie vor einigen Wochen ihren hundertsten Geburtstag gefeiert.

Freitagmittag, 20. April 2012. Ich zu Itayu: »Sag mal ehrlich, bist du enttäuscht, dass es ein Mädchen ist? Ein Junge kann ein Freund werden.« Itayu: »I wo, kein bisschen!« Shira ist angekleidet, glücklich, das Töchterchen ist niedlich. Ziemlich hellhäutig. In den nächsten Wochen wird sie nachdunkeln. Sie lassen sie mich halten. Mir scheint, seit dem Babyheim meiner Mutter habe ich sowas nicht mehr gemacht. Die erste Generation von Kindern, die von Geburt an mit Smartphones fotografiert werden.

Ein Jahr verging. Zwei Wochen nach meinem achtundsechzigsten Geburtstag schied ich beim *Haaretz* offiziell aus. In den letzten Jahren hatte ich eine wöchentliche Kolumne über historische Themen geschrieben, die mehr oder weniger mit den Nachrichten der Woche zu tun hatten. Mit der Zeit erstellte ich einen Leitfaden für meine Arbeit, den ich einmal in einem Seminar an der Graduate School of Journalism der Universität Berkeley zur Diskussion stellte: Der beste Journalismus ist der historische, und die beste Historiographie ist journalistisch. Dabei dachte ich unter anderem an zwei

Personen, die ich immer interviewen wollte, aber verpasste: William Shirer und Barbara Tuchman. Bei der Lektüre einer historischen Forschungsarbeit dachte ich häufig, dass man die Geschichtsschreibung eigentlich nicht den Geschichtsprofessoren überlassen sollte, die oft nur ungern schreiben. Ich mag das Schreiben sehr. Viel lieber als die vorangehende Recherche. An guten Tagen kann ich bis zu zwölf Stunden fast ununterbrochen am Computer sitzen. Schreiben ist für mich eher eine produktive als eine kreative Tätigkeit. Während der Recherche in Bibliotheken und Archiven und auch im Gespräch mit Menschen verliere ich manchmal die Geduld. So stark ist der Drang, ans Schreiben zu gehen. Ich zwinge mich zur Disziplin: Nicht anfangen zu schreiben, ehe die Recherche abgeschlossen ist! Alles muss fertig bereitliegen. Manchmal weiß ich, was im letzten Absatz stehen wird, bevor ich den ersten verfasst habe.

Nicht immer finde ich alles, was ich zu brauchen meine. Manchmal vergeude ich viel Zeit, bevor ich mir das eingestehe, und konzentriere mich unterdessen auf eine nahezu detektivische, gelegentlich weltumspannende Anstrengung. Am gewünschten Ziel angelangt, bin ich glücklich. Nicht selten ist die Mühe überflüssig. Man kann natürlich über Ben Gurions Ankunft in Palästina schreiben, ohne den Namen des Schiffs zu nennen. Die Leser wären mir nicht böse, wenn ich ihn nicht erwähnte. Aber irgendwie fiel es mir schwer, mit seiner Biographie zu beginnen, ohne den Namen entdeckt zu haben. Ich versuchte es bei der Reederei in Odessa (ihr Archiv war verbrannt); bei einem Antiquar in Berlin (der Baedeker-Reiseführer, den er mir verkaufte, verzeichnete sogar die Abfahrtszeiten von Odessa nach Jaffa, aber nicht die Namen der Schiffe); bei Lloyds in London bedauerte man sehr höflich: Leider habe man 1906 den Schiffsverkehr von Odessa nach Jaffa nicht verfolgt. (Ich hatte den Eindruck, dass sie schon verrücktere Anfragen erhalten hatten.) Mir fiel es schwer, sehr schwer, einzusehen, dass meine Bemühungen fehlgeschlagen waren. Bis heute kenne ich den Namen nicht. Das ärgert mich vor allem deswegen, weil er gewiss irgendwo steht, wo ich ihn nicht entdeckt habe.

Manche Ideen kommen mir im Schlaf, andere blitzen unter der Dusche auf. Jeden Morgen überarbeite ich das am Vortag Geschriebene: korrigiere, streiche, beginne auch mal alles von vorn. Gelegentlich bleibe ich stecken, aber meist fange ich keinen neuen Absatz an, solange ich nicht sicher bin, dass der vorige funktioniert. Zumeist halte ich die chronologische Reihenfolge der Geschichte ein. Von Barbara Tuchman habe ich gelernt, dass Rückblenden die Leser verwirren und ihnen die Geschichte verleiden können. Ich beziehe viele Menschen in den Schreibprozess ein. Sie alle sind meine Rechercheure. Bevor ich den Text freigebe, zeige ich ihn einigen Freunden, auf die ich mich verlasse. Ihre Aufgabe besteht darin, Fehler und Widersprüche aufzudecken und mich vor allem vor Behauptungen zu bewahren, die ich nicht wirklich beweisen kann. Meine Erfahrung – auch als Redakteur – hat mich gelehrt, dass kein Text unredigiert zur Veröffentlichung taugt. Meine Skepsis hilft mir, die Anmerkungen meiner Freunde ernst zu nehmen. Sie stehen in meinen Augen für meine Leser, und für meine Leser schreibe ich ja.

Aber die Routine der wöchentlichen Kolumne im *Haaretz*, die schon über dreißig Jahre währte, interessierte mich langsam immer weniger, was sich nun öfter auf ihre Qualität auswirkte. Es war mir eine Freude, liebe Leser, schrieb ich in meiner letzten Kolumne. Gerade hatten wir Liyas ersten Geburtstag gefeiert. Fortan sagte ich jedem, der mich fragte, warum ich nicht mehr für die Zeitung schreiben würde, dass ich nun Großvater in Vollzeit sein wolle. Nach meinem Ausscheiden konnte ich den Großteil meiner Zeit für die Lebensgeschichte David Ben Gurions verwenden, der auf die eine oder andere Weise fast mein ganzes Leben beeinflusst hat.

Väter und Söhne auf dem Ölberg

Ein Jahr, nachdem ich versucht hatte, der Corona-Depression zu entfliehen, und schließlich beim Ersten Komiker des Großherzogs von Baden gelandet war, setzt der Jacaranda-Baum, den ich unten im Garten sehe, neue grüne Blätter an und scheint damit bessere Zeiten anzukündigen. Wie manche meiner gleichaltrigen Freunde versank ich letztes Jahr in autobiographische Stimmung. Ich stöberte in alten Dokumenten, Briefen, Fotos, ließ wahre und vermeintliche Erinnerungen aufleben, suchte sogar Jugendfreunde auf, zu denen der Kontakt vor Jahrzehnten abgerissen war. Und entgegen meiner anderslautenden Entscheidung konnte ich es nicht lassen, der Identität jenes unbekannten Gerhard nachzuforschen, dessen herzzerreißenden Liebesbrief an seine holländische Freundin meine Mutter auf ihrer Schreibmaschine getippt hatte, so kurz nach dem Tod meines Vaters. Gelegentlich bedauerte ich es sogar: »Warum kann ich ihn nicht einfach hinter dem Schleier des Geheimnisses lassen«, sagte ich mir, kannte aber sehr wohl den Grund: Ich will alles wissen über das, worüber ich schreibe.

Das Rätsel Gerhard setzte mir immer wieder zu, bis mir eines Tages eine mögliche Lösung einfiel: Der junge Mann könnte Aryeh gewesen sein, dessen Einkauf man in der Fleischerei nicht hatte anschreiben wollen, weil er im Krieg womöglich umkam und dann zum Zahlen nicht zurückkehren würde. Mein Vater hatte ihn damals mit nach Hause gebracht. Ich wusste nie, wie Aryeh bei seiner Geburt in Berlin geheißen hatte. Vielleicht Gerhard? Aryeh rückte für mich nun ganz in den Vordergrund. Eine Weile hatte er in New York gelebt und mir manchmal Geschenke geschickt, war einmal sogar in einer Konzertpause an den Ex-Präsidenten Dwight D. Eisenhower herangetreten, um ein Autogramm für mich zu erbitten. Aryeh Leissner absolvierte die Columbia University und erlangte Bekanntheit als Pionier der Arbeit mit Straßengangs in New York und Tel Aviv.

Schließlich übersiedelte er nach England. Bei meiner ersten London-Reise besuchte ich ihn, seine Frau und den Sohn Dan, der unterdessen zur Welt gekommen war. Danach riss der Kontakt ab. Jetzt suchte ich nach ihnen. Aus Erfahrung weiß ich, dass es kaum einen Menschen gibt, der keinerlei auffindbare Spuren hinterlässt. Bald hatte ich Dan Leissner ausfindig gemacht, der als Jurist und Schriftsteller in England lebte.

Erwartungsgemäß hatte auch Aryeh eine recht dramatische Lebensgeschichte mitzuschleppen. Sein nichtjüdischer Vater hatte »von Leissner« geheißen. Seine Mutter war eine jüdische Kommunistin. Als die Nazis an die Macht kamen, verließ der Vater seine Frau und den Sohn Herbert – nicht Gerhard, wie jeder, den ich fragte, seine Unterschrift unter dem Brief fälschlich interpretierte, sondern Herbert. Ein Nachbar verriet seine Mutter an die Gestapo; sie kehrte nicht wieder. Der damals fünfzehnjährige Herbert floh zunächst nach Wien, wo er sich mit einem schwarzen Hund in einem Keller versteckte, und schlug sich dann im Krieg über Jugoslawien nach Palästina durch. Dort meldete er sich zur britischen Luftwaffe, später auch zur Jüdischen Brigade, und erlebte das Kriegsende in Holland, wo er sich in Henny verliebte. Nach seinen Worten fuhr er von dort nach Berlin, ermordete mit einem Bajonett den Nachbarn, der seine Mutter denunziert hatte, und kehrte zum Unabhängigkeitskrieg nach Israel zurück, wo er unter anderem am Kampf um den Kibbuz Ramat Rachel, nicht weit von meinem Elternhaus, teilnahm. Zu dieser Zeit wurde er offenbar verwundet und änderte seinen Namen in Aryeh. Später wurde er Senior Lecturer an der Keele University in Nordengland.

Eines Tages, im November 1988, ging Aryeh in sein Büro und schied durch einen Schuss aus seiner Pistole aus dem Leben. »Er hatte einfach nicht die Absicht, alt zu werden«, erzählte mir sein Sohn. Inspiriert zu seiner Tat hatte ihn Ernest Hemingway, dessen Abenteurerflair er gern übernahm. Er hatte bestimmt, dass sein Leichnam verbrannt werden sollte. Die Asche wurde nach Jerusalem überführt, wo man sie nach langem Überlegen auf dem alten Jüdischen Friedhof auf dem Ölberg verstreute. All das wurde mir erst kürzlich bekannt, und dabei fiel mir ein, dass Itayu mir vor Langem vorgeschlagen hatte, einmal gemeinsam das Grab meines Vaters dort aufzusuchen. Ich konnte ihm nicht erklären, warum ich das nie getan hatte, auch mir selbst nicht.

Den Ölberg sehe ich von meiner Wohnung aus, fast am Horizont. Gelegentlich erinnert mich sein Anblick an Gabriel Sterns internationalen Scoop, der mich als Kind so sehr beeindruckt hatte. Als er bei einem seiner Schabbat-Spaziergänge entlang der Teilungslinie in Jerusalem wieder mal sehnsüchtig über die Grenze spähte, sah er, dass auf dem Ölberg ein großes Hotel gebaut und dabei der Friedhof beschädigt wurde. Die Nachricht löste einen weltweiten Sturm und eine Debatte im UN-Sicherheitsrat aus. Der ursprüngliche Plan wurde geändert. Jeder Jerusalemer Journalist hätte diesen Scoop für sich verbuchen können, wenn er nur so gut hingeschaut hätte wie Gabriel. Zwei Monate nach dem Sechstagekrieg erklang wieder mächtiger Geschützdonner am Himmel über Jerusalem, und es bestand kein Zweifel: schon wieder Krieg. Durchs Fenster sah ich Bomber im Tiefflug über dem Ölberg kreisen. Das deutsche Auguste-Viktoria-Hospital, das ebenfalls auf Kaiser Wilhelms Betreiben errichtet und nach seiner Frau benannt worden war, stand in Rauch und Flammen. Doch tatsächlich war es ein inszenierter Angriff, zu historischen Zwecken, denn die echten Einsatzfilme waren verlorengegangen oder misslungen. In einigen Jahrzehnten wird die Entdeckung, dass die Bilder vom Kampf um Jerusalem gestellt sind, vielleicht die Überschrift eines Zeitungsberichts über die Arbeit eines fleißigen Doktoranden liefern.

Ich berichtete über Menachem Begins Beisetzung auf dem Ölberg. Einmal erhielt ich die Erlaubnis, auf den russischen Glockenturm zu steigen, der wie ein spitzer Bleistift auf dem Gipfel steht und Jesu Himmelfahrt symbolisiert. Häufig besuchte ich den nahegelegenen Britischen Militärfriedhof auf dem Skopusberg. Einmal war ich dort mit dem Historiker George Mosse, der sich unter anderem mit den unterschiedlichen Formen des Gedenkens an die Gefallenen des Ersten Weltkriegs befasst. Er machte mich darauf aufmerksam, dass die britischen Gräber nicht einzeln abgegrenzt sind, sondern in der weiten Rasenfläche liegen, und dass die fast identischen Kreuze und Inschriften eine kollektive Identität vermitteln. Auf den israelischen Soldatenfriedhöfen haben die Gräber klare Abgrenzungen, und die Grabplatten, oft bestückt mit Blumentöpfen, Fotos und persönlichen Gedenkinschriften, sind vorwiegend Ausdruck privater Trauer.

Ich halte den Tod für endgültig. Der Glaube an die Auferstehung der Toten, an Seelenwanderung oder diverse Bemühungen, dem Tod durch »Verewigung« beizukommen, sprechen mich nicht an. Soviel ich weiß, glaubte auch mein Vater an die Endgültigkeit des Todes, meine Mutter desgleichen. Auch sie besuchte sein Grab nicht. Aber der Jüdische Friedhof auf dem Ölberg besteht seit dreitausend Jahren, mit heute schätzungsweise siebzigtausend Gräbern. Eigentlich hätte simple Neugier ausreichen müssen, um mich einmal hinzuführen. Deshalb musste ich gestehen, dass wohl auch ein innerer Widerstand mich all die Jahre davon abgehalten hatte. Vielleicht würde ich das verstehen, wenn Itayu und ich dort waren, dachten wir.

Er fand auf seinem Smartphone einen satellitengespeisten Lageplan, der die Besucher eigentlich zu jedem Grab lenken sollte. Trotzdem fanden wir es nicht gleich. Wir streiften zwischen den Gräbern umher, bis ein Wächter fragte, ob er uns behilflich sein könne. Er war äthiopischer Herkunft, Itayu und er gingen zum Amharischen über. Der Wächter fuhr uns eine steile, kurvige Gasse hoch, so schmal, dass das Fahrzeug kaum durchpasste. Oben sah ich die Paternosterkirche, in deren Vorhalle und Kreuzgang Majolikaplatten mit dem Vaterunser in über hundert Sprachen an den Wänden hängen. Einmal begleitete ich eine Touristengruppe, die meine Mutter führte, und konnte ein ihr unbekanntes Detail beitragen: Agatha Christie hatte dort die Eröffnungsszene eines ihrer Kriminalromane um den belgischen Privatdetektiv Hercule Poirot angesiedelt. Der Friedhofsteil, den wir jetzt suchten, lag auf einem anderen Hang des Bergs. Der hier zuständige arabische Friedhofsführer brachte uns zum Grab. Unterwegs erzählte er uns, dass auch sein Vater Friedhofsführer gewesen sei – wahrscheinlich schon zu Lebzeiten meines Vaters.

Das Grab lag im Schatten einer mächtig ausladenden Kiefer, die vielleicht auch schon dagestanden hatte, bevor mein Vater darunter beerdigt wurde. Majestätische Wüste reichte bis fast ans Tote Meer. Der Friedhofsführer ging, Itayu und ich blieben allein zurück. Offenbar hielt jemand das Grab instand, vermutlich die Armee. Am Kopfende liegt eine Art steinernes Kissen mit den Namen meines Vaters und seiner Eltern in einer Farbe, die an Khaki erinnert. Unter dem Emblem der israelischen Streitkräfte sind seine Personalnummer und sein Alter eingemeißelt: Er war achtunddreißig Jahre bei seinem Tod. Itayu sprach als Erster: »Er war so jung«, sagte er. Ich blickte auf zwei unrichtige Inschriften. Mein Vater war nicht »aufgestiegen« aus Deutschland, wie es auf dem Grabstein hieß. Ich vermute, anstelle des biblischen Begriffs »Alija« – Aufstieg, den der Zionismus durchgehend verwendete, hätte mein Vater ein neutraleres Verb wie »immigrieren«, »übersiedeln«, »einwandern« oder schlicht »kommen« vorgezogen. Und vielleicht hätte er die fünf Buchstaben der hebräischen Abkürzung gelöscht, die den religiösen Aspekt der Beerdigung hervorheben: »Seine Seele möge am ewigen Leben teilhaben.« Das heißt, soweit er sich überhaupt für den Grabstein interessiert hätte. Und »im Kampf gefallen« war er auch nicht.

In dem Bericht über die Behandlung, die mein Vater im Krankenhaus Schaare Zedek erhalten hatte, steht unter anderem, dass die Röntgenaufnahmen Brüche an Wirbelsäule und Rippen zeigten. »Soweit wir wissen, ist er vom Dach seines Hauses gefallen«, heißt es dort weiter. Auch das stimmt nicht genau. Der Bericht, in englischer Sprache, war wohl für den Totenschein zur Bestattung erforderlich und danach in eine der letzten Akten der Mandatsverwaltung gewandert. Als ich das Dokument im Staatsarchiv ausfindig machte, war ich bereits fünfundsiebzig Jahre alt und saß daheim in

Corona-Quarantäne, erhielt die Akte jedoch online zur Ansicht. Ich erbat auch Einsicht in die Krankenakte selbst, die im Krankenhaus verwahrt ist. Die zuständige Archivarin traute ihren Augen kaum: »Jemand hat fast den gesamten Inhalt der Akte entnommen«, rief sie. Nicht mal eine Kopie des Dokuments, das im Staatsarchiv gelandet war, lag noch darin.

Vielleicht war das Material verlorengegangen, vielleicht in einer anderen Akte abgeheftet worden, vielleicht hatte man es entsorgt, um eine nachlässige, falsche oder unvollständige medizinische Behandlung zu vertuschen. Und vielleicht hatte man es verschwinden lassen, um einem Einspruch gegen die offizielle Version seines Todes vorzubeugen. Die Archivarin tat alles, um mir zu helfen, und deswegen weihte ich sie in die Einzelheiten des Rätsels ein. Erfahrungsgemäß lohnt es sich immer, Archivare über das Ziel einer Studie zu informieren. Sie schrieb mir per Mail, dass meine Geschichte sie sehr berühre, und fügte, typisch israelisch, hinzu: »Da besteht kein Widerspruch. Es kann sein, dass Ihr Vater auf dem Dach des Gebäudes war, dort die Kugel eines Scharfschützen abbekam, dadurch das Gleichgewicht verlor und abstürzte, was zu seinem Tod führte. Ich meinerseits bleibe bei der Heldengeschichte, dass Ihr Vater im Kampf für unser Land gefallen ist.«

Um das Grab verstreut lagen Kiefernzapfen. Ich dachte an meine Kindheit im Taborhaus und legte einige auf die Steinplatte. Itayu und ich erinnerten uns an das Grab seines Vaters. Wie in Abna waren wir auch auf dem Ölberg von fast völliger Stille und tiefer Ruhe umgeben. Wir sagten nicht viel, blieben noch ein wenig dort stehen, fotografierten einander und gingen. Nicht weit von meinem Vater liegen zwei israelische Kinder begraben, die über zwanzig Jahre nach seinem Tod im Gazastreifen ermordet wurden. Marc-Daniel Aroyo war sieben, seine Schwester Abigail knapp fünf Jahre alt gewesen. Der palästinensische Terrorist, der eine Handgranate in das elterliche Auto geworfen hatte, war fünfzehn. Auf diesen Anschlag hin führte Ariel Scharon in Gaza die Methode des Gegenterrors ein. Terrorakte kamen und gingen, doch der Konflikt blieb ungelöst. Ich kenne keine realistische Lösung. Vom Ölberg nahm ich eine Frage mit, die ich Itayu nicht gleich weitergab, weil ich ein oder zwei Tage brauchte, um sie mir selbst klar zu formulieren: War es den Preis wert gewesen? Vielleicht hatte mich auch die Angst vor dieser Frage bisher vom Grab meines Vaters ferngehalten.

Die Frage beschäftigt mich fast solange ich zurückdenken kann. Ich fühle mich zumindest für einen Teil der palästinensischen Tragödie mitverantwortlich. Es gibt kaum einen Staat auf der Welt, der kein einziges düsteres Kapitel in seiner Geschichte aufzuweisen hat. Ich interessiere mich sehr dafür, wie andere Länder mit ihrer Vergangenheit umgehen und ihre Lehren daraus ziehen. Westdeutschland hat seine Vergangenheit ziemlich gut aufgearbeitet, Israel noch nicht. Das bedaure ich. Zum Glück habe ich nie in einem Krieg mitkämpfen müssen, doch mit den Jahren beschlich mich das Gefühl, in einer Sackgasse gelandet zu sein. Ich glaube, den Identitätskonflikt, um den es im Streit um das Land vor allem geht, zu erfassen, stehe ihm aber praktisch hilflos gegenüber. Insgeheim wagte ich manchmal den Gedanken, dass die Palästinenser und wir vielleicht noch nicht genug gelitten haben und nur eine tektonische Katastrophe biblischen Ausmaßes den Ausschlag geben kann. Dabei tröste ich mich damit, dass meine Vorhersagen sich noch nie bewahrheitet haben. Manchmal war ich sehr optimistisch. In meiner Skepsis muss ich zugeben, dass auch mein Pessimismus vielleicht verfehlt ist.

In der Nähe des Grabs meines Vaters entdeckte ich das Grab der in Deutschland geborenen Malerin und Dichterin Else Lasker-Schüler, die in den 1930er Jahren in Jerusalem Zuflucht vor den Nazis gefunden hatte. Ich sah, dass sie einige Wochen vor meiner Geburt gestorben war. Meine Eltern kannten sie, und für meine Mutter war sie einer jener schillernden Sonderlinge, die dem menschlichen Panorama Jerusalems einen Teil seines Reizes verliehen. Meine Mutter liebte solche Menschen; ich glaube kaum, dass sie ihre Gedichte kannte. Sie las keine Gedichte und ich auch nicht: Ich habe nicht gelernt zu beten oder Lyrik zu lesen, kann auch nichts mit den »um die Ecke gedachten« Kreuzworträtseln anfangen, die einige meiner Freunde leidenschaftlich gern lösen.

Zurück zur Genesis

Zweimal im Jahr, zu Rosch Haschana und zu Pessach, schicke ich Itayus Mutter Blumen. Zu Pessach 2021 bestellte ich einen besonderen Strauß: Dreißig Jahre waren seit ihrer Ankunft in Israel vergangen. Ich nenne sie Mama, und sie nennt mich Opa Tommy. Ich kann mich schwer mit ihr verständigen: Ähnlich wie meine Mutter hat sie nicht richtig Hebräisch gelernt. Itayu arbeitet bei den Israel Aerospace Industries. Ich habe keine Ahnung, was er dort eigentlich macht, aber einmal durfte er mir verraten, dass er an dem Projekt »Bereschit« (Genesis) beteiligt war, so hieß die israelische Raumsonde, die auf dem Mond landen sollte. Das war ein nationales Projekt, das große Hoffnungen weckte. Der Start wurde direkt übertragen. Itayu und ich saßen auf dem Sofa vor dem Fernseher, aber die Champagnerflasche hatten wir zu früh entkorkt: Minuten vor der geplanten Mondlandung verschwand »Bereschit« vom Bildschirm, irgendwohin ins All. Ich sah Tränen in Itayus Augen. Tatsächlich war die Raumsonde auf der Mondoberfläche abgestürzt, und kurz darauf las ich in der Zeitung, dass »Bereschit 2« in Planung war. Auch Shira arbeitet in ihrem Beruf bei einer großen Hightech-Firma. Die beiden wohnen in einem neuen grünen Wohnprojekt für etablierte junge Menschen in Javne, einer Kleinstadt südlich von Tel Aviv, deren Gebiet schon vor Jahrtausenden besiedelt war.

Der Name der Stadt steht in der Bibel. In der Römerzeit, nach der Zerstörung des Zweiten Tempels, diente Javne als wichtiges Zentrum des Judentums. Ähnlich wie in Jerusalem haben sich fast alle historischen Wechselfälle auch in der Geschichte dieser Stadt niedergeschlagen, von Krieg zu Krieg, einschließlich der Eroberung durch

Kreuzritter und Muslime. Richard Löwenherz, Saladin und Napoleon – alle waren sie dort, auch Mosche Dajan. 1948 hatte die Stadt fünftausend arabische Einwohner. Als diese flohen oder vertrieben wurden, kamen erst Holocaust-Überlebende, dann jüdische Einwanderer aus Marokko. Jahrelang herrschten Armut und Rückständigkeit vor. In den dreißig Jahren, in denen Itayu es von der Strohhütte seiner Kindheit in eines der modernsten Hightech-Unternehmen der Welt schaffte, hat auch Israel sich in eine der größten Erfolgsgeschichten des 20. Jahrhunderts verwandelt. Internationale Statistiken zeigen, dass die Mehrheit der Israelis besser lebt als die meisten Bewohner anderer Weltregionen. Das »grüne Javne« ist auch eine typisch israelische Geschichte. Liya und ihr jüngerer Bruder Ben besuchen die nach Albert Einstein benannte Grundschule mit Unterrichtsschwerpunkt in Naturwissenschaften und Technologie.

Fast jedes Mal, wenn ich die beiden von der Schule abhole und mit ihnen Eis essen gehe, möchte jemand wissen, was ein glatzköpfiger weißer Opa mit schokoladenbraunen Enkeln zu tun hat. Manche suchen einen höflichen Einstieg ins Gespräch: »Oh, wie hübsch sie ist«, sagen sie zum Beispiel über Liya, womit sie recht haben, halten kurz inne und setzen dann hinzu: »Sie sieht Ihnen nicht ähnlich.« Und dann soll ich ihnen artig danken und unsere Lebensgeschichte ausbreiten. An der Tankstelle am Ort fragte man mich einmal unumwunden: »Dann haben Sie eine Mulattin geheiratet?« Im Ausland geschah das kaum. Itayu und ich fliegen gern gemeinsam. Über die Jahre sind wir an einigen der schönsten Orte der Welt gewesen, von Machu Picchu in Peru bis zum Matterhorn, von den Kanälen Venedigs bis zum Yosemite-Nationalpark in den USA. Fast überall betrachtete man ihn als Israeli, ungeachtet seiner Hautfarbe. Nur ein Mann, den wir in Amerika trafen, war bei seinem Anblick verwirrt: Das war der israelische Schriftsteller Abraham B. Jehoschua, einst unser Aushilfslehrer für Literatur, den wir im Gymnasium »Bulli« nannten. Wir begegneten ihm zufällig am Eingang zum Gästehaus der Princeton University. Er kam raus, wir wollten rein. Das ist Itai, mein Sohn, stellte ich vor. Jehoschua betrachtete ihn staunend und sagte: »Wie schön, spricht er Hebräisch?«

Mittlerweile benutzen wir eine Standardantwort, die wir vor vielen Jahren erfunden haben, als Itayu und ich an den Niagarafällen die Grenze zwischen Kanada und den Vereinigten Staaten überschritten. Die afroamerikanische Grenzpolizistin warf einen Blick in unsere Pässe und fragte: »Welche Beziehung besteht zwischen Ihnen?« – »Das ist eine lange Geschichte, sagte ich, sind Sie sicher, dass Sie sie hören möchten?« – »Nein«, sagte die Polizistin und winkte uns durch. Das hilft auch bei neugierigen Israelis: »Das ist eine lange Geschichte«, sagt Liya ihnen mit Engelslächeln und blockt damit weitere Nachforschungen ab. Sie gehört zum ersten Jahrgang israelischer Kinder, die schon im Kindergarten etwas über den Holocaust lernten. Vielleicht hilft ihr das auch im Umgang mit Rassisten.

Ich denke viel an meine Enkel, versuche etwas ängstlich zu erraten, wohin das Leben sie führen wird. Nichts würde ich lieber wissen. Liya, Ben, Lior und Amit wurden in einem Staat geboren, in dem man das Alter eines Menschen daran erkennt, was er mit »der Krieg« meint. Einige der Raketen, die die Hamas im Frühjahr 2021 auf Israel abfeuerte, wurden auch am Himmel von Javne abgefangen, vierzig Kilometer vom Gazastreifen entfernt. Sirenengeheul rief die ganze Familie in Bens und Liors Zimmer, das als Sicherheitsraum ausgebaut ist. Einige Tage später sah ich, dass die Kinder im Haus ein neues Spiel erfunden hatten: Ein Kind ahmte den Sirenenton nach, die anderen flohen ins Treppenhaus. Ich weiß nicht, ob sie hier ihr Glück finden werden, aber wichtiger als alles andere ist mir, dass das Land, in dem sie geboren wurden, sie nicht eines Tages zwingt, sich eine andere Heimat zu suchen, wie es meinen Eltern geschehen ist. Manchmal beneide ich sie dafür, dass sie Itayu geboren wurden. So einen Vater hätte ich auch brauchen können.

An meinem nächsten Geburtstag fiel Schnee, was mich wie immer in nostalgische Stimmung versetzte. Die Kinder waren gerade noch nach Jerusalem durchgekommen, bevor die Zufahrtsstraße wegen

Glätte gesperrt wurde. Es war der erste Schnee im Leben des kleinen Lior und des noch kleineren Amit. Die beiden verbrachten die Nacht mit ihren Eltern in einem privaten Gästehaus einige Straßen entfernt von meiner Wohnung. Und es wäre nicht Jerusalem und nicht meine Lebensgeschichte, wenn nicht sogar dieses einzige Gästehaus, das in dieser Schneenacht zu Corona-Zeiten zufällig geöffnet hatte, in einem deutschen Kapitel der Stadtgeschichte verankert wäre. Das sogenannte Templerhaus stammt aus den Zeiten der süddeutschen Anhänger der »Tempelgesellschaft«, die in Jerusalem einst die »deutsche Kolonie« gründeten. Das war im 19. Jahrhundert; später bekannten sich einige zum Nationalsozialismus. Im Zweiten Weltkrieg gingen sie oder wurden von den Engländern ausgewiesen.

Liya und Ben schliefen bei mir im Wohnzimmer. Liya konnte nicht einschlafen und schickte mir WhatsApp-Nachrichten ins Schlafzimmer:

»Opa, schläfst Du?«

»Jetzt nicht mehr. Warum bist Du wach?«

»Ich habe Albträume.«

»Willst Du sie mir erzählen? Manchmal hilft das.«

»Ich habe Angst vor den Dinosauriern.«

»Musst Du nicht: Du bist im bestbewachten Viertel des ganzen Landes. Bibi Netanjahu wohnt zwei Straßen von hier. Für Dinosaurier ist der Zutritt strengstens untersagt.«

Sie lachte und schlief ein. Ben las noch ein paar Kapitel in *Emil und die Detektive*. Ich freute mich. Die hebräische Übersetzung ist flüssig, die Handlung jedoch recht schleppend: Bis Emil von Neustadt nach Berlin gelangt, wo, soviel ich mich erinnere, die Handlung erst richtig loslegt, dauert es über fünfzig Seiten, auf denen fast nichts passiert. Ben ging zu *Käpt'n Superslip* über. Er liest viel. Eines Tages sagte er unvermittelt zu mir: »Opa, weißt du, ich habe Worte furchtbar gern.«

Ich auch.

ANHANG

Personenregister

Personen, die im Bildteil genannt werden, sind kursiv gesetzt.

Bildnachweis

1 o. l.	© privat
1 o. r.	© privat
1 u.	© privat
2 o. l.	© privat
2 o. r.	© privat
2 u.	© privat
3 o.	© Ingrid Steinmeister
3 u. l.	© privat
3 u. r.	© privat
4 o.	© privat
4. M.	© privat
4. u.	© J.H. Darchinger/Friedrich-Ebert-Stiftung; 6/FJHD00605
5 o.	© Ingrid Steinmeister
5 u. l.	© privat
5 u. r.	© privat
6 o.	© privat
6 u.	© privat
7 o.	© Olivier Fitoussi, Courtesy Haaretz Daily Newspaper Ltd. All Rights Reserved.
7 u.	© privat
8 o.	© privat
8 u.	© privat

Der Autor konnte nicht alle Inhaber der Rechte an den abgedruckten Fotografien ermitteln. Sollten in Einzelfällen Ansprüche bestehen, so bittet er um Nachsicht und gegebenenfalls Mitteilung an den Verlag.

Die große Biographie des Staatsgründers David Ben Gurion

Er ist eine der großen politischen Gestalten des 20. Jahrhunderts: David Grün, geboren 1886 im Russischen Reich, der sich seit seiner Ankunft in Palästina 1906 Ben Gurion nannte. Schon früh engagierte er sich für den Zionismus und die Unabhängigkeit eines jüdischen Staates in Palästina. Als er 1948 schließlich den neuen Staat ausrief, setzte er die Interessen Israels um jeden Preis durch, nicht zuletzt auf Kosten der Palästinenser, die aus ihrer Heimat vertrieben wurden. Der international renommierte Journalist und Bestsellerautor Tom Segev widmet sich in seiner großen Biographie dem Leben und Wirken des Gründers des Staates, der aus Palästina hervorgegangen ist – und erzählt zugleich eine Weltgeschichte Israels im 20. Jahrhundert.

»Da Segev ein begnadeter Erzähler ist, liest sich seine Biografie der Jahrhundertfigur stellenweise so spannend wie ein Krimi.«
NZZ am Sonntag

Siedler

Tom Segev schildert Ursachen, Verlauf und Auswirkungen des Sechstagekriegs, den Israel im Juni 1967 mit seinen arabischen Nachbarstaaten führte. Spannend und kenntnisreich zeigt er, wie dieser Krieg zu einer folgenschweren weltpolitischen Auseinandersetzung wurde, die Israel tiefgreifend und dauerhaft verändert hat.

»Ein Muss für alle diejenigen, die nicht nur etwas über den Sechs-Tage-Krieg, sondern auch über Israels Gesellschaft und Lebensart wissen wollen.«
DIE WELT

www.pantheon-verlag.de

Eine meisterhafte Untersuchung des turbulenten Zeitraums vor der Gründung des Staates Israel im Jahr 1948: Lebendig, materialreich und mit analytisch spitzer Feder schildert Tom Segev, wie in den drei Jahrzehnten britischer Herrschaft in Palästina die Wurzeln des israelisch-palästinensischen Konflikts gelegt wurden. Dabei stellt er manche Annahme der herkömmlichen Geschichtsschreibung auf den Kopf.

»Bis zum Schluss des Buches bleibt Segev nicht nur Historiker, sondern auch ein begnadeter Erzähler, der Details geschickt mit den großen Zügen der Geschichte verknüpft.«
DIE WELTWOCHE

www.pantheon-verlag.de